Heike Schneider · Adelheid Wedel
Vom Privileg des Vergleichs
Erfahrungen ostdeutscher Prominenter
vor und nach 1989

Inhalt

Vorwort   8

Wie wir lernten, mit verbundenem Maul zu sprechen   18
Interview mit dem Theaterregisseur Wolfgang Engel
im November 2008

Wir wollten keine Nachbeter mehr sein   34
Interview mit der Ökonomin Christa Luft
im Januar 2009

Eine Reform des Westens steht noch aus   67
Interview mit dem Schriftsteller Ingo Schulze
im Juni 2009

Als Künstler will ich nicht den Affen spielen   84
Interview mit dem Pianisten Peter Rösel
im Februar 2009

Was man gelebt hat, wird man nicht los   106
Interview mit der Malerin Gerda Lepke
im Juni 2009

Von Wegen, Abwegen und Irrwegen   123
Interview mit dem Historiker Kurt Pätzold
im Mai 2009

Die mündliche DDR war die wahre DDR 159
Interview mit dem Publizisten Christoph Dieckmann
im Mai 2009

Es setzt sich nur so viel Vernunft durch,
wie wir selbst durchsetzen! 179
Interview mit der Kabarettistin Gisela Oechelhaeuser
im März 2009

Das ist kein Märchen mehr: Der Kaiser ist nackt! 206
Interview mit dem Publizisten und Facharzt für Psychiatrie/
Psychotherapie Hans-Joachim Maaz
im Juni 2009

Kritische Gegenöffentlichkeit ist in jeder Gesellschaft wichtig 224
Interview mit den Literaturwissenschaftlern
Dr. Therese Hörnigk *und* Prof. Frank Hörnigk
im Januar 2009

Vom weißen Spitz und schwarzen Humor 242
Interview mit der Schriftstellerin Gisela Steineckert
im April 2009

Nie wuchsen stolzere Männer und schönere Frauen heran,
und nie war Gott so weit 262
Interview mit dem Filmregisseur und Schriftsteller
Egon Günther
im Juni 2009

Ich brauche kein Amt, nur immer neuen Mut 284
Interview mit dem Publizisten und Pfarrer
Friedrich Schorlemmer
im Juni 2009

Besser im Dschungel als im Zoo   304
  Interview mit dem Filmregisseur Andreas Dresen
  im Mai 2009

Wer, wenn nicht die Hofnarren, sagen den Mächtigen die Wahrheit?   327
  Interview mit dem Schauspieler Peter Sodann
  im Juni 2009

Wahre Worte sind nicht schön   349
  Interview mit der Schauspielerin Käthe Reichel
  im Juni 2009

Anhang
  Biografische Daten der Interviewpartner   362
  Bildverzeichnis   368

Vorwort

von Heike Schneider

Für alle, die am 4. November 1989 auf dem Berliner Alexanderplatz »einen Moment Schönheit« erlebten und mit ihrem aufrechten Gang Basisdemokratie erprobten, die glückliche Geschichte macht!

Und für meinen Sohn Epi sowie meine Enkeltochter Melanie, damit sie das Leben ihrer Eltern und Großeltern mit all seinen Brüchen und Schicksalsfügungen besser verstehen lernen!

Als ich Ostersonntag im April 2009 am böhmischen Keilberg einen blöden Skiunfall hatte, war – nach meiner Telefonsuche nach dem Bergrettungsdienst – mein zweiter Gedanke: Wie schade, dann stirbt ja dieses Buchprojekt. Doch nach dem Aufwachen aus der OP-Narkose im Erzgebirgsklinikum Annaberg und den ernsten Hinweisen des Chirurgen – ein Vierteljahr Humpeln mit Krücken und Nicht-Autofahren – fiel mir wie zum Trost das schönste Kompliment meines Lebens ein. »Du bist ein Regenweib« hatte mich der Prager Kameramann Zdenek »schwejkisch« auf einer gemeinsamen Dienstreise in den Ogaden-Krieg zwischen Äthiopien und Somalia genannt. Bei 45 Grad Tropenhitze, Wüste und Staub hatte ich in dem wackeligen Kleinbus mit einer Handvoll Afrika-Korrespondenten von BBC, Tass und UPI und uns vom Fernsehfunk Berlin-Adlershof zur Ablenkung den Brecht-Song vor mich her gesungen: »Am Grunde der Moldau, da wandern die Steine. Da liegen begraben drei Kaiser von Prag. Das Große bleibt groß nicht und klein nicht das Kleine. Die Nacht hat zwölf Stunden, dann kommt schon der Tag ...« So charmant das »Regenweib« (in mieser Situation gute Laune zeigen) gemeint war: In meinen acht Afrika-Jahren erlebte ich neben Weltpolitik wie der Unabhängigkeit Mosambiks und Angolas oder dem äthiopischen Kaisersturz so viel Tod und Elend wie wohl kaum eine andere Journalistin. Nach dem berüchtigten Massaker rassistischer Söldner im südangolanischen Kassinga stehe ich vor zwei offenen Massengräbern mit über 700 namibischen Flüchtlingstoten; im Maisfeld daneben hocken überlebende Kinder mit völlig verstörten Gesichtern. Eines davon, der Junge Epi, lebt seitdem bei mir.

Also, warum sollte jetzt im europäischen Winter eine, zwar komplizierte, Doppelfraktur am linken Unterschenkel das »Regenweib« aus der Bahn werfen? Hatte ich nicht einen Monat zuvor beobachtet, wie zur Leipziger Buchmesse eine wahre Sintflut an Büchern und Publikationen zum Thema 20 Jahre Mauerfall Leser und Medien überschwemmte? Und hatte ich mich nicht wiedermal geärgert, wie unelegant die im Doppelsinn vorlaute Vorverlegung für Jahrestags-Kampagnen zur üblichen Medien-Sitte oder besser Unsitte wird? Jedenfalls verstärkte das meinen Wunsch, gemeinsam mit meiner langjährigen Freundin und Kommilitonin aus Leipziger Studententagen, Adelheid Wedel, den ebenso dramatischen wie geschichtsträchtigen Herbst 1989 zum Anlass zu nehmen, um mit prominenten ostdeutschen Intellektuellen und Künstlern, Protagonisten des damaligen Aufbruchs zurückzublicken auf das, was seitdem »Wende« genannt wird. Und auf das heutige Einheitsdeutschland zu schauen als deren Resultat. Außerdem kamen Erinnerungen an die nervigen und borniert Jubelarien der SED-Propaganda zu den jeweils am 7. Oktober stattfindenden Jahrestagen der DDR wieder hoch. Ein Kollege der ungarischen Nachrichten-Agentur hatte 1988 im Kreise von DDR-Korrespondenten einige tausendprozentige Genossen verstört, als er sagte: Wahre Freunde sind kritische Freunde. Und er hatte dabei natürlich auch den vom SED-Politbüro beargwöhnten Reformer Gorbatschow gemeint. Dies gilt, finde ich, auch für heutige Rückblicke auf 60 Jahre Grundgesetz und 20 Jahre Mauerfall. Klischeehaftes Lob des westdeutschen Wirtschaftswunders oder bloße Wiederholung der Wahnsinns-Rufe nach der Maueröffnung reichen ebenso wenig für differenziertes Erinnern wie die Reduzierung der DDR auf Stasi-Terror und Mangelwirtschaft oder ideologisiertes Gutbeten alter Hardliner von allem, was die DDR ausmachte.

Die Publizistin Daniela Dahn hatten wir auch um ein Interview gebeten. Stattdessen legte sie ein eigenes Sachbuch vor. »Wehe dem Sieger: ohne Osten kein Westen« betitelte sie es und provoziert mit der These, dass mehr noch als der frühere Osten der Westen Einheitsverlierer sei. Die Ostdeutschen, kommentiert sie, haben Rechtsstaat, Reisefreiheit, bessere Renten und Wohnungen sowie Konsumvielfalt und eine sich langsam erholende Umwelt gewonnen. Doch der Abstieg des Westens, meint sie, begann im Moment seines größten Triumphes: Ohne Mauer und System-Konkurrenz sei er haltlos geworden. Da klingt die Erkenntnis des britischen Publizisten Timothy Garton Ash tröstlicher, wenn er sagt, dass wir »aus dem Jahr der Wunder 1989 lernen, wie die Menschen der Straße selber Geschichte machen können«.

In unserem Buch kommen 16 Intellektuelle zu Wort, die in der DDR geblieben sind und denen der 4. November 1989 wichtig war und bleibt. Das sind Oppositionelle und mutige Kritiker des »vormundschaftlichen« und bevormundenden DDR-Staates wie z. B. der Wittenberger Pfarrer Friedrich Schorlemmer und der Hallenser Psychotherapeut Hans-Joachim Maaz, aber auch ehemalige

Amtsträger mit ihren Verstrickungen, Wissenschaftler und vor allem Künstler, Regisseure, Schauspieler und Autoren, die sich mit ihren Arbeiten positionieren. Ich höre schon jetzt bestimmte Rezensenten und Leser, die die DDR einfach nur lästig finden oder gar hassen, wie eine Meute Hyänen bellen und uns der Ostalgie verdächtigen. Geschenkt. Auch wenn es für einige Ohren vielleicht anmaßend klingt: Wir fühlen uns der publizistischen Tradition und Gesinnung Tucholskys, Kischs und Susan Sontags verpflichtet. Letztere hat auf die Frage eines französischen Literaturmagazins, worin die Rolle der Intellektuellen in ihrer Zeit besteht, ziemlich nüchtern bilanziert, dass die meisten Intellektuellen leider auch nur Konformisten sind und dass auf jeden hochkarätigen Aufklärer wie Gide, Orwell oder Sacharow mindestens zehn Kultur-Promis kommen, die das Gegenteil verkörpern. Sontag betont: »Natürlich heißt es, viel zu gut von Intellektuellen zu sprechen, wenn man erwartet, dass die Mehrheit Lust hat, gegen Ungerechtigkeit zu protestieren, Opfer in Schutz zu nehmen, die herrschenden autoritären Ergebenheiten in Frage zu stellen (...). Die Anzahl von Menschen, denen die Intellektuellen einen guten Ruf verdanken, und zwar als Unruhestifter und als Stimmen des Gewissens, ist immer sehr klein gewesen.«

Wir hoffen, dass etwas von »Unruhestiftern« und streitbarer Zeitkritik beim Lesen der Interviews ankommt. Dass ich als Interviewerin nicht jede Einzelmeinung der Interviewten teile oder all ihre Lebenstaten nachvollziehen kann, versteht sich von selbst. So entdecke ich im Gespräch mit der sehr lebhaften Kabarettistin Gisela Oechelhaeuser den Ansatz eines Streits, als es um ihre IM-Verpflichtung ging. Dieser Tatbestand machte mich nachdenklich weiterfragen, wie es zu einer solchen Verpflichtung kam und wie sie heute damit umgeht. Doch als Christoph Dieckmann erklärt, dass die DDR-Bevölkerung von Angst besessen war, etwas falsch zu machen gegenüber dem Staat als Angstverursacher, fragte ich ihn, ob er selber Angst gehabt hätte in der DDR, was er deutlich verneinte. Ich rückkoppelte, dass auch ich, meine Verwandten und besten Freunde nicht von Angst gebeutelt gewesen sind. Dabei geht es partout nicht um Verharmlosung der Stasi-Krake und ihres Gesinnungsterrors. Als ich nach der Wende von unserem Jugendamt erfuhr, dass die Stasi selbst für meinen afrikanischen Adoptivsohn eine Akte mit Spitzelberichten aus der Nachbarschaft angelegt hatte, kamen in mir Wut und Abscheu auf. Und jeder weiß, dass einige Bürgerrechtler noch ganz andere Stasi-Erfahrungen machen mussten – mit brutalen Verhören und Knast-Folter. Dennoch halte ich es für erwähnenswert, dass der regimekritische Pfarrer Schorlemmer eben gerade keine Angst, sondern großen Mut hatte, als er auf dem Wittenberger Lutherhof ein Schwert zu einer Pflugschar umschmieden ließ. Trotz oder gegen die Stasi-Observierung seiner Person!

Unvergesslich werden mir bestimmte emotionale Sätze, Szenen und Situationen während unserer im ersten Halbjahr 2009 aufgenommenen Interviews bleiben.

Als wir bei Christa Luft auf den frühen Tod Ihres Mannes und besten Kollegen zu sprechen kommen, hält sie inne, holt tief Luft und sagt: Schöne Pläne mit lieben Menschen darf man nicht verschieben.

Oder wie die 83-jährige Käthe Reichel in ihrem idyllischen Gartenhaus in Buckow (unweit des Brecht-Hauses) urplötzlich das Interview abbricht, weil sie uns freundlich-energisch auffordert, wegen drohender Gewittergüsse erst mal ihre selbst gepflanzten Geranien und Rosen im Garten abdecken zu helfen. Ihre proletarische Kindheit, die Armut und ihre mühseligen Ausbruch- und Emanzipationsversuche erzählt sie vital, sprunghaft, stark episodisch und mit einer gestisch-mimisch-sprachlichen Konzentration und Ästhetik, als stünde sie vor uns auf der Bühne. Andreas Dresen, der mit Mitte Vierzig jüngste Interviewpartner, hatte bei unserem Besuch in Potsdam eine Einladung zum Internationalen Filmfestival in Karlovy Vary bekommen – nicht ahnend, dass er dort mit seiner Tragikomödie »Whisky mit Wodka« den renommierten Regiepreis bekommen würde. Altmeister-Regisseur Egon Günther überraschte durch fast stoische Unaufgeregtheit und Gelassenheit gegenüber Zeitfragen. Dass ihn als einen der erfolgreichsten DEFA-Filmer nicht einmal die heftige Schlöndorff-Schelte der DEFA bewegte, geschweige denn aufregte, wollten wir kaum glauben. Abgeklärtheit oder Altersweisheit? Dabei hat er, wie er verriet, gerade einen heiteren Sommerfilm am Wickel. Hans-Joachim Maaz kam mir auf seinem Büro-Sofa wie ein Lessingscher Nathan vor. Eine Mischung aus Toleranz, psychologischer Nachsicht wie Tiefsicht gegenüber dem Menschen als Individuum und gleichzeitig scharf-kritischer Analyse gegenüber der Gesellschaft und Politik. Keine Spur mehr vom einst wilden »Psycho-Guru« der 80er Jahre in Halle. Nur sein verschmitztes Lächeln lässt seine ungebrochene Kampfes- und Streitlust ahnen. Friedrich Schorlemmer versteckte vor uns seine Wut und Verständnislosigkeit nicht ein Müh, dass er von den Feuilletons großer meinungsbildender Zeitungen und Kultursender ganz offensichtlich geschnitten wird oder politisch verrissen. Doch während unseres Gesprächs kommt ein Anruf mit einer Einladung nach Rio de Janeiro. Er ist also doch nicht weg vom Fenster. Um es christlich zu sagen: Gott sei Dank! Kurt Pätzold ist voll auf Achse mit Geschichtsvorträgen, Foren, Buchbesprechungen und Wissenschafts-Büchern über den Faschismus gestern und heute. Er war mit seinen Enkeln im Garten unterwegs, hatte sich eine gesunde Bräune und gute Laune geholt und kredenzte uns Gentleman-like frisches Obst und einen fruchtigen Sommerwein zur Begrüßung. Peter Rösel lud uns in das alte, fein renovierte Schloss Rammenau zu einem Klavier- und Gesangs-Abend mit seiner begabten Sopran-Solisten-Tochter ein. Familienkonzert mit Haydn und Händel an einem lauen Frühlingsabend. Das Ehepaar Hörnigk trug im Januar und März dieses Jahres Verantwortung für zwei viel beachtete Großveranstaltungen in der Berliner Akademie der Künste. Frank Hörnigk hatte eine Collage von brisanten politischen Texten Heiner Müllers zu einer Lesung mit prominenten Kulturschaffenden zusammengestellt; und Therese Hörnigk hatte einen sympathischen Geburtstagsabend mit Essays von sechs dutzend deutschen und europäischen Autoren und Künstlern zum Achtzigsten der Freundin und Jubilarin Christa Wolf organisiert. Peter Sodann gab seiner Freude Ausdruck, dass das »Affentheater der Bundespräsidentenwahl«, wie er despektierlich oder kabarettistisch sagte, endlich vorüber sei, seine Kandidatur und Wahlauftritte hätten ihn einerseits echt strapaziert und interessiert, andererseits aber auch wieder amüsiert. Den Stressabbau habe er fröhlich gefeiert. Mindestens drei Mal wird er während des Interviews höflich von Gästen des Theatercafes angesprochen, das er neben dem Theater, einer Kantine und diversen Theaterwerkstätten, einer Puppenbühne, Galerie und Solidaritätsbibliothek in 20 Jahren gegen Behördenwiderstände vor und nach der Wende zu einer lebendigen Kulturinsel in Halles City aufgebaut hat. Ein älterer Mann bittet ihn händeringend um Unterstützung für die Karl-May-Gesellschaft. Dem ausgedienten sächsischen TV-Kommissar Ehrlicher gefällt diese Rolle als Volkstribun oder Schwejk. Und er verspricht, mit einem Zeitungsartikel was zu bewegen. Ein ewiger Macher, der sich nach eigenen Angaben als »betender Kommunist« versteht.

Dass sich die meisten Interviewten untereinander gut und oft sogar persönlich kennen, kam uns vor wie das Heimspiel einer Fußball-Klasse. So war Frank Hörnigk mal von der SED strafversetzt worden ans aufmüpfige Dresdener Theater, wo er Regisseur Engel assistierte und sich mit ihm befreundete. Gisela Steineckert kennt die halbe Kulturszene der ehemaligen DDR. Vielleicht war dieses Ländli zwischen Kap Arkona und Fichtelberg auch so was wie eine lockere, manchmal graue und manchmal bunte und wilde WG? Und was bleibt? Unser Leben und unsere Nachdenklichkeit. Und unsere Gestaltungslust auch.

Ich danke meinem Sohn Epi, der mir mit schier unendlicher Geduld aus vielen, lästigen Computerpannen heraus half und in seiner unaufdringlichen Art mir allzeit freundlichen Zuspruch gab; Lia Drimalla, Ärztin, Psychotherapeutin und vor allem guten Freundin aus Hannover, die unsere Arbeit am Buch von A bis Z mit lebhafter Neugier, Sympathie und viel Ermutigung begleitet hat und auf interessante Begegnungen mit ostdeutschen Intellektuellen gespannt ist – was ich wiederum spannend finde, weil ich daraus Hoffnung schöpfe für kritisches Leserinteresse auch westlich der Elbe; Sonja Nagel, meiner lieben Kollegin aus guten, alten und gemeinsamen Radiotagen, die mir (wegen meiner krankheitsbedingten Immobilität) uneigennützig beim Besorgen von Recherche- und Archivmaterial half; unserer sensiblen Fotografin Uta, die mit viel Feingefühl für Physiognomie und Wesen der Gesprächspartner wunderschöne Porträt-Fotos »schoss«; Barbara und Thomas Protzmann, die uns in selbstverständlicher Freundschaft nach unseren Interview-Reportagen mit stärkenden Abendmahlen, kühlem Meißener Wein und frisch bezogenen Betten, oft nach Mitternacht, zwischen Bosel und Elbe empfingen; last, not least dem freundlichen Militzke Verlag in der Huttenstraße von Leipzig, der uns mit großer Offenheit, viel Interesse und professioneller Kompetenz aufgenommen und betreut hat.

Unser ganz besonderer und sehr herzlicher Dank gebührt all unseren Gesprächspartnern für ihr großes Verständnis, ihre Geduld und freundliche Kooperation!

Heike Schneider, Neue Mühle/Königs Wusterhausen, Ende Juli 2009 von Adelheid Wedel

Ostdeutsche beanspruchen ein Privileg für sich? Wie das? Während und erst recht nach den hier veröffentlichten Interviews habe ich viel über das zum Thema »Vom Privileg des Vergleichs« Gesagte nachgedacht und nachdenken können. Das hat mir auch mein eigenes Leben in deutlicheren Konturen vor Augen geführt.

Wie alle unsere Gesprächspartner bin auch ich in der DDR, in einer Diktatur des Proletariats aufgewachsen, die schließlich zu einer »Diktatur des Machtapparates« verkam, oder drastischer ausgedrückt: die sich als Diktatur einer als »internationale Freiheitsbewegung getarnten Gangsterbande« (Monika Maron) aufspielte. Davon waren nicht das Elternhaus, aber Schulunterricht und Studium in entscheidendem Maße geprägt. Dennoch habe ich dort, wie die Malerin Gerda Lepke von sich sagt, auch »demokratisch und humanistisch denken und fühlen gelernt«. Und ich konnte relativ sorglos, jedenfalls ohne existenzielle Sorgen, leben. Weil ich zu angepasst war? Ich habe die längste Zeit meines Erwachsenenlebens (nebenbei gesagt, ohne je Mitglied der SED oder einer anderen Partei gewesen zu sein, das sei nur erwähnt, weil die Behauptung grassiert, jeder musste SED-Mitglied sein), als Redakteurin bei der kulturpolitischen Wochenzeitung »Sonntag« gearbeitet. Für mich und viele meiner damaligen Kollegen bedeutete das sinnvolle journalistische Arbeit, niemals ein Job lediglich des Geldes wegen. Und, ja, ich habe mich unter dem vom Psychotherapeuten Hans-Joachim Maaz gezogenen »Eichstrich« bewegt. Das war kein würdeloses Dasein. Ich konnte mich, wenn ich meinen Gerechtigkeitssinn verletzt fühlte, auf proklamierte Ideale einer sozialistischen Gesellschaft berufen. Heute übersehe ich nicht die Verjüngung der Städte, freue mich über den Stellenwert, den Umweltschutz mittlerweile genießt und habe nach 1989 endlich Reisen in die Welt genutzt und genossen. Aber, worauf berufe ich mich heute? Auf die Freiheit? Wessen Freiheit, die unmoralische Freiheit von Bankern und Millionären oder die »Vogelfreiheit« von Hartz-IV-Empfängern? An wessen Würde kann ich die meine heute orientieren? Es widerspricht meiner Würde, wenn ich als Mensch zum Konsumtier auf Schnäppchenjagd abgerichtet werde. Diese Beute macht mich nicht satt. Und wie steht es um das zweite, oft bis zur Unkenntlichkeit strapazierte Schlagwort unserer Gesellschaft, wie steht es um die Demokratie? Demokratie verlangt neben eigener Aktivität als Staatsbürger, als Citoyen, das Regieren im Interesse und zum Wohle des Volkes und kann nicht lediglich der »parlamentarischen Verwaltung des Kapitalismus« dienen, wie es Drehbuchautor Wolfgang Kohlhaase umschrieb. Ich bin Teil des Volkes. Regieren die Regierenden auch in meinem Interesse? Dass deutsche Soldaten in einen Krieg am Hindukusch (und künftig auch anderswo?) verwickelt sind, liegt nicht in meinem Interesse. In diesem Punkt stellten wir – oft ungefragt – Übereinstimmung mit unseren Gesprächspartnern fest.

Die Begegnungen in Berlin und Potsdam, in Leipzig, Halle, Wittenberg, Dresden und Gera, werden mir lange und ermutigend im Gedächtnis bleiben. Es waren kostbare Stunden. Allein wenn ich mich an die bühnenreifen Auftritte der Käthe Reichel, mitten aus dem Gespräch heraus, erinnere und wie sie uns, unter ihrem Kuba-Revoluzzer-Käppi hervorschauend, mit wachen Augen ins Visier nahm. Ich denke an Friedrich Schorlemmer, der uns als gefragter Tagungsteilnehmer zwischen Anfragen (»Ja, Brasilien sehr gern, aber nicht jetzt«) und hurtigen Absagen seine weiterführenden Gedanken so geduldig wie engagiert darlegte, auch gesellschaftspolitische Vorschläge unterbreitete, denen jeder Demokrat freudig zustimmen kann. Ich sehe Hans-Joachim Maaz vor uns, lässig im Sessel zurückgelehnt, dabei nicht weniger beteiligt und kundig gegenwärtige Probleme analysierend und daraus Angebote für verbesserte Lebensbedingungen ableitend. Ich muss ein wenig lachen, wenn ich mir die freundliche, mit jugendlicher Nachsicht gegenüber uns Alten einhergehende Aufmerksamkeit der Jüngeren, Andreas Dresen und Ingo Schulze, vergegenwärtige oder Gisela Oechelhaeusers nach wie vor ungebrochenes Selbst- und Sendungsbewusstsein, mit dem sie eigenes Können wie auch Versagen seziert. Ich habe mich gefreut über Christoph Dieckmanns (früher mein Kollege beim »Sonntag«) anhaltend freundschaftliche Zuwendung, und ich war gespannt auf Peter Sodanns Aussagen; nach allem, was er an extrem Widersprüchlichem erlebt hat, konnte ich sein hinter Witzen verstecktes, manchmal trauriges Resümee verstehen. Im Gegensatz dazu Wolfgang Engels fröhlicher, nahezu gieriger Aufbruch in neue Welten oder das sachlich abwägende, nachdenkliche Urteil von Therese und Frank Hörnigk beim Blick auf eigene Entwicklungen. Kurt Pätzoldts, mit seinem Beruf und seiner Vita eng verbundene akribische Betrachtung ausgewählter Teile deutscher Geschichte, oder die kaum enden wollende Suche von Gerda Lepke nach dem treffenden Wort im, ihrem eigenen bildnerischen Wirken, fremden Milieu verlangen ebenso viel Respekt wie Peter Rösels auf mich fast einsiedlerisch wirkendes, nach wie vor auf künstlerische Perfektion gerichtetes Leben. So erging es mir auch beim Treffen mit Egon Günther, der bei aller jugendlichen Ausstrahlung seine von Altersweisheit gekennzeichneten, kühlen Überlegungen vorbrachte.

Christa Luft verblüffte mit ihren aus ökonomischem Fachwissen gespeisten sehr irdischen Ansichten, und ebenso überraschte mich die nimmermüde Gisela Steineckert, die bis heute bei zahlreichen Lesungen landauf, landab ein aufgeschlossenes, interessiertes Publikum findet. Sie alle sind mir mit ihren unterschiedlichen Lebensentwürfen und ihren, sich auch stark voneinander abgrenzenden Lebenswirklichkeiten nahe gekommen.

Spürten sie etwas von der Unruhe, die uns zu diesem »Gesprächsbuch« trieb? Vielleicht teilen sie mit uns das Unbehagen darüber, dass Vieles von dem, was wir in unserem Leben versucht oder verworfen haben, sang- und klanglos verschwindet, als hätte es das nie gegeben – so schwappte ein Wunschbild aus dem Westen in den Osten herüber: »die DDR möge wie ein hässlicher Regentropfen der Geschichte rasch verdunsten«. Ganz zu schweigen von dem Unverständnis darüber, wie ein so vielfältiges, einst ebenso grandios entworfenes wie schmählich zerronnenes und schließlich kraftvoll weggefegtes Gebilde, die DDR, von den Siegern ausschließlich in das Kürzel Unrechtsstaat gepresst wird. Könnten wir nicht gerade von Jenen, die kritisches Denken, zugegebenermaßen in unterschiedlicher Schattierung, erprobten und die sich diesen distanzierten Blick auch heute nicht nehmen lassen, erfahren, wie man aus Krisen lernen kann? »Der Verlierer lernt besser als der Sieger«, sagt der Historiker Kurt Pätzold und, dass man wohl eher vom in Not geratenen Verlierer als vom behäbig sich zurücklehnenden Sieger weiterführende Gedanken erwarten kann. Zu fragen ist: Wird das Wissen der Ostdeutschen in dieser Gesellschaft ausreichend abgerufen, wird es von einer Gesellschaft genutzt, die sicherlich nicht für sich in Anspruch nehmen kann und es nicht tut, glanzvoller Endpunkt aller geistigen und gesellschaftlichen Entwicklung zu sein.

»Da ist nichts Besseres«, sagte Brecht über die DDR und arbeitete unermüdlich an der Erhellung gesellschaftlicher Prozesse, damit Menschen in die Lage versetzt werden, Zusammenhänge und Mechanismen, denen sie ausgesetzt sind, zu sehen, zu verstehen und zum Besseren wenden zu können. Diese Aufgabe bleibt. Unsere Gespräche bündeln Ansichten, gespeist aus den Erfahrungen des Scheiterns, die produktiv sein können – ein Think Tank Ost, den zu übergehen leichtfertig wäre. Wir sind hellhörig und misstrauisch geworden gegenüber einer Gesellschaft, die in der Krise steckt. Wir haben erfahren, wie ein nicht mehr lebensfähiges System durch Methoden, die den eigenen Idealen widersprechen, implodierte. Ist es nicht hohe Zeit, eine Gesellschaft auf den Prüfstand zu nehmen, deren »symptomatisches Kurieren« auf grundlegende Veränderungen verzichtet und die sich stattdessen die Wirklichkeit schön redet? Aber: »Der Kaiser ist nackt« – diese naive Erkenntnis, im Märchen von einem Kind ausgesprochen, und von Hans-Joachim Maaz auf heute gerichtet, könnte ihre heilsame Wirkung entfalten.

Wir leben heute und haben nichts Besseres. Analysen und Gedanken zu dem, was uns betrifft, sind auf der Welt. Auch jeder von uns hat sein Stück Lebensweg zurückgelegt, wir kennen zwei Gesellschaftssysteme samt ihren Triebkräften aus eigenem Erleben, wir haben gesellschaftliche Verfehlungen beobachtet oder daran teilgenommen, und wir haben hie und da einen Zipfel wünschenswerter Zukunft gesehen. »Mein Eigentum, jetzt habt ihrs auf der Kralle. Wann sag ich wieder *mein* und meine alle?« heißt es in einem Gedicht von Volker Braun. Das erfahren zu haben und nun vergleichen zu können, das ist unser Privileg.

Dieses Buch soll etwas davon bewahren und weitergeben und ist damit den Nachkommen gewidmet, insbesondere Heike, Ulrike, Georg, Flora und Lion.

Adelheid Wedel, Berlin im August 2009

Wie wir lernten,
mit verbundenem Maul zu sprechen

Interview mit dem Theaterregisseur Wolfgang Engel
im November 2008

Der Theaterwissenschaftler Prof. Günther Heeg hat 2008 bei der Verleihung des Leipziger Theaterpreises Ihre überaus erfolgreiche 13-jährige Arbeit als Regisseur und Intendant des Leipziger Schauspiels gewürdigt, indem er Ihnen bescheinigt, mit Ihren Inszenierungen nie nur in die Innerlichkeit individuellen Seelenlebens zu flüchten, sondern stattdessen nicht aufzuhören, die Frage nach der Gemeinschaft zu stellen, womit Sie die Zeitgenossenschaft des Theaters ermöglichen. Diese aber findet bei Ihnen im »Dialog mit den Toten«, wie Heiner Müller das nannte, statt. Wir verstehen das so, dass Sie die Texte der Klassiker beim Wort nehmen und dadurch mit ihnen ins Zwiegespräch aus heutiger Perspektive kommen. Meinen Sie, dass diese Herangehensweise etwas mit Ihrer Sozialisation zu tun hat, da Sie aus einer Zeit und einem Land kommen, wo man besonders hellhörig für den Kunsttext war, um für das Heute Antworten zu finden, die die Ideologie und Propaganda der DDR nicht liefern konnte und wollte?

Ich glaube, dass dem so ist. Und das hat was damit zu tun, dass zu DDR-Zeiten viele hervorragende zeitgenössische Stücke nicht gespielt werden durften. So haben wir uns Dramen mit den gleichen Konfliktstoffen in den Stücken unserer Klassiker gesucht. Denn für mich hat alles, was ich am Theater mache, mit Politik zu tun. Selbst Stücke, wo sich die Protagonisten nur privat verhalten, sind politische Vorgänge und umgekehrt, das ist eine ewige Dialektik. In der DDR war uns zwar das Maul verbunden, trotzdem haben wir versucht zu sprechen. Alle Stücke, die ich auf die Bühne brachte, ganz gleich ob sie zwei oder 2000 Jahre alt waren, haben mit meinem Verständnis von Gegenwart zu tun.
Zum Beispiel wollte ich 1984 Heiner Müllers »Germania Tod in Berlin« inszenieren, doch zu diesem Zeitpunkt war das in der DDR noch verboten. Ich hatte zum Glück in Dresden zwei wunderbare Kollegen, außergewöhnlich anständige, mutige und offene Altkommunisten; das waren Horst Schönemann und mein

Wolfgang Engel 1989 (li.) und 2007 (re.)

Intendant Gerhard Wolfram. Sie haben mich in meiner Theaterauffassung bestärkt und gesagt: Dann finden wir eben was Entsprechendes bei den Altvorderen und betrachten es mit Heiner Müllers Augen. So stießen wir auf Hebbels »Nibelungen«, und diese Entdeckung und spätere Inszenierung hat uns großes Vergnügen bereitet.

Auch mit dem »Faust« erging es uns und den Zuschauern so, die mühelos im Gestus von Goethe die Heutigkeit der Figur und des Textes entdeckten. Oder in »Maria Stuart«, da gibt es eine Szene, die eigentlich nur bei Elisabeth im Kabinett spielt. Und wir haben das Bühnenbild geteilt in eine Tribüne, die eine Öffentlichkeit hat, wie ein Fenster in einem Rathaus. Dann wurde hinuntergerannt von dieser Tribüne. Und unten im Kabinett wurden ganz andere Dinge verhandelt, als die, die nach draußen transportiert wurden. Dazwischen forderten Sprechchöre des Volkes den Tod der Maria. Das verstanden die Dresdner auf Anhieb.

Außerdem war es ja so, dass ein Lob im »Neuen Deutschland« die Theaterfans eher vom Theaterbesuch abhielt, und Verrisse oder gar gänzliches Totschweigen des Bühnenereignisses die Zuschauer in Massen zu uns trieben. Wobei dieser Sog angesichts der manipulativen Ideologie und der ideologisierten Medien für mich nicht etwa ein Vorzug des Systems war, eher ein Ventil. Es gibt ja das berühmte Beispiel vom Deutschen Theater in Berlin, da wurde innerhalb von 20 Jahren drei Mal recht unterschiedlich Lessings »Nathan der Weise« aufgeführt – mit jeweils ganz eigenen Akzenten und Interpretationsmustern, 1946, 1956 und 1966.

Das war spannend. Nur in Bilderfluten denken und schwelgen, das war nie mein Theater. Ich muss nicht vordergründig modernistisch oder auf Event und Skandal bedacht, Gewalt, Blut und Sex auf der Bühne in schrillsten Farben malen. Ich möchte vielmehr, dass unsere Zuschauer die Landschaft, die sie auf der Bühne sehen, im Kopf weiterdenken und -bauen. Diesbezüglich hat sich mein Verhältnis zum Theater nach der Wende überhaupt nicht verändert.

Meinen Sie, dass sich das Publikum inzwischen verändert hat, weil es vielleicht gar nicht mehr so dringend nach Antworten sucht oder denkt, es gibt ohnehin keine, die Hoffnung geben. Sie sprachen von der Ersatzfunktion, die die Kunst in der DDR hatte, wo man Dinge hören, sehen oder lesen konnte, die die offiziellen Medien gar nicht zu liefern oder auszusprechen gewillt waren. Vermissen Sie diese fast besessene Hellhörigkeit in der Kunstrezeption? Gab es möglicherweise so etwas wie Entzugserscheinungen, als Sie dann später, Anfang der 80er Jahre, im Westen inszenierten?

Ich durfte 1983 zum ersten Mal in den Westen fahren, da war ich knapp 40. Das Dresdner Ensemble war über eine DKP-nahe Tourneeagentur eingeladen worden, an kleineren Theaterhäusern zu spielen, die sich kein eigenes Schauspielensemble mehr leisten konnten – also von Leverkusen bis Ludwigshafen. Der Oberspielleiter aus Saarbrücken hatte von mir die »Maria Stuart« und die »Iphigenie« gesehen und machte mir ein Angebot für sein Theater. Mein Dresdner Intendant Wolfram war sofort dafür und sagte zu mir: Du musst das unbedingt wahrnehmen! Das brauchte dann noch ein halbes Jahr und brachte eine Menge Querelen mit sich. Alle, die solcherlei Hickhack mit den bürokratischen Mühlen schon hinter sich hatten, rieten mir, denen, die darüber befanden, jeden Tag aufs Neue auf den Geist zu gehen. Nun, ich habe das überstanden und bin seltsamerweise dann jedes Jahr einmal dienstlich im Westen gewesen.

Beim allerersten Mal fragte ich mich, für wen spielen wir in Saarbrücken, wenn ich das Publikum zurücklasse, mit dem ich verwurzelt bin. Zwar kannte ich das Westfernsehen, dennoch kam mir die Bundesrepublik plötzlich wie absolutes Niemandsland vor. So beschloss ich, eines der allerdeutschesten Stücke zu inszenieren, das es überhaupt gibt – »Minna von Barnhelm«, die Geschichte des preußischen Offiziers und des sächsischen Landedelfräuleins, das es wagt, sich bei der Besatzungsmacht für ihren Offizier einzusetzen. Das ist schon todesmutig. Sich das im Vergleich mit Besatzungen in Deutschland vorzustellen, grenzt an Utopie oder Naivität.

Ich habe dann noch den ebenfalls urdeutschen »Amphitryon« von Kleist und Tschechows »Möwe« inszeniert. Diese Welt der Künstler war mir auch sehr nah. Die Arbeit in Saarbrücken war für mich ziemlich wichtig, weil ich das Gefühl hatte: Ich muss mal raus, egal, auch wenn es ein Sprung ins kalte Wasser ist. Trotzdem gab es für mich weder euphorisch, noch emotional die Überlegung abzuhauen. Dazu waren die Freiräume, die Schönemann und Wolfram uns boten auf dieser Dresdner Insel der Seligen zu kostbar, und diese Vaterfiguren hielten ja all die Jahre ihre Hände schützend über mich. Für unsereins war so ein prononciert politisches Theater wie das von Peter Stein an der Westberliner Schaubühne am Halleschen Ufer eine große Orientierung. Und was Menschengestaltung anlangt, war es das Deutsche Theater in Berlin. Daran wollte ich mich messen. Aber ich wollte auch meine Brauchbarkeit in der Fremde checken, meinen eigenen Motor suchen. Wie gesagt war ich ab 1983 jährlich im Westen. 1986 gab es dann das offizielle Kulturabkommen zwischen der DDR und der BRD, was mir große Gastspiele in Düsseldorf, Köln und am Thalia-Theater in Hamburg bescherte bis zur Steigerung München, wo ich »Wie es Euch gefällt« von Shakespeare und die »Sonette« auf die Bühne gebracht habe.

Übrigens, bis auf zwei Techniker ist in der ganzen Zeit kein einziger Schauspieler von unserem Ensemble drüben geblieben, auch ein Zeichen für den Rang, den Dresden für uns einnahm. Bei mir funktionierte eine seltsame Logik: Im Westen verteidigte ich als Lokalpatriot meistens die DDR, vor allem wie ich dort großgeworden bin; und in der DDR verteidigte ich die Bundesrepublik und deren faszinierende Offenheit.

Es gibt eine einzige Episode, bei der mir regelrecht die Knie schlotterten. 1983 lud mich ein Schauspieler aus Saarbrücken ein, über Pfingsten mit ihm nach Paris zu fahren. Ich fuhr also heimlich über die Grenze der Bundesrepublik, weil ich ja einen Reisepass der DDR nur mit einem Ausreisevisum hatte und sonst nichts. Mitten in Paris, so auf dem Montmartre stehend, hatte ich die Blitzidee: Jetzt geh ich runter in die Stadt und bin einfach weg. Nicht um in die Bundesrepublik zu gehen, sondern was echt Neues anzufangen, ohne Sprachkenntnis und Sicherheit ... Ja, da war mir ganz mulmig zumute bei der Konsequenz dieses Gedankens. Vielleicht hatte das was mit später Romantik eines 40-Jährigen zu tun, die er mit 20 nie hatte. Dieses Eingesperrtsein in der DDR, das ahnte doch jeder normale Mensch, dass das kein Endzustand sein konnte. In Dresden steht mitten auf dem Postplatz ein Pissoir, von dem die Leute natürlich wissen, dass das ein Pissoir ist. Würde man da eine Mauer darum herumbauen, würde nach ein oder zwei Jahren so gut wie jeder versuchen, einen Blick über die Mauer zu werfen, um zu sehen, ob das Pissoir noch dasteht. So simpel sehe ich das. Ich war auf der Hut, habe mich gefragt, ob meine Seele in der Diktatur irgendwie Schaden nimmt, ob ich zu brav oder angepasst reagiere und nicht mehr selbstbestimmt genug agiere.

Wie sah denn braves Anpassen aus?

Dass ich einfach ruhiger wurde.

Und dass Sie nicht mehr so viel diskutiert haben?

Das eher nicht, aber dass sich so ein innerer Opportunismus einschleicht. Ich halte ja den Menschen insgesamt für unvollkommen. Deshalb hielt ich auch den Kommunismus für praktisch nicht lebbar. Was dort an Ideologie gepredigt wurde, lässt sich genauso wenig verwirklichen wie das, was uns Religionen predigen. Ich glaube nicht daran, dass sich der Mensch in seinem Wesen zum Höheren entwickelt, nicht seit Adam und Eva.

Aber lebte nicht die Kunst in der DDR, und sicher auch darüber hinaus, gerade von der Spannung, dass zum Beispiel die Utopie vom Kommunismus oder Sozialismus von nicht Wenigen attraktiv gefunden wurde, aber in der gesellschaftlichen Realität die Widersprüche zum ideologischen Konzept aufbrachen und offenbar wurden. Von dieser Schere zwischen Anspruch und Wirklichkeit?

Meiner Meinung nach hat die Rolle des Individuums in der DDR-Öffentlichkeit ganz lange unter der Überbetonung der Rolle des Kollektivs gelitten. Bis in die 70er Jahre war der Hauptfokus das Kollektiv, dann ging es nach und nach um das Individuum im Kollektiv. Und eigentlich wurden erst in den 80er Jahren konsequente Diskussionen um den Einzelnen, die Einzelpersönlichkeit geführt. Deshalb wurden die alten Stoffe von Shakespeare über Goethe und Schiller, die auf den Kampf des Individuums mit der Gesellschaft zielten, bei dem das Individuum meist reift, letztlich aber daran kaputt geht, für mich als Theaterregisseur immer attraktiver. Ich werde oft danach gefragt, wie unterschiedlich meine Arbeitserfahrungen in der DDR und der Bundesrepublik waren. Ich kann dazu nur sagen, so unterschiedlich wie das Theater in Dresden und Leipzig zumindest Anfang der 80er Jahre war – hier Öffnung, da Enge – so groß waren die Unterschiede zwischen Frankfurt am Main und Bochum. In München traf ich zum Beispiel auf die grandiosen Schauspieler Ulrich Matthes und Krista Posch. Das war, als ob wir uns schon hundert Jahre kennen. Selbst wenn wir uns über einzelne politische Fragen stritten, war unsere Vorstellung von Theater ein und dieselbe. Darüber hat es leider keine echte Nachwendediskussion gegeben.

Aber in Dresden waren doch die Aussagen auf der Bühne ganz oft ein politisches Wagnis, was für Frankfurt am Main eher nicht vorstellbar ist?

Ich habe fünf Schauspieler mit nach Frankfurt genommen, Cornelia Schmaus, Christoph Hohmann, Justus Fritzsche, Wolfgang Gorks und Thomas Mehlhorn. Den Biss, den Dresdner Inszenierungen hatten, konnten wir in der Tat nicht länger kalkulieren oder beanspruchen. Aber unser Handwerk war doch nicht verloren. Mich retteten im Westen zunächst die Mittel der Groteske, um mich der Gegenwart zu nähern. Ich habe in Frankfurt am Main »Tarelkins Tod«, das Stück eines russischen Adligen aus dem 19. Jahrhundert namens Alexander Suchovo-Kobylin, auf die Bühne gebracht. Das spielt in einem totalen Bürokratenstaat und du denkst dabei, du liest Beckett. Von da an habe ich mich in dem neuen System wohlgefühlt. Aber mit meiner Vorstellung von der großen Freiheit bin ich natürlich auch blauäugig an die Arbeit im Westen gegangen. »Der Kaufmann von Venedig« mit Jürgen Holtz als Shylock und Volker Spengler als Dogen war meine erste Arbeit in Frankfurt. Spengler war zehn Jahre zuvor in Frankfurt bei der Uraufführung von Fassbinders »Der Müll, die Stadt und der Tod« dabei, die den so genannten Frankfurter Theaterskandal provozierte und einfach nicht stattfinden durfte. So habe ich dem Dogen Spengler einen Alptraum mit Ausschnitten aus diesem Fassbindertext in den Mund gelegt, was ich lediglich mit den Schauspielern und meinem Dramaturgen besprochen habe, mit niemandem sonst. Zehn Tage vor der Premiere steht plötzlich der Intendant nachts vor meiner Tür und bittet händeringend, den Fassbindertext zu streichen. Jetzt haben Sie ein Problem, sagte ich, Sie können mich bitten, aber ich werde den Fassbinder nicht zurücknehmen, oder Sie müssen das verbieten, da Sie ja weisungsberechtigt sind. Ich pochte auf die Relevanz der Verknüpfung beider Stücke. Der Intendant wich auf eine für ihn clevere Lösung aus und delegierte das Problem kurzerhand an den Verlag der Autoren, der mir die Nutzung der Textausschnitte untersagte. Er war nun fein raus, ich hatte mein Verbot und habe mit dem berühmten Bild von Biermann geantwortet: »Vom Regen in die Jauche!« In schönster Häme hat dann Spengler den ganzen strittigen Monolog nur über die Vokale gesprochen, und da die Zuschauer die Gemengelage kannten, war das gespenstisch. Aber ein Zitat dieses jüdischen Industriellen konnte man nicht streichen, da es aus einem Grimm-Märchen stammt: »Ach, wie gut, dass niemand weiß, dass ich Rumpelstilzchen heiß!« Das war dann eine typische DDR-Reaktion von mir.

Ein Vorwurf, den uns westdeutsche Theaterleute nach der Wende häufig machten, lautete, wir agierten, indem wir etwas sagen, aber gleichzeitig etwas anderes meinen, mit intellektueller Kälte. Dabei war gerade das für uns ein hochemotionaler Vorgang. Beim Blick auf westdeutsches Theater fiel mir auf, dass nicht das Ensemble so sehr wie bei uns im Vordergrund stand, sondern die Persönlichkeit. So große, reiche, ja phantastische Schauspielerpersönlichkeiten habe ich kennen gelernt, die ich bewundert habe, solche, die zum Beispiel auf dem Strasberg-Institut New York noch Lee Strasberg selbst getroffen und bei ihm studiert hatten. Die waren in der Lage, binnen einer Minute einen Nervenzusammenbruch zu spielen. Freilich gab es auch »Talente«, die ihre Macken als Persönlichkeit ausstellten.

Sicherlich machen wir Ostdeutschen seit der Wende im Zeitraffertempo das durch, was die Leute im Westen seit 1945 kontinuierlich erlebt haben. Doch was das Theater anbelangt, sag ich mir immer als Trost: Der liebe Gott hat den Schauspielern ein Talent gegeben, sie können auf einer leeren Bühne spielen, dass sie in einem Wald sind. Und dann zeigen sie, dass dieser Wald ein Gefängnis ist, und dann können sie auch noch spielen, wie sie aus diesem Gefängnis ausbrechen – ohne dass es irgendwelcher Äußerlichkeiten dazu bedürfte. Wenn man dieses Talent sichtbar machen kann, ist das für die Zuschauer immer wieder neu und faszinierend. Selbst wenn zeitweise Moden das Theater zuzudecken drohen, kommt es doch letztlich immer wieder auf das Erzählen von Geschichten zurück. Ich habe keine Schwierigkeiten damit, dass es Zeiten gibt, in denen die Sprache auf dem Theater nur mehr der Sprache einer Sprechblase entspricht. Allerdings habe ich mich auch mit meinen Schauspielern schon gefragt, ob wir oder mein Theater nicht tatsächlich die Sprache des 19. Jahrhunderts sprechen. Denn ob wir wollen oder nicht, die Sprache des 20. und 21. Jahrhunderts ist mehr oder weniger zur Sprechblase verkommen. Also, was bleibt uns jetzt zu tun, um wieder auf Sprache aufmerksam zu machen, weil sie verkümmert? Ich mache im Moment einen Prozess durch, den ich für mich so nie mehr für möglich gehalten hätte. Ich bereite für das Düsseldorfer Schauspielhaus eine Aufführung von Thomas Manns Roman »Joseph und seine Brüder« vor, für die John von Düffel eine Bühnenfassung geschrieben hat (erfolgreiche Premiere war im Februar 2009, d. A.). Es ist fast Wahnsinn, diesen großen Roman auf das Theater zu bringen, mit dem ich mich den ganzen langen Sommer 2008 über intensiv beschäftigt habe. Mit einem Mal war ich regelrecht besoffen von deutscher Sprache und wie reich sie bei Thomas Mann ist und was ich bei ihm noch alles lerne. Ein Faszinosum, das mich drängt, mich mit dem Theater dazu ins Verhältnis zu setzen. Vielleicht klingt diese Hinwendung zur Sprache für Sie nach Aufklärung, aber vielleicht haben wir genau die wieder nötig, auch wenn das lange verpönt war.

Wenn man sich die moderne Mediengesellschaft ansieht – die Digitalisierung von Bild und Ton, die Computersprache, Internet, Mails, Mobiltelefone und SMS bis zu Public Viewing etc. – dann warnen ja auch Sprachforscher vor einer Verflachung, Verarmung und Uniformierung der Sprache, ja selbst Psychologen beobachten, wie entfremdet oft Kommunikation stattfindet, bis in private Beziehungen hinein. Wissenschaftler schreiben öfter voneinander ab und liefern weniger Eigengedanken, Phantasie entsteht seltener beim Lesen, stattdessen bei Videospielen usw. Und dennoch gibt es ja nicht nur bei Intellektuellen und Künstlern nach wie vor Lust an der Sprache. Und das Fernsehen hat das Theater auch nicht überflüssig gemacht. Ist das ein ewiges Spannungsverhältnis?

Ja, ich glaube, dass das ein ewiges Spannungsverhältnis ist. Ich würde mir zwar überhaupt nicht anmaßen, die modernen Medien zu verteufeln, obwohl ich andererseits alle bedaure, die alleine vor ihrem PC und ihren E-Mails sitzen. Sie werden staunen, dass ich zu der Minorität von Neandertalern gehöre, die das alles weder besitzt oder beherrscht, noch wirklich braucht. Natürlich gab es moderne Kommunikation und Technik auch in meinem Theater, ich selbst konnte das alles aber nicht bedienen. Ich habe lieber telefoniert. Und manchmal musste ich Briefe schreiben. Ich finde diese altmodische Art für mich ganz normal. Vielleicht sollten die modernen Medien Kurse anbieten, wie man persönliche Briefe schreibt, das wäre doch was. Freilich, als die Handys aufkamen, habe ich gesagt: Nie nehme ich so ein Ding in die Hand! Und habe meinen Schwur dann gebrochen. Allerdings finde ich diese ewige Erreichbarkeit gar nicht gut, weil ich eher ein Anhänger von Entschleunigung und lustvoller Ruhe bin. Das ist sicherlich mein harmloser Protest gegen diese Beschleunigung und Oberflächlichkeit, die über uns schwappt. Aber dass ich zu DDR-Zeiten bis 1986 kein eigenes Telefon hatte, hat mich schon fluchen lassen auf den Staat, der einem nicht mal diesen banalen Luxus gönnte. Wenn ich meine Mutter sprechen wollte, ging sie einmal in der Woche in Schwerin früh um acht auf die Post, um mich im Dresdner Theater anzurufen, wo ich regelmäßig auf ihr Telefonat wartete.

Am Ende Ihrer 13-jährigen Leipziger Zeit als Intendant und Regisseur haben Sie es bedauert, dass Ihr Theater nur zu rund 60 Prozent ausgelastet war. War die spezifische Sozialstruktur der Universitätsstadt mit vielen Intellektuellen und Studenten nicht ein Pfund für Theaterinteresse? Konnten Sie nicht zum Beispiel mit Studentenrabatt locken?

Das haben wir ja alles gemacht. Offenbar jagen wir aber immer noch so einem alten humanistischen Ideal, so einer Allround-Ausbildung und umfassenden Kultur-Prägung hinterher.

Als ich hier anfing in Leipzig, bin ich zuerst zur »Moritzbastei« gegangen, gleich neben der Uni, dieser wirklich traditionellen Adresse für Studententreffs. Ich bin nämlich zu DDR-Zeiten häufig mit Freunden mit dem Trabi nachts von Dresden nach Leipzig in die »Moritzbastei« gefahren; die Atmosphäre war dort einfach prima. So wollte ich das also nach der Wende weiter tun und war dann ganz entsetzt, einen vollkommen anderen Typus von Studenten anzutreffen. Da saßen jetzt junge Leute mit Handys rum und telefonierten laut. Es gibt zwar immer auch noch ein bisschen Fahrradpublikum, aber die Sorte Studenten, die auch zu uns ins Theater strömten, ist wie vom Erdboden verschwunden. Zum Glück gibt es aber noch einige wenige sehr gute Deutschlehrer an den Gymnasien – ich kenne ein paar davon hier in Leipzig – und die motivieren ihre Schüler ganz wunderbar für Theater und Kunst.

Sie waren ja, weiß Gott, nicht regimehörig, wir wissen von Freunden, die in Dresden und Meißen wohnen, dass die immer wie Pilger zum Mekka der Engel-Inszenierungen strömten. Also da war jeder Abend ein Kollektivereignis und Kick. Lag das daran, dass Ihr Fan-Publikum und Sie selbst die leidenschaftliche Suche nach gesellschaftlicher Utopie oder zumindest demokratischer Alternative verband?

Ich bin das interessanterweise auch schon zu DDR-Zeiten gefragt worden. Für mich war nicht so sehr die Utopie vom Kommunismus attraktiv, sondern meine

Art Religion, wenn man so will, war die deutsche Literatur. Besonders die Literatur des 18. und 19. Jahrhunderts war für mich unendlich reich. Und ich hatte mit ihr so wunderbare Wiedererkennungseffekte, das fand ich wahnsinnig spannend. Das heißt, ich konnte in diesen alten Texten von Goethe, Schiller, Lessing bis hin zu Fontane quasi mein Leben nachlesen. Daran habe ich mich orientiert. Das hängt natürlich auch davon ab, welche Art von Bildungsweg man genommen hat, wie man groß geworden ist. Politischen Utopien stand und stehe ich eher skeptisch gegenüber. Ich habe bis jetzt zum Beispiel so meine geistige Auseinandersetzung mit der »Orestie«, also dem, was sicherlich zu Aischylos' Zeiten als positive Utopie gemeint war, die Gründung des Areopag, jenes Gerichtshofes im alten Athen, wo das Recht nach Rache nicht mehr funktioniert und Demokratie das Ziel ist. Das habe ich ganz ernsthaft hinterfragt. Für mich steckt darin eigentlich durch die Beeinflussung der Götter, wie die Demokratie stattfinden soll, schon was ganz Negatives. Ich entdecke heute öfter Stücke auf dem Theater, um das mit Heiner Müller zu sagen, die sich eher als Warnbilder aufrichten. Ich habe nichts dagegen, dass man »König Lear« inszeniert. Das Stück ist freilich ein einziger Karfreitag für mich – ohne Hoffnung auf Ostersonntag. Doch wir Menschen sind nun mal so gepolt, dass wir diesen Ostersonntag irgendwie erwarten oder wünschen. Und das finde ich auch okay. Thomas Mann sagte über die Bergpredigt: Als der Mensch vom Berg Sinai herunterkam, hat er die berühmten Zehn Gebote schon nicht mehr eingehalten. Und dennoch haben »Du sollst« oder »Du sollst nicht« die Menschheit insgesamt weiter gebracht. Eingehalten werden sie nie. Diese Dialektik muss man verstehen lernen. In einer Diktatur war sich die Mehrheit ja verhältnismäßig einig untereinander, wusste um die Konflikte und das Maß der Unterdrückung. Irgendwo waren die meisten links denkend. Das ist nach meiner Erfahrung und in meinem Umfeld nach wie vor so. Das Theater denkt im Wesentlichen links. Da gibt es zwar ungeheure Schattierungen, aber grundsätzlich habe ich in meinem Leben nichts anderes kennen gelernt, weder im Westen, noch im Osten. Das Merkwürdige ist, dass das Theater, auf die Kommunen bezogen, eigentlich mehr praktische Unterstützung vom eher rechten, konservativen Lager, was jetzt natürlich nicht die Neonazis meint, erfährt, nicht so sehr von links. Ich kann mich genau an die Frage zur Wende erinnern: Wo gehen wir denn jetzt hin, welches Land wird von der SPD regiert und welches von der CDU? Wir gehen lieber zur CDU, die erhält ihre alten Kultureinrichtungen besser und ist inzwischen so demokratisch, dass sie sich in den wenigsten Fällen in die Kultur inhaltlich einmischt.

In punkto Einmischung in Inhalte möchte ich noch mal was zur DDR sagen. Das geschah ja sehr viel differenzierter als das gemeinhin in der Rückerinnerung dargestellt wird. In den zehn Jahren, die ich in Dresden war, und Dresden war die beste Zeit meines Theaterlebens überhaupt, ist nur ein einziges Mal eine Arbeit von mir verboten worden. Dass es des Öfteren Einmischungen gab, steht auf einem anderen Blatt. In den seltensten Fällen haben aber Institutionen, wie der Rat des Bezirkes oder die SED-Bezirksleitung, Verbote direkt ausgesprochen. Sie haben in der Regel dem Intendanten nahe gelegt, dass der irgendwas ideologisch prüfen und entscheiden sollte. Das hatte auch sehr viel mit Zivilcourage oder mit Feigheit der jeweiligen Chefs oder Regisseure zu tun. Und bei uns in Dresden stimmte einfach die Chemie zwischen Wolfram, Schönemann und uns jungen Regisseuren und den Schauspielern, so dass wir uns ziemlich konsequent in der Arbeit verhalten haben.

Ich erinnere mich in diesem Zusammenhang an eine kuriose Situation, die ich 1987 erlebt habe, mit einem sehr harm- und belanglosen »Liederabend der 20er Jahre«, den ich zusammengestellt habe – natürlich mit Texten, die was mit uns zu tun hatten. Da heißt es in der Operette von Künneke, »Glückliche Reise«, in einem Song: »Auf, nach drüben, unser Gepäck ist gepackt!« Über diese erste Zeile sind wir überhaupt nicht hinausgekommen – bei keiner Aufführung. Da ging die Post ab. Und das war den Oberen natürlich zu viel. Die haben dann bestelltes Armee-Publikum von der NVA zu uns geschickt, das auf Befehl während der Vorstellung randalieren musste. Das hat aber die Dresdner nicht sehr erschüttert, die Zuschauer haben uns ja getragen und mit den Füßen abgestimmt, was sie sehen wollten. Das war ja das Tolle.

In Dresden war von der Hierarchie eine gewisse Disposition da; es wurde da etwas zivilisierter mit Kultur umgegangen, im Gegensatz zu Leipzig damals.

Das hatte mit der Persönlichkeit von Hans Modrow zu tun, der uns immer als der Gebildetere unter den SED-Bezirksfürsten erschien und offener und bereiter war zu diskutieren. Für die Berliner SED-Hierarchie war Dresden schon Diaspora. Das war das Sibirien für diesen Sonnenstaat. Und als die Berliner Kulturoberen so um 1987 dann anfingen, genauer auf Dresden zu gucken, waren bis dahin schon so viele Westjournalisten bei uns gewesen, die uns auf ihre Weise auch sehr geholfen haben. Gar nicht vordergründig, sondern ganz behutsam, haben so renommierte Theaterkritiker wie Andreas Rossmann zum Beispiel ganz sensibel und gar nicht etwa spektakulär beschrieben, was am Dresdner Theater Qualitatives und Spannendes stattfand. Das wurde nicht in der »Bild-Zeitung« gedruckt, sondern in seriösen Feuilletons. Jedenfalls hatten wir inzwischen so einen Namen und guten Ruf, dass die Kulturbonzen in Berlin das einfach zur Kenntnis nehmen mussten. Sie haben später dann noch mal versucht, Intendant Wolfram abzusägen bei Christoph Heins legendärem »Ritter der Tafelrunde«, die mein Kollege Klaus-Dieter Kirsten inszeniert hat. Aber da war es für Reglementierungen von oben schon zu spät.

Wenn Dresden, wie Sie so lustvoll rekapitulieren, Ihnen die schönste Zeit Ihres Theaterlebens bescherte, wieso haben Sie dann in dieser Zeit den Nationalpreis der DDR abgelehnt, später nach der Wende aber das Verdienstkreuz 1. Klasse der Bundesrepublik angenommen?

Der Nationalpreis der DDR sollte mir in der Endphase der DDR verliehen werden, 1989, als die Ungarn im Sommer schon die Grenze zu Österreich geöffnet hatten. Daraufhin habe ich dem Kulturministerium ganz simpel geschrieben, ich hätte momentan so viele Fragen, dass ich von dieser Regierung keinen Preis annehmen könne. Das Bundesverdienstkreuz habe ich viel später angenommen. Ich habe es zuerst auch abgelehnt, als ich es gleich nach der Wende verliehen bekommen sollte und das eher wie einen Alibiorden empfand. Aber als ich dann hierher nach Leipzig kam und es hieß, ich bekäme das Bundesverdienstkreuz für meine Theaterarbeit im Osten und im Westen und auch für meinen Unterricht bei den Schauspielstudenten, dafür ließ ich mich schließlich ehren.

Sie sind ja bekannt dafür, dass Sie sich gerne und mit Erfolg um Nachwuchs kümmern und gekümmert haben. Was hat Sie gereizt, mit jungen Regisseuren zusammenzuarbeiten und denen auch eine Brücke zu bauen?

Das Entscheidende war, dass ich mir aus meiner Kenntnis von anderen Intendanten vorgenommen hatte, wenn ich mal Intendant wäre, sollten neben mir Leute, die eine völlig andere Handschrift haben, eine völlig andere Sprache sprechen, jede Chance bekommen. Von Anfang an habe ich ganz bewusst auf eine Vielfalt der Stile und Handschriften gesetzt. Konstanze Lauterbach war ja schon hier, als ich nach Leipzig kam. Und ich habe demonstrativ alle ihre Aufführungen, die hier liefen, übernommen, um zu zeigen, was Prinzip von mir sein sollte. Armin Petras hat dann zwölf Jahre hier gearbeitet. Er hat jedes Jahr hier inszeniert. Aber es ist auch nicht alles rosig verlaufen, bei einigen jungen Kollegen gingen die Arbeiten nicht auf, in anderen Inszenierungen habe ich manchmal drin gesessen und gestöhnt: Na, Gott sei Dank, dass ich das nicht selber gemacht habe. Aber gleichzeitig fiel mir dann ein, dass ich ja als Intendant auch dafür verantwortlich bin (lacht). Aber das, denke ich, ist das Risiko, das Theater eingehen muss.

Um noch mal auf Ihre konkreten Erfahrungen als Theaterregisseur und Bürger in der DDR und in der Bundesrepublik zu kommen – wie fällt Ihr Vergleich dabei summa summarum 20 Jahre nach der Wende aus?

Was man so als Ideologie aufschreiben und fordern kann, wie in der DDR geschehen, das ist das Eine. Und das, was praktisch gelebt und erfahren wird, ist das Andere. In der DDR hast du dir deinen kleinen, eigenen Radius geschaffen, in dem du dich zum Beispiel mit ganz besonderen Freunden, Geistesverwandten umgeben hast. Ich hatte das Glück, in diesen spannenden zehn Jahren in Dresden auch sehr viele Maler kennen zu lernen, die überhaupt nicht angepasst waren, die zu uns in die Theaterproben kamen und malten, die in irgendwelchen Privatwohnungen Ausstellungen machten, die wir besuchten. Angela Hampel ist zum Beispiel so ein Name. Wir kannten uns ziemlich gut. Auch das hatte natürlich wieder mit dieser »Senke Dresden« zu tun. Diese Erfahrung möchte ich auf gar keinen Fall missen.

1989 bin ich unter noch gefährlichen und ziemlich mysteriösen Umständen mal in eine Dresdner Kirche eingeladen worden, was sich als Gründungstermin der Dresdner SPD entpuppte. Als die Einladenden dann anfingen, das Neue Forum zu beschimpfen, habe ich gesagt: Wenn ihr euch jetzt nicht parteiübergreifend verhaltet, muss ich mich euch nicht anschließen und bin gegangen. Nach den Rockmusikern der DDR haben wir am Dresdner Theater auch eine Protest-Resolution verfasst und ab dem 6. Oktober 1989 jeden Abend nach der Vorstellung von der Bühne verlesen. Bei uns waren, da das Große Haus wegen Baumaßnahmen damals gerade geschlossen war, bei den täglichen Vollversammlungen immer auch die Bauarbeiter mit dabei, die unsere Diskussionen quasi in der ganzen Stadt verbreiteten. Insofern gab es bei uns auch keine Intellektuellenschelte, die ja andernorts später in Mode kam.

Ich weiß noch, dass wir beim Umbruch 1989 oft ganz simple oder profane Zukunftsvorstellungen hatten. Ich meinte, wir sollten uns auf eine Art Finnlandisierung hinbewegen – demokratisch, arm, aber redlich! (lacht)

Haben Sie wirklich daran geglaubt?

Ja, ich habe einen solchen dritten Weg favorisiert. Es gab doch damals diese Unterschriftenaktion, den Aufruf »Bleiben Sie hier!« Ich habe das auch mit unterschrieben.

Und Christa Wolf hat den Aufruf im Fernsehen verlesen, was ihr im Nachhinein viel Ärger eingebracht hat.

Ja, denn plötzlich hatte sich Egon Krenz vom alten SED-Politbüro da auch noch mit reingeschummelt. Das hat die ganze Aktion entwertet. Ich dachte, mein Gott, wenn die alten Kader wieder mit von der Partie sind, wird das nix Neues. Und so war es ja eine kleine Weile auch, als Krenz noch agierte.

Bei der großen Demonstration am 4. November 1989 auf dem Berliner Alexanderplatz hatten die meisten der einen Million dort anwesender DDR-Bürger die hehre Illusion von einem Sozialismus mit menschlichem Antlitz. Diese Demo hatten die Schauspieler vom Deutschen Theater organisiert. Und so geachtete Künstler wie die Schriftsteller Christa Wolf und Stefan Heym und Schauspieler wie Ulrich Mühe, Johanna Schall oder Steffie Spira sprachen von der Tribüne. Die Autorin Helga Königsdorf hat diesen heiteren, befreienden Tag kurz darauf euphorisch »einen Moment Schönheit« genannt und damit die leidenschaftliche Energie und das plötzliche Hoch-Gefühl über den aufrechten Gang beschrieben. Dennoch war dieser Moment – von heute aus gesehen – von heilloser Naivität geprägt, obwohl wir uns ja nicht als politische Analphabeten einschätzten. Aber wir hätten doch viel stärker die Weltlage mit dem sich abzeichnenden Zusammenbruch des sozialistischen Lagers und die damalige Macht des globalisierten Kapitalismus kalkulieren müssen, anstatt von einer Insel Solentiname, auf der eine demokratische DDR entstehen sollte, zu träumen.

Ich glaube, wenn im März 1990 bei den ersten demokratischen Wahlen des Landes vielleicht nur 20 Prozent der politisch nachdenklichen Köpfe gewählt hätten, wäre so was zumindest »andenkbar« gewesen. Der große Rest von 80 Prozent der DDR-Bevölkerung aber, der vorher im FDGB-Heim oder am Schwarzmeerstrand von Bulgarien Schnitzel mit Senf gegessen hatte, wollte jetzt endlich auf Mallorca Schnitzel mit Ketchup essen. Kann ich ja auch wieder verstehen.

Heute kann ich jedoch sagen, dass ich die Abhängigkeit von Ideologie schlimmer als die Abhängigkeit von Geld finde.

Und warum?

Natürlich finde ich in der Bundesrepublik längst nicht alles gut. Aber ich denke, wir leben im besten Deutschland, was wir je hatten, oder man nenne mir eins, wo es besser war.

Ich meine, dass wir zu DDR-Zeiten gelernt hatten, zum Beispiel mit nur zwei Käsesorten auszukommen. Für mich war das erstmal kein Problem, dass ich nicht 20 Käsesorten hatte, um das mal zu simplifizieren. Natürlich fand ich mein Theaterumfeld ausgesprochen privilegiert. Wir waren in Dresden, wie gesagt, auf einer Insel der Seligen. Weil wir uns in unserem Theater untereinander wirklich in großer Freimütigkeit unterhalten und auch produktiv gestritten haben, was einem Arbeiter in einem volkseigenen Betrieb vielleicht nicht so gut möglich war. Aber gleichzeitig verrate ich Ihnen, dass laut meiner Stasiakte mich sage und schreibe 19 Leute des Dresdner Theaters bespitzelt haben. 19!

Gab es da welche, die Sie damals schon im Blick Ihrer Vorsicht hatten?

Also, genau weißt du das ja nie, das wäre zu einfach. Aber wenn du dann drei Jahre nach der Wende in deiner Akte liest: »Ich gehöre jetzt endlich auch zu Engels Freundeskreis, und wir können im Weiteren systematisch vorgehen«, ist das schlimm. Obwohl wir im Prinzip alle wussten, dass es flächendeckende Bespitzelung oder Beobachtung gab und Stasiprosa keinerlei Wahrheitsanspruch hat und ausufernd redundant ist, war es ja perfide Absicht, dir den Eindruck überzustülpen, dass auch du unter Bewachung stehst. Also dieses perverse Spiel mit Zuckerbrot und Peitsche. Ich darf einerseits gnädig nach München fahren und dort inszenieren, und in Dresden installiert einer eine Wanze unter meinem Bett.

Was wir unter dieser Lupe dann doch erstaunlich finden ist, dass Sie vorhin anklingen ließen, in der DDR gar nicht so richtig reglementiert oder zensiert worden zu sein?

Ich weiß, dass es in anderen Theatern ganz anders war. Man muss wiederum bedenken, Wolfram und Schönemann gehörten einer Generation an, die aus dem faschistischen Krieg gekommen sind, vorher waren sie Pimpfe, und am Schluss standen sie vor Trümmern. Dieser antifaschistischen DDR haben sie zunächst ihre ganze Kraft und Hoffnung gewidmet. Als ich nach Dresden kam, haben sie mich wie ihren Sohn behandelt, obwohl ich schon 40 war und sie waren um die 60, sie haben beide Hände über mich gehalten. Der Engel durfte so gut wie alles machen.

Weil sie in Engel eben den begabten Künstler und Theatermacher sahen oder weil sie auch politisch Vertrauen zu Ihnen hatten?

Beide waren in der SED, aber es waren für mich einfach wunderbare, gestandene und echte Altkommunisten, die in der Arbeit und menschlich super waren, die sich nicht nur zu mir absolut integer verhielten. Mit denen konnte ich mich politisch oder sachlich bis aufs Messer streiten, und das hatte keinerlei negative Folgen. In meiner Stasiakte steht mehr als einmal sinngemäß: Wir kommen an Engel leider nicht ran, weil Wolfram und Schönemann vor ihm stehen. Insofern kam ich mir natürlich schon sehr behütet vor. Selbst Schönemann hat in seinem Büro, wenn ich mit ihm etwas Politisches von Belang besprechen wollte, über eine Aufführung oder so, demonstrativ seinen Finger vor den Mund gehalten und so vor möglichen Wanzen gewarnt. Dann sind wir eben durch den Zwinger spaziert und haben das Unsere beredet.

War das Zufall, dass Sie nach der Wende wieder in Sachsen, diesmal nicht in Dresden, sondern in Leipzig landeten?

Das war reiner Zufall. Ich war in Frankfurt am Main, und dann wurde hier in Leipzig der Intendantenposten frei. Und die Leipziger Schauspieler haben mir einen freundlichen Brief geschrieben, ob ich mich nicht bewerben wollte. Ich war einfach durch meine Frankfurter Tätigkeit und durch mein Verhältnis zu dem dortigen Intendanten so weit, dass ich mir gesagt habe, ich höre jetzt auf zu meckern, ich muss aus dieser zweiten Reihe raus. Ich werde es jetzt selbst ausprobieren.

Haben Sie später manchmal geflucht, weil man als Intendant nicht nur fürs Künstlerische Verantwortung trägt, sondern heutzutage auch sehr viel Bürokratie am Hals hat?

Das hängt davon ab, wie du den riesigen Brocken Verantwortung, der auf dir lastet, teilweise weiter delegierst. Das hatte ich von Wolfram ganz gut gelernt, in der Hoffnung, dass die geteilte Verantwortung bei denen, die das Theater machen, auch demokratisch ankommt. Ich habe mich gefragt, wie musst du dich bei wichtigen Leuten verhalten, von denen du was willst für dein Theater. Darin sehe ich eine Art von Schauspiel-Ersatz. Das heißt nicht, dass ich mit Lügen tricksen wollte, ich wollte eher den Blickwinkel meines jeweiligen Gegenübers rausbekommen. Im Theater muss ich ja den Blickwinkel des Schauspielers auf der Bühne auch erforschen. In leitenden Funktionen verlernt man leider allzu schnell die Fähigkeit des Blickwechsels. Dann wollte ich mein Ensemble auch zur Konfliktfähigkeit erziehen, weil ja das Abhängigkeitsverhältnis heute oft so verstanden wird, dass man aus Angst vor dem Chef gar nicht erst den Mund aufmacht, weil das den Arbeitsvertrag gefährden könnte.

Bürokratie erledigt man übrigens locker, wenn die künstlerische Arbeit Spaß macht. Aber wehe, es knirscht! Ich hatte zum Glück eine klasse Referentin, Christiane Wiechmann, die mir den Rücken freihielt, ebenso wie die künstlerische Betriebsdirektorin Anna Mühlhofer. Wenn ich die bat, abends um sechs mit einem Blumenstrauß loszustiefeln, holten die kurzerhand ihr kleines Schwarzes aus dem Schrank und machten sich auf die Socken. Also solches Teamwork tut einfach gut.

Meinen Sie, dass es trotz SED-Diktatur in der DDR bestimmte soziale Verhaltensweisen oder vielleicht auch humanistische Werte gab, die in der Marktwirtschaft verschlissen, bzw. tabu sind oder verloren gehen?

Ich weiß nur, dass die DDR, zumindest in den letzten bleiernen Jahren ihrer Existenz, ein derart tönernes Gebilde war und sich die Bevölkerungsmehrheit über die verlogene Propaganda vollkommen im Klaren war. Jetzt kann man sich inzwischen aber auch wieder über die weltweite Finanzkrise einen Kopf machen; das ist, obwohl durchaus ernst, im Grunde zum Totlachen. Mit einem Mal ist staatliche Hilfe wieder gefragt. Mit einem Mal wird das »Kapital« von Karl Marx wieder rausgekramt und kommt zu Vorlesungsehren.

Für ganz wichtig halte ich, dass sich die Bildung wieder demokratisiert und mindestens die ersten sechs Schuljahre alle Kinder gemeinsam die Schule besuchen, bevor eine Auslese stattfindet; da machen uns andere westeuropäische Länder noch was vor. Zugang zu Bildung muss ein jeder haben! Mit humanistischen Werten in der DDR, da hab ich so meine zweifelnden Fragen.

Wenn Sie sich vorstellen würden, Sie säßen in der Bundesregierung ganz oben an einer Schaltstelle und hätten die Macht, ein besseres Deutschland mittels Reform zu entwerfen, wo würden Sie da anfangen?

Auweia, das ist eine große Frage! Na, dann komme ich noch mal auf meine Vision von einem dritten Weg zurück, den ich vorhin als Finnlandisierung beschrieben habe, wo es nicht um Reichtum geht, sondern um Redlichkeit und mehr Zivilcourage. Und wenn man wie ich als Regisseur mit Kunst und schöpferischen Ideen zu tun hat, wünscht man sich freie Entfaltung von Phantasie und Geist. Dann halte ich das Recht auf Arbeit für eine Grundvoraussetzung sinnerfüllten Lebens. Dabei dürfen wir uns dieser Art von gegenwärtiger Globalisierung nicht entziehen. Es ist vorbei, dass man mit nur einem Beruf sein ganzes Leben auskommt. Die jungen Leute werden zwei, drei Berufe in ihrem Leben meistern müssen. Ich finde es nicht schlimm, für eine Lehrstelle den Wohnort zu wechseln, selbst wenn das zunächst mal eine Katastrophe für die Familie und den sozialen Zusammenhalt ist. Ich bin in dem Punkt neidisch auf alle 18- und 19-Jährigen, die zum Beispiel mal ein Jahr in Australien, Amerika oder Afrika jobben. Kurzum: Weniger lamentieren, mehr Chancen suchen und nutzen!

Wir wollten keine Nachbeter mehr sein

Interview mit der Ökonomin Christa Luft im Januar 2009

Frau Professor Luft, sind Sie eigentlich noch im Parlament politisch aktiv, also Abgeordnete im deutschen Bundestag, oder haben Sie Ihr Mandat abgegeben?

Ich war in letzter Zeit wohl eine der Wenigen, wenn nicht die Einzige, die freiwillig aufgehört hat im Bundestag, weil ich mir erstens gesagt habe: Du wirst jetzt 65, und du wirst nicht so lange wie einst die verknöcherten SED-Politbüro-Mitglieder noch als Betagte eventuell mit einem Herzschrittmacher an den Sitzungen teilnehmen, und zweitens willst du endlich mal ein bisschen mehr für deine Familie tun, denn die ist ja im Laufe meines Lebens nicht immer ganz auf ihre Kosten gekommen. Damals lebte meine Mutter noch, sie war im Jahr 2000 aus Wismar hierher gezogen nach Berlin. Für sie habe ich in Berlin-Treptow in unserer Nähe eine Wohnung gesucht, denn sie wollte unbedingt noch alleine wohnen – sie war auch wirklich topfit –, und ich wollte mit ihr und vor allem mit meinem Mann endlich noch ganz viel unternehmen, schöne Fernreisen an Ziele, die wir uns erträumt hatten, usw. Das ging dann noch drei Jahre lang, dann starb überraschend meine Mutter und nach drei weiteren Jahren verlor ich meinen Mann, der ja auch Vater unserer zwei Kinder ist und mein bester Ratgeber war. Ein bösartiger Hirntumor hat ihn so früh das Leben gekostet. Das war für mich eine harte Zäsur und sehr, sehr traurig. Vielleicht sollte man sich das Schöne im Leben nicht allzu lange aufheben.

Haben Sie heute noch irgendeine politische Funktion bei den »Linken«?

Eine Funktion bei den Linken habe ich nicht mehr. Ich arbeite aktiv im Vorstand der Rosa-Luxemburg-Stiftung mit, aber auch in der Leibniz-Sozietät der Wissenschaften zu Berlin sowie in anderen Vereinen. Oskar Lafontaine hätte mich zwar gern für den Bundesvorstand seiner und meiner Partei werben wollen, aber ich habe zu ihm gesagt, wenn ich nun schon im Bundestag als Parlamentarierin aufgehört habe, will ich nicht wieder in eine neue politische Funktion einsteigen. Ich halte derzeit viele Vorträge in meiner Eigenschaft als Ökonomin, die

Christa Luft 1988 (li.) und 2009 (re.)

Thematik hat ja unerhört an Brisanz gewonnen. Ich bekomme diesbezüglich viele Einladungen, bin also ziemlich viel unterwegs. Aber alles in allem möchte ich mir doch gern mein Stückchen neu gewonnene Freiheit bewahren.

Sie sind ja nicht nur eine polytechnisch, sondern auch polyökonomisch ausgebildete Expertin. Sie verstehen viel von sozialistischer Planwirtschaft, von kapitalistischer Marktwirtschaft, von Außenhandel. Und dann haben wir in Ihrer Vita gelesen, dass Sie in Ihrer Mecklenburger Heimat als kleines Mädchen sogar die Kühe ihrer Eltern gemolken haben. Last but not least sind Sie Mutter zweier inzwischen erwachsener Kinder. Und nicht zu vergessen: Sie waren mit 33 eine der jüngsten Professorinnen in der DDR. Nach der Wende avancierten Sie zur Wirtschaftsministerin und stellvertretenden Vorsitzenden des Ministerrates der DDR in der historischen Übergangszeit bis März 1990. Es gibt also mehrere Tätigkeitsfelder, die Sie mit Erfolg und repräsentativem Image gemeistert haben. Gibt es da welche, auf die Sie im Rückblick gerne verzichtet hätten, oder sagen Sie, es war alles okay?

Also, ich habe eigentlich für mich einen Strich unter das bisherige Leben oder so was wie eine Bilanz gezogen. Ich möchte manches auf keinen Fall wiederholen. Aber ich möchte eigentlich auch gar nichts missen. Ich möchte z. B. überhaupt nichts missen von dem, was ich in der wirklich hochstressigen Zeit im Ministerrat erlebt habe. So habe ich für mich das Fazit gezogen: Ich möchte diese vier Turbo-Monate nicht streichen, aber ich möchte sie auch nicht wiederholen, es war das alleranstrengendste reichliche Vierteljahr in meinem bisherigen Leben. Aber vielleicht fange ich noch ein bisschen früher an, weil Sie auf meine mecklenburgische Herkunft anspielten. Ja, ich bin Mecklenburgerin von Geburt und aus Überzeugung (lacht). Ich bin in einem Dorf aufgewachsen, in der Nähe der Stadt Wismar an der Ostseeküste. Mein Vater war dort während des Zweiten Weltkrieges auf einer Flugzeugwerft tätig. Nach dem Krieg fand er auf einer MAS (Maschinen-Ausleihe-Station für die DDR-Landwirte) unweit von Wismar Arbeit. So zogen wir aufs Dorf. Und dort haben meine Eltern dann 1948 eine Neubauernsiedlung übernommen. Da hatten wir am Anfang eine uralte Kuh, Adele, die aber leider nicht viel Milch gab. Unsere zweite Kuh hatte meine Mutter eingetauscht gegen ihre goldene Armbanduhr. Die zweite Kuh, Rieke, gab damals schon, als die Züchter die Rinder noch nicht auf Höchstleistung getrimmt hatten, circa 5 000 Liter Milch im Jahr. Das war absolute Spitze.

Wie alt waren Sie da?

Da war ich 12. Damals habe ich meiner Mutter regelmäßig geholfen, die Kühe abends zu melken – morgens nicht, da wurden die Kühe ganz früh gemolken, da habe ich noch geschlafen. Ich habe auch manchmal mittags geholfen, denn wenn die Kühe gekalbt hatten, mussten sie mehrmals am Tag gemolken werden.
Trotzdem hatte ich immer ausreichend Freizeit nach der Schule, weil ich beim Lernen keine Mühe hatte. Ich habe in der zweiten Stunde immer schon die Schulaufgaben von der ersten Stunde erledigt.

Waren Sie die einzige Tochter in der Familie?

Ja. Aus dieser Kindheitserfahrung jedenfalls erklärt sich mein großer Wunsch, Veterinärmedizin zu studieren. Ich habe tatsächlich bis heute ein Faible für Tiere. Und ich wusste, ich gehe, wenn ich mit dem Studium fertig bin, auf die Insel Riems bei Greifswald in das Staatliche Friedrich-Löffler-Tierseuchenforschungsinstitut, das hatte ich alles ganz klar für mich geplant. Ja, dann begannen aber die Zufälle in meinem Leben zu spielen. Nach der Grundschule ging ich, um das Abitur zu machen, auf die Oberschule nach Grevesmühlen. Nach drei Jahren dort kam ein Lehrer zu mir und fragte, hast du nicht Lust nach Halle an die ABF II (Arbeiter-und-Bauern-Fakultät) mit verstärktem Russischunterricht zu gehen? Schließlich wurden vier Schüler aus unserer Oberschule dorthin delegiert, darunter ich. Die ABF II Halle war für mich fast so eine Art Kaserne, das heißt, es gab ein äußerst straffes Regime. Wer z. B. fünf Minuten nach 22 Uhr draußen vor der Internatstür stand, also nicht pünktlich bis zur Schließzeit abends um zehn im Internat zurück war, der kriegte einen schwarzen Punkt als Verwarnung ins Heft eingetragen. Mittagsruhe war angeordnet, es ging sogar eine Wache über die Korridore und kontrollierte per Blick durch die verglasten Zimmertüren, ob alle in ihren Betten lagen. Und nur alle sechs Wochen durften wir einmal nach Hause fahren. Also, es war sehr, sehr streng dort, das hat uns aber nicht geschadet und wir haben natürlich viel gelernt. Der Unterricht in den naturwissenschaftlichen Fächern wie Physik und Mathe wurde in Russisch gehalten. Das waren große Herausforderungen für mich als Teenager, aber ich möchte diese doch sehr konzentrierte Zeit in Halle auch nicht missen.

Dadurch konnte ich jedoch meinen Wunsch, Tiermedizin zu studieren, beerdigen. Denn an der ABF II Halle gab es – das gehört eben alles auch zum Leben in der DDR – drei »Züge«, einen naturwissenschaftlichen, einen sprachwissenschaftlichen und einen medizinischen. Der medizinische war ganz fix voll. Ich selbst kam aus einem sprachwissenschaftlichen Zug von der Oberschule, wurde aber in Halle in den naturwissenschaftlichen gesteckt, schrieb dort gleich meine ersten Vieren in Mathe, weil ich stofflich noch nicht so weit wie meine Kommilitonen war. Ich hatte damals weiß Gott keine große Wahl. Entweder du beißt dich durch und erfüllst die Anforderungen, oder du mußt gehen. Ich habe dieses Jahr schließlich gut überstanden. Dann kam aber wieder ein Zufall. Die neu gegründete Hochschule für Außenhandel in Berlin-Staaken warb bei uns in Halle um Studenten. Und ich wusste, mit Tiermedizin ist nichts mehr zu machen, da man dafür mindestens das kleine Latinum, also zwei Jahre Latein brauchte. Ich aber hatte auf der Oberschule nur ein Jahr gehabt und die Ausbildung in Halle leider nicht fortsetzen können. Solcherlei Barrieren waren eben auch typisch für die damalige DDR. Ich hatte ein zweites Faible, das waren Fremdsprachen. Aber Wirtschaft und Politik haben mich auch interessiert. Da habe ich mir gedacht, ach, Außenwirtschaft passt doch auch ganz gut zu mir. Ich bin 1956 also nach Staaken an die Hochschule für Außenhandel gegangen, die 1958 mit der Karlshorster Hochschule in Berlin zur Hochschule für Ökonomie zusammengelegt wurde. Seitdem war ich also in Berlin-Karlshorst und habe dort bis zu meinem Diplom 1960 Außenhandel studiert. Ich hatte damals schon einen Arbeitsvertrag für den Außenhandelsbetrieb »WMW«, Werkzeugmaschinen und Werkzeuge. Ich hatte dort vorher ein erfolgreiches Praktikum gemacht. Und dann kam wieder so eine DDR-Aktion. Es waren nämlich auf einmal sieben Assistentenstellen an unserer Hochschule zu besetzen. Damals gab es ja Planstellen, was es heute in diesem Rahmen nicht mehr gibt. Und ich wurde neben sechs männlichen Absolventen sozusagen zur wissenschaftlichen Arbeit vergattert: Ihr bleibt jetzt für vier Jahre hier an der Hochschule, dann könnt ihr immer noch in die Praxis gehen. Na gut, das hat mir dann sogar Spaß gemacht, und ich habe nach gut drei Jahren promoviert. 1965 kam unser erster Sohn zur Welt, und ich dachte, mit einem Kind ist es gerade in der ersten Zeit vielleicht an der Hochschule leichter als in der Außenhandelspraxis, wo ja auch längere Auslandsreisen zum Tätigkeitsprofil gehörten. Wenn mein Sohn mal Schnupfen hatte oder eine kleine Erkältung, nahm ich den einfach mit zur Hochschule. Hilfsbereite Kolleginnen haben auf ihn aufgepasst, wenn ich meine Seminare hielt. Das ging, selbst wenn man heute darüber den Kopf schüttelt, reibungslos. Das eben hätte im Außenhandelsbetrieb so gar nicht funktionieren können. Dann kriegte ich 1966 unseren zweiten Sohn. Aber für mich stand immer noch die Frage, irgendwann musst du ja mal von der Hochschule weg und dich in der Praxis bewähren. 1968 habe ich habilitiert, dann wurde ich Dozentin und 1971 tatsächlich gleich Professorin, und das war für mich, ich habe es auch wirklich so empfunden, eine Riesenherausforderung. Ich dachte, mein Gott, ob du dem schon gewachsen bist? Später, im Westen dann, als ich zunächst im Bonner Bundestag gelandet war und die Leute hörten, die Luft ist mit 33 Jahren Professorin geworden, mutmaßten manche Westkollegen, ich müsse doch verdammt noch mal mit unerhörten Privilegien ausgestattet und von der SED als Vorzeige-Kader gepuscht worden sein. Dann habe ich mal den Lebenslauf von Frau Rita Süßmuth gelesen, die nur ein Jahr älter ist als ich, also Jahrgang 1937. Auch sie ist mit 33 Jahren Professorin geworden, doch darüber wunderte sich kein Mensch. Und ich denke auch, dass ich das nicht geworden bin, weil irgendwer mich da besonders leiden mochte. Ja gut, Frauenförderung hat es bei uns schon gegeben, das ist wahr, aber ich hatte alle notwendigen akademischen oder meinethalben Karriere-Bedingungen mit eigener Anstrengung und Leistung selbst erfüllt. Immerhin war das eine schöne Art von Déjà-vu, diese Professorenleiter oder Parallele auch in Frau Süßmuths Lebenslauf zu finden (lacht).

Um noch mal auf die ABF zu kommen. Wir kennen ja den Roman »Die Aula« von Hermann Kant und das Milieu aus dem Buch sehr gut. Die ABF war so eine Art Kaderschmiede für die DDR, denn die SED hatte gesagt, Arbeiter- und Bauernkinder müssen von nun an verstärkt gefördert werden. Meinen Sie, dass gerade diese bestimmte soziale Mischung, bzw. Auslese, die dort schließlich studiert hat, auf deren weiteres Tun und Denken von Einfluss war? Da ging es nicht nach Wohlstand oder sozialen Privilegien, und die Kinder aus der Arbeiter- und Bauernklasse hatten auch einen eigenen Blick auf den Alltag. Der politisch gewollte Bruch mit dem Bildungsprivileg früher bevorzugter Klassen und Besitzender eröffnete neue Horizonte für die bis 1945 benachteiligten Jugendlichen, denen dann später in der Regel Arroganz gegenüber Nichtakademikern fremd war und sinnlos erschien. Wie denken Sie über diese neuen Bildungs-Verhältnisse in der DDR, die ja später wieder neue Ungerechtigkeiten zeitigte, zum Beispiel gegenüber sogenannten Kapitalistenkindern oder Pfarrersöhnen und -töchtern, was man ja auch nicht vergessen darf.

Also dies war tatsächlich so, wie Sie sagen. Es gab ja eine ABF I und eine ABF II in Halle. An der ABF I studierten junge Leute, die waren nicht erst 18, sondern älter, manche waren 20, 25 Jahre alt. Diese Einrichtung war geschaffen worden, damit die, wie man früher sagte und leider heute auch wieder sagt, aus »bildungsfernen Schichten« Kommenden – ein Begriff, den ich sonst nicht über meine Lippen bringe – eine Chance bekämen, nachdem sie schon gearbeitet hatten, außerhalb der Oberschule das Abitur zu machen. Die ABF II war eine spezielle Einrichtung zur Vorbereitung auf das Auslandsstudium, wobei die russische Sprache eine besondere Rolle spielte. Aber auch da war die Zusammensetzung so – ich war eine der Jüngsten mit 18 von der Oberschule kommend, aber da gab es auch junge Männer, die waren schon 20, Mitte 20 oder noch älter. Und ich habe in dieser Zeit wirklich nicht nur viel, viel gelernt, sondern auch an Menschenkenntnis gewonnen. Ich bin zum Beispiel, das erzähle ich heute noch, nicht in die SED gegangen, weil ich ihre Programme gründlich gelesen hatte und die so toll fand, sondern weil gerade ein paar erfahrenere und etwas reifere Mittzwanziger in meiner Seminargruppe in der SED waren und mich irgendwann fragten: Hast du nicht Lust, zu uns zu kommen. Ich habe mir gedacht, wenn der, der mir mit seinem aufrechten und konsequenten Verhalten imponiert, in dieser SED drin ist, dann kannst du auch reingehen. Also war das bei mir zum Beispiel auch eine menschliche Erfahrung. Ich glaube übrigens fest daran, dass wir Zeuge eines einmaligen geschichtlichen Experiments waren mit dem Sozialismus auf deutschem Boden, der leider von der SED, die ja den Sozialismus propagierte, bis zu seinem schmählichen Ende runtergewirtschaftet wurde.

Vom Elternhaus kam nicht die Sympathie oder der Vorschlag, in die SED einzutreten?

Meine Eltern waren beide Arbeiter – auch das hat mich in der DDR geprägt und prägt mich bis an mein Lebensende – und beide waren schon Anfang 40, als sie sich noch ganz bewusst und zielstrebig qualifiziert haben. Mein Vater hat sich zum Meister der volkseigenen Industrie auf der Schiffswerft in Wismar qualifiziert und an Fahrgastschiffen mitgebaut, und meine Mutter hat eine Küchenleiterausbildung gemacht. Sie hat dann an einer polytechnischen Oberschule für 500 Kinder und Lehrer jeden Tag die gastronomische Versorgung organisiert. Sie war inzwischen Mitte 40, als sie den Moped-Führerschein gemacht hat, um täglich ziemlich weit zur Arbeit zu fahren. An ein kleines Auto war damals noch nicht zu denken. Also im Leben meiner Eltern gab es keinerlei Stillstand, sondern immer Aktivität und das Wissen, du kannst mit starkem Willen und mit Motivation viel nachholen im Leben. Das ist ja übrigens etwas, was die DDR bis zum Schluss ihrer Existenz wirklich ausgemacht hat: die permanenten Möglichkeiten für die Fortbildung der Werktätigen.

Sie sind dann Akademikerin geworden, aber sie haben offenbar nie den Blick für Ihre Herkunft verloren und nie gedacht, Sie seien jetzt etwas Besseres. Das waren Sie quasi Ihrer Biografie schuldig, ganz abgesehen davon, dass soziale Überheblichkeit oder Standesdünkel im DDR-Alltag nicht gut angekommen wären.

Nein, überhaupt nicht. Das ist eben auch etwas, was ich bis in die heutigen Tage hinein beobachte. Ich bin ja 1994 nach Bonn in den Bundestag gekommen, also in den Westen. Und da findet man natürlich wie überall auf der Welt sympathische und weniger sympathische Menschen und Kollegen. Da erlebte ich Abgeordnete, die sich ziemlich hochnäsig aufspielten. Ich illustriere das mal an einem einfachen Beispiel: Wir hatten dort alle die Möglichkeit, uns mit Bundestagsfahrzeugen fahren zu lassen, zum und vom Flughafen usw. Und ich merkte sehr bald, dass die angestellten Chauffeure immer froh waren, wenn sie welche von der damaligen PDS fahren konnten, weil wir mit denen ganz natürlich redeten, weil wir uns mit ihnen unterhalten haben. Wir kannten sie auch schnell bei ihrem Namen und so haben wir sie selbstverständlich höflich angesprochen. Die haben uns von Politikern erzählt, die sie wegen deren Arroganz höchst ungern transportieren. Es war für diese Bonner Fahrer also auch eine neue Erfahrung, das Gefühl von Respekt, Ebenbürtigkeit und Natürlichkeit zu bekommen.

Noch mal ein Blick zurück auf Ihre Biografie in der DDR. Der intensive Russisch-Unterricht an der ABF hat Ihnen dann bestimmt genutzt bei Ihrem späteren Einsatz im RGW (Rat für Gegenseitige Wirtschaftshilfe, dem Pendant des Ostens zur EWG Westeuropas) in Moskau. Meinen Sie, jetzt mal als Gedankenspiel im Rückblick, wenn Sie Tierärztin geworden wären, dann wären Sie in irgendeiner LPG gelandet und hätten vielleicht ein ruhigeres und gesünderes Leben auf dem Lande geführt?

Ja, ich denke, vor allem für meine Kinder wäre so ein Leben auf dem Lande bestimmt angenehmer gewesen. Denn besonders das stürmische und dramatische Jahr 1989/90 und meine ebenso aufregende wie anstrengende Zeit als Wirtschaftsministerin bei Hans Modrow waren für meine Kinder alles andere als leicht oder einfach.

Wie alt waren Ihre beiden Jungen damals?

Anfang Zwanzig. Der eine war erst kurz von der Armee zurück. Aber es ging gar nicht so sehr darum, ob sie noch bei uns zu Hause wohnten oder nicht, sondern um die Tatsache, dass sie ihre Mutter auf einmal fast jeden Abend im Fernsehen sahen oder Fotos und Statements von ihr früh in der Zeitung fanden oder im Radio hörten. Also, das war für meine Jungs jedenfalls nicht so berauschend. Sie hätten es bestimmt normaler und einfacher gefunden, wenn ich jeden Morgen als Tierärztin irgendwo meinem geregelten Job nachgegangen wäre, Kühe geimpft oder Fohlen bei Zuchtstuten entbunden hätte. Vermutlich tut es Kindern gut zu sehen, dass ihre Eltern was machen, was man auch zeigen oder gar anfassen kann. Mein Mann und ich, wir beide arbeiteten ja als Wirtschaftswissenschaftler, recherchierten, analysierten, schrieben viel. Wir konnten also durchaus auch was zeigen, viele Seiten Papier, wenn auch nicht wenige davon notgedrungen im Papierkorb landeten (lacht).

Beide Söhne waren damals, als ich im RGW-Forschungsinstitut arbeitete, übrigens mit in Moskau. Es gab eine extra DDR-Schule dort, die, ich kann es nicht anders sagen, eine hervorragende Schule war. Eigentlich waren solche Auslandseinsätze wie der unsere immer auf vier Jahre ausgelegt. Aber wir wollten unseren großen Sohn nach der 10. Klasse nicht allein nach Hause schicken. Und so sind wir schon nach drei Jahren zurück gegangen. Wir haben aber in dieser Zeit in der Sowjetunion sehr viel gesehen und erlebt, auch viele gute Freunde gewonnen, freilich auch manche politische Illusion verloren.

Haben Sie Ihren Mann und späteren Kollegen schon ganz jung kennen gelernt, als Sie Außenhandel studierten und in Berlin-Karlshorst gelandet waren?

Nicht direkt bei der Ausbildung, sondern weil ich eben Außenhandel studierte und deshalb im 4. Studienjahr ein Praktikum auf der Leipziger Frühjahrsmesse machte. Es war damals gerade Faschingszeit, ich fuhr mit der Straßenbahn von irgendeiner wunderbaren Fete nach Hause und sah da so einen hoch aufgeschossenen jungen Mann, der wohl auch gerade wie ich in so einer Stimmung war, wo man einfach ins Gespräch kommt Ja, so fing das mit uns an, also, ich habe ihn in der Straßenbahn kennen gelernt. Und mein zweiter Sohn, der seinem Vater ungeheuer ähnlich ist, hat verrückterweise seine spätere Frau auch in der S-Bahn angesprochen. Mein Mann war damals schon Oberassistent an der Karl-Marx-Universität in Leipzig. Bis 1968 hat er dort gearbeitet. Auch das war nicht einfach für das Familienzusammenleben, denn bis 1968 lebte ich mit beiden Kindern und bei voller Berufstätigkeit allein in Berlin, nur an den Wochenenden kam mein Mann uns besuchen.

Übrigens lebten wir in einer später abgerissenen Altbauwohnung auf drei Etagen. Hört sich bombastisch an, ging aber so: Küche im Keller, Wohn- und Schlafzimmer im Parterre, Toilette eine Treppe höher, Bad keins.

Wir haben gelesen, dass es bei Ihrem Habilitationsthema um Konsumverhalten und Marktpsychologie ging. Das muss für bestimmte DDR-Ideologen beinahe kapitalistisch geklungen haben, also das konkrete Konsumverhalten der Kunden wahrnehmen und danach entsprechende Verkaufsstrategien entwickeln. Ging das so einfach, haben Sie sich das Thema selbst gewählt? Oder gab es auch offiziell schon Ideen, den Markt unter sozialistischen Wirtschaftsverhältnissen anders steuern zu wollen?

Nein, von oben kam das nicht. Die Themenwahl hatte folgenden Grund: Eben weil mein Mann in Leipzig arbeitete und wir lange nicht wussten, ob er nach Berlin kommen kann oder ob ich mit den Kindern nach Leipzig ziehen muss, habe ich mir ein Thema ausgesucht, für das ich auch in Leipzig einen Betreuer fand, das war Prof. Fabiunke. Er beschäftigte sich damit, allerdings auf den Binnenhandel bezogen. Dann war auf einmal klar, dass mein Mann nach Berlin kommen kann. Ich wollte mich nun jedoch von meinem Thema nicht wieder verabschieden und habe es dann in Berlin an der Hochschule für Ökonomie eingereicht. Da gab es tatsächlich Kollegen, die sagten: Jetzt ist die Luft durchgeknallt! (lacht) Die fanden mein Thema verrückt und ziemlich abseitig. Ich habe aber meine Arbeit unbeirrt geschrieben. Es lief schließlich alles wunderbar und ich hatte damit die Grundlagen für das Fach »Verkaufspsychologie im Außenhandel der DDR« etabliert. Später avancierte das sogar zu einer Lehrveranstaltungsreihe im Direktstudium und in der Weiterbildung.

Von Moskau aus hatten Sie auch Dienst-Reisen nach Genf und nach New York. Kam da – also nicht nur durch Reisen in den Westen, denn Sie waren ja von 1978 bis 1981 in Moskau, und das war noch vor Glasnost und Perestroika unter Gorbatschow die bleierne Breschnew-Zeit – kam da bei Ihnen so ein Gefühl von Desillusionierung auf, dass nicht nur in Moskau, sondern im gesamten sozialistischen Lager was festgelaufen war? Zumal der Wettlauf der Systeme sich damals auch eine aberwitzige und gefährliche Hochrüstung in Ost und West leistete. Im Nachhinein sprechen wir ja vom Sich-Tod-Rüsten der beiden Weltsysteme zu Lasten der Bevölkerung. Hatten Sie damals das Gefühl von Stagnation und vielleicht auch Ohnmacht und Frust im Moskauer Alltag und auch am RGW-Institut?

Bevor wir für drei Jahre nach Moskau gingen war ich natürlich wiederholt als Touristin in Moskau und in anderen Teilen der Sowjetunion. Mein Mann unternahm, als wir noch nicht verheiratet waren, viele Reisen als Reiseleiter dorthin. Also, wir kannten eigentlich das riesige Land, dieses Sechstel der Erde, schon ganz gut. Aber als Touristen sieht man eben meist nur die schönen Ecken. Nun aber waren wir richtig vor Ort. Da bekam unser bis dahin gelacktes Bild von der Sowjetunion die ersten Kratzer. Mal wirklich abgesehen von den, wie es so heißt, einfachen Leuten, zum Beispiel von den Sekretärinnen oder Kraftfahrern im Institut, das ja ein internationales Institut mit Mitarbeitern aus allen anderen sozialistischen Ländern war – mit Ausnahme der Rumänen, die damals schon ausgezogen waren – rekrutierte sich das technische Personal dort ausschließlich aus Russen. Und zu denen hatten wir DDR-Experten einen herzlichen Kontakt. Die merkten sofort, wir sind mit ihnen ohne Anweisung, sondern aus natürlicher Lebenserfahrung auf einer Wellenlänge. Gerade diese Leute aber wurden von ihren eigenen, höher gebildeten Landsleuten und Kollegen oft hierarchisch von oben herab behandelt. Ich will mal eine kleine, jedoch bezeichnende Episode erzählen. Wir haben 1979, das war zum 30. Jahrestag der DDR, unseren Nationalfeiertag würdig und festlich organisieren wollen, das war so üblich am Institut. Wir hatten uns überlegt, im Sommer, wenn wir alle mit dem Auto aus dem DDR-Urlaub nach Moskau zurückfahren, bringt jeder was Passendes für unser Fest am 7. Oktober mit, z. B. die berühmten Halberstädter Würstchen, das beliebte Wernesgrüner Bier, original Spreewälder Gurken und solche Sachen. Ich war damals die Leiterin der siebenköpfigen Arbeitsgruppe aus der DDR. Ich ging also brav zu meinem russischen Chef, der uns gegenüber immer eine Seele von Mensch war, und sagte zu ihm: Juri Semjonowitsch, wir möchten unseren Nationalfeiertag mit euch feiern. »Da, da, da« – also »ja, klar«, sagte er, »und wen wollt ihr einladen?« Ich sagte: Na alle! »Was heißt denn alle, auch die aus dem Keller?«, fragte er mich irritiert. Im Kellergeschoß saßen die Köchinnen, die Kraftfahrer und die Handwerker. Natürlich alle, beharrte ich. Er konnte das kaum fassen und meinte, die hätten doch nichts auf unserem Fest zu suchen. Das muss man sich mal vorstellen. Schließlich gab er nach, denn es war ja letztlich unsere Entscheidung als Einlader. Die russischen Frauen arbeiteten, sogar unter härtesten Bedingungen, auf dem Bau, und die Männer waren die Aufsicht dort. Eine Ärztin verdiente in der Sowjetunion mitunter weniger als ein Hilfsarbeiter. Das waren einerseits richtig böse Erlebnisse. Und auf der anderen Seite diese herzensguten Menschen mit der sprichwörtlich russischen Seele.

Ich hatte eine prima russische Sekretärin, die war Mitte 20 und sprach anfangs kein Wort Deutsch, mit ihr konnte ich mich nur über ihre Landessprache verständigen. Ich musste sowohl meine Arbeit als auch unseren Familienalltag in Moskau in verständlichem Russisch bewältigen. Am Anfang dachte ich manchmal verwundert, ich hätte noch nie Berührung mit der russischen Sprache gehabt, obwohl ich mir in der DDR durch meine Hallenser Zeit eingebildet hatte, ganz gut Russisch zu verstehen und zu sprechen. Doch wir haben ja in der Schule eher so eine Art Puschkin-Russisch gelernt, und plötzlich war in Moskau das Alltagsidiom gefragt.

Haben Sie in Ihrem ganz konkreten Moskauer Alltag, der ja immer der beste Spiegel für gesellschaftliche Zustände oder Entwicklungen ist, schon früh gespürt: Es steht nicht gut um die Zukunft des so genannten »großen Bruders« und seiner Weltmacht?

Ja, so war das. Es gab auch handfeste Konflikte innerhalb unserer DDR-Delegation. Wir hatten in allen RGW-Kommissionen ständig Fachleute aus der DDR dort. Wenn dann jemand wie ich völlig neu nach Moskau und ans Institut kam, einen wachen Blick mitbrachte und Kritik formulierte, war das für die Alteingesessenen zuweilen schockierend. Ich habe nachweislich sehr früh dort gesagt: Mein Gott, wie wir die sozialistische ökonomische Integration organisieren, damit stellen wir uns de facto selber Beine. Es war z. B. im Maschinenbau die sogenannte Baugruppenkooperation in Mode gekommen: Also für einen Mähdrescher, Rübenrodelader oder für eine Kartoffelkombine lieferte fast jedes einzelne RGW-Land irgendwelche Bauteile. Die einen produzierten das Chassis, die anderen den Motor, die dritten die Räder, wieder andere die Fahrerkabine usw. Dann passte das oft alles nicht richtig zusammen. Im Westen war so was überhaupt nicht absetzbar. Da kaufte man zwar so manches Produkt »made in GDR«, aber doch nicht komplizierte technische Anlagen, die in sieben Ländern zusammengebaut worden waren.

Und wenn Sie solche Probleme theoretisch fundiert begründet haben, was passierte da?

Dann war man angeblich gegen praktischen sozialistischen Internationalismus, weil jedem einzelnen Land eine Chance gebühre. Aber letztlich hat dieses Prinzip uns weit mehr geschadet als genützt.

Hatten Sie da auch so ein Gefühl oder den Eindruck, dass die Abhängigkeit der kleinen DDR von der großen SU mitunter übertrieben praktiziert wurde und der DDR nicht immer gut getan hat? Das war ja offenbar damals der Riesen-Konflikt für den SED-Wirtschaftsboss Erich Apel und Ursache für seinen Selbstmord, sagen Insider.

Ja, ich habe an der Karlshorster Hochschule, bevor ich nach Moskau ging, meinen Studenten klipp und klar gesagt, dass diese großen Serien, die wir als DDR für den Riesenabnehmer Sowjetunion produzieren können, natürlich ein Vorteil sind, ein Skalenvorteil, wie die Fachleute sagen. Nur wurden wir dabei auf derart materialintensive Produkte gedrängt durch knallharte Verträge, für die wir ökonomisch keine günstigen Voraussetzungen hatten. Wir besaßen zwar Know-How, aber doch fast keine Rohstoffe. Die mussten wir erst teuer im Ausland kaufen. Betrachten wir nur mal die Erdölpolitik oder die Preisgestaltung im RGW. Wir haben das auf der Hochschule den Studenten auch alles schön erklären können und müssen, warum das so und nicht anders laufen kann. Wenn ein großes System auf der Welt mit einem anderen großen konkurrieren muss, das ökonomisch eindeutig stärker ist, muss das schwächere automatisch ziemlich erfinderisch sein. Da gibt es ja diese Anekdote, als Chruschtschow zu Walter Ulbricht mit einer Liste kommt, was die DDR alles in die Sowjetunion liefern soll. Und da standen dann die Exportzahlen für z. B. Werkzeugmaschinen, Kartoffelkombines oder Lampen, Spielzeug und Puppen aus der DDR und zum Schluss noch tausend Tonnen Reis. Und der verdatterte Genosse Ulbricht gibt dem hochverehrten Genossen Chruschtschow zu bedenken: Reis produzieren wir doch gar nicht! Worauf Chruschtschow bauernschlau-lächelnd antwortet: Ja, noch nicht.

Von Chruschtschow stammte auch die Maiskampagne unter dem Slogan »Die Wurst am Stängel« oder auch die Forderung nach Rinderoffenställen für die LPG, was dann von der befehlshörigen DDR tatsächlich vom Fichtelberg bis nach Rügen kampagnenartig durchgeboxt wurde.

Ja, heute wird ja eher Grünfutter benutzt. Damals sollten in beinahe jeder LPG Maiskolben angebaut und geerntet werden. Und das ging bei unserer spezifischen Vegetation nicht immer gut. Dennoch gab es meiner Meinung nach auch viele Entscheidungen, Entwicklungen oder Erfolge, wo ich bis heute staunend resümiere, dass die Sowjetunion nach der totalen Verwüstung durch den verbrecherischen faschistischen Weltkrieg und nach den gewaltigsten Kriegsopfern zu Menschengedenken Sachen auf die Beine gestellt hat, da kann ich nur den Hut ziehen. Man hat mich und meine Familie in Moskau nie spüren lassen: Ihr kommt aus dem Land, das uns überfallen und verwüstet und in fast jeder sowjetischen Familie Tote hinterlassen hat. Das halte ich für eine immense moralische Leistung der Russen uns gegenüber. Aber ökonomisch und ideologisch gab es ziemlich große Scheuklappen, und es wurde so verhärtet und verengt argumentiert und agiert, dass am Ende kein Herauskommen mehr war. Mein Mann hatte mal in einer Diskussion gesagt: Wisst ihr, Brot ist mindestens so wichtig wie Panzer! Diese Meinung empfand man als schlimm und böse. Das hat aber am Ende der Sowjetunion auch das Genick gebrochen, dass sie auf Teufel komm raus versucht hat, der militärischen Übermacht der Amerikaner oder des Westens insgesamt Paroli zu bieten. Das ging alles zu Lasten der zivilen Bevölkerung. Es gab auch eine große Kluft zwischen der exzellenten Forschung im Militärwesen einerseits und der zivilen Produktion andererseits. Die sowjetische Hochrüstung war ein entscheidender Sargnagel für die Weltmacht im Osten.

Als dann 1984, da waren Sie ja schon wieder in der DDR, Gorbatschow an die Macht kam, und Sie auch diese verklemmten bis neidvollen oder warnenden Reaktionen der SED-Führung miterlebten, – wie Kurt Hager vom SED-Politbüro mit seinem zynischen Trotzsatz: Wir machen doch nicht gleich einen Tapetenwechsel, bloß weil unser Nachbar und Freund gerade renoviert – haben Sie da dennoch große Hoffnungen damit verbunden, dass jetzt endlich Perestroika und Glasnost, also Öffnung, von Moskau ausgeht und sich selbstverständlich auch auf die DDR auswirken wird?

Natürlich. Aber ich muss ein bisschen früher ansetzen. Als ich in der Sowjetunion war, und ich von da aus dienstlich auch nach Genf und New York fliegen konnte und zwischendurch natürlich in alle sozialistischen Länder, da stellt man so seine Vergleiche an. Mein erstes Erlebnis in New York war, dass ich auf dem falschen Flughafen landete, weil die RGW-Kollegen, die mein Ticket in Moskau bei der Aeroflot gebucht hatten, nicht wussten, dass es neben dem großen Airport New York noch einen kleineren in Newark gibt. Deshalb brauchte ich eine lange Taxifahrt bis zu meinem Hotel in der City von New York. Als ich aus dem Taxi ausstieg, sah ich unmittelbar vor meinem Hotel einen ziemlich zerlumpten und verwahrlosten Mann mit einem handbemalten Schild sitzen und betteln, darauf stand: Please, help me, I am hungry! So etwas hatte ich nie zuvor in meinem Leben gesehen. Auch diese unendlichen Müllberge in New Yorks Straßen waren zunächst ein Schock für mich. Man erklärte mir, die Kommune hätte nicht so viel Geld, um der Müllentsorgung Herr zu werden. Das waren die einen ganz profanen Eindrücke. Auf der anderen Seite bin ich dann nach ein paar Tagen auf das Empire State Building hoch gefahren, 144 Meter rauschte der erste Fahrstuhl in die Höhe, und dann kam der zweite usw. Die hochmodernen Fahrstühle dieser Stadt funktionierten per Knopfdruck, man musste dort keine Angst vor Technikversagen haben. In Moskau wohnten wir im 16. Stock, wie oft mussten wir da mit unseren Einkäufen die Treppen hoch laufen, bloß weil der schlecht gewartete Fahrstuhl wieder und wieder ausfiel. Ich hatte also durchaus konträre Eindrücke von New York: Technische Wunder und zivile Ungerechtigkeit, bzw. eben soziales Elend, Chaos und ganz modernes City-Leben. Ich sah z. B. mit Staunen im Supermarkt eine unerhörte Angebotsvielfalt, das sauber abgepackte Fleisch, so viele Obstsorten aus allen Ecken der Welt, das viele frische, schon geputzte Gemüse, was du nur in den Topf schmeißen musst und fertig ist dein Fastfood-Menü. In Moskau kriegten wir meist bloß Kohl und Möhren zu kaufen. An letzteren hingen noch Dreckklumpen dran. Das habe ich, auch als Hausfrau, alles ganz irdisch wahrgenommen. Aber meine stärkste Schlussfolgerung war: Es ist wichtig, dass unsere jungen Leute, die Studenten, aber auch andere, unbedingt die Möglichkeit kriegen, ihren Horizont zu erweitern und die westliche Welt live zu erleben. Das Abgekapseltsein, dieses Eingeschlossensein bescherte einem ja völlig falsche Maßstäbe. Wenn man in der DDR heute z. B. besser war als gestern, dachte man bereits, man sei wunder wie toll. Man hat sich aber nur mit der eigenen Vergangenheit verglichen und nicht souverän mit der Gegenwart und mit anderen Ländern und Kulturen. Deshalb zog ich für mich die Konsequenz, als ich 1981 von Moskau nach Berlin an meine heimatliche Hochschule zurückkam, etwas zu forcieren, um den geistigen Horizont für DDR-Studenten zu erweitern und zu öffnen, indem wir ihnen Auslandssemester im Westen ermöglichen. Ich habe dann 1982 oder 83 als Direktorin der Sektion Außenwirtschaft angefangen (übrigens war das auch eine ziemlich sinnlose und blöde DDR-Aktion, dass wir nach der Hochschulreform begannen, die Fakultäten in Sektionen umzutaufen, das verstand international kein Mensch; die Kollegen im Ausland dachten auf Anhieb, man komme aus einem Sportverein), meine Kontakte zum damaligen Außenhandelsminister Beil und zu Hochschulminister Böhme zielstrebig für mein Vorhaben zu nutzen. Ich habe zunächst den Außenhandelsminister für mein Projekt zu erwärmen versucht. Beil hat mich erstaunlicherweise von Anfang an unterstützt. Als der Hochschulminister sagte: Wir haben aber kein Geld, keine Devisen dafür frei, hat Beil vorgeschlagen, dann versuchen wir eben so was im nicht allzu fernen Wien. Dort gäbe es Wohnungen von der DDR-Handelsvertretung, die nicht immer besetzt wären, und da könnten die Studenten dann sechs Monate wohnen. Außerdem könnten sie bis Bratislava mit dem Ticket unserer Bahn für Mark der DDR fahren, und von der slowakischen Metropole würden wir die Studenten mit dem Botschaftsbus nach Wien bringen. So haben wir das geregelt, mit pragmatischer und kluger Logistik.

Mit gesundem Menschenverstand geht bekanntlich Vieles.

Dann war da natürlich noch so eine Sache. Da gab es ein gewisses Organ, das ja auch immer wissen wollte, wer fährt wohin, die Staatssicherheit. Die wollte die Liste der jungen Leute sehen, die ausgewählt worden sind, zwölf Leute fuhren das erste Mal. Damals war einer dabei, dessen Stiefschwester in Pankow wohnte, die hatte einen Mann, der einen Ausreiseantrag gestellt hatte. Da hieß es sofort: Der kann keinesfalls mit zum Semester nach Wien. Und dem sollte ich beibringen, dass er aus irgendwelchen Gründen nicht geeignet ist fürs Auslandssemester. Da habe ich gesagt: Das kann ich nicht, der Mann ist von A bis Z bestens geeignet. Na gut, am Ende durfte er mitfahren. Der kam auch wieder zurück in die DDR. Aber ein anderer, der die allerbeste Papierform für die Stasi-Kontrolleure vorzuweisen und nicht mal eine Ururgroßmutter im Westen hatte, blieb im Westen. Einer ging also weg und ich weiß bis heute nicht warum, ob jemand da dran gedreht hat oder ... Jedenfalls schickte der einen Brief: Ich schäme mich, ich kann nicht zurückkommen, bin erwischt worden, als ich in der Drogerie drei Kosmetik-Sprayflaschen habe mitgehen lassen.

Ging das dann trotzdem weiter mit den Möglichkeiten westlicher Hochschul- und Auslandserfahrungen für die Studenten aus Berlin-Karlshorst, obwohl einer im Westen geblieben war?

Ja. Die ersten fuhren für ein Semester raus und kamen zurück und sagten: Also wir sind im Controlling, überhaupt im Einsatz von Computern, international weit zurück. Da müssen wir uns auf den Hosenboden setzen, wenn wir mithalten wollen. Auch in Betriebswirtschaft und Recht, das waren ihre Erfahrungen, hätten wir Nachholbedarf. Aber, sagten sie, wir möchten da nicht immer bleiben unter solchen Bedingungen. Da musst du dich ja morgens in aller Herrgotts-Frühe um sechs Uhr anstellen, damit du im Seminar oder im Sprachlabor noch einen Sitzplatz kriegst. Oder damit du zur Prüfung rechtzeitig drankommst, musst du dich mit dem Professor auf Teufel komm raus irgendwie einigen. Und dieses – wir hatten ja bei uns ein ausgeprägtes Mentoren-System, das war vielleicht sogar übertrieben, die Studenten wurden ja sehr geleitet und gepflegt und gehegt – dieses Ganz-auf-sich-selbst-Gestellt-Sein, das war eine echte Herausforderung für unsere doch irgendwie verwöhnten Studenten. Sie haben gesagt, es sei natürlich auch eine Umstellung gewesen, kein Internat zu haben, jeder musste sehen, wo er bleibt. Also, die brachten recht gemischte

Erkenntnisse und Erfahrungen mit nach Hause. Sie sagten: Dies und das müssen wir verbessern, damit wir international mithalten können, aber das und das Reglement für das Studium in der DDR möchten wir nie und nimmer missen. Später haben wir das auf ein ganzes Jahr verlängert. Und dann sind die Studenten bis 1990 in Gruppen immer für ein Jahr nach Wien gefahren.

Nur nach Wien oder auch in andere westliche Städte?

Zuerst nur Wien. Dann hatten wir in Stockholm und in London einige wenige Studenten. Aber in Wien hatten wir immer 12, 14 Studierende auf einen Schlag. Ja, da habe ich meine allerersten grauen Haare her, denke ich, aus jener Zeit, weil ich lange wie Don Quichotte gegen Windmühlenflügel kämpfte. Aber am Ende war das eine gute Sache.

Wir machen jetzt einen Sprung zur Modrow-Zeit, also zum dramatischen Herbst 1989, wo Sie »Frau Minister« wurden, verantwortlich für ein Ressort, das besonders arg gebeutelt war, für die Wirtschaft der verbleibenden DDR.
Es gab doch damals diesen berühmten Brief mit dem öffentlichen und von Christa Wolf im DDR-Fernsehen verlesenen Aufruf, nicht in den Westen zu gehen, sondern hier zu bleiben und an der demokratischen Erneuerung der DDR mitzuwirken. Diesen Appell haben zahlreiche prominente Intellektuelle und Künstler unterzeichnet. Erst als Egon Krenz von der alten SED-Nomenklatura auch seine Unterschrift darunter setzte, war der Aufruf für viele plötzlich fragwürdig geworden, denn mit den alten, moralisch delegitimierten SED-Köpfen glaubten die meisten, keine wirkliche Erneuerung hinzukriegen. Hatten Sie persönlich damals die Hoffnung, aber auch irgendwie naive Illusion, dass dieses Miniland einen Sozialismus mit menschlichem Antlitz inmitten einer weltkapitalistischen Übermacht aufbauen könnte?

Ja, das habe ich mir natürlich sehr gewünscht, denn dass das mit dem realen DDR-Sozialismus nicht so weitergehen konnte wie vorher, das haben doch fast alle ganz klar gesehen. Viele haben damals die DDR verbessern, aber nicht abschaffen wollen, ich jedenfalls auch. Ich bin Ende 1988 zur Rektorin an der Hochschule für Ökonomie berufen worden und hatte in meiner Antrittsrede gesagt, ich möchte gerne, dass wir mit unserem großen Wissenspotenzial nicht nach jedem SED-Plenum erklären müssen, warum die Partei wieder »was ganz Weises« beschlossen hat und wir diese Propaganda lediglich interpretieren und begrüßen dürfen, sondern wir möchten schon im Vorfeld wichtiger Beschlüsse konstruktiv am Zustandekommen von wirtschaftspolitischen Entscheidungen mitarbeiten. Ich kriegte daraufhin einen Riesenbeifall im Saal, bis auf die erste Reihe, in der die Offiziellen saßen. Die machten mir nachher ziemlich deutlich klar: Mach mal nicht immer so kesse Sprüche, dann kriegt ihr nicht nur ein neues Dach und eine neue Fassade hier an der Hochschule, sondern einen Zaun drum herum! Ich hatte nämlich diese Rektoren-Aufgabe nur unter der Bedingung übernommen, dass die Hochschule endlich eine neue Fassade und ein neues Dach kriegt. Unsere Schule sah furchtbar aus, da waren noch Einschüsse vom Krieg zu sehen. Da habe ich gesagt: Ich kann den jungen Leuten hier nicht richtiges Verhalten zum Volkseigentum erklären, wenn es bei uns an der Schule so miserabel aussieht. Dann wurde bei uns tatsächlich mit den längst fälligen Baumaßnahmen angefangen. Da hatte man mir aber, wie gesagt, gedroht. Jedenfalls waren unsere Hochschulleute, die Beschäftigten ebenso wie die Studenten, froh, dass sich endlich mal jemand traute zu fordern: Wir wollen nicht mehr diese Nachbeter sein. Das war dann wohl auch der Anfang dafür, dass ich später in diese hohe Ministerfunktion kam. Ich hatte gesagt, ich möchte Kollektive bilden, die zu verschiedenen Themen ihre Gedanken entwickeln, wie die DDR-Wirtschaft reformiert werden kann. Und diese Untersuchung sollte im Vorfeld des 10. SED-Parteitags der Parteiführung übergeben werden, der war ursprünglich für Mai 1990 vorgesehen. Wir haben damals zu 14 Themen geforscht und Expertisen geschrieben. Wenn ich das heute wieder lese, sage ich: Mein Gott, da waren wir trotz allem doch recht zahm, aber damals hat das schon bestimmte Tabus überschritten. Unsere Arbeiten hatten wir an verschiedene Ministerien verschickt, natürlich auch an das Büro von Günter Mittag, dem für Wirtschaft zuständigen SED-Politbüromitglied. Von dort wurden uns gar Prügel angedroht. So was wie eine konvertierbare Mark der DDR dürfe man nicht mal denken, geschweige denn aufschreiben. Na gut. Als die Stoph-Regierung nach dem stürmischen Herbst dann zurückgetreten war und Hans Modrow die Aufgabe bekam, eine neue Regierung zu bilden, hatte ich ihm unsere 14 Studien geschickt. Und einen Begleitbrief, dass das gesamte Kollektiv der Hochschule bereitsteht, ihm bei Bedarf zu helfen. Nach zwei Tagen kriegte ich einen Anruf, ob ich nicht am nächsten Tag vorbei kommen könne in das Gästehaus des Ministerrates am Köllnischen Park in Berlin. Dort musste Modrow damals residieren, weil Noch-Ministerpräsident Stoph ihm ein Zimmer im Stadthaus am Molkenmarkt verwehrt hatte. Jedenfalls lagen unsere Studien dort auf dem Tisch. Und ich dachte: Klar, ihm geht das jetzt genau darum. Doch dann sagte er zu mir: Ja, darum geht es auch. Wir kannten uns bis dahin überhaupt nicht persönlich. »Ich möchte«, sagte er ganz ernst, »dass du in meiner Regierung mitarbeitest«. Da habe ich etwas belustigt gesagt: Na ja, mach keine Scherze, ich habe gerade eine neue Aufgabe an der Hochschule übernommen und bin da begeistert. Kurzum, so kam ich zum Ministerposten.

Hat Modrow Ihnen keine Bedenkzeit gegeben?

Er war gerade in anstrengenden Koalitionsverhandlungen. Das sah ich daran, dass sich die Herren Götting, der damalige Ost-CDU-Chef, Goldenbaum von der Bauernpartei, Gerlach von der LDPD und all die anderen Spitzen von den anderen DDR-Parteien im provisorischen Modrow-Büro die Klinken in die Hand gaben. Denn Modrow musste bereits am nächsten Morgen eine neue Regierungsmannschaft namentlich benennen. Basta. Mein Gespräch mit ihm dauerte maximal 50 Minuten. Ich habe in meinem Leben viele Kadergespräche gehabt, da waren immer einer von der Partei dabei, einer von der Gewerkschaft und einer hat Protokoll geführt. Diesmal waren wir allein. Und ich bin in das höchste Amt meines Lebens gekommen. Modrow hat ziemlich eindringlich gesagt: »Ich brauche dich da.« Ich antwortete ihm: Tut mir leid. Mein Mann ist gerade in Moskau auf Dienstreise, ich kann mich nicht mit ihm beraten. »Macht nichts«, meinte Modrow, »mit dem rede ich, der wird das schon verstehen«. Er hat dann allerdings nie mit ihm gesprochen. Und dann habe ich gesagt: Ich habe zwei Söhne, die werden ja »begeistert« sein. »Ja, mit denen rede ich auch«, sagte der unter unerhörtem Zeit- und Politikdruck stehende Modrow hilflos. Und dann habe ich die allerletzte Karte gezogen und habe gesagt: Weißt du, ich kann mir ungefähr vorstellen, was da auf mich zukommt, ich komme dann abends nach Hause und wir haben kein Stück Brot im Kasten. Da sagte er nur: »Na, da mach dir mal überhaupt keine Sorgen, wir haben hier im Ministerrat eine Kantine, da gehst du in der Mittagspause hin und kaufst dir dein Brot«. Und da bin ich dann irgendwie weich geworden, denn ich habe ihn damals für den Vernunftskandidaten überhaupt gehalten, wie das übrigens auch der Westen tat. Also, wenn einer überhaupt noch was Vernünftiges in der angeschlagenen DDR bewirken konnte, dann doch vielleicht der nicht korrumpierte Modrow mit einer neuen Regierung und mit handfesten Reformen. Also, ich habe es einfach nicht übers Herz gebracht zu sagen: Ich mache das nicht. Ich habe aber auch nicht definitiv »ja« gesagt. Am nächsten Morgen stand ich auf der Regierungsliste (lacht).

Das Interessante war doch, dass viele zwar kritische, aber doch auf Veränderung hoffende DDR-Bürger und auch Sie nun gerade als Wirtschaftsexpertin damals daran glauben konnten, dass wir vor den Augen der Welt den Versuch starten könnten, so eine Art kleines Solentiname aufzubauen, wie damals Ernesto Cardenal in Nicaragua sein basisdemokratisches Inselexperiment. War das naiv?

Na ja, Modrow hatte damals schon, als er merkte, ich zögere und ich will das schwierige Amt nicht, ziemlich nüchtern gesagt: Pass auf, das ist ja keine Lebensaufgabe, man gibt uns höchstens sechs Monate. Im Mai 1990 sollten ja ursprünglich die ersten freien Kommunalwahlen in der DDR stattfinden, nachher wurden sie auf März 1990 vorgezogen, Modrow sagte mir damals, wir haben also Zeit bis Mai. Die neue Regierung wurde ja nur wenige Tage nach der Maueröffnung gebildet. Dass nach der Maueröffnung viele Jahre eine parallele Existenz zweier deutscher Staaten nicht möglich sein wird, das war uns nach dem 9. November 1989 irgendwie schon klar. Aber ich dachte, wenigstens drei Jahre müsste man uns Anpassungs- und Übergangszeit geben. Und ich hoffte, auch die westdeutsche Seite würde sich verändern, und es käme nicht zu dieser einseitigen Enthauptung Ostdeutschlands, sondern ein echter Neubeginn eines im Wortsinn neuen Deutschlands müsste möglich sein. Aber was wäre die Alternative gewesen zu dem Deutschland-eilig-Vaterland, wie es dann holterdiepolter gelaufen ist? Das werde ich heute noch gefragt. Es hätte ja durchaus auch die Möglichkeit bestanden – ich muss das mal so erinnern –, dass einige der Bürgerrechtlerinnen und Bürgerrechtler, die in der Mehrheit leider gar nicht richtig wussten, was sie eigentlich wollten, sie wussten bloß, was sie nicht mehr wollen, also dass die das Ruder übernommen hätten. Wo das Boot dann hingesegelt wäre, weiß man zwar nicht. Auch nicht, ob dann alles so ruhig und friedlich verlaufen wäre. Wir hatten immerhin 500 000 sowjetische Soldaten auf unserem Territorium. Ich erinnere mich noch lebhaft daran, jeden Morgen, wenn wir zur Arbeit kamen, lagen auf dem Schreibtisch schon wieder neue Telefaxe und Telegramme mit Nachrichten darüber, was alles in der letzten Nacht wieder passiert war, da gab es z. B. auch Übergriffe auf sowjetische Kasernen – also, wir lebten durchaus in brenzligen Zeiten, das vergisst man heute oft. Wir mussten – um im Bild zu bleiben – irgendwie versuchen, das Boot über Wasser zu halten, was verdammt schwierig war.

Gab es denn in der Zeit bis März 1990 von westdeutscher Seite ernst zu nehmende Initiativen, Partner oder Institutionen, die signalisierten, dass sie einen fairen und gleichberechtigten Umgang mit einer demokratischeren DDR anstreben oder dass sie versucht hätten zu respektieren, was sich da vielleicht an neuen Strukturen auftat?

Doch, doch. Es gab sehr unterschiedliche Reaktionen. Ich kann aus persönlichem Erleben viele Beispiele nennen. Also, es kamen, sagen wir mal bis Ende Januar 1990, vom 18. November '89 bis Ende Januar '90, so ziemlich alle Ministerpräsidenten der westdeutschen Länder zu uns, die waren alle bei Modrow, etliche auch bei mir. Und zu mir kamen natürlich alle westdeutschen Wirtschaftsminister-Kollegen. Die haben sich erkundigt, wie soll das jetzt in der DDR laufen, wie soll die Wirtschaftsreform funktionieren. Matthias Wissmann z. B., er war damals wirtschaftspolitischer Sprecher der Unionsfraktion im Bundestag, jetzt ist er Präsident des Automobilverbandes, kam und sagte wörtlich nach meiner Erklärung, dass wir nicht daran denken, Grund und Boden zu privatisieren: »Das machen Sie ganz richtig. Machen Sie für Privatpersonen Erbpacht, 90 Jahre, aber nicht alles sofort privat.« Zitat Wissmann, Anfang Januar 1990. Till Necker, der war damals BDI-Chef, sagte immer: »Man muss der DDR unbedingt angemessene Übergangszeiten einräumen, man kann nicht eins zu eins unser westdeutsches System in der DDR einführen, das wäre wie ein Boxkampf zwischen einem Schwer- und einem Leichtgewicht.« Wie so ein Boxkampf ausgeht, weiß man im Voraus. Oder Karl-Otto Pöhl, der Bundesbankpräsident, er war Anfang Februar 1990 in der DDR beim Präsidenten der DDR-Zentralbank, bei Kaminski, und anschließend bei mir und erkundigte sich über den Fortgang der Wirtschaftsreform. Der sagte zu mir: »Ihre Wirtschaftsreformen müssen erst einen bestimmten soliden Entwicklungsstand erreicht haben, eher kann man überhaupt nicht über eine einheitliche Währung nachdenken.« Und dieser kompetente Wirtschaftsexperte steigt nach seinem Berlin-Besuch in Bonn aus dem Flugzeug und hört im Radio, dass sein Bundeskanzler Kohl der DDR ganz schnell die D-Mark anbietet. Pöhl hat mir später wörtlich gesagt: »Ich dachte, ich falle vom Pferd.« Mitte Februar 1990 war dann in Bonn eine große Veranstaltung, dazu war die Modrow-Regierung eingeladen. Und ich fand in meinem Bonner Hotelzimmer einen großen Strauß wunderschöner gelber Rosen. Ich war in Eile, habe gar nicht gucken können, von wem der kam. Spätabends in meinem Hotelzimmer sehe ich auf einem Kärtchen, von Pöhl handschriftlich geschrieben: »Damit Sie Bescheid wissen, was ich in unseren Gesprächen in Berlin vor ein paar Tagen gesagt habe, ist meine feste Überzeugung. Was hier in Bonn inzwischen geschehen ist, ist ohne mein Wissen und Zutun geschehen.« Herr Pöhl hat dann bekanntlich ein Jahr später sein Amt hingeschmissen, weil er diese überstürzte Währungsunion für falsch hielt.

Was für uns jetzt relativ neu und aufschlussreich ist, es war also zumindest der Modrow-Regierung selbst von vornherein klar, dass sie nur kurze Zeit agieren wird?

Also, dass im März 1990 die SED nicht wieder die Mehrheit oder nur ein Ergebnis bekommt, dass sie in eine Koalition bringen würde, das war realistisch denkenden Menschen doch wohl klar. Die Einmischung des Westens war von Anfang an derart massiv, dass sich manche Leute gar nicht mehr halten ließen und mit wehenden Fahnen am besten über Nacht den westdeutschen Wohlstand haben wollten. Ja, Modrow hatte ganz klar zu mir gesagt: »Man gibt uns höchstens sechs Monate.«

Und die Treuhand, war das eine Westerfindung?

Die dann im Juni 1990 eingesetzte Treuhand war eine Westerfindung. Aber wir hatten auch eine Treuhand erfunden. Das heißt, es waren ja ab Ende Januar 1990 vom Runden Tisch, aus den dort vertretenen Bürgerrechtsvereinen und auch von der Ost-SPD, sieben Vertreter in unsere neue Regierung gekommen. Es wurde damals eine »Regierung der nationalen Verantwortung« gebildet, eine Koalitionsregierung. Darin war auch Herr Ullmann von »Demokratie Jetzt«. Und der hatte, wie alle anderen vom Runden Tisch auch, Berater aus dem Westen. Ullmann hatte welche aus der Schweiz. Die hatten ihm ein Konzept aufgeschrieben, das sich an das Britische Schatzamt anlehnte. Und Österreich hatte auch so was Ähnliches. Das hatten die Schweizer Berater analysiert und meinten: Diese Ämter haben die Aufgabe, das vorhandene Vermögen in ihre Regie zu nehmen und dann später zu entscheiden, was daraus wird. Ullmann war der Erste, der in einer Regierungsdebatte diese Idee einbrachte. Wir aus dem Wirtschaftsbereich hatten parallel dazu – die Leute vom Runden Tisch hatten kein eigenes Ressort – auch eine Idee in Anlehnung an Konzept und Struktur des österreichischen Schatzamtes. So wurden diese Ideen schließlich gebündelt und es entstand das Projekt Treuhand, die aber – das lässt sich ja nachlesen, es ist im Gesetzblatt der DDR veröffentlicht – die Aufgabe haben sollte, erst einmal die Hand auf das volkseigene Vermögen zu legen. Denn es waren damals bereits illegale Verteilungsaktionen im Gange. Manche Direktoren von volkseigenen Kombinaten haben mit ihren jeweiligen Westpartnern, die sie von ihrer Arbeit her seit Jahren kannten, ausgehandelt, wie sie sich unter den neuen Bedingungen disponieren werden. Und ich weiß noch, Frau Bohley und einige andere schrieben uns ständig: Wir haben wieder gehört, der und der ist mit dem und dem in Kontakt, und die verteilen um Himmels willen schon das gesamte Volkseigentum. Es war in der Tat so. Wir haben gesagt, wir müssen jetzt dringend etwas beschließen, dass niemand privaten Zugang zu unseren Betrieben bekommt, sondern das öffentliches Eigentum bleibt. Das musste ja auch entsprechend rechtliche Formen annehmen, die mit dem Handelsgesetzbuch übereinstimmten und schließlich auch mit dem Bürgerlichen Gesetzbuch. Es konnten demzufolge Aktiengesellschaften gebildet werden oder GmbHs, aber 100prozentiger Eigentümer sollte der Staat bleiben. Und nach den Wahlen im März sollte dann eine neu zu bildende Volkskammer entscheiden, was aus diesem Volkseigentum wird. Dieses Modrow-Gesetz vom 18. März 1990 hatte dann nur bis zum 17. Juni 1990 Bestand, bzw. Wirkkraft. Dann wurde in der neuen Volkskammer das neue Treuhandgesetz beschlossen, das unter de Maiziere entstanden war, aber geschrieben hatten es westdeutsche Berater, die in allen Regierungsämtern schon in der de-Maizière-Zeit aktiv vertreten waren. Im Mai 1990 fuhr jedenfalls eine Delegation der letzten DDR-Volkskammer, der ich angehörte, zum Deutschen Bundestag nach Bonn. Herr Waigel, von der CSU gestellter Finanzminister, hielt dort eine große Rede. Da war inzwischen schon klar, dass es die Währungsunion geben wird. Waigel hat dort wörtlich gesagt: »Wenn wir den Ostdeutschen die D-Mark geben, das Höchste, was sie eigentlich kriegen können, dann ist klar, dass wir dafür auch einen Pfand haben wollen.« Und das bedeutet, es muss privatisiert werden. Das war der Tenor, der sich klipp und klar in dem de-Maizièreschen Treuhandgesetz widerspiegelte.

Irgendwann wurde damals auch gesagt, das Gesamtstaatsvermögen der DDR könnte vielleicht demokratisch aufgeteilt werden und jeder DDR-Bürger bekäme dann seinen Anteil am Volkseigentum.

Ja, das kam auch von den Schweizern. Und ich muss gestehen, da bin ich bis heute mit mir selbst nicht im Reinen und mit dem Nachdenken nicht fertig:

Damals – und diese Seite betone ich auch nach wie vor und, wie ich finde, zu Recht – krankte die DDR an Geldmangel. Wir brauchten Geld, um zu investieren und den Menschen das Gefühl zu geben, der Konsum wird besser, es geht aufwärts. Hätten wir das Volksvermögen durch 18 Millionen damals, nein wir waren da nur noch vielleicht 17 Millionen Bürger, aufgeteilt, und jeder hätte, was weiß ich, einen gleich großen Voucher, also Anteilschein gekriegt, da wäre doch keine müde Mark in die Kassen des Staates gekommen. Also, das hat mich persönlich damals davon abgehalten, diesen Gedanken weiter zu verfolgen, weil das Ganze auf eine merkwürdige Verteilungsaktion hinausgelaufen wäre. Was wäre denn passiert? Es hätten sich bestimmt sofort Leute gefunden, die von anderen alles aufgekauft hätten und so weiter, wie das in Russland tatsächlich geschah. Andererseits sage ich mir, hätten wir gewusst, wie alles kommt, dann hätte der Schwarze Peter in den Händen der anderen gelegen. Wir hätten es verteilen sollen, die anderen hätten dann sagen müssen: Es ist alles falsch, was die Modrow-Leute gemacht haben, wir machen das rückgängig.

Bei den Einigungsverhandlungen zum 3. Oktober 1990, bei denen Krause und seinesgleichen, also die betreffenden Kandidaten der de-Maizière-Regierung, die Geschicke für die Ostdeutschen übernahmen, hat es da Ihrer Beobachtung nach an Kompetenz gemangelt oder waren die ostdeutschen Unterhändler einfach überfordert, weil der »Bonner Steuermann« in Gestalt von Schäuble das Ruder in die Hand nahm. Hatten die ostdeutschen Verhandlungspartner genügend Mumm und Ahnung?

Ich glaube, da kommt Vieles zusammen. Erstens ist es tatsächlich so, dass mit Ausnahme der damaligen SED/PDS-Fraktion im Parlament, in der Volkskammer, alle anderen Fraktionen Berater aus dem Westen hatten. Wir waren de facto die einzigen ohne Westberater, Gott sei Dank! Also, da gab es ganz klar entsprechende politische Einflussnahme von westlicher Seite. Und natürlich waren die Ostabgeordneten, die meisten jedenfalls, keine Parlamentsprofis, wie ich ja auch nicht, wir waren Seiteneinsteiger bei diesen parlamentarischen Abläufen, was im Übrigen in mancher Beziehung wiederum sehr wohltuend und erfrischend war. Wenn ich mich an damalige Volkskammer-Debatten erinnere, da hatte jede Fraktion, ob groß oder klein, die gleiche Redezeit. Es gab durchaus also gewisse Dinge und Regularien, die waren vorbildlich für ein neues Deutschland. Dann wurde immer die Parole ausgegeben: Wer das Geld hat und wer es gibt, der hat auch das Sagen. Und wir hatten nun mal kein Geld, die andere Seite hatte es. Und solche Leute wie Krause, das war ja nun eine besondere Spezies: arrogant, forsch und frech, auf den eigenen Vorteil bedacht. Krause hat das später ja auch in der eigenen Familie so gehandhabt, und er hat sich noch kurz vor dem Ende der DDR unverdienterweise den Honorarprofessorentitel von der Hochschule Wismar geben lassen. Ein anderer von der DSU, mit dem ich da mal über Kreuz war, Herr Walther aus Ilmenau, wollte sofort sämtliche SED-Professoren zum Gleisestopfen schicken. Ich weiß gar nicht, ob Sie das damals im Fernsehen gesehen haben, nachdem einer gesprochen hatte, durften immer drei Anfragen gestellt werden. Ich kam gerade noch als Dritte dran und habe zu Herrn Walther gesagt: Herr Kollege, weil Sie so auf die SED-Professoren schimpfen, die Ihrer Meinung nach doch alle nur was geworden sind, weil sie in der SED waren usw., können Sie sich erinnern, dass wir beide 1985 vier Wochen lang auf einem Führungskaderlehrgang in Merseburg waren? Dort habe ich den Referenten Fragen gestellt, weil die so doofes Zeug erzählt haben, doch Sie, Herr Walther, haben immer nur brav dagesessen. Nicht eine einzige Anfrage kam von Ihnen, während wir anderen heftig diskutierten. Ja, da hat er dann vor versammelter Mannschaft gesagt: »Ich war damals eben feige.« Das hat aber höchstens 14 Tage angehalten, in denen er seine Klappe gehalten hat, dann wetterte er wieder los. So war die aufgeheizte Stimmung damals.

Vielleicht fühlten sich welche wie er geschmeichelt, plötzlich eine öffentliche Rolle zu spielen. Das waren für einige Wendepolitiker zweifellos psychologisch relevante Momente. Wenn man sich an die Fernsehnachrichten von damals erinnert, wie ungeschickt sich zum Beispiel Herr Meckel auf diplomatischem Parkett im Gespräch mit Frau Thatcher bewegte, oder wenn man die letzte Volkskammerpräsidentin reden hörte, dann waren das zweifellos keine Politiker von Format oder mit Ausstrahlung. Daneben gab es zum Glück so eine authentische, energiegeladene und mitreißende Frau wie Regine Hildebrandt; von ihrer Art hätte sich mancher DDR-Bürger wohl ein paar mehr gewünscht.

Wobei sich die Krauses und Meckels von Anfang an auf der Siegerseite fühlten. Ich weiß noch, kurz vor Weihnachten 1989 hatten wir eine Ministerratssitzung, und ich wurde plötzlich von einer Sekretärin ans Telefon gerufen, Herr Schnur sei dran. Er sagte: »Ja, Frau Luft, ich stehe gerade im Büro von Frau Süßmuth, der Bundestagspräsidentin, und Frau Süßmuth ist bereit, ganze LKW-Kolonnen für uns zu organisieren, die bestückt werden mit Lebensmitteln und Kaffee, denn es ist ja nach der Öffnung der Grenze zu erwarten, dass sich ein großer Ansturm westdeutscher Besucher und Verwandter über Weihnachten in den Osten ergießt, und damit die dann was zu essen haben, wird Frau Süßmuth auf meinen Rat hin« ... usw. usf. Da habe ich ihn ganz energisch gebeten: Herr Schnur, das lassen Sie mal schön sein, diese Sorgen brauchen Sie sich nicht zu machen, denn so ein Notstandsgebiet sind wir hier nicht. Als gute Samariter fühlten sich manche Bürgerrechtler damals und fuhren zu Frau Süßmuth betteln ...

Lässt sich aus der Sicht von heute fragen: Was hätte wirklich anders laufen können? Diese Frage stellen sich ja nicht wenige ostdeutsche Menschen, die mit der Erfahrung von heute diese Art Total-Ausverkauf der DDR monieren. Hätte es

doch Möglichkeiten gegeben, dass nicht so viele Betriebe und ganze Wirtschafts-
zweige platt gemacht und stattdessen ein Gutteil der Arbeitsplätze erhalten
worden wäre?

Ich kann es ganz kurz machen. Damals 1989/90 war das eine große Standbein,
auf dem die DDR immer gestanden hat, die Sowjetunion, gerade am Wegbrechen.
Die hatte im Grunde – ich sage das so, da nehme ich kein Wort zurück – ihr
Faustpfand DDR, mit dem sie 40 Jahre nach dem Zweiten Weltkrieg immer noch
gegenüber dem Westen pokerte, einfach fallen lassen, in der Hoffnung, damit für
das eigene kaputte Riesenland Milliarden Finanz- und Wirtschaftshilfe aus dem
Westen zu kriegen. Das ist natürlich schiefgegangen. Dieses wichtige Standbein
war also weg. Aber was noch viel stärker den Ausschlag gegeben hat, war: Es
kann keine noch so gutwillige Regierung in der Politik dauerhaft etwas bewirken, wenn die Masse des Volkes nicht mitspielt. Und die Masse der DDR-Bürger
hatte sich anders entschieden. Für die D-Mark. So war die Lage. Da muss man
sich natürlich fragen, was hat das DDR-Bildungssystem denn eigentlich vermocht, was hat es überhaupt hinterlassen? Inzwischen beantworte ich die Frage
nicht mehr ganz so scharf, weil ich mir sage, allmählich kommt ja doch wieder
was zum Vorschein von all dem. Aber es wurden damals durch die neuen
Eindrücke und durch die neuen Möglichkeiten, ja auch durch die neuen Fassa-
den, die man plötzlich sah, bestimmte sachliche und politische Erwägungen im
Gehirn lahmgelegt, nicht wahr? Man kaufte z. B. nur noch, was aus dem Westen
kam, und so blieben im Konsum oder in der HO die im Osten hergestellten
Waren liegen, es wurden nur noch Westartikel gekauft – radikal.

In der Sendung »Elf 99«, im damaligen DDR-Fernsehen, haben Sie als Wirt-
schaftsministerin in der Wendezeit mal gesagt, Ihrer Meinung nach hätten
zumindest 30 Prozent der Exportbetriebe der DDR gerettet werden können, weil
sie Qualität geliefert haben und ihre Partner im Ausland Vertrauen zu ihnen
hatten.

Wirklich, ich wache manchmal nachts auf, gerade angesichts der aktuellen weltweiten Kapitalismus-Krise und wundere mich darüber, was die Regierungen
großer westlicher Industriestaaten jetzt für astronomisch hohe Finanzspritzen in
die verschuldeten Banken pumpen, in die Auto-Wirtschaft, die ja eine Überpro-
duktionskrise durchmacht und nicht nur von der Finanzkrise runtergerissen
worden ist, in supranationale Handelsunternehmen etc. Diese großen Unternehmen mit ihren Riesen-Schulden – und dieses Karussell dreht sich ja immer
weiter – werden vom Staat gerettet. Ja, warum um alles in der Welt hätte man im
Einigungsprozess nicht wichtige DDR-Wirtschaftsunternehmen und damit
Arbeitsplätze mit Weitsicht und Sachverstand retten können! Das war aber damals von der Kohl-Regierung politisch nicht gewollt.

Sie meinen also, das war auch aus gesamtdeutscher Perspektive kurzsichtig und unklug?

Natürlich, vollkommen unklug. Diese Prozesse der Vereinigung sind doch wirklich eindeutig politisch kalkuliert und realisiert worden. Ökonomie hat da keine allzu große Rolle gespielt. Die Politiker hatten das Sagen, die Ökonomen so gut wie nicht. Und die Politiker haben sich auf die Seite derjenigen Leute gestellt, die wussten, sie müssen hier im Osten Konkurrenz vernichten, damit sie einen größeren Marktzugang bekommen. Und sie wollten schnellsten Zugang zum weltweiten Markt gen Osten kriegen. Es hieß immer, der Markt im Osten sei zusammengebrochen, das stimmt nicht. Wenn man sich die Statistik anguckt, dann hat das ganze Deutschland nach 1990 in die Sowjetunion, nach Polen, Ungarn und wohin auch immer, mehr geliefert als vorher die alte Bundesrepublik allein. Das heißt, die Konzerne der alten Bundesrepublik haben die Plätze, die die DDR früher besetzt hatte, sofort übernommen. Also, da ist nichts zusammengebrochen. Nur, die Ostbetriebe konnten natürlich nicht über Nacht harte Devisen aufbringen, was plötzlich notwendig war. Ich habe mir damals den Mund fusselig geredet, andere auch, und habe gefragt: Warum muss denn ein Markt, der über 40 Jahre auf Tauschhandel beruhte – wir haben Schwefelsäure gegen Öl getauscht und Steinkohle gegen was weiß ich, gegen Sonnenblumenkerne – schlagartig verändert werden? Es hätte nach meiner Meinung durchaus Möglichkeiten gegeben, meinetwegen weiterhin DDR-Waggons – 90 Prozent der Waggons, die in der Sowjetunion liefen, kamen aus der DDR, Speisewagen, Kühlwagen, Passagierwagen, Zementanlagen, also alle möglichen modernen Produkte und Anlagen, auch Erdölausrüstungen – weiterhin zu exportieren. Das hätte man doch aufrecht erhalten können, und wenn es nur eine Reihe von Jahren gewesen wäre. Und dies hätten wir uns dann mit Erdöl bezahlen lassen, das im Westen hätte vermarktet werden können. Solche Bartergeschäfte haben westdeutsche Konzerne reihenweise gemacht. Wenn ich dafür warb, hielt man mir oft vor: Ach, Frau Luft, Sie lernen die Marktwirtschaft nie, Ihre Idee und die Tauschhandelspraktiken sind doch alle steinzeitlich. Diese so genannten Experten nahmen jedoch bedenkenlos in Kauf, dass in Sachsen-Anhalt, in Sachsen oder Thüringen die volkseigenen Betriebe der Reihe nach wegbrachen; sie haben lieber massenweise Arbeitslosengelder aufgebracht als Betriebe zu retten.

Über die Wende haben Sie drei Bücher geschrieben und haben darin unter anderem gesagt: Der Rheinische Kapitalismus ist inzwischen zum reinen Kapitalismus mutiert. Meinen Sie, dass der ausschlaggebende Faktor für diese Entwicklung darin zu suchen ist, dass für den Westen der Gegenpol, das sozialistische Lager, nicht mehr da war? Da brauchte der Kapitalismus keine Scham mehr und musste Unsoziales, rein Profitorientiertes nicht mehr verstecken, er hatte keinen Gegner, keine gesellschaftliche Alternative mehr?

Für mich ist das eindeutig so. Also, ich setze zunächst einmal Marktwirtschaft und Kapitalismus nicht gleich. Marktwirtschaft gab es schon viel, viel länger als Kapitalismus. Und dass zu DDR- oder überhaupt zu realsozialistischen Zeiten Marktelemente so missachtet worden sind, war auch ein Stück unseres Untergangs. Aber der Markt braucht Grenzsetzungen. Er braucht soziale Einhegungen. Die hatte er nach dem Zweiten Weltkrieg bekommen, aber auch nicht, weil Kapitalisten plötzlich etwa ein Einsehen mit den Werktätigen, ihren Arbeitnehmern hatten, sondern damals gab es starke Gewerkschaften in Westdeutschland. Die haben sich erfolgreich für die Interessen der Arbeitnehmer eingesetzt. Und es gab ein alternatives System, das sozialistische Lager. Das hat ebenfalls auf die Einhegung der Auswüchse der Marktwirtschaft gewirkt. Als diese Alternative wegbrach und weil die Gewerkschaften inzwischen auch ziemlich schwach geworden sind und weniger Mitglieder haben, konnte sich der Kapitalismus wieder ohne Maske entfalten.

Jetzt haben wir die Situation: Der Kaiser ist nackt. War und ist es eine PR-Lüge, mit der der Kapitalismus behauptet, wie stark er ist? Ist er jetzt nicht weltweit ins Schleudern gekommen?

Ja, so sehe ich das.

Ist es für Sie eine Illusion, dass der moderne globalisierte Kapitalismus sich ändern kann? Er wirtschaftet profitorientiert und ordnet letzterem alles unter, eben weil – wie Marx und Engels schon betonten – der Profit der Hauptmotor der kapitalistischen Wirtschaft ist und bleibt?

Nun, ich war und bleibe immer Anhängerin einer gemischten Wirtschaft, eines dritten Weges. Und das wünschte ich mir heute erst recht. Denn gerade, was wir jetzt in diesen Monaten erleben, beweist doch, dass der Markt unbedingt einer Grenze bedarf, unter Globalisierungsbedingungen noch stärker als vorher. Solche Grenzsetzungen kann es geben, wenn beispielsweise große Infrastrukturbereiche nicht in privater Hand sind, sondern in öffentlichem Eigentum. Allerdings nützt öffentliches Eigentum alleine auch nichts. Das muss professionell gemanagt werden, da muss es Demokratie geben, es müssen Führungskader anständig bezahlt werden, keine Frage. Aber mit einem Staat, den wir jetzt haben, kann man auch keine gemischte Wirtschaft machen, denn in diesem Staat machen Lobbyisten die Gesetze und schreiben rein, was dem Kapital nützt.

Was genau verstehen Sie unter gemischter Wirtschaft?

Darunter verstehe ich verschiedene Eigentumsformen. Also nicht wie im Sozialismus. In der DDR hatten wir zwar noch eine kleine Enklave von privatem Eigentum. In anderen sozialistischen Ländern hatten wir nicht mal das. Bei uns existierten, weil wir verschiedene Parteien hatten – das war ein Zugeständnis an die spezifisch ostdeutsche Nachkriegssituation und Bevölkerungsstruktur – gewisse Formen von privatem Eigentum und Schichten von Handwerkern und Kleinunternehmern. Ich habe das meinen Studenten schon in den 70er Jahren gesagt: Ich kann nicht begreifen, warum bei uns jede kleine private Wäscherei noch eingeklopft werden muss in ein großes volkseigenes Wäscherei-Kombinat. Das hat doch Unmengen an Kreativität und Produktivität vernichtet, das hat nicht zuletzt auch Motivation und Lust gekostet, sich für das wirtschaftliche Wohl einzusetzen und sich zu engagieren. Also, privates Eigentum an Produktionsmitteln darf man nicht per se verteufeln. Nur meine ich, es muss Grenzen haben bei den großen Infrastrukturbereichen, zum Beispiel in der Wasserversorgung, in der Energieversorgung, bei der Bahn, bei der Post. Es brauchen ja schließlich alle privaten Verbraucher, bzw. Kunden wie auch alle Wirtschaftseinheiten den Zugang dazu, und niemand darf ausgeschlossen werden. Aber sobald etwas privatisiert wird, kann man auch jemanden ausschließen, indem man einen Preis macht, der nicht bezahlt werden kann. Gemischte Wirtschaft besteht für mich aus öffentlichem Eigentum – das kann Bundes-, Landes- oder kommunales Eigentum sein –, als wichtiger Sektor gehört genossenschaftliches Eigentum dazu, und daneben gibt es privates Eigentum. Dann braucht man dazu einen Staat, der das Primat der Politik ausübt und insofern Gemeinsinn auch gegenüber der Wirtschaft vertritt.

Stellen wir uns das mal theoretisch vor, dieses Deutschland würde sagen, jetzt sind wir schon bei Milliarden und Abermilliarden von staatlichen Hilfsgeldern angelangt, wir versuchen was grundsätzlich Anderes, Neues. Wirkliche Wirtschaftsreformen, die an die Basis gehen, hat es in der BRD ja offenbar noch gar nicht gegeben. Da könnte dann aber der Einwand kommen: Wenn wir das versuchen, machen wir zwangsläufig wirtschaftlich Defizite. Dann würde die Ökonomie der Bundesrepublik im Vergleich zu jenen, die global so weiterwirtschaften wie bisher, wirtschaftlich schlechter abschneiden. Wenn die BRD also stärker auf das Gemeinwohl achtet und z. B. andere Besitzverhältnisse bei der Bahn, der Post usw. ansteuern würde, müsste sie sich fragen: Ja, aber was folgt daraus für unsere Wirtschaftsstärke im internationalen Vergleich?

Zum einen gibt es ja jetzt schon in Europa unterschiedliche Modelle. Nach wie vor gibt es in den skandinavischen Ländern etwas anderes als zum Beispiel bei uns hier. Deutschland hat sich nach dem Mauerfall mehr auf das anglo-amerikanische Modell des Marktradikalismus zubewegt.
Die in Europa verschieden funktionierenden Wirtschafts-Modelle machen mich auf der einen Seite nicht so pessimistisch, dass es gar nicht anders ginge. Und zum zweiten, die Bundesrepublik Deutschland ist in der Europäischen Union das wirtschaftlich stärkste, das bevölkerungsreichste Land. Und wenn wir versuchen würden umzusteuern, dann würden auch andere mitkommen. So was

kann man doch nicht zuerst von wirtschaftlich schwächeren Ländern erwarten, sondern da muss sich schon das stärkste Land vor den Karren spannen. Insofern könnten wirtschaftliche und politische Veränderungen hier in Deutschland durchaus eine Initialzündung für manches andere Land in Europa sein.

Da kommen sich die »Linke« und die philosophischen Reform-Denker, die Öko-logen, so manche Kirchenvertreter und Sozialverbände und andere in ihren Hauptforderungen ziemlich nahe. Aber dann heißt es schnell: Ach, Ihr wollt wohl die soziale Marktwirtschaft und den bürgerlichen Rechtsstaat abschaffen?

Also, ich persönlich fordere, wo ich kann und wo es passt: Die »Linke« sollte immer wieder auf ganz bestimmte Grundgesetzartikel verweisen. Zum Beispiel auf den Artikel 14: Eigentum verpflichtet, sein Gebrauch soll zugleich dem Wohl der Allgemeinheit dienen. Wie steht es um die Einhaltung dieses Gesetzes heute? Und sie muss sich einen Katalog machen, wie man dieses Gebot des Grundge-setzes konkret untersetzen kann und seine Einhaltung immer wieder fordern. In Artikel 15 des Grundgesetzes heißt es: Grund und Boden, Naturschätze und Produktionsmittel können gegen Entschädigung vergesellschaftet werden, wenn dies im Interesse der Allgemeinheit ist. Es wird sorgfältig darauf geachtet, dass privates Eigentum nicht kostenlos enteignet wird. Umgekehrt aber: Öffentliches Eigentum – Steuergelder sind ja öffentliches Eigentum – wird den Privaten in den Rachen geworfen, ohne notwendige Bedingungen daran zu knüpfen. Das ist eine Verletzung des Grundgesetzes. Und die Aushöhlung des Rechtsstaates, da brauchen Sie sich nur mal dieses skandalöse Zumwinkel-Urteil anzugucken. Also mit dem von Ihnen zitierten Argument könnte ich gut fertig werden. Das Problem ist, dass sich die Akteure nicht genügend abzeichnen, die eine solche Ausstrahlung, eine solche Mobilisierungsfähigkeit für Reformen in der Gesell-schaft haben. Da reicht eben auch das noch lange nicht, was die »Linke« mit vielleicht elf Prozent, glaube ich, gegenwärtig auf die Waage bringt. Da wäre viel mehr Power und Mobilisierung notwendig!

Ihr zweites Buch heißt appellierend: »Die nächste Wende kommt bestimmt!« Glauben Sie wirklich an eine neue Wende?

Ich bin überzeugt davon, dass es eine Wende geben wird. Hoffentlich keine ganz böse, also, ich meine jetzt eine nach rechts. Ich denke eher, wenn Menschen von sich aus nicht zu der Einsicht kommen, dass diese auf immer mehr Ressourcen-verbrauch und Umweltbelastung basierende, soziale Gerechtigkeit mißachtende, kapitalistische Wirtschaftsweise die menschlichen Existenzgrundlagen zerstört, dann wird die Natur selbst das System in Frage stellen. Die Natur wird sich die Zivilisations- und Kapitalismussünden nicht mehr allzu lange bieten lassen, glaube ich. Das Nord-Süd-Gefälle gehört in unsere Betrachtung und Beachtung. Wenn wir sehen, was sich auf Lampedusa mit den nach Westeuropa drängenden afrikanischen Flüchtlingen an Dramatik abspielt, dann ist das ja erst der Anfang eines sich zuspitzenden Weltproblems.

Sie meinen, durch den Druck der Ungerechtigkeit, durch das wachsende Gefälle Nord-Süd, durch Naturverschwendung und letztlich durch akute Krisensituationen, wie wir sie jetzt schon erleben, könnten gravierende politische und ökonomische Veränderungen erzwungen oder ermöglicht werden? Was macht Sie so sicher zu sagen: Die nächste Wende kommt bestimmt. Da ist doch nichts wirklich in Sicht.

Doch, doch, diese Wende kommt. Ich habe glücklicherweise ein optimistisches Naturell in die Wiege gelegt bekommen, sonst würde ich manchmal ja kaputt gehen, wenn ich mir immer nur sage: Hat sowieso alles keinen Sinn. Ich versuche eigentlich immer, Menschen und auch mir selber ein Stück Hoffnung zu machen. Vielleicht ist das falsch, das weiß ich nicht. Aber viele meiner Zeitgenossen sind mir eigentlich dankbar für meine Perspektive. Ich versuche, bewusst zu werben für bestimmte Blickwinkel, bzw. Einsichten, darunter eben auch dafür, dass wir Ostdeutschen uns hüten müssen, eine Eins-zu-Eins-Rückerinnerung an die DDR machen zu wollen oder an den Sozialismus. Das war eine wichtige Erfahrung für die Menschheit, denke ich. Und manche sind böse, wenn ich sage: Das war ein weltgeschichtliches Experiment. Die sagen: Man kann doch kein Experiment mit Menschen machen, ja, aber ...

Sie meinen, das ist endgültig aus und vorbei dieses Experiment mit dem Sozialismus?

Dieses, in den realsozialistischen Ländern praktizierte Experiment ist vorbei. Aber die Idee als Zielmarke muss uns schon bleiben.

Finden Sie, dass die »Linke« da deutlich pragmatisch reagiert, weil natürlich praktische Politik immer und in jeder Konstellation bedeutet, Konzessionen oder Kompromisse zu machen und Fernziele, Visionen oder gar Gesellschaftsutopien für die meisten Menschen nicht sonderlich attraktiv sind?

Ja, meine Position war schon im Jahre 2002 so – danach bin ich für die »Linke« im Wahlkampf nicht wieder angetreten – und da merkte ich auch, ich kann jetzt manches viel freier nicht nur denken, sondern auch sagen. Die Freiheit eigener Meinung nehme ich mir bis heute. Hätten wir 2002 den Bundestagswahlkampf nicht so sehr darauf fokussiert, dass wir mit der SPD eine Kooperation anstreben, sondern hätten eher auf eine erkennbare Oppositionsrolle orientiert, dann wäre das »Linke«-Ergebnis bei der Bundestagswahl 2002 nicht so verhagelt. Ich bin heute noch dieser Meinung, auch jetzt wieder für die nächste Bundestagswahl. Ich bin auch nicht ganz so euphorisch dafür, dass wir in allzu vielen Bundesländern in der nächsten Runde mitregieren. Wenn die Wähler das so entscheiden, dann kann man nicht weichen, aber da muss die »Linke« schon harte Pflöcke einschlagen, sonst verliert sie bei der nächsten Wahl das Terrain, was sie sich so mühsam erkämpft hat.

Beispielsweise in Hessen. Wenn das stimmt, dass der meiste Zulauf junger Leute dort zu den Linken kommt, dann kann die »Linke« das doch nicht anders als gut finden, oder?

Ja, ich verbinde eine bestimmte Hoffnung damit, und ich meine, dass die Bundestagsfraktion der Linken auch am erkennbarsten linke Politik macht gegenüber manchem Landesverband. Natürlich wünschte ich mir, dass die Fraktion bei der nächsten Bundestagswahl noch stärker wird als bei der vergangenen und als starke Oppositionkraft politikverändernd wirksam werden kann.

Sie kennen den parlamentarischen Alltag aus eigener Erfahrung. Hatten Sie da manchmal das Gefühl oder auch die Wut, dass die Linken von nicht wenigen Medien- oder Politikvertretern als halbe Schmuddel-Kinder angesehen werden?

Ja, klar. Warum denn auch nicht!

Konnten Sie solche Erlebnisse oder Diskriminierungen nur mit Gelassenheit oder vielleicht auch gewisser Ironie wegzaubern, bzw. dem entgegentreten?

Ich war auch schockiert, muss ich gestehen. Ich hätte eigentlich schon 1990 Bundestagsabgeordnete werden sollen, damals im Oktober nach dem Tag der Vereinigung. Ich wollte das aber nicht, weil ich mir gesagt habe: Jetzt gibt es was Neues, du willst versuchen, an der alten Hochschule zu beweisen, dass du auch unter neuen Bedingungen erfolgreich arbeiten kannst. Die Hochschule wurde aber 1991 abgewickelt. Und dann habe ich mit drei weiteren Kollegen ein privates Bildungsinstitut gegründet und habe sozusagen meine Erfahrungen gesammelt, wie man in der Marktwirtschaft sein Geld verdienen kann, mit Weiterbildungskursen für Russisch sprechende Wirtschaftsfachleute. Wir haben gesagt, und das ist ja ein Spruch in der Marktwirtschaft gewesen: Du musst deine Stärken rausstellen und die Schwächen verstecken. Und unsere Stärke war, dass wir in der Sowjetunion gearbeitet oder studiert hatten und die russische Sprache beherrschten. Wir hatten auch den Russen einige Markterfahrungen voraus. Diese Arbeit habe ich bis 1994 gemacht. Und dann hat mich meine Partei dazu überredet, in den Bundestag zu gehen. Und allein diese Erfahrung, dass ich unter den neuen Bedingungen auch beruflich was gekonnt habe, mein Geld redlich verdienen konnte, gab mir Selbstvertrauen. Als ich merkte, die anderen im Parlament kochen auch nur mit Wasser – viele jedenfalls, aber natürlich nicht alle – da habe ich mir zum Motto gemacht: Zähne zeigen, aber sachlich bleiben! Und das, glaube ich, hat Parlamentskollegen auch in anderen Parteien am meisten beeindruckt, dass man als Linke mit Sachlichkeit und Sachverstand agiert und nicht mit großen oder gar ideologisch aufgeladenen Schmutz- und Schimpf-wörtern umherschmeißt (lacht).

Als dann später Lafontaine zur »Linken« gestoßen ist, gab es da anfangs in Ihrer Partei Skeptiker?

Dass der rhetorisch begabte und mobilisierungsfähige Lafontaine für die »Linke« ein Gewinn war und ist, ist für mich unbestritten. Und ich bedauere, dass man-che ihn so von der Seite anschauen.
Dabei versteht er von der sozialen Marktwirtschaft viel mehr als Frau Merkel. Er kann die theoretischen wie praktischen Sachen von den Erfindern der Marktwirt-schaft alle zitieren und weiß natürlich, dass die immer für einen starken Staat waren. Das hat mir auch der Till Necker damals gesagt. Also, die Marktwirt-schaft braucht einen Geburtshelfer und einen Paten, und das ist der Staat. Man kann den Markt nicht so vor sich hinlaufen lassen.

Durch die Krise wird der Staat wieder in die Richtung gedrängt, mehr Verant-wortung zu übernehmen.

Jetzt schreien die Marktfundamentalisten auf einmal ganz besonders laut nach dem Staat als Helfer. Aber Häme nützt nun gar nichts.

Es gibt doch mittlerweile Untersuchungen, dass auf einmal das Marxsche »Ka-pital« wieder viel gekauft und gelesen wird und dass die Technische Universität Berlin sogar gut besuchte Vorlesungen dazu anbietet. Kennen Sie ernst zu neh-mende, aktuelle wirtschaftswissenschaftliche Forschungen, die das »Kapital« für den globalisierten Weltkapitalismus weitergedacht und weiter entwickelt haben?

Zunächst muss man feststellen, dass alles, was auch nur im Geringsten mit Marxismus in Verbindung zu bringen war an Lehrkräften, inzwischen an deut-schen Universitäten abgewickelt worden ist. Rausgeworfen, wenn es Ostler waren, oder emeritiert, wenn sie aus dem Westen kamen. Diese Lehrstühle sind entweder nicht wieder oder mit Andersdenkenden besetzt worden. Das ist natür-lich ein Manko. Wissenschaftlich passiert da nicht viel. Jetzt gibt es eine ziemlich große Bewegung – in der Zeitung »Junge Welt« gab es so einen Aufruf: Gebt uns euer Kapital. Da hatte sich ein Kreis zusammengefunden, der an Universitäten Kapital-Lesezirkel einrichtete und für entsprechend kompetente Vorträge auch Honorare zahlt, bzw. erst einmal Buchexemplare des »Kapital« gesammelt hat. Ich habe mich daran auch beteiligt. Diese Zirkel sind gut besucht von Interessier-ten, vor allem jungen Leuten. Ich finde ja, man kann im Grunde jede einzelne Seite von Marx hernehmen, seine Analyse passt. Wie für heute geschrieben.

Meinen Sie, das »Kapital« hat es gar nicht nötig, weiterentwickelt zu werden?

Natürlich muss es weiterentwickelt werden, Marx hat von Krisen gesprochen, er wusste, wie Krisen entstehen. Diese Krise, wie wir sie heute haben, ist ja ein ganzes Krisengeflecht, es ist nicht nur eine Finanz- und Wirtschaftskrise, es ist auch eine Umwelt-, Klima-, Nahrungsmittelkrise, Demokratiekrise, alles mögliche. Also diese Verflechtungen unter Globalisierungsbedingungen zu untersuchen und theoretisch zu verallgemeinern, wäre heute höchst wichtig. Aber ein neuer Marx ist nicht in Sicht.

Gibt es für die »Linke« überhaupt so ein denkbares, theoretisches Potenzial?

Ja, es gibt bekanntlich die Rosa-Luxemburg-Stiftung, die bis 1998 kein Geld aus dem Bundeshaushalt kriegte, weil wir damals noch keine Fraktion hatten. Nur Fraktionen kriegen für ihre Stiftungen was. Dann argumentierte man auch damit: Ihr seid keine dauerhafte politische Strömung. Doch 1998 waren diese Argumente erst mal erschöpft. Danach gab es Zugang zu den öffentlichen Geldern für die Stiftung. Seitdem hat sie ein beachtliches Profil und Potenzial entwickelt. Inzwischen arbeiten über 100 Menschen dort, es gibt auch ein Institut für Gesellschaftsanalyse, der Direktor ist Professor Michael Brie. Mit der kommenden Bundestagswahl ist damit zu rechnen, dass eine Aufstockung der Finanzen möglich ist, und damit kommen nicht nur mehr Menschen in Lohn und Brot, sondern sie können auch bildungsmäßig aktiver werden. Andere große Parteien haben ihre Leute an den Universitäten, haben dort ihre Denkwerkstätten. Das hatte die »Linke« nach der Wende nicht mehr. Sie hatte eben nur diese eine Stiftung und ein paar ausgewählte Professoren, die aber, weil sie sich für die »Linke« engagierten, oft beruflich geächtet wurden.

Und die IM-Frage, spielt die in der »Linken« immer noch eine Rolle?

In der »Linken« nicht, sie wird immer wieder aufgetischt von den Medien oder in einzelnen Landesparlamenten. Und sie wird die nächsten Monate bestimmt wieder hoch gekocht werden.

Wie gehen Sie selbst mit Stasi-Verwicklungen um – tolerant oder konsequent im Verachten? Sollte es nicht wirklich so sein, dass ehemalige IM oder hauptamtliche Stasi-Mitarbeiter kein öffentliches Amt ausüben dürfen?

Ich selbst bin in der letzten Volkskammer überprüft worden, ohne Ergebnis. Ich war vor meiner Bundestagskandidatur 1994 überprüft worden, ohne Ergebnis. Und im Mai 1995 kam Herr Gauck dann damit, dass in irgendeiner Akte, nicht in meiner, was mich Betreffendes gefunden worden wäre. Also, für mich stand fest, wenn ich wüsste, ich hätte da Dreck am Stecken, dann hätte ich gar nicht kandidiert. Ich habe dann im Sommer 1995 die mir von der Behörde zugänglich gemachten Akten – eine Handvoll Blätter – in meinem Wahlkreisbüro öffentlich ausgelegt mit der Bemerkung, wenn auch nur ein Leser meint, ich sei nicht tragbar als Abgeordnete, dann würde ich mein direkt gewonnenes Mandat zurückgeben. Gemeldet hat sich niemand. 1998 habe ich dann erneut das Direktmandat gewonnen.

Meine Meinung ist: Wenn jemand nachweislich über Personen gespitzelt und berichtet hat, dann sollte der/die Betreffende von sich aus gut überlegen, ob ein Parlamentsmandat angestrebt werden soll. Stasi-Papiere sind jedoch für mich keine Wahrheitsprosa. Ich hab gelesen, was die Stasi z. B. über mich an Unsinn aufgeschrieben und damit Seiten gefüllt hat. Abgesehen mal davon, dass mitunter von richtiger Orthografie und Interpunktion keine Rede sein kann, mutmaßten die Zuträger, ich hätte 500 Mark verdient, dann wieder 700 Mark Gehalt bezogen, zu lesen war, dass ich sauber gekleidet ginge. Dann fand ich eine Einladung meines Sohnes an einen Freund aus Berlin zur Olympiade nach Moskau, langweilige Berichte von meinen Dienstreisen etc., also viel, viel belangloser Mist.

Was machen eigentlich Ihre Söhne beruflich?

Die machen was völlig anderes als ihre Eltern. Der eine ist im Transportwesen und der andere im kaufmännischen Sektor tätig. Mittlerweile habe ich auch zwei Enkel.

Was für ein Deutschland wünschen Sie sich für Ihre Enkel, gibt es konkrete Vorstellungen oder Hoffnungen, vielleicht Träume?

Vor allen Dingen wünsche ich mir natürlich, wie sicher jeder vernünftige Deutsche, dass es friedlich bleibt. Und wenn ich in der raschen EU-Erweiterung – ich war überhaupt kein Freund davon, muss ich mal ehrlich sagen – etwas Positives sehe, dann, dass die in der EU vereinten Länder hoffentlich nie mehr gegeneinander Krieg führen. Das sehe ich als großen Gewinn und als Hoffnung, die sich wohl auch erfüllen wird. Dann wünsche ich mir, dass ein solches Maß an individueller Freiheit herrscht, das jedem die Möglichkeit gibt, aus sich zu machen, was er an Fähigkeiten, an Talenten und Erfahrungen einbringen kann. Aber ich sage auch, die individuelle Freiheit muss dort Grenzen finden, wo sie anfängt, andere zu beschädigen oder einzugrenzen. Insofern gefällt mir diese aktuelle Diskussion über Freiheit wenig – augenblicklich schwappt, glaube ich, die auch in die »Linke« rein – in der die Freiheitsrechte stärker betont werden als die sozialen Rechte. Ich bin für die bürgerlichen Freiheitsrechte, das ist gar keine Frage, aber ich meine auch, dass die »Linke« sich dazu bekennen muss, die Sozialrechte und Menschenwürde nicht unter die Räder kommen zu lassen. Ja, dann wünsche ich mir, dass meine große Enkelin nach ihrem Studium eine Arbeit findet und dass die andere Enkelin erfolgreich ihr Abitur macht.

Für Ihre Kinder und Enkel sind Sie bestimmt ein Vorbild in Ihrem Engagement für Familie und Beruf.

Ich habe mir, auch gerade nach dem frühen Tod meines Mannes, immer wieder gesagt: Um Gottes willen, bloß nicht in der Stube hocken bleiben, sondern du musst dich weiter engagieren. Wenn es auch manchmal schwer fällt.

Zum Schluss interessiert uns noch Ihr Kommentar zur weltpolitischen Lage. Seit in den USA Barack Obama regiert und neue Akzente setzt, macht Sie das froh und blicken Sie möglicherweise auch etwas zuversichtlicher in die Zukunft?

Ich hoffe sehr, dass Barack Obama durchkommt und weiter Erfolg hat, national wie international, mit seinem frischen Politik-Stil und seiner erstaunlich großen Kapazität an Energie und Charisma. Ich befürchtete, wenn dieser arrogante Bush junior noch länger im Amt geblieben wäre, hätte das Pentagon Bomben auf Iran abgeworfen. Ich habe die Skeptiker alle nicht verstanden – da war Obama noch gar nicht gewählt –, die immer zweifelten: Na, was kann denn der schon bewirken, der hängt doch auch in den alten US-Strukturen. Also, ich glaube in der Politik an die Rolle der Persönlichkeit; und er hat, finde ich, bisher mit seinem Regierungsteam sehr geschickt agiert. Er hat auch Gegner einbezogen und insofern so manche Speerspitze abgebrochen.
Gesunder Menschenverstand, wirkliche Friedenspolitik und faire Kooperation zwischen den Völkern und Nationen – davon kann es nie genug geben.

Venedig, d. 27.10.10

Eine Reform des Westens steht noch aus

Interview mit dem Schriftsteller Ingo Schulze im Juni 2009

Haben Sie sich schon mal vorgestellt, was aus Ihnen geworden wäre, wenn die DDR nicht implodiert wäre, wenn sie weiter bestanden hätte? Sie waren zur Wendezeit Uni-Absolvent, Altphilologe, Germanist und haben am Theater in Altenburg als Dramaturg angefangen. Als Kind haben Sie schon Gedichte geschrieben und haben sich Geschichten ausgedacht. Können Sie sich vorstellen, dass Sie auch in der DDR Schriftsteller geworden wären?

Ich würde es hoffen und denke, dass ich das auf jeden Fall immer versucht hätte. Es ist schwer zu sagen, warum einem das Schreiben irgendwann möglich wird. Vielleicht musste ich einfach ein bisschen älter werden. Jeder hat wohl so seine Zeit. Es hätte aber vermutlich sehr viel länger gedauert, und es sähe natürlich völlig anders aus, weil auch die Welt dann eine ganz andere wäre. Am Willen zu schreiben hat es bei mir nie gemangelt. Aber ich habe, bis ich 30 wurde, nichts Nennenswertes zustande gebracht. Und wenn Sie von frühen Gedichten sprechen, dann muss ich das in Anführungsstriche setzen.

Bei Ihrer Wahl des Studiums Altphilologie und Germanistik könnte man annehmen, dass Sie sich als Abiturient gesagt haben: Was Ideologisches kommt für mich nicht in Frage, das ist mir zu borniert. Bei den Studienfächern Altphilologie und Germanistik hingegen ist man vielleicht nicht so gebunden an Ideologien. Stimmt das?

Nein, wer studieren durfte, stand doch immer in vorderster Linie der ideologischen Auseinandersetzung. So oder ähnlich hieß es doch. Wäre es nach mir gegangen, hätte ich am liebsten Kunstgeschichte oder Germanistik studiert, ich habe keine Sprachbegabung. Bei Fremdsprachen habe ich mich immer etwas blöd angestellt. Ich weiß selbst nicht, warum man mich auf die Kreuzschule geschickt hat. Von Dresden-Klotzsche bis zur Kreuzschule brauchte ich eine Stunde mit der Straßenbahn. Das Besondere dort war: Wir hatten ab der 10. Klasse Latein und ab der 11. Altgriechisch. Das habe ich mir nicht rausgesucht; ich habe

Ingo Schulze mit Gerda Lepke 1972 (li.) und allein 2009 (re.)

zwar zugestimmt, aber darüber hatte ich nie nachgedacht. Ich wurde zum Direktor gerufen, der fragte mich und ich sagte ja. Ich war ja heilfroh, dass ich überhaupt auf eine Erweiterte Oberschule kam.

Das war in Dresden folglich eine Art Elite-Gymnasium?

Nein. Eigentlich waren sich die Schulen in der DDR doch alle sehr ähnlich. Wir hatten halt Glück durch den Kreuzchor und ich hatte Glück mit dieser altsprachlichen Klasse. Das prägte dann meine Studienwahl. Allerdings stand das Studienfach Klassische Philologie gar nicht im Studienführer, eine Klassenkameradin hatte das ausfindig gemacht. Und in Jena suchte man kurioserweise noch Studenten. Wenn es damals aber eine Aufnahmeprüfung gegeben hätte, hätte ich die garantiert nicht geschafft, weil mein Russisch nicht gut genug gewesen wäre. Da es aber nur ein Aufnahmegespräch gab, haben die Verantwortlichen vielleicht gedacht: Ein Mann (das spielte ja auch eine Rolle), nur anderthalb Jahre Armee (in dem Falle kam mir das zugute), Vorkenntnisse in den alten Sprachen (das war ja in der DDR nicht so häufig), also, den nehmen wir. Wenn ich mir das im Nachhinein anschaue, denke ich, ich habe die Studienzeit nicht wirklich gut genutzt. Ich hätte mich viel mehr mit den Sprachen beschäftigen müssen. Ja, ich habe ein ordentliches Abschlussdiplom, doch ich kann nicht behaupten, dass ich Latein oder Altgriechisch gut beherrsche. Ich habe 1988 zum letzten Mal wirklich übersetzen müssen. Zu dem anderen Punkt: Die ideologische Beeinflussung war auch bei uns nicht anders, als wenn ich Germanistik oder Kunstgeschichte studiert hätte. Die Ideologieferne des Studiums der Klassischen Sprachen ist ein Irrtum. Aber unter den Lehrern gab es welche, die sich in heiklen Situationen zu einem bekannten. Zum Teil sind daraus später Freundschaften entstanden.

Wir haben an der Karl-Marx-Universität Leipzig Journalistik studiert, da war das schon etwas anders.

Na gut, wir standen als DDR-Bürger ja alle irgendwie an der »ideologischen Front«, aber Sie waren dann vielleicht so was wie die Pioniere.

Mit Ideologie ärgern – das konnten die uns doch immer, da war das Studienfach relativ unwichtig. Es war ja auch immer so, dass es viel von den jeweiligen Leuten abhing, die die Sache in der Hand hatten. Es gab bei uns – das habe ich alles in dem Roman »Neue Leben« mehr oder weniger versucht zu beschreiben – einen Archäologieprofessor, der für Reclam Leipzig einen Abriss der griechischen und römischen Kunst geschrieben hatte, unseren Kleinen Katechismus, der hatte so ein DDR-Elite-Denken. Der sagte immer: Herr Schulze, gehen Sie doch in die Partei! Auf der anderen Seite gab es einen CDU-Professor, der eigentlich ganz angenehm und auch klug war, aber manchmal glaubte er, besonders linientreu sein zu müssen und der sich dann offiziell beschwerte, als wir Studenten 1988 eigene Plakate zum 1. Mai entworfen hatten.

Was stand denn auf Ihren Mai-Plakaten drauf? Waren das selbst erfundene, nicht konforme Losungen?

(Lacht) »Die Theorie wird zur materiellen Gewalt, wenn sie die Massen begreift«, also eine Neudeutung dieser altbekannten marxistischen These. Er witterte offenbar Unheil für sich und hat vorsorglich dagegen protestiert.

Gab es deswegen Disziplinarmaßnahmen gegen Sie?

Nein, das war ja das Verrückte. Es war, wie gesagt, der 1. Mai 1988. Da hatte die FDJ, inspiriert von Gorbatschow, gesagt, wir dürften jetzt auch eigene Parolen und Transparente herausgeben. Die mussten, glaube ich, schon noch abgenickt werden, aber es hat uns keiner daran gehindert, erfinderisch zu sein. Ich will damit nur sagen, manchmal konnte man mit den SED-Leuten besser reden als mit den CDU-Leuten und »Blockflöten«. Das hing tatsächlich von Charakter, Courage und Würde der einzelnen Personen ab. Mich hat man das Studium zu Ende machen lassen, wenn auch mit ein paar Querelen. Eigentlich sollten wir Studenten uns bereit erklären, Reserveoffizier zu werden. Das habe ich nicht gemacht, aber ich war in der FDJ, und ich habe die übliche Wehrpflicht von anderthalb Jahren absolviert, in Oranienburg, im Mot.-Schützen-Regiment 1, als »SPW-Fahrer«.

Da wundern sich manche Kritiker, dass Sie das noch nicht ausgiebig literarisch verarbeitet haben.

Das ist, zum Teil wenigstens, in »Neue Leben« geschehen, da finden sich einige Kapitel dazu. Es war eine brisante Zeit. Ich bin Anfang November 1981 eingezogen worden. Ab dem 13. Dezember herrschte in Polen das Kriegsrecht. Und wir hatten schon Angst, dass wir nach Polen geschickt würden. Ich glaubte damals, die DDR sei 1968 in Prag einmarschiert. Später war klar, die NVA ist nicht einmarschiert, sondern lag nur in Warteposition in den erzgebirgischen und voigtländischen Wäldern. Wie man einem Band mit Dokumenten, erschienen 1995 im Akademieverlag, entnehmen kann, wollte Honecker DDR-Truppen in die ČSSR einmarschieren lassen. Es ist ausgerechnet der rumänische Staatschef Ceausescu gewesen, der nein gesagt hat. Daraufhin sagte auch der ungarische Ministerpräsident Kádár nein, und dann war die Sache wohl erst mal vom Tisch. Also, das war eine sehr unheimliche Zeit und Situation.

Ihr literarisches Debüt, die »33 Augenblicke«, kam nach Ihrem Aufenthalt in Petersburg heraus. Damit haben Sie gleich einen großen Hit gelandet. Was war der Grund für Ihre damalige Petersburg-Reise?

Ich bin im Auftrag eines halbgewalkten Geschäftsmannes nach St. Petersburg gefahren mit zwei »Apple Macintosh« im Gepäck, einem Laserdrucker und einer Klebemaschine und habe versucht, nicht mit eigenem Geld, sondern mit dem Geld dieses Geschäftsmannes – von dem ich wusste, dass ich da vorsichtig sein muss –, das erste kostenlose Anzeigenblatt für St. Petersburg zu gründen.

Sie hatten also nach der Wende ein Intermezzo als Unternehmer?

Ja, Unternehmer war ich schon in Altenburg.

Kam Ihnen das in der weiteren Laufbahn zugute, dass Sie wussten, manchmal muss es geschäftlich knallhart zugehen?

Es war für mich eine wichtige Erfahrung, Geschäftsmann zu sein – gerade in so einer Anfangs-und Umbruchszeit, in der einerseits viel möglich war und man andererseits von bestimmten Dingen, die einem jetzt selbstverständlich sind, keine Ahnung hatte. Ich habe mir später immer gewünscht, mit dem Wissen und den Erfahrungen, die ich inzwischen gesammelt hatte, noch mal von vorn anfangen zu können. Wir haben damals mit sehr viel Enthusiasmus die Sache angepackt, überhaupt nicht professionell. Und sind auch, leider Gottes, ständig über unsere eigenen Beine gestolpert, denn man hatte ja die Vorstellung von Basisdemokratie, was ich bis heute gar nicht so schlecht finde. Nur, dazu müssten beispielsweise für ein florierendes Unternehmen wirklich alle Beteiligten Kredite aufnehmen und nicht nur Einzelne. Wir haben auch nicht übersehen können, was auf uns zukommt, als wir Anfang 1990 in Altenburg unsere Zeitung gegründet haben. Wir haben bei der Gründung – das kann ich schwören – zunächst überhaupt nicht an Geld gedacht, wir dachten, das »Neue Forum« oder irgendwie die vereinigte Opposition wird uns schon bezahlen, damit sie in dem langen Kampf um die Demokratie in der DDR ein Organ, eine entsprechende Zeitung habt.

Hatte das Blatt einen Namen?

Im Dezember 1989 haben wir mit einem Informationsblatt, das »klartext« hieß, begonnen, das hatte fünf Nummern. Wir hatten viel zu organisieren, unsere alten Arbeitsstellen mussten gekündigt werden, wir mussten einen Raum für die Redaktion suchen, Gespräche mit Druckereien führen. Am 16. Februar 1990 ist dann die erste Ausgabe unseres »Altenburger Wochenblatts« erschienen, aber die Idee zur Gründung der Zeitung hatten wir schon lange mit uns herumgetragen. Und dann ging alles recht schnell.

> *Das war so eine turbulente Aufbruchzeit, in der viele DDR-Bürger dachten – Sie haben ja gerade das Stichwort Basisdemokratie genannt: Jetzt endlich ist das Volk dran und hat das Sagen. Und wir machen eine Zeitung, wie wir sie uns vorstellen. Haben Sie dann auch ganz schnell gemerkt, dass es ans Eingemachte ging? Sie haben Kredite genannt oder Geld, das Sie akquirieren mussten. Es waren ja auch nicht alle DDR-Bürger bereit, ein größeres finanzielles oder berufliches Risiko einzugehen. Können Sie demzufolge das Resümee ziehen: Basisdemokratie funktioniert entweder über Idealismus, und das ist ganz schwer, oder es funktioniert so, wie es ausgegangen ist, also gar nicht? Waren Sie darüber schließlich desillusioniert?*

Nein, wir waren nicht desillusioniert, wir waren einfach nur überrascht, weil wir uns ganz andere Spielregeln vorgestellt hatten. Wir merkten dann: Hoppla, wir sind plötzlich Unternehmer geworden. Und dann hatten wir am Anfang auch viel Glück, in gewisser Weise auch geschäftlichen Erfolg. So lange ein Unternehmen gut geht, macht das ja enormen Spaß. Ich entdeckte sogar meine Freude daran, Geschäftsmann zu sein und Geld einzustreichen. In dem Moment, wo es dann aber nicht mehr so gut läuft, ist das Unternehmerdasein eben nicht mehr schön. Das waren halt die beiden Seiten einer Medaille. Dabei war mir schon klar, dass das eine wichtige Erfahrung für mich sein würde. Aber ich wusste auch, dass ich das nicht mein Leben lang machen wollte. Doch in dem Moment, wo Politik auf der Straße stattfand und das Volk den aufrechten Gang erprobte, wollte ich nicht länger am Theater bleiben, das war schnell langweilig geworden. Ich habe in dieser Zeit auch gelernt, dass ein Buch nicht unbedingt mit den Nöten eines Geschäftsmannes zu tun haben muss. Vorher war ja die Welt für mich 24 Stunden am Tag durch Theater, durch Literatur und Kunst, durch Filme bestimmt. Doch spätestens nach der ersten Wahl schien das alles weit weg. Das war plötzlich aus dem Zentrum der Gesellschaft ganz an den Rand gerückt. Ich habe damals sogar, um es jetzt auf die Spitze zu treiben, fast alle verachtet, die ihr Geld nicht täglich selbst verdienten, sondern nur wussten, am Monatsende kriegen sie so und so viel Lohn oder Gehalt auf ihr Konto. Wir mussten immer kämpfen, dass wir das Geld Woche für Woche rein bekamen.

Die Zeitungslandschaft im Osten Deutschlands wurde ja dann sehr schnell nach westdeutschem Muster umgestaltet. Hat das bei Ihnen auch eine Rolle gespielt? Auf einmal waren die SED-Bezirkszeitungen weg, dafür waren dann andere westdeutsche Zeitungsverlage oder Verlagsgruppen, neue Chefredakteure und ganz neue Zeitungsinhalte auf dem Markt. Die Basisdemokraten hatten dann in der Zeitungslandschaft so gut wie nichts mehr zu melden.

Ja, natürlich. Die alten Bezirkszeitungen aber blieben als Struktur und mit ihren Abonnenten, sie wurden von westdeutschen Zeitungsverlegern übernommen. Diese großen, regionalen Tageszeitungen waren vorher die Platzhirsche und waren es danach um so mehr, denn die Zeitungen der Blockparteien in der DDR fielen ja alle weg. Die waren nach meinem Geschmack zu DDR-Zeiten immer noch ein bisschen lesbarer gewesen als die Bezirkszeitungen der SED. Allerdings muss ich sagen, ich habe zu DDR-Zeiten kaum Zeitung gelesen. Was unsere Zeitungsarbeit in Altenburg betrifft, muss man dies von diesem politisch so entscheidenden Wahltermin am 18. März 1990 her erklären, als eben die CDU bzw. die »Allianz für Deutschland«, ein Sammelbecken aus CDU, DSU und Demokratischem Aufbruch, 48 Prozent bekam und unser »Neues Forum« nicht mal drei Prozent. Kohl hatte nach anfänglichem Zögern die östliche Schwester an die Brust gedrückt. Dieser Wahlausgang war für mich eine Art Kipppunkt, eine Zäsur. Ich dachte: Na ja, jetzt hast du zwar endlich mal freie Wahlen, aber man braucht dich eigentlich gar nicht, denn die Mehrheiten wollen was Anderes. Dieses »Politiker und Mehrheiten wollen was Anderes« – und vielleicht ist das sogar klüger als das, was du wolltest, oder sehr viel irdischer, der Lage angemessener und außerdem sehr viel schöner und genussvoller – führte bei mir dazu, dass ich plötzlich keine Lust mehr auf redaktionelle Arbeit verspürte. Was gab es da noch zu sagen? Mich hat das Ganze in gewisser Weise entpolitisiert. Deshalb sah ich auch die Entwicklungen, die danach kamen, als regelrecht folgerichtig an und war damals nicht gerade gut auf meine Landsleute zu sprechen. Ich hatte nicht das Gefühl, vom Westen vereinnahmt zu werden – ich sehe das heute schon etwas anders –, damals aber war es eher das Gefühl, von hinten oder aus dem Hinterhalt umgeschubst zu werden. Wie konnte man bloß damals die CDU wählen? Das war für mich vollkommen unverständlich.

Der Historiker Prof. Kurt Pätzold hat im Gespräch mit uns gesagt: Demokratie sei für ihn als Historiker eine Befindlichkeit, ein geistiger Wert. Denn die Masse – das klingt vielleicht arrogant – wolle lediglich anständig arbeiten, anständig leben, was aufs Brot zu schmieren haben, ein erschwingliches Auto und vielleicht auch noch ab und zu angenehm verreisen. An Demokratie wäre die

Masse jedenfalls nicht so stark interessiert wie an einem sozial vernünftigen Leben, und damals, 1990, wollten die meisten DDR-Bürger ganz schnell die D-Mark, um dann einen ähnlichen Wohlstand zu erreichen wie der Onkel oder die Cousine im Westen. Dass viele politisierte Intellektuelle in der DDR wahrscheinlich mit einer heillosen Naivität gehofft haben, mehr Demokratie zu wagen und eine Art dritten Weg für die DDR zu finden, war das aus heutiger Sicht nicht ausgesprochen naiv?

Ich würde diese Hoffnung aber nicht im Gegensatz zur Demokratie sehen. Ich teile diese Sicht nicht. Meine Erfahrung war, dass die Leute, die diesen Umbruch vorbereitet haben – natürlich waren auch zahlreiche Intellektuelle dabei, aber die, die dann die Organisationsformen schufen –, das waren doch nicht unbedingt Leute von den Universitäten. Das waren diese vielen kleinen Basisgruppen, Umweltgruppen, Menschenrechtsgruppen, wie ich sie in Altenburg erlebte, diese kleinen Gruppen, die wirklich was Neues versuchten. Und das waren in Altenburg eben z. B. Krankenschwestern, Friedhofsleute, Kirchenmitarbeiter, Arbeiter. Ich war damals am Anfang nicht dabei, ich hatte keinen Ansprechpartner, aber ich hätte mich dafür interessieren können. Ich habe es leider nicht getan, weil ich dachte: Na ja, mit dem Theater hast du genug zu tun, da musst du auf deinem Gebiet ja auch kämpfen. Und dort fühlte ich mich sehr viel mehr in meinem Element als irgendwo anders. Auch das sehe ich heute natürlich etwas anders.

Kommen wir zurück zu Ihren erfolgreichen Büchern und Bestsellern. Die Presse schreibt, dass es für einige jetzt sogar handfeste Filmpläne gibt, stimmt das?

Na ja, für »Adam und Evelyn« gibt es Verträge. Die Ansätze, »Simple Storys« zu verfilmen, sind aber leider allesamt in der Versenkung verschwunden. Dafür hoffe ich jetzt umso stärker, dass es mit »Adam und Evelyn« klappt.
Um aber noch mal zum Thema Demokratie zu kommen. Ich denke, es ist sehr gefährlich, wenn man für andere entscheidet. Es gibt zwar eine große Verführbarkeit, das betrifft aber meiner Ansicht nach alle. Ich finde ja heutzutage die Intellektuellen und Künstler fast noch mehr auf den Hund gekommen als die übrigen Zeitgenossen. Wo sind denn heute die kritischen, mutigen Denker? Wo hört man denn mal wirklich ein paar klare Worte?

Es gibt sie schon, Günter Grass zum Beispiel. Volker Braun und Christa Wolf machen gegebenenfalls auch den Mund auf zu brisanten Zeitfragen, zu Konflikten in der Kultur oder in der Außenpolitik.

Ja, Grass, das ist in der Tat eine löbliche Ausnahme, aber das, was er sagt, ist eben oft sehr verquickt mit der SPD. Wobei er zugegebenermaßen auch parteikritisch ist. Grass und ein paar andere Schriftsteller, ja, die sind leider die große Ausnahme. Aber ich meine Leute wie Habermas oder Sloterdijk, entweder kommen da verbale Nebelkerzen oder gar nichts.

Wir waren auch bei dem jungen, erfolgreichen Filmregisseur Andreas Dresen zum Gespräch, der ist ungefähr Ihr Jahrgang. Er war Mitte 20, als die Wende kam, danach folgte sein zunächst riskanter Neustart in der bundesdeutschen Filmbranche. Sie hatten nach dem Studium Ihr Dramaturgengastspiel, dann dieses Businessgastspiel …

… und meine Businesskarriere (lacht)…

Genau. Und dann war für Sie die Welt auf einmal offen. Sie sind mit einem Köfferchen nach Petersburg gegangen, später hatten Sie ein Stipendium in New York. Nun gibt es von Ihnen einen langen Essay in der »Süddeutschen Zeitung«, eine komprimierte und recht kritische Analyse des Heute, des Status Quo, den Sie sich viel demokratischer wünschen. Wenn dasselbe, was Sie in Ihrem Essay zu Einheitsdeutschland sagen, beispielsweise aber Christa Wolf oder Volker Braun geschrieben hätten, gäbe es sicherlich in den Medien und Feuilletons einen Aufschrei: Ach, diese Ostalgie, diese DDR-Autoren wollen noch mal und immer wieder das Scheitern des Sozialismus bedacht haben, und hier in Einheitsdeutschland sehen sie alles so verdammt kritikwürdig, wie ungerecht usw. usf. Nun gefällt vielleicht einigen Feuilletonisten und Politikern auch nicht, was Sie sagen, aber es tut den Medienmachern, die befinden, ob Sie gedruckt werden oder nicht, eigentlich nicht weh. Haben Sie mal darüber nachgedacht, warum den älteren Autoren-Kollegen, überhaupt prominenten Intellektuellen aus der DDR, und das reicht mittlerweile von Daniela Dahn bis zu Friedrich Schorlemmer, die gängige Medien-Öffentlichkeit ernsthafte Gesellschafts- oder Kultur-Kritik schneller übelnimmt, wenn die auch nur andeuten: Die SED hat das sozialistische Ideal pervertiert, aber die Idee von einer sozial gerechteren Gesellschaft ist daher doch nicht vom Tisch? Nimmt man Ihnen das, wenn Sie als ostdeutscher Vertreter der jüngeren Generation von Utopien oder Kritik reden, weniger übel als bei älteren, in der DDR sozialisierten Kollegen?

Das kann schon sein, obwohl, warten wir es mal ab! Volker Braun hat sich ja in dem Sinne auch geäußert, zuletzt, glaube ich, in der »Zeit«. Aber eigentlich wird er ja gedruckt. Na ja gut, als Buch, das ist noch was Anderes. Aber Daniela Dahn beispielsweise sagte mir: »So einen schönen Platz wie du kriege ich schon lange nicht mehr in der Zeitung.« Das ist schon beunruhigend. Ich merke nur eben an mir, dass ich sehr, sehr lange gebraucht habe, um irgendwie zu meiner jetzigen Position zu finden. Was ich da in diesem von Ihnen erwähnten Essay geschrieben habe, hätte ich vielleicht ein paar Monate vorher noch gar nicht so gesehen, weil man viel zu viel, wie soll ich das sagen, ja weil man tatsächlich Vieles so hinnimmt und gar nicht mehr ernsthaft in Frage stellt. Ich meine nicht, dass man immer gleich Rebell sein oder den Aufstand proben sollte, aber man sollte schon ab und zu genauer hinschauen, was um uns herum geschieht und gesagt wird. Zum Beispiel bei unserer Sicht auf den Weltenwechsel von 1989/1990. Ich habe damals sinngemäß gesagt: Na klar, ich habe am Theater 700 Ostmark Netto verdient, warum soll man für das Geld weiterarbeiten, wenn man 100 Kilometer weiter westlich das Zehnfache bekommen konnte. Als ich mit Freunden dann in Altenburg eine Zeitung gegründet hatte, zahlten wir uns schon 2 000 Ostmark aus, und langsam änderten sich die Umtauschraten zu unseren Gunsten. Bei der von Journalisten häufig gestellten Frage: Was muss getan werden, um die Einheit Deutschlands zu vollenden, spüre ich meinen Unmut. Anders als z. B. in England oder Spanien gibt es doch bei uns in Deutschland keine Separationsbestrebungen. Oder könnten damit vielleicht 20 Jahre nach dem Mauerfall gleiche Tarife und Abrechnungsmodi in Ost und West gemeint sein? Ja, aber waren Sie denn nicht glücklich über die Grenzöffnung? Als ob das die Frage aller Fragen sei. Ich halte derlei Fragen für so unpolitisch wie die meisten unserer Politiker, die vor allem Manager sein wollen. So gibt es für mich Analogien zwischen der entpolitisierten Erinnerung an '89 und den Reaktionen auf die derzeitige Krise. Ich denke heute, die Ostdeutschen hätten möglicherweise schon noch etwas gewartet, wenn man ihnen gesagt hätte, für wirkliche Einheit brauchen wir definitiv mehr Zeit, sagen wir noch zusätzlich zwei Jahre. Ministerpräsident de Maizière hat damals Schutzmechanismen für die Ostwirtschaft gefordert. Dazu aber hätte es eines politischen Willens bedurft. Es hätte eine tatsächliche Vereinigung geben können und nicht so einen fatalen Beitritt. Mit kritischem Verstand darüber früher nicht schärfer nachgedacht zu haben, ja, das werfe ich mir heute selbst vor. Ich war damals viel zu beschäftigt und auch abgestoßen von dieser CDU-Wahl. Wer weiß, wie ich über mich in zwei Jahren urteile. Wenn ich jetzt Volker Braun lese, muss ich sagen, bewundere ich ihn. So ein Buch wie »Die Werkzeugmacher« von 1996 ist großartig. Das setzt eigentlich das erste Mal diesen Weltenumbruch ins Bild. Und was ich so wichtig und nachahmenswert finde an Volker Braun, Christoph Hein, Uwe Timm, Christian Delius und Christa Wolf und anderen kritischen zeitgenössischen Autoren, ist, dass sie immer auch sich selbst in Frage stellen. Ich glaube, das Teuflischste ist stets das, bzw. der Teufel steckt immer dort, wo man sich ganz sicher ist, dass er da nicht steckt. Dieses Sich-selbst-in-Frage-stellen, das gibt es heute kaum noch. Es gibt heutzutage zwar so eine moderne oder schicke Selbstironie, aber dabei bleibt es dann auch. Für mich war es zum Beispiel eine große Leistung, wie Günter Gaus aus einer linken, liberalen Position heraus – das ist heute schon missverständlich geworden, wenn man von liberaler Position spricht – dann noch mal sehr Vieles in Deutschland in Frage gestellt hat. Vieles vom intellektuellen Milieu vor 1989 kann ich mir leider nur noch historisch erschließen, darüber kann ich mir nur erzählen lassen. Jedenfalls war das wesentlich anders als das, was wir heute haben. Damals gab es wirklich eine fundamentale, grundlegende Kritik am Bestehenden. Natürlich gab es auf der anderen Seite auch Fehler und Selbstherrlichkeiten, die gibt es ja immer dabei. Aber da war einfach ein anderes

Kritikpotenzial aufgerufen. Mir sind Schriftsteller wie Braun, Hein und Wolf, um nur diese drei stellvertretend zu nennen, oder auch jemand wie Heiner Müller, den muss ich noch dazuzählen, jedenfalls sehr, sehr viel näher gekommen in den letzten Jahren.

Sie machen das jetzt an diesen kritischen Personen und Autorenkollegen fest und auch an Ihrer Haltung zu sich selber. Wir waren bei den Literaturwissenschaftlern Therese und Frank Hörnigk. Die haben das als gesellschaftliche Dimension aufgemacht, auch bezogen u. a. auf Heiner Müller. Prof. Hörnigk meinte, wahre Demokraten seien durch das, was passiert ist, jetzt aufgerufen, die Gründe des Scheiterns eines großen Gesellschaftsentwurfs herauszufinden und sich darüber auszutauschen. Das hält er für eine wichtige Aufgabe, auch die Weitergabe von Erkenntnissen der Eltern an junge Leute. Würden Sie das auch so sehen?

Na ja, ich würde mich schon zu denen zählen, die diese DDR wirklich nicht wollten. Aber, ich denke, dazu kann man ja auch die bis dahin Erwähnten zählen. Wenn ich es vielleicht andersherum formulieren darf: Mir geht es eher darum, dass man an Dinge anknüpft, die jetzt da sind, und dass man über das, was vor '89 war, deshalb reden muss, weil es da Sachen gab, die man heute wieder brauchen könnte. Warum soll denn alles nach den alten Spielregeln der Privatwirtschaft gestaltet werden, warum könnte z. B. die Stromindustrie nicht staatlich sein oder im Besitz des Gemeineigentums? Auch über das Gesundheits- oder Bildungswesen, die Versicherungen, die Bahn, die Post und warum nicht auch über die Pharma- oder Rüstungsindustrie ließe sich in dem Zusammenhang nachdenken. Es ist mir lieber, über Heutiges zu reden, als sich jetzt noch Gedanken über so einen Nomenklatura-Funktionärs-Staat wie die DDR zu machen, wo so vieles so schrecklich verkorkst war. Dabei muss man natürlich die Entstehungsbedingungen der DDR in Betracht ziehen. Man schleppt ja doch auch diesen ganzen Nationalsozialismus da mit rein und Stalin und den Kalten Krieg. Und deshalb ist für mich jetzt die Frage, warum die DDR scheiterte, eigentlich nicht das, was mich groß umtreibt. Mich treibt sehr viel mehr um, was heute geschehen muss, damit die Menschheit überhaupt überleben kann. Zum Beispiel beschloß die Bundesregierung eine Abwrackprämie, wo wir doch wissen, dass wir eigentlich nur noch zehn Jahre Zeit haben, die Klimaerwärmung auf zwei Grad zu begrenzen. Und das Ganze heißt dann auch noch Umweltprämie! Während wir den Konsum anfachen wollen, hat eine Milliarde Menschen nicht genug zu essen, kein sauberes Wasser. Welche Partei zieht in den Wahlkampf, um entschieden dagegen vorzugehen? Das sind die Dinge, die mich derzeit am stärksten beschäftigen. Das Schlimme ist nur, dass viele Vorschläge mit dem Hinweis auf den DDR-Sozialismus ad acta gelegt werden, das ist das Gefährliche.

Sicher hätte es einen längeren Anpassungs- und Transformationsprozess geben müssen, um demokratischer und auf Augenhöhe mit diesem kleinen Oststaat die Einheit Deutschlands hinzukriegen. Leider wären aber dann sehr viel mehr Leute in den Westen weggerannt, die nicht länger warten wollten.

Ja, wo hätten die hingehen sollen? Die hätten ja keine Arbeitsplätze gehabt! Während sich im Westen zwischen 1990 und 1992 die Zahl der Erwerbstätigen um fast 1,8 Millionen erhöhte, explodierte die Arbeitslosigkeit im Osten von null auf 1,28 Millionen.

Es gab auch Politiker in Ost und West, die vor der eiligen Währungsunion gewarnt haben. Lafontaine, Pöhl, auch die vorletzte DDR-Wirtschaftsministerin Frau Prof. Christa Luft, sie alle haben damals gesagt, es kann ökonomisch und sozial eigentlich nur schief gehen, wenn Deutschland so eilig zusammengezimmert wird. Die DDR hatte aber bei den meisten Menschen schon so viel an Glaubwürdigkeit verspielt, dass selbst die vereinzelten Demokratisierungsversuche für die breite Mehrheit nicht mehr glaubhaft waren. In den Fenstern der Wohnstuben in Sachsen beispielsweise, wo im Dezember sonst Weihnachtskerzen stehen oder »Räuchermännel«, war zu lesen: Helmut, willkommen! Sie wollten also ganz schnell, dass Helmut Kohl und seine Partei auch im Osten regiert. So vernünftig eine langsamere Gangart gewesen wäre, es hätte nach der Grenzöffnung am 9. November 1989 nicht mehr funktioniert.

Das, was passiert ist, ist ja eigentlich the worst case, meiner Ansicht nach. Also, was hätte denn noch schlimmer kommen können? Ich meine, es gab eine De-Industrialisierung von 70 bis 80 Prozent, und die Leute sind weiter weggegangen. Schlimmer hätte es doch gar nicht kommen können.

Nun stellen wir Ihnen doch die Frage: Was hätte man denn Ihrer Meinung nach anders machen können?

Man hätte beispielsweise einfach bestimmte Schutzmechanismen einführen müssen und einen anderen Geldumtausch. Man muss sich mal vorstellen, die Wirtschaft sollte von heute auf morgen in D-Mark zahlen. Das konnte eigentlich jedem klar sein, dass das von der DDR nicht zu leisten war, dass das nur eine Frage von Wochen oder Monaten ist, bis alles völlig kaputt geht. Ich erinnere mich, im Auftrag unserer Zeitung waren wir Ende August 1990 bei dem ersten großen Streik der Wismut dabei. Oft bekamen wir Anrufe aus Betrieben, wir sollten kommen, ihr Betrieb gehe ein: »Macht mal was Aufrüttelndes in eurer Zeitung dagegen.« Ich fragte, was sollen wir denn machen? Ob da ein Parteisekretär dran dreht oder ein parteiloser Betriebschef, der da noch irgendwas schnell für sich auf die Seite zu bringen versucht, darüber kann man schreiben, aber grundsätzlich war nichts mehr zu retten.
Vielleicht hätte man so etwas versuchen können wie in anderen Ostblockländern.

Selbst in Slowenien hat man ja das Volkseigentum verteilt. Also, man hat gesagt: Nehmt wenigstens die Wohnungen als euer Eigentum. Damit waren die Leute kreditwürdig. Meine Mutter zum Beispiel war erste Oberärztin im Bezirkskrankenhaus Dresden, sie hat die großen Krebsoperationen gemacht, hat für einen Gotteslohn ein zytologisches Labor geleitet und hat gesagt, als das dann privatisiert werden musste: Ich habe jetzt genug von diesen vielen Nachtdiensten mein Leben lang, ich übernehme das Labor. Sie brauchte dafür 20 000 DM, die hat ihr aber keine Bank gegeben, weil wir in einer Mietwohnung wohnten und gerade mal ein Auto hatten, das bot noch lange keine Kreditwürdigkeit. Sie war damals Anfang 50. Wenn unsere Wohnung privatisiert gewesen wäre, hätten wir wenigstens was vorzuweisen gehabt, das wir bei der Bank als Eigentum hätten benennen können. Man hätte sich beispielsweise auch für die volkseigenen Betriebe etwas ausdenken müssen. So wie die Opelleute vorschlagen: Dann übernehmen wir das selber! Da hätte man einfach mehr Zeit gebraucht, um sich konstruktive Modelle zu überlegen.

Solche Pläne gab es ja, wie gesagt, aber sie wurden von der Politik missachtet.

Vor allem hätte der Westen nicht sagen dürfen: Überlasst das mal uns, jetzt kommt die DM, und es wird für Euch ein Wirtschaftswunder geben. De facto aber haben die westdeutschen Konzerne einen staatlich hoch subventionierten Absatzmarkt ohne Konkurrenz dazubekommen. Das hätte man unbedingt vermeiden müssen. Ich meine, die Wirtschaftsleistung des Ostens ist 2007 erst wieder so hoch gewesen wie 1989. Da muss man sich natürlich diesen technologischen Sprung von 18 Jahren vor Augen halten, mit wie viel weniger Leuten das heute zu machen ist. Aber es war doch ein unglaubliches Desaster, was damals an Produktionskapazität vernichtet wurde, die nicht marode war. Der einzig gute Aspekt dabei ist, dass die Landschaften wirklich zu blühen begonnen haben, weil die Industrie mit ihrer Umweltverschmutzung verschwunden war.

Ach, es geht mir gar nicht darum, diese alten Schlachten noch mal zu schlagen, aber es wäre einfach ein politischer Wille vonnöten gewesen und die Einsicht: Leute, wir machen die Einheit, aber nicht so ratz-fatz. Wenn wir das jetzt durchboxen, dann bricht im Osten alles zusammen, dann müssen wir das über Jahrzehnte mit Milliarden subventionieren, und das können wir uns schlecht leisten. Es wäre einfach auch eine Reform, ein Wandel des Westens nötig gewesen. Zum Beispiel ist es doch durchaus eine Überlegung wert: Wir hatten hier die Stromindustrie in Staatshand, müssen wir die denn privatisieren? Der einzige wirkliche Groß-Betrieb aus der DDR, der überlebt hat, ist Jenoptik. Und er hat deshalb überlebt, weil er eben nicht dieser totalen Ideologie der Privatisierung zum Opfer gefallen ist, sondern weil man sich dort sagte, wir schaffen erst einmal bestimmte Übergangsformen, zum Beispiel als Landeseigentum. Ich meine, wenn man innerhalb von anderthalb Jahren eine gesamte Volkswirtschaft auf den Markt wirft, muss man sich nicht wundern, dass es ein Überangebot gibt und dass die Preise in den Keller gehen.

Glauben Sie, dass die so genannten Sieger der Geschichte, die großen und größten Wirtschaftsbosse und Unternehmen, sich jetzt von sozialen Erwägungen und demokratischen Gedanken leiten lassen könnten und sagen: Wir reformieren uns auch und lassen soziale Marktwirtschaft wirklich wieder sozial werden? Sie haben eine ganz klare Kritik am Ist-Zustand des, wie Sie es nennen, Rheinischen Kapitalismus, des reinen Kapitalismus, formuliert. Über die Bankenkrise machen Sie sich zu Recht lustig und haben dennoch die Illusion, dass es zu seriösen und grundsätzlichen Reformen kommen könnte? Wie kann denn ein Kapitalist, der daran interessiert ist, Absatzmärkte und größten Profit zu kriegen, so denken wie die Demonstranten vom 4. November 1989 oder wie Sie als Basisdemokrat aus Altenburg?

Das ist einfach die Frage, *wer* macht die Politik?

Ja, wer macht denn Politik heute, die Wirtschaft?

Das wäre ein bisschen einfach. Aber im Bundestag reden die meisten vom Wachstum wie von einer heiligen Kuh, von der die Lösung aller Probleme erwartet wird. Wir dürfen nicht jede Art des Geldverdienens erlauben und wir müssen uns fragen, wann kollidieren die Gewinninteressen mit denen des Gemeinwesens. Und wo das nicht mehr vertretbar ist, muss man handeln.

Da gleichen Sie einem Rufer in der Wüste.

Ich meine, es ist doch völlig klar, wenn wir so weitermachen, gibt es die Katastrophe! Da muss man nicht mal Harald Welzer und von den Klimakriegen lesen. Auch im Sozialen geht es so nicht weiter. Wir Deutschen sind jetzt mit 20 000 bis 21 000 Euro pro Kopf verschuldet, wir werden in Kürze, also das heißt in zwei, drei Jahren, mit 24 000 oder 25 000 Euro pro Kopf verschuldet sein. Das heißt, eine vierköpfige Familie steht dann allein durch den Bund mit 100 000 Euro in der Kreide. Dazu kommen dann noch die Riesen-Schulden Berlins, die ich noch nicht mal dazu gerechnet habe. Wir werden also im Sozialen und in der Bildung immer weniger Spielraum haben. Wenn Sie hier durch das Berliner Bötzow-Viertel gehen und Sie sehen irgendwas Altes, Marodes im Viertel, dann können Sie sicher sein, das ist eine Kita, eine Schule, ein Seniorenheim oder dergleichen. Und wenn Sie beim Arzt anrufen, dann ist das doch ein unhaltbarer Zustand zu hören: Drücken Sie eins, wenn sie privat versichert sind, alle anderen drücken bitte die zwei. Das sind doch Sprengstoffe, die über kurz oder lang explodieren müssen. Diese Schimäre von Wachstum – da hat Miegel Recht – ist vergleichbar mit dem Ablasshandel. Der aber hatte wenigstens eine Reformation zur Folge.

Sie sind ein klarer Kapitalismuskritiker. Aber eigentlich können Sie in diesem Kapitalismus ganz gut leben mit ihren Büchern. Das haben Sie sich ja auch verdient.

Ja, und?

Wenn jetzt ein Hartz IV-Bürger vor Ihnen säße, würde der Ihnen vielleicht vorhalten: Sie, Herr Schulze, haben ja gut reden, Sie besitzen eine anständige Wohnung und noch eine Datsche. Sie verkaufen Ihre Bücher sehr gut, aber ich kriege nur Hartz IV, weil ich keine Arbeit finde und kann nicht mal ins Kino und erst recht nicht ins Theater gehen, geschweige denn schön verreisen. Ist das für Sie ein Widerspruch?

Aber was würde das denn jetzt für mich bedeuten? Dass ich auch Hartz IV kriegen muss, um was sagen zu dürfen? Ich versuche, es doch immer wieder anzusprechen, ob man jemanden, der Hartz IV kriegt, überhaupt noch als einen freien Menschen bezeichnen kann. Ich habe Freunde, die von Hartz IV betroffen sind. Das ist ja nicht nur eine ökonomische Katastrophe, das zerstört doch auch Freundschaften, man ist damit letztlich vom Leben ausgeschlossen. Selbst wenn man immer eingeladen werden würde – das funktioniert nicht mehr. Was ich sofort verstehen würde, wenn jemand als Hartz IV-Empfänger sagen würde: Na ja, Sie fragen immer solche Schulzes. Dem geht es aber recht gut. Der sagt zwar immer mal was Kritisches, aber die Sache ist viel schlimmer, als der sich das ausmalen kann. Insofern muss ich die Frage an Sie zurückgeben, fragen Sie nicht mich, fragen Sie andere. Ich glaube nicht, dass ich eine Sache besonders gut weiß oder besser als mein Nachbar oder der Hartz IV-Empfänger. Sie könnten ja auch ein Buch mit und über Hartz IV-Empfänger machen – oder?

Zweifellos wäre das eine wichtige Untersuchung – ein Sozialreport über Betroffene. Aber ein Autor wie Sie muss ja nicht gleichzeitig Sozialarbeiter oder Streetworker sein. Doch dass er seinen Blick, die Perspektive von unten, nicht verliert, sondern in sein Denken und Mitgefühl mit einbezieht, also dafür sensibilisiert ist, das macht ihn doch im Grunde politisch. Sehen Sie das auch so, oder möchten Sie einfach nur ein Künstler sein? Was sagen Sie, wenn man Sie als politischen Autor bezeichnet, weil Sie den Blick auf die kleinen Leute haben.

Ich habe immer Schwierigkeiten mit dem Begriff »kleine Leute«. Ich denke, als Leser merkt man sehr schnell, ob in dieser Geschichte, diesem Gedicht, diesem Roman die Welt drin steckt oder nicht, ob da was fehlt. Und zur Welt gehört halt auch ein politischer Aspekt. Man müsste jetzt die Bücher von mir hernehmen und nachsehen, wo und wie genau steckt dieser politische Aspekt drin. Ich hoffe, dass er in meinen Geschichten immer dabei ist. Ich würde das jedoch sehr viel weiter fassen. Man muss quasi das Geschehen vor der eigenen Haustür ernst nehmen und muss trotzdem über die Welt reden. Wenn ich jetzt sage: Ich habe

Hunger, dann würde das sehr komisch wirken. Vielleicht habe ich heute früh wenig gefrühstückt, oder mein Mittagessen ist ausgefallen, aber das ist noch lange kein Hunger. Damit will ich nur sagen, ich kann nicht eine Geschichte schreiben und behaupten: Ich hatte Hunger. Man kann kaum einen Satz schreiben, ohne immer auch an die Welt zu denken. Das heißt aber ja nicht, dass man das, was einen betrifft, nicht ernst nimmt. Im Gegenteil. Bei einem Zeitungs-Artikel, den ich als Autor schreibe, sagt man natürlich: Das ist der und der, der hat die und die Bücher geschrieben. Aber für mich ist das erst mal eine Äußerung als Bürger in diesem Land, ich schreibe ja nicht als Schriftsteller. Dafür schreibe ich dann meine Geschichten und Bücher. Wieso, frage ich, sollen Schriftsteller es besser wissen. Dennoch halte ich es für feige zu sagen: Wir Intellektuellen, wir wissen es ja auch nicht besser. Ich misstraue dieser Haltung. Das war schon in der DDR so, da hieß es dann: Ja, was weißt denn du schon. Für alles gibt es die so genannten Experten-Meinungen. Natürlich verstehe ich von Finanzsachen nichts, aber man kann doch grundlegende Dinge seines Alltags beobachten und sich eine Meinung bilden. Wenn eine Agentur, eine Rating-Agentur, von denjenigen bezahlt wird, die sie beraten sollen, dann muss man sich doch über das Ergebnis nicht wundern. Dafür brauche ich kein Ökonomiestudium. Und wenn ein Arzt als Geschäftsmann denken muss, dann muss man sich auch nicht wundern, wenn man von ihm die teuerste Behandlung kriegt und vielleicht nicht die angemessene, usw. usf. Das sind doch alles Dinge, die jeder verstehen kann. Vielleicht ist es so, dass sich ein Intellektueller deshalb eher äußert und durchaus auch äußern soll, weil er in aller Regel nicht so oft Leute fragen muss, ob er was darf oder nicht. Also, ich muss Gott sei Dank keinen Landrat und keinen Oberbürgermeister, keine Partei und keinen Chef danach fragen, ob ich jetzt ein Interview geben darf oder nicht.

Eben haben Sie uns eine Einladung zu einem öffentlichen Gespräch heute Abend gezeigt. Da könnten Sie sich doch sagen: Ich fühle mich total geehrt, ich darf neben Thierse, Schäuble und dem leitenden Redakteur des Berliner »Tagesspiegel« über 20 Jahre Mauerfall und Wende sprechen. Aber eigentlich haben Sie was gegen Jahrestags- oder Anlass-Kampagnen. Erinnert Sie das an die Jubelarien der SED?

Ja, die Heilsbotschaft steht fest, der pastorale, ein wenig selbstzerknirschte, doch im Grunde freudige Tonfall stellt sich von selbst ein, die Liturgie nimmt ihren Lauf. So habe ich das auch in meinem Essay beschrieben. Aber da ist jetzt auch eine Veränderung eingetreten. Anfang des Jahres spürte ich, dass die Leute ihre Fragen, was 89/90 betraf, beendet hatten, das hatte sich erledigt. Und mittlerweile merkt man so eine Gereiztheit, man will die Sache jetzt ein für alle Mal erledigt haben. Man darf über die DDR sagen, dass das ein Unrechtsstaat und Überwachungsstaat war. Aber wenn man das nur mit diesen Worten oder

Klischees abtut, lohnt es sich gar nicht mehr, darüber zu reden. Damit ist das dann tatsächlich erledigt. Das betrifft, würde ich meinen, nicht nur das Sprechen über die DDR, sondern eigentlich das Sprechen über alles Politische. Das kann man bis in die Sprache nachweisen. Politiker sprechen immer häufiger »von den Menschen« und viel weniger von Bürgerinnen und Bürgern. Das geht mit einer Entpolitisierung einher; was Geschichte ist, wird zur Natur umgedeutet, wie es Roland Barthes schon in den »Mythen des Alltags« beschreibt. Aus einem geschichtlichen Prozess wird plötzlich etwas Naturhaftes gemacht, das von sozialen, politischen und ökonomischen Dingen abgekoppelt wird.

Natürlich, wer hat sich über den Mauerfall nicht gefreut. Interessant ist doch dann sehr viel eher der 9. Oktober, dass es da möglich war, friedlich um den Stadt-Ring in Leipzig zu laufen. Und was ist eigentlich danach gekommen? Ich meine, ich habe ja dieses »Adam und Evelyn« nicht geschrieben, um noch mal in den alten Zeiten zu schwelgen, sondern einfach mit dem Wissen von heute noch mal zu erinnern, welche Möglichkeiten und Erwartungen gab es denn 1989, am Ende des Kalten Krieges. Da sagt Evelyn: »Jetzt kommen wir in die beste Welt, die es je gegeben hat. Es wäre doch absurd, wenn jetzt alles so bliebe, wie es gerade ist.« Denn das war ja nicht nur eine Hoffnung, sondern auch eine Chance. Dies unter so einem Aspekt zu diskutieren, das wäre mehr als nötig. Außerdem kann ich nicht einfach über den Mauerfall reden und wir bauen neue Mauern und Zäune. Jährlich sterben Tausende bei dem Versuch, nach Europa zu kommen.

Der Roman »Adam und Evelyn« ist auf einen Zeitraum von nur vier Monaten in dieser Wendezeit eingegrenzt. Das ist deshalb so spannungsvoll erzählt, weil es sich darauf konzentriert: Was war oder ist und was könnte sein. In diesen Fragen und in den Figuren Adam und Evelyn und dann noch in den anderen zwei Frauen spielen sich alle Möglichkeiten der Wende, Euphorie, Illusion, Chance, Verlust, Abschied etc. ab. Meinen Sie, dass es jüngeren Autoren vielleicht leichter fällt, ganz unverstellt darüber zu meditieren, als den Älteren mit ihrem eher melancholischen Blick darauf? Wir kennen ja die durchaus unterhaltsamen Filme wie »Sonnenallee«, »Good bye, Lenin«, »Go Trabbi, go«.

Ja, letzteren mag ich sogar. (lacht)

Und nun kommen Sie mit »Neue Leben« und »Adam und Evelyn«. Ist es so, dass Ihre Generation offensichtlich leichter mit der Wende umgehen kann als die älteren Künstler?

Aber denken Sie doch an Volker Brauns »Werkzeugmacher« oder zum Beispiel »Willenbrook« von Christoph Hein.
Für mich bleibt die 89/90er Zeit eine wichtige Zäsur in meinem Leben, und deshalb beschäftigt mich das. Ich schreibe über die Zeit, die ich erlebt habe. Und das

ist bei den anderen und älteren Autoren und Künstlern wohl nicht viel anders. Man braucht doch mehrere Bücher, viele Bücher, die das beschreiben, oder? Und die müssen auch aus dem Westen kommen. Interessant ist doch, wie hat sich der Westen verändert?

Es gab bei Ex-Bundeskanzler und SPD-Politiker Gerhard Schröder in seiner Amtszeit drei Begegnungen mit Schriftstellern, offenbar hat er sich an diese Tradition von Willy Brandt erinnert. Beim ersten Mal waren außer Ihnen u. a. auch Stefan Heym und Christa Wolf mit dabei.

Ja, Christa Wolf war die einzige Frau.

Da ging es um handfeste Fragen, Pazifismus oder Krieg, um Irak und Afghanistan. Und es geht ja bis heute leider immer noch um dieses brisante Thema – gerade jetzt, wo es schon weit über dreißig gefallene Bundeswehrsoldaten in Afghanistan gibt, ist die Diskussion wieder neu entflammt. Angela Merkel, die jetzige Kanzlerin und CDU-Chefin, fragt nicht mehr die Künstler um ihre Meinung zu Politik-Entscheidungen, Sie lädt sie nicht ein.

Die fragt andere Leute.

Hatten Sie das Gefühl, dass so ein Politiker wie Schröder wirklich die Meinung prominenter Schriftsteller hören will oder war das nur ein PR-Spielchen?

In meinen Augen war das schon ein Spielchen. Es hat sich, glaube ich, über Schröders Entscheidung, deutsche Soldaten nicht in den Irak zu schicken, keiner mehr gewundert als ich. Nach dem, was ich gehört hatte zu Afghanistan, als er sinngemäß sagte: Das müssen wir machen, sonst können wir uns 30 Jahre lang nicht mehr bei den Amerikanern blicken lassen. Und bei dem zweiten Treffen, wo unser Afghanistan-Einsatz klar, also abgesegnet war, da steckten wir schon mittendrin, da dachte ich, jetzt gehe ich da nicht mehr hin, das wird jetzt so ein SPD-Treffen. Später konnte man natürlich Schröder nur unterstützen, weil er souverän entschied, dass Deutschland nicht mit im Irak einmarschiert. Dafür ist er aber bekanntlich massiv angegriffen worden. Das sollte man ruhig auch alles noch mal wieder vorholen. Also, diese kluge Entscheidung damals haben wir ihm auf jeden Fall zu danken, aber er hat uns auch genug eingebrockt, Dinge, die verheerend sind, die Agenda 2010 zum Beispiel. Also, die Crux ist, dass es mit Politikern meistens erst dann interessant wird zu reden, wenn sie nicht mehr im Amt sind.

Als Künstler will ich nicht den Affen spielen

Interview mit dem Pianisten Peter Rösel im Februar 2009

Wenn man als Pianist auf Mitte 60 zugeht, zählt man dann schon zu den »Alten«, oder sagt man: Nein, wir Älteren sind die Gestandenen, weil wir schon so viel Erfahrung haben? Wir haben diese etwas despektierliche Frage an den Anfang gestellt, weil die Massenmedien – man denke bloß mal an die Sendung »Wetten, dass …« –, sich ja mit Vorliebe auf Jungstars stürzen und auch nur häppchenweise über große künstlerische Leistungen informieren. Also, kann ein Pianist ewig spielen?

Nein, er kann mit höchster Disziplin, viel Arbeit und natürlich nur bei guter Gesundheit zwar bis an die 80 spielen, aber spätestens dann spürt man merkbare Einbußen. Die Halbwertzeit eines Pianisten ist kürzer als die eines Dirigenten, der jenseits der 70 noch eine steile Karriere beginnen kann. Bei Klavierspielern ist es in der Regel so, dass man etwa bis zum Alter von 48 oder 50 noch als junges Talent gilt, doch dann ist man auf einmal der Alte. Dazwischen gibt es kaum Abstufungen. Ich selbst habe aber mit Mitte 60 trotzdem noch eine ganze Menge vor. Und ich bin, was mich natürlich freut, dieses Jahr (2009) mit dem Kunstpreis der Stadt Dresden geehrt worden, ausgewählt von einer repräsentativen Jury. Dazu gab es auch ein Pressegespräch und ich wurde als Preisträger zu einem Statement aufgefordert. Da habe ich ausdrücklich gesagt: Ich empfinde diesen Preis als Würdigung des bisher von mir Geleisteten. Jeden Gedanken an ein so genanntes Lebenswerk weise ich allerdings von mir, weil das ein Synonym wäre für »von dem kommt nun nichts mehr«. Ich bin jedoch überzeugt, dass von mir noch eine Menge kommen wird. Ich habe 2008 einen Zyklus aller 32 Beethoven-Klavier-Sonaten und der fünf Klavierkonzerte Beethovens in Angriff genommen, das sind gestaffelte Auftritte, Konzerttermine, Live-Mitschnitte und CD-Veröffentlichungen, die bis 2011 reichen. Für diese Beethovensonaten brauche ich acht Konzertabende, die sich auf vier Jahre verteilen. Inzwischen sind die ersten beiden CD-Produktionen schon auf dem Markt, insgesamt neun werden in den kommenden drei Jahren folgen. Das ist gegenwärtig mein wichtigstes Pro-

Peter Rösel 1984 mit Kurt Masur (li.) und 2009 (re.)

jekt, für das ich mein Können, meine ganze Kraft, aber auch Lust investiere. Kurz gesagt, ich stehe noch in einem Alter, in dem man als Künstler ernst zu nehmen ist. Allerdings beobachte ich auch, dass sich die modernen Medien immer stärker auf kurzlebige Kulturevents oder Sensationen konzentrieren, weil sie sich einen manchmal schwer erträglichen Jugend- und Quotenkult auf die Fahnen geheftet haben, so dass es Älteren oft recht schwer gemacht wird, gehört und respektiert zu werden.

Wo fand die Premiere für Ihren Komplett-Zyklus der Beethoven-Klavier-Sonaten statt?

Die Stadt Tokio hatte mich dazu eingeladen. Bei den Dresdner Musikfestspielen 2005 arbeitete ich schon mit einem japanischen Orchester; dabei haben wir alle Beethoven-Konzerte an zwei Tagen gespielt. Daraufhin hat man mich wieder nach Tokio geladen und mir dort dieses Mammut-Projekt angetragen.

Also war das deren Idee?

Ja. Ich hatte mal geäußert, dass ich so einen Zyklus gerne machen würde, wenn ich einen kompetenten Partner dafür fände, was gar nicht so einfach ist, denn es muss sich ja jemand damit anfreunden sowie das Projekt dann publizieren und Reklame dafür machen wollen, also mit anderen Worten es veranstalten. Und die Kioi Foundation lud mich zu einem Konzert ein, weil die Veranstalter mitbekommen hatten, dass ich vorher in Seoul war. Bei dieser Gelegenheit haben wir den Beethoven-Zyklus fest vereinbart, was mir einen immensen Arbeitsaufwand und auch immense Freude beschert. Das sind ja immerhin über dreizehn Stunden Klavier-Musik! Dabei gilt es für mich immer auch, dazuzulernen, vieles zu repetieren und zu perfektionieren. Und ich wollte zusätzliche Veranstaltungsorte finden, bei denen es mir nicht um Riesenhonorare ging, sondern um einen adäquaten Ablaufplan. Zum Glück habe ich im Raum Dresden und in Thüringen mehrere Veranstalter gefunden; in Dresdens Umgebung werde ich in wunderschönen sächsischen Schlössern spielen. Diese Reihe nennt sich »Musik an den Höfen des Meißnischen Landadels«. Im Thüringischen ist es das Theater Nordhausen und das Loh-Orchester Sondershausen, denen ich in Hamburg einst einen guten Flügel von Steinway ausgesucht habe. Dort hat man sich meiner erinnert und mit Freude mein Projekt aufgenommen. Auch ein Veranstalter in Lausanne/Schweiz wird es präsentieren. Damit findet also jedes Konzertprogramm von mir mindestens vier Mal statt. Und die Tokioer sind für meine CD-Produktion verantwortlich.

Sind Sie da ein Unikum, der Beethoven auf dem Klavier wirklich komplett spielt, oder machen das andere Pianisten-Kollegen auch?

Das wird tatsächlich recht selten geboten. Natürlich gibt es Alfred Brendel, Friedrich Gulda, die das schon gemacht haben und einige der älteren Pianisten des 20. Jahrhunderts wie Backhaus usw. Von denen gibt es auch Schallplattendokumente. Aber es wird immer wieder neu produziert. Das ist schon eine künstlerische Herausforderung.

Um nochmal auf den heutigen Kunstmarkt zu kommen. Wir erwähnten vorhin das Fernsehen, das z. B. mit dem jungen, chinesischen Star-Pianisten Lang Lang häppchenweise Virtuosität demonstriert und ihn in die Talkshows bringt. Ist das eine Befriedigung vom vorgeschobenen Geschmack der Massen, die angeblich sowieso keine langen Klassik-Stücke hören wollen und eher mit zwei Piano-Minuten von Lang Lang oder drei Violin-Solo-Minuten von Anne-Sophie Mutter zufrieden sind? Erfüllt das Ihrer Meinung nach einen guten Zweck?

Es kann durchaus passieren, dass das Pendel, das im Moment so hängt, auch mal wieder voll zurück schwingt. Zurzeit gibt es, wie gesagt, eine recht oberflächliche Eventkultur, die sehr auf kulturelle Häppchen ausgerichtet ist. Darin sehe ich derzeit leider einen Trend, dem man sich nur schwer entgegenstemmen kann. Ich halte freilich gar nichts davon, Genres zu vermischen. Und ich halte auch nichts davon, falsch verstandenen Sensationen nachzurennen. Ich will mal ein Beispiel nennen: Wir hatten nach monatelanger, intensiver Werbung im Sommer hier auf dem Theaterplatz von Dresden drei wirklich prominente Sängerinnen zu Gast – die Damen Caballé, Milster und Milva, von denen jede ein anderes Genre vertritt und die alle nicht mehr die Jüngsten sind. Die Opernsängerin hatte am Schluss

Probleme, und mit dem Zusammenwirken klappte es auch nicht so ganz gut. Für ein solches Konzert läuft die Werbung auf Hochtouren. Und wenn wir zu einem hochkarätigen Abonnementkonzert in der Philharmonie einladen, haben wir jedes Mal an zwei Abenden über 4 000 Leute drin. Doch dafür macht so gut wie niemand Reklame, und es läuft trotzdem. Diese heiß umworbenen Kultur-Highlights sind Großveranstaltungen, zu denen auch ein bestimmter Typ von Beflissenen hinrennt, weil sie meinen, sie müssten dort gesehen werden und dabei gewesen sein. Das sind modische Events, bei denen es vor allem um die Kasse und das Image geht, auch wenn es zuweilen künstlerisch fragwürdig produziert wird. Bei normalen Abo-Konzerten hat man dieses Publikum nicht.

Aber liegt es nicht auch an der Künstlerpersönlichkeit derjenigen, die bei solchen Events gern mitspielen?

Ja natürlich, so was muss man eben mitmachen wollen. Aber das ist gar nicht mein Punkt. Ich gehe eher davon aus, dass immer so kleine Kunst-Bruchstücke, also Kunst-Häppchen, präsentiert werden. Das ist die Tendenz, die uns jedes moderne Klassik-Radio anbietet. Also, wenn mal ein ganzer Sinfoniesatz gebracht wird, dann ist das schon die Ausnahme. Der dauert vielleicht siebeneinhalb Minuten, und mehr, so die irrige Annahme, könne man dem Publikum nicht zumuten. De facto läuft das auf Verflachung hinaus, denn Häppchen werden nun mal nebenbei eingenommen. Dies jedoch war und ist keineswegs im Sinne der Komponisten, die ein Kunstwerk von größerer Dauer geschaffen haben – mit verschiedenen Stimmungen, Tempi und Sätzen, praktisch mit verschiedenen Inhalten, durch Nacht zum Licht oder wie auch immer. Und die eigentlich von ihrem Publikum, verdammt noch mal, verlangen können, bzw. erwartet haben, dass es sich das ganze Stück anhört! Strapazierte Musik-Häppchen finde ich nicht sehr hilfreich für eine niveauvolle Rezeption von Kunst oder überhaupt für ästhetische Bildung und Erbauung, aber wie gesagt, das Pendel kann auch mal zurückschlagen.

Ähnliches passiert ja auch mit der Literatur. Aber der Teufelskreis ist doch immer der, dass die führenden Massenmedien, bzw. deren Hierarchien behaupten, sie müssten an erster Stelle Quote bringen, und das Massenpublikum verlange nach Häppchen, nach Fun und Unterhaltung mit Sensationen, Titten und Boulevard-Klatsch. Doch gerade die Kulturmedien haben doch eine unbedingte Erziehungs- und Bildungspflicht. Und wenn sie den Geschmack des Publikums selbst verderben oder zumindest verflachen, können sie nicht einfach behaupten: Das breite Publikum will hauptsächlich Boulevard und Fun.

Na ja, da bin ich mal ironisch und würde sagen: Wenn man Dreck sät, erntet man Dreck. Man hofft zwar zynischerweise auf Aufmerksamkeit eines Massenpublikums, und zieht jedoch dessen Geschmack immer weiter nach unten, keine Frage.

Ist es im Verlaufe der musikalischen Karriere eines Pianisten so, dass die Band-breite der Komponisten, die er spielt, immer größer wird und gleichzeitig damit einhergehend natürlich auch die Qualität und Tiefe der Interpretation immer besser gelingt, oder fokussiert man dann doch mehr auf ein bestimmtes Komponisten-Profil und -Programm?

Dabei sind zwei Aspekte zu bedenken. Erstens entwickelt man in der Jugend einen anderen Geschmack als wenn man in die Jahre kommt. Natürlich steht, wenn man jünger und noch im Vollbesitz seiner Kräfte ist, virtuose Musik sehr im Mittelpunkt des Interesses. Wobei man musikalische Qualitäten auf diesem Feld nur bedingt zeigen kann. Da ist dann Vieles der Wirkung von Fingerakroba-tik geschuldet. Im Laufe der Zeit – aber das ist ein Prozess, der über Jahrzehnte geht –, entwickelt man dann andere Vorlieben, verabschiedet sich von bestimm-ten Dingen, wo man sich eben sagt, ach Gott, diese Zirkuspolka – Zirkuspolka, so ein Stück gibt es – die sollte man ruhig mal nachrückenden Jüngeren überlas-sen, ich mache jetzt Anderes. Ich will damit nicht sagen, dass jeder, wenn er älter wird, zwangsläufig bei Beethoven oder Mozart landet, aber man entwickelt neue Vorlieben. Das Andere ist, dass man auch durch die Umwelt, sprich Schallplat-tenproduzenten, Veranstalter usw. in eine bestimmte Richtung gedrängt wird. Bei mir war es zum Beispiel so, dass ich ja fünf Jahre in Moskau studiert habe. Und als ich wiederkam, war ich in der DDR fast der Einzige, der in größerem Maße lauter virtuose Russen spielte. Prokofjew, Rachmaninow, Tschaikowski usw. Natürlich haben sich da alle drauf gestürzt. Und ich hatte erst mal meinen Stempel weg.

Fanden die Veranstalter, Kritiker, Ihr Publikum oder auch die Kulturoberen das dann irgendwie ideologisch, dass Sie lauter Russen spielten?

Die nationale Musik war dort in Moskau in einem größerem Maße Schwerpunkt der Ausbildung als sie es hier bei uns gewesen ist. Man muss auch sagen, dass man sich bei den russischen Komponisten wirklich die Finger verbiegen und brechen kann, eine hohe Virtuosität beherrschen muss, was hierzulande eher nicht Standard in der Ausbildung war, wie ich sie kannte. Ich ging also 1964 nach Moskau. In der Zeit kam aus Leipzig der bekannte Pianist und Organist Ama-deus Webersinke als Professor nach Dresden. Der hat damals einen sehr treffen-den Satz gesagt, an den ich mich noch gut erinnern kann. Er sagte: Unsere Stu-denten üben 20 Jahre lang, doch wenn sie dann etwas vorspielen sollen, können sie nichts.

Aber es gab in der DDR doch auch so eine große Pianistin wie Annerose Schmidt, die auch im Ausland einen Namen hatte.

Ja, aber sie war eben eine Ausnahmeerscheinung. Wie viele hatten wir denn in diesem Land? Drei, vier, wenn es hochkommt.

Rösel, Schmidt und wer noch?

Zum Beispiel Siegfried Stöckigt und Dieter Zechlin, aber das war es dann wohl. Jedenfalls kam ich als knapp 20-Jähriger nach Moskau. Ich wohnte im Internat und hörte, was um mich herum so passiert. Hier gab es Talente, die sich aus dem ganzen riesigen Land beworben hatten, das waren sozusagen die Besten der Besten in der ehemaligen Sowjetunion. Und die konnten alle schon brillant Klavier spielen oder Geige, die beherrschten die schwere Musikliteratur schon gut, die haben sich, ich will nicht gerade sagen drillen, aber doch sehr intensiv in Moskau ausbilden und vervollkommnen lassen. Ähnlich wie bei einer künftigen Ballerina vom Bolschoi: Wenn die nicht ganz zeitig auf die Spitze geht, wird sie das nie können. Mit gemütlicher Ausbildung sind keine Spitzenleistungen zu holen.

Sie waren als DDR-Abiturient nicht in der FDJ, ist es da nicht verwunderlich, dass Sie das Privileg hatten, ausgerechnet an jenes Moskauer Tschaikowski-Konservatorium delegiert zu werden, das für internationale Eliteausbildung bekannt ist?

Doch, ich war schon in der FDJ, allerdings wollte man mich da mal rausschmeißen.

Konkret war es doch aber so, dass Sie aus einem sehr musikalischem Elternhaus stammen. Sie konnten sogar eher Noten lesen als das ABC, doch Sie waren aus DDR-Sicht eben nicht der proletarische oder parteiliche Kader, den man gemeinhin fördern wollte, sondern Sie waren ein pures Talent. Wenn man jetzt mal ihre Karriere unter die Lupe nimmt, dann waren doch die fünf Studienjahre an diesem weltberühmten Tschaikowski-Konservatorium zweifellos eine Riesenchance, Sprungbrett für eine außergewöhnliche Pianisten-Karriere, die anderen so nicht gegönnt war. Sehen Sie das selbst nüchtern oder eher euphorisch, dass Sie, aus einem bürgerlichen Dresdner Elternhaus kommend nach Moskau gehen durften? War letztlich Ihr erfolgreiches Abschneiden beim internationalen Schumann-Wettbewerb in Zwickau das »Zünglein an der Waage«?

Ja, zweifellos, Schumann war, wenn man so will, »schuld« an meiner Karriere. Ich bin ja nach dem Abitur direkt zum Studium gekommen, das erste Jahr war ich in Dresden. Merkwürdigerweise nicht mit der normalen Lehrer-Beurteilung, die ich kannte, sondern mit einer anderen, in der sinngemäß drin stand, dass ich ein ungefestigter Charakter sei. Und daraufhin ergab sich dort eine Diskussion, so weit ich das weiß, ob man mich überhaupt an der Musikhochschule aufnehmen könne. Der damalige Rektor Karl Laux sagte jedoch: Ich kenne den jungen Mann, der Rösel ist wirklich begabt, und jetzt hört mal auf mit diesem Quatsch. So kam ich dorthin. Und fuhr, das war meine erste große Tat in diesem ersten Studienjahr, das im Oktober begann, im November schon zum besagten

Schumann-Wettbewerb. Dort war auch ein Moskauer Juror, der der Meinung war, ich müsste unbedingt zum Studium nach Moskau, was unterm Strich hieß – zu ihm.

War der Lehrer dort am Tschaikowski-Konservatorium?

Das war der heutige Schwiegervater von Daniel Barenboim, Dmitri Baschkirow. Und der hat durchgesetzt, dass ich nach Moskau gehen kann, das heißt, er hat die dort anwesenden DDR-Kulturfunktionäre davon überzeugt.

Da gab es übrigens eine ganz hübsche Episode. Ich wurde eines Tages mal ins Ministerium für Kultur in Berlin vorgeladen, und da hat mich Heinz Knorr, damals Abteilungsleiter für Ausbildung, befragt, wie ich mir denn mein weiteres Berufsleben als Künstler so vorstelle. Das war nach meinem erfolgreichen Abschneiden beim Montrealer Klavier-Wettbewerb. Da habe ich mir gedacht: Um Gottes willen, sag denen bloß nicht, dass du auch im Westen gastieren willst und eine internationale Karriere anstrebst, das könnte verdächtig sein. So sagte ich: Na ja, unser Land ist ja kulturell wirklich sehr aktiv, und da habe ich gar keine große Lust, in der Welt rumzureisen. Wenn ich hier regelmäßig spielen kann, dann freue ich mich schon usw. Dann stand im Protokoll: Rösel äußerte merkwürdige Pläne, die müssen wir ihm unbedingt ausreden. Dieses Papier fand sich in meinen Stasi-Unterlagen. Und der angeblich kompetente Gauck-Mitarbeiter hatte drunter geschrieben: H. Knorr entschlüsseln! Als ob es dabei was zu entschlüsseln gäbe.

Wie hat das mit Russisch geklappt, waren Sie dafür sprachlich schon fit?

Da hieß es nur: Vier Wochen Crashkurs in Halle, dann ab nach Moskau und sieh zu, wie du dort zurechtkommst. Ich habe allerdings das erste halbe Jahr dort noch keine speziellen Fächer absolviert, die habe ich später nachgeholt, sondern mich anfangs nur auf Musik und Sprache konzentriert. Quasi notwendige Zungenbewegungen auf Russisch gemacht, wobei ich dort einen ganz ausgezeichneten Sprachunterricht hatte.

Für die SED-Ideologen gab es doch zwei außenpolitische Aushängeschilder: das eine war der Sport, Olympia, und das andere war die Kultur, also der Kulturexport.

Wobei Kultur zweifellos nach dem Sport rangierte.

Mit Beidem hat sich die DDR-Regierung gerne gebrüstet, und sie hat ja dafür Gründe gehabt, also, das kleinste Land mit den meisten Olympia-Medaillen, wenn das nichts war. Deshalb klingt es für uns jetzt erstaunlich, wenn Sie sagen, dass es in der DDR, verglichen mit der UdSSR, in der Ausbildung von Musik-Solisten eher gemütlich zugegangen sei.

Damals war Moskau die absolute Weltspitze, das Tschaikowski-Konservatorium lag ganz eindeutig noch vor so renommierten Hochschulen wie denen in Leningrad oder in Budapest, und auch mir damals nicht zugänglichen renommierten West-Schulen.

In einem über anderthalb Jahrzehnte zurückliegenden Gespräch sagten Sie: Moskau war auf der einen Seite mein bestes Startbrett, weil es so eine klasse Ausbildung bot. Auf der anderen Seite stellten sich das viele Außenstehende wohl immer viel zu orthodox vor. Denn Sie konnten auch spontan mal im Nachbarstudio zusehen und zuhören, also, es herrschte dort sowohl eine offene, als auch von hoher Disziplin geprägte Atmosphäre?

In bestimmten Lebensformen des Studenten-Wohnheims oder bestimmten Organisations-Strukturen der Hochschule war eine straffe Führung schon die Regel, aber unsere gesamte Ausbildung war recht offen. Also, was Konsultationen und Besuche bei Nachbar-Künstlern anbelangt, da konnte ich eben z. B. beim Maestro Oistrach anklopfen und sagen: Darf ich bitte eine Stunde zuhören? Da gab es keinerlei Hürden. Auch ein russischer Lehrer, Professor oder Pädagoge kann ja seine Schüler nicht mit der Knute zwingen zu üben. Man setzte auf den gesunden Ehrgeiz der jungen Menschen, der ja da war. Und es war auch klar, dass, wenn man zur künstlerischen Spitze in der Sowjetunion gehörte, es sich halt besser lebte, als wenn man z. B. Parkwächter war.

Ihr Geburtstag liegt nur elf Tage vor der schrecklichen Bombennacht in Dresden am 13. Februar 1945. Wir kommen darauf, weil ja exakt am 13. Februar in diesem Jahr 2009 Dresden in fast allen Nachrichten war mit diesen Neonazi-Gangs, die diesen Termin für sich sozusagen beansprucht und missbraucht haben mit dem zynischen Bombenholocaust-Begriff. Dagegen hat Gott sei Dank auch eine große Menge Dresdner »Gesicht gezeigt« – so hieß ja diese Aktion von Zivilcourage. Wie ergeht es Ihnen damit?

Wenngleich man sich über das richtige Gesicht leider nicht einigen konnte. Die Einen sagten, wir machen nur ein stilles Gedenken, und die Anderen wollten eine ganz eigene Demo. Also, da gab es unnötig viel Hickhack. Ich war um diese Zeit zu Konzerten in Nürnberg, also nicht vor Ort. Manche haben sich um den Trompeter Ludwig Güttler zum stillen Gedenken versammelt, die anderen haben ein »Geh-Denken« organisiert, das war gesamtdeutsch. Und die Dritten meinten, man müsste ein Pop-Volksfest dazu veranstalten. Letzteres habe ich ziemlich erstaunt im Fernsehen und aus der Zeitung zur Kenntnis genommen.

Es gab ja Kommentatoren, die geäußert haben, es wären zu wenige mutige Dresdner gewesen, zahlenmäßig nur genau so viel wie die Neonazi-Horden. Und andere haben gemeint, das ganze Hickhack gäbe es bloß, weil die NPD nicht verboten ist. Wenn Sie, Herr Rösel, Jahrgang Februar 1945, heute beobachten, dass politisch unverbesserliche Gruppierungen das historische Datum und Drama der Bombardierung Dresdens für sich zu instrumentalisieren versuchen und Sie persönlich andererseits mit dem Background leben: Ich bin aus dieser Schreckensnacht glücklich davongekommen, empfinden Sie da Zorn und Abscheu vor so einer frechen, neonazistischen Provokation vom »Bomben-Holocaust«?

Ich sage dazu ganz einfach: Wer Wind sät, wird Sturm ernten! Es hat doch keiner Deutschland 1939 gezwungen, den Zweiten Weltkrieg anzufangen. Außerdem bin ich so naiv zu fragen: Es kann doch nicht so schwer sein, diese NPD mit eindeutig faschistischem Gedankengut von unserem Verfassungsrecht her zu verbieten? Wenn man sie nicht verbietet, dann muss man sie, verdammt noch mal, akzeptieren wie sie ist, und dann haben wir Demokraten ein Problem. Ich verstehe bloß nicht, wie viele andere Mitbürger auch, warum deren Demonstrationen meist genehmigt, Gegendemonstrationen oder Gegen-Antworten darauf aber oft mit hohen Auflagen gebremst werden.

Westdeutsche Journalisten würden Sie vielleicht fragen: Wie kommt es, dass sich gerade hier in Sachsen so viele Neonazi-Gangs konzentrieren?

Sachsen war in der Geschichte immer schon für Extreme gut. Die Sachsen hatten in der Nazi-Zeit leider prozentual die meisten NSDAP-Mitglieder. Und später zu DDR-Zeiten konnte man jeden Grenzreisenden fragen, in Sachsen gab es die Aller-Rötesten und Aller-Stursten, auch bei den Behörden oder Ämtern. Und jetzt gibt es wieder eine Menge Schwarzer oder auch schwarzer Schafe und dummer Brauner als Mitläufer oder Anhänger gefährlicher Propaganda-Spiele. Wenngleich das nicht die Mehrheit der Sachsen betrifft. Eins dürfen wir nicht vergessen, der NPD-Vorsitzende, der Chef hier in Sachsen, ist Wessi. Der ist in seiner Demagogie natürlich viel geübter als die ostdeutschen Greenhörner, jungen Gröler und Nachbeter. Und wenn es in Sachsen oder auch in Ost-Brandenburg und Mecklenburg zu Massenentlassungen kommt, dann findet die NPD-Demagogie bei solch sozialer Sprengkraft eben leicht Opfer.

Noch mal zu Dresden – ein wahrhaft besonderes Pflaster in der Geschichte, Politik und besonders in der Kultur, da kommt ja nun mal keiner drum herum.

Erstens und vor allem: Eine musische Stadt!

Ja, mit großen Namen – ob Schiller, Körner, Weber, Carus, C. D. Friedrich bis zu den jüngeren Malern Grundig, Penck, dem legendären Kreuzkantor Mauersberger, Tenor Schreier oder auch Physiker von Ardenne. Selbst zu DDR-Zeiten hatte sich Dresden eine gewisse Bürgerlichkeit bewahrt. Das aktuelle Dresden hat freilich auch schon für peinliche Schlagzeilen gesorgt, die bis heute immer wieder auftauchen, durch den zur Provinzposse verkommenen Streit um eine neue Elbbrücke, die die Aberkennung des Titels des UNESCO-Welterbes nach sich zog. Dagegen sind besonders viele Dresdner Intellektuelle, Künstler und Prominente auf die Barrikaden gegangen. Es war beeindruckend, dass die keinesfalls hinnehmen wollten, was die Stadt- und Landespolitiker da verzapft haben. Gehörten Sie auch mit zu den Protestierenden?

Ja, natürlich, wir gehörten dazu.

Nun gab es aber doch bei Umfragen angeblich eine Bevölkerungsmehrheit, der das alles egal war. Und deshalb hat die Administration behauptet: Wir haben die Mehrheit hinter uns.

Das ganze Procedere war manipuliert, das fing schon beim Bürger- oder so genannten Volksentscheid an. Die Frage war derart gestellt, dass sie eigentlich nur mit *Ja* beantwortet werden konnte. Sind Sie dafür, dass eine Verkehrserleichterung stattfindet usw. – Dummenfang. Es hat ja inzwischen über 40 000 Unterschriften, für einen neuen Bürgerentscheid der Dresdner gegeben, der wurde aber abgelehnt, weil der andere noch nicht abgelaufen gewesen sei.

Als Laie versteht man nicht, warum die Dresdner Oberbürgermeisterin und ihre Dresdner Stadt-Beamten einerseits doch werbemäßig gerne auf den Slogan: Dresden, Elbflorenz, europäische Kulturstadt verweisen? Und auf der anderen Seite stellten sie leichtfertig die Ehrung wie UNESCO-Welterbe-Landschaft zur Disposition. War denen dieser Status letztlich nicht wichtig?

Ich will niemanden beleidigen, verleumden oder verdächtigen, aber die Vehemenz, mit der die Brücke, und zwar nur diese eine Brücke, verteidigt wurde – denn trotz mehrfacher Aufforderung war die Stadt ja nicht bereit, über andere sinnvolle und machbare Projekte zu diskutieren, diese Verhärtung der offiziellen Argumentation legt durchaus den Verdacht nahe, dass hier nicht alles mit rechten Dingen zugegangen ist. Bei etwa 50 Prozent Beteiligten am Volksentscheid haben sich de facto rund zwei Drittel für die Brücke ausgesprochen, das sind also dann effektiv nur 33 Prozent der Gesamtbevölkerung. Und all die Ablehner sind vermutlich erst dann munter geworden, als das Kind gewissermaßen schon in den Brunnen gefallen war. Mir hat noch niemand plausibel erklären können, was dieses Bauwerk, vor allen Dingen für den Ost-West-Verkehr, bringen soll. Ich nehme ja an, dass diese Brücke erst mal Verkehr richtig anzieht, statt entlastet. Hoch zum Weißen Hirsch zum Beispiel wird man genauso im Stau stecken wie bisher. Also, ich als Laie und aktiver Verkehrsteilnehmer sehe wie so viele andere Dresdner auch kaum Nutzen durch diese Brücke, dafür aber jede Menge Schaden. Als man dort eine alte Buche fällen wollte, auf die Brückengegner von Robin Wood geklettert waren, gab es so ein massives und alles andere als feines Polizeiaufgebot, dessen Hauptquartier auch noch in der ehemaligen Stasi-Zentrale lag, gespenstisch war das, unheimlich!

Beim Rückblick auf die Wende und den Herbst 1989 fallen einem bei Dresden die zwei Politiker Modrow, SED-Bezirkschef, und OB Berghofer ein, die damals mit dem evangelischen Landesbischof vereint eine friedliche Demo wagten und Gewalt verhindern wollten. Später dann, nach dem Einheitstag am 3. Oktober 1990, kamen die so genannten Westimporte, erst Biedenkopf, dann Milbradt, zuletzt kam der, wie Journalisten ihn beschreiben, Lausitzer Spät-Parvenü und CDU-Mann Tillich. Ist die relative Kulturlosigkeit oder Kulturgleichgültigkeit der Politik heute anders als früher? Oder ist es – salopp gesagt – gehupft wie gesprungen?

Diese Landesspitzenpolitiker hatten und haben allesamt Kultur sicher nicht auf ihre Prioritäten-Liste gesetzt. Also am ehesten – mit Abstrichen zwar – hat vielleicht noch Biedenkopf die Kultur im Blick gehabt. Bei dem Ministerpräsidenten, der danach kam, war leider Gottes Kultur nicht in den allersorgsamsten Händen. Da wurden einfach Münzen gezählt von früh bis abends, geistig. Und die Oberbürgermeister waren auch nicht allererste Güte oder von kulturellem Charisma für eine Kulturstadt wie Dresden.

Heiner Müller hat mal behauptet, er bewahre sich seine Sprache und Würde, indem er Distanz zu den Apparaten der Macht pflegt, was er ja auch nicht in jedem Fall durchgehalten hat. Können Sie das verstehen, dass man sich mit Distanz zu den politischen Apparaten als Künstler einen klareren Blick bewahrt?

Dazu habe ich vor geraumer Zeit mit viel Vergnügen und Gewinn einen originellen Essay von Peter Hacks gelesen. Ich weiß nicht, wann Heiner Müller zu seiner Erkenntnis gekommen ist, dass sich das Leben so am besten meistern lässt – aber grundsätzlich bin ich schon immer der Meinung, dass es einem nicht gut bekommt, wenn man sich zu nahe mit den Mächtigen einlässt. Ganz abgesehen davon, war dies in der Nazizeit besonders brisant: Stichwort Mephisto und Herrn Gründgens Spiel vor Goebbels. Aber auch in der DDR, die ja schließlich 40 Jahre auf dem Buckel hatte, war das für Künstler nur scheinbar, letztlich aber doch auch nicht wirklich hilfreich, wie sich herausgestellt hat. Und auch heute bräuchte man, nüchtern betrachtet, ein bis zwei Jahre, um sich mit politisch einflussreichen Männern anzufreunden. Dann ist der Mann plötzlich vielleicht wieder abgewählt, da hat der buhlende Künstler auf das falsche Pferd gesetzt. Da bewahr ich mir doch lieber meinen distanzierten Blick und bleibe autark, ohne jede Lobby.

Andererseits haben Sie mit Ihrer Frau politisch Gesicht gezeigt – in diesem Streit um die Elbbrücke.

Ich bitte Sie, so weit muss doch Demokratie gehen, wenn wir in einer pluralistischen Gesellschaft leben, dass man seine private Meinung zu öffentlichen Angelegenheiten zeigen darf. Ich stehe eigentlich häufiger etwas quer zur offiziellen Meinung und habe ein durchaus gutes Minderheiten-Gefühl dabei. Wir haben ja jetzt in Dresden wieder ein Problem mit dem Konzerthaus, das keiner bauen will. Zum Beispiel auch nicht diesen tatsächlich interessant aussehenden Entwurf, den wir kennen. Jetzt will das sächsische Ärzteversorgungswerk Geld dafür vorschießen, weil die Stadt angeblich keins hat. Das attraktive, zentrale Gelände rechts vom Goldenen Reiter Dresdens ist dafür vorgesehen. Aber keiner geht da wirklich großräumig oder prognostisch klug an dieses sinnmachende Projekt ran. Nein, Dresden entkernt stattdessen lieber den multifunktionalen Kulturpalast, baut den als hochwertigen Konzertsaal um, und das kostet mindestens 65 Millionen nach ersten Schätzungen. Dann muss wieder eine Menge Geld in die Messe gesteckt werden, da sich die Rock- und Popkünstler zu Recht beschweren, dass sie nun keine Spielstätte mehr haben.

Dabei hätten die zwei renommierten Orchester Dresdens endlich mal ein anständiges Konzerthaus verdient, eine Stadt wie Dortmund mit weniger Kultur-Geschichte hat das schließlich auch hingekriegt. Dresden muss sich doch einfach mal vergegenwärtigen: In die Semper-Oper kommen nun schon über 20 Jahre seit ihrem Wiederaufbau ununterbrochen Touristen aus aller Herren Länder. Und die Dresden-Besucher sehen auch im Grünen Gewölbe und in unserer Gemäldegalerie Tourismus-Magneten. Sie kommen nun mal nicht wegen des Volkswagenwerkes, obwohl das für die Stadt und die Arbeitskräfte wichtig ist.

Glauben Sie, dass man es so simpel sagen kann: die früher bornierte Ideologieargumentation ist unter neuen Verhältnissen mutiert in eine immer unerträglichere Geldargumentation?

Ach, das ist, als ob man einer Katze befiehlt: Bell doch mal, bitte! Das ist kapitalismusimmanent, dieses geldfokussierte Denken um buchstäblich jeden Preis. Da brauchen wir gar nicht darüber zu sinnieren, das regelt die heutige Öffentlichkeit leider alles nach diesen Kategorien.

Gibt es jetzt für Sie große Unterschiede im Umgang mit der Bürokratie? Die DDR-Künstleragentur hat früher bei Westreisen oft bis zu 40 Prozent vom West-Honorar, also von den eingebrachten Devisen abgezogen, der Rest wurde ausgezahlt. Und jetzt gilt es für den Künstler als privater Klein- oder Großunternehmer, die üblichen Steuern, Lizenzverträge und ähnliches nach genauen Verordnungen und Regeln einzuhalten. Ist das leichter oder anstrengender für Sie?

Da brauch ich Ihnen nur mal Dutzende meiner neuen Aktenordnern zu zeigen. Früher hatten wir einen schwarzen und einen grauen Ordner. Und jetzt haben wir ein ganzes Zimmer voll, das sagt schon alles. Es empfiehlt sich heutzutage, eine Agentur zu haben, die einem wenigstens einiges abnimmt.

Und haben Sie eine?

Ja, in Berlin. Es empfiehlt sich auch, unbedingt einen Steuerberater zu haben, weil sich vieles laufend verändert. Sogar unser Finanzamt hat uns da einiges an Bescheiden zugestellt, bei denen unser Steuerberater nachweisen konnte, dass sie schlicht falsch sind. Also, die ganze Bürokratie hat sich galoppierend verkompliziert. Alles unter dem Vorwand, jedem Bürger größtmögliche Gerechtigkeit angedeihen zu lassen.

Nehmen wir mal den Kapitalismus beim Wort, sein Motor ist und bleibt der Profit. Sie sind heute auch ein Unternehmer, der verständlicherweise gut verdienen möchte. Können Sie als Pianist von Weltrang heutzutage besser und leichter Ihre berechtigte Gage verdienen als zu DDR-Zeiten, wo das reglementiert wurde?

Es gab in der DDR andere Hürden. Das fing eben schon damit an, dass Reisen in den Westen bestimmten Beschränkungen unterworfen waren. Die Anträge gingen automatisch alle durch die Normannenstraße in Berlin, also über die dafür beorderten Stasi-Prüfer. Und wenn überhaupt Westauftritte genehmigt wurden, dann war es immer noch einfacher nach Neuseeland zu kommen als in die Bundesrepublik. Das ist ja alles bekannt. Man hat damals keine Reichtümer erwirtschaftet, aber für ein ordentliches Leben in der DDR hat es allemal gereicht. Heutzutage liegen die Honorare zugegebenermaßen etwas höher, in der Regel jedenfalls, die Abgaben sind aber auch höher. Wir hatten damals das simple System, dass von jeder Mark, die man verdient hat, 20 Pfennig abgegeben werden mussten als Steuer. Die betreffende Summe hat sofort der Veranstalter einbehalten, man kam nie damit in Berührung. Dann wurde eine berufsbedingte Ausgabe von 30 Prozent kalkuliert. Wenn Jemand sagte: Ich habe aber berufsbedingte Ausgaben von 32 Prozent gehabt, dann konnte man von seinem Steueramt in der DDR auch 1,17 Mark wieder bekommen, wenn man alle Rechnungen, Briefmarken usw. vorlegte. Aber wer hat das schon gemacht? Jeder vernünftige Mensch hat gesagt, ach, ich will meine Ruhe, ich weiß doch genau, wenn ich gesund bleibe, wie viel Geld ich am Jahresende haben werde. Und heute kann man dies und jenes absetzen, bezahlt also praktisch unterm Strich etwas weniger, aber den Rest kriegt dann der Steuerberater. Also, es läuft im Prinzip fast auf das Gleiche hinaus.

Gibt es Starpianisten, die ohne Agentur leben können?

Da kommt wohl keiner ohne Hilfe aus. Das bisschen Zeit, das man hat, braucht man wirklich für seine Arbeit. Inzwischen bin ich übrigens über die veränderte

Gesetzeslage froh, die mir an der Musikhochschule endlich auch einen Teilzeit-Job erlaubt. Mit 18 Wochenstunden ein volles Konzertleben noch aufrecht zu erhalten, das ist sehr, sehr schwer.

Was gibt Ihnen neben Ihrem Dauerhonorar das Arbeiten mit den Studenten? Dass man vielversprechende Talente aufblühen sieht oder einfach einen Input an Jugendlichkeit?

Das kommt ganz darauf an, wie begabt die jeweiligen Studenten sind. Also, wenn ich einen wirklich Begabten habe, einen, der das Handwerk brillant beherrscht und der selbstständig denken kann, der mir vielleicht auch mal eine musikalische Lösung anbietet, die mir auf den ersten Moment suggeriert, das ist jetzt nicht meine Denkungsart, aber trotzdem interessant, dann sag ich mir: Ja, Menschenskind, auf diese originelle Idee bin ich auch noch nicht gekommen. Meistens bin ich es aber, der die Denkanstöße zur Interpretation liefert. Ich tue das sehr gern in der Hoffnung, dass die Absolventen auch meiner Klavierklasse den Keim dieser Kultur weitertragen, dass Klaviermusik und -kunst nicht ausstirbt.

Haben Sie schon mal Supertalente entdecken und fördern können?

Ich hatte in diesen 15 Jahren, seit denen ich diese Aufgabe übernommen habe, vielleicht ein halbes Dutzend, denen ich das Prädikat »sehr gut« zuerkennen würde. Es ist allerdings nicht so, dass die dann automatisch gleich eine große Karriere gemacht haben, obwohl sie dazu berechtigt gewesen wären. Ich hatte zum Beispiel mal einen türkischen Studenten, der vor zehn Jahren den Bremer Klavierwettbewerb gewonnen hat. Der war technisch und musikalisch richtig gut, hatte auch eine interessante, fast exotische Ausstrahlung. Geholfen hat es ihm dennoch nicht viel.
Wir haben hier viele Studenten aus Korea. Bei den Sängern auch einige Männer. Bei Instrumentalisten fast nur Mädchen. Und woran liegt das? Weil dort in Korea jeder Junge zur Armee muss. Wenn man vielleicht 26 Monate lang Panzerketten montieren muss, ist hinterher nicht mehr viel los mit dem Klavierspielen.

Ist es wirklich so, dass die Hochschulen für Musik in Deutschland einen Spitzenstatus haben in der Ausbildung von Musik-Experten und Musik-Profis?

Wir haben 23 solcher Hochschulen in Deutschland. Und davon gibt es welche, die zumindest einen größeren Namen als unsere in Dresden haben. Ob sie nun in jeder Abteilung, jedem Fach immer besser sind, steht auf einem anderen Blatt. Aber wenn ich zum Beispiel an München denke oder an Essen, da würde ich sagen, dort gibt es tatsächlich ausgezeichnete Chancen. Viele Studenten, die aus dem Ausland kommen, bewerben sich leider in der Regel an vier bis sechs

Hochschulen. Die machen ihre Bewerbungstour immer im Juni, fahren von einer zur anderen Hochschule, spielen überall vor. Wenn man sie dann fragt: Haben Sie einen bestimmten Lehrerwunsch? Nein. Und was zieht Sie nach Dresden? Ja, ich habe gehört, das ist eine schöne Stadt. So lapidar ist das. Ich habe im Moment nicht einen einzigen deutschen Studenten in meiner Klasse.

Kommen diese Auslandsstudenten aus musischen Elternhäusern oder sozial etablierten, bzw. aus Wohlstandsfamilien? Die Auslese funktioniert dann wohl gar nicht mehr so stark Kunst- oder Talent-bezogen?

Die Asiaten stammen in der Regel aus wohlhabenden Elternhäusern. Wir hatten auch schon Mädchen oder junge Frauen dabei, die alle sechs Wochen mal schnell nach Hause flogen, so betucht waren sie. Asiatinnen hegen oft einen fast romantischen Traum von einer Solistenkarriere. Aber Eltern sehen das manchmal anders, viel profaner. Ein Diplom der Tochter von einer ausländischen Hochschule steigert zum Beispiel den Heiratswert. Und die Karrieren enden oft so, dass sie als frischgebackene Absolventinnen in ihr Heimatland zurückkommen, Papa mietet eine Halle, dann gibt die junge Künstlerin einen Konzert-Abend, und das war es dann.

Generell gibt es heute viel mehr Klavierspieler, durchaus auch gute, als entsprechende Auftrittsmöglichkeiten, leider.

Gab es bei Ihnen zur Wende im Herbst 1989 eine Hoffnung, oder haben Sie gedacht: Also, so glatt wird das wohl nicht gehen mit demokratischen Reformen in der DDR. Ging es Ihnen mit der Aufbruchstimmung wie so vielen Dresdnern in jenen Wochen vor der Grenzöffnung gut und dachten Sie, vielleicht gelingt da so eine Art Prager Sozialismus mit menschlichem Antlitz, wie Dubcek das 21 Jahre davor formulierte und forderte?

Wir hätten uns das wirklich stark gewünscht. Allerdings war die Zeit dafür absolut zu kurz, um zu klaren Vorstellungen und Schritten in diese Richtung zu gelangen. Und nach der Grenzöffnung am 9. November war die Sache gelaufen, eigentlich gestorben. Wir hatten damals im Dezember '89 in Dresden eine Ausstellung zu Max Slevogt, die der damalige rheinland-pfälzischen Ministerpräsident Dr. Carl-Ludwig Wagner eröffnen sollte. Ein guter Bekannter von uns, den wir im Albertinum trafen. Er war damals ziemlich verstimmt und sagte: Kohl hat mir jetzt die Show gestohlen. Da war Helmut Kohl nach Dresden gekommen und verkündete der Menge: Liebe Landsleute, es wird keinem schlechter gehen als vorher, aber vielen besser. Und die Menge echote: Helmut, nimm uns an die Hand, führe uns ins Wirtschaftswunderland! Und meine Frau und ich, wir standen mit unserer bescheidenen Westerfahrung dabei und haben gedacht: Menschenskind, was für ein unrealistisches Geschwätz lässt da der Bonner Kanzler auf die ahnungslosen Sachsen los, wie können die solchen Schlaraffenland-Versprechungen bloß Glauben schenken.

Da waren Sie also ziemlich nüchtern schon zur Jahreswende 1989/90?

Ja, in der Tat, und damit standen wir ja nicht allein.

Wir demonstrierten mit fast einer Million Berlinern und DDR-Bürgern auf dem Alex am 4. November in Berlin, und das war ein wahnsinnig schöner Tag. Bloß als im März 1990 die Wahlen waren, wurde nochmal deutlich, dass vorher im Leipziger Spätherbst, wie Augenzeugen damals glaubhaft berichteten, importierte oder zugereiste westdeutsche Demonstranten die ostdeutsche Losung »Wir sind das Volk« umgedeutet haben in »Wir sind ein Volk« und da auf entsprechenden Nährboden stießen. Vor den von Bonn unterstützten und logistisch wie politisch klug mitgesteuerten Wahlen im März kam besonders bei Intellektuellen, aber auch bei bestimmten Leuten der Bürgerbewegung, größere Ernüchterung auf. Der Schriftsteller Günter Grass hegte in jener Zeit die Hoffnung, die sich freilich als Illusion erwies, dass die Bündnis-Grünen die Hauptsympathien der ostdeutschen Wähler fänden und das Rennen machten. Er wurde bitter enttäuscht.

Ja, die meisten Köpfe, die aus der Bürgerbewegung hervorgegangen waren, blieben leider Gottes bloß Interimsfiguren im Politschach. Meine Frau ging damals zur großen Demo auf den Dresdner Theaterplatz am 27. November 1989. Ich war unterwegs zum Sinfonieorchester Halle, um dort Strawinsky zu spielen, und dort haben sie gerade Olaf Koch abgesägt, den damaligen Chefdirigenten, der bei den Kollegen als Hardliner ziemlich verhasst war. Die Demo habe ich im Radio mitgehört. Und da wurde von Peter Schreier, der gerade zur Kur war, ein Brief vorgelesen, der von der Mehrheit ausgepfiffen wurde. Die Stimmung schlug auf einmal gegen die Künstler um, die für eine erneuerte DDR eingetreten waren. Aber Schreier hatte nichts weiter gesagt, als dass die Leute sich jetzt anstrengen und mächtig arbeiten müssen, wenn sie es unter neuen Verhältnissen zu was bringen wollen. Noch heute meine ich, dass Schreier im Prinzip Recht hatte und weitsichtig war.

Aber was uns jetzt stutzig macht mit den Intellektuellen in Dresden, der Intellektuellenschelte: Wir waren bei Wolfgang Engel, dem damals legendären Theaterregisseur in Dresden. Und er hat uns erzählt, dass in diesem Herbst '89 nach den Rockern die Schauspieler im Theater in Dresden monatelang abends eine Protestresolution verlesen haben, was sie verändert sehen wollten in dieser DDR.

Das fing bereits im Sommer an.

Da wären gerade im Großen Haus Baumaßnahmen fürs Theater im Gange und ergo die Dresdner Bauarbeiter auch mit dabei gewesen, die die von den Schauspielern verfasste und vorgetragene Protestresolution mit dem Publikum hörten und anschließend an der Basis multiplizierten. Und da meinte Engel, dass dies den Theaterkünstlern oder auch Dresdner Intellektuellen die große Schelte ersparte, die z. B. die Berliner Künstler-Kollegen abgekriegt hatten. Nach dem Motto: Ihr seid Spinner, ihr wollt wohl auf die D-Mark verzichten usw. Denn in Berlin gab es doch diesen Brief-Aufruf: »Bleibt hier!« von Christa Wolf im Fernsehen verlesen.

Beim Theater ist es doch typisch, dass die Stücke oft a priori politischer Natur sind. Daher kommt auch, dass Theaterleute oft politisch stärker involviert sind als z. B. Interpreten der klassischen Musik. Im Theater spielt nun mal das Wort eine große Rolle. Also »Die Ritter der Tafelrunde« von Christoph Hein bieten doch einen ganz anderen Zündstoff als das Klavierspiel einer Beethovensonate. Zum Beispiel Theater lebt von aktuellen Bezügen. Die Musiker sind – übertrieben gesagt – eher so eine Art guter Museumsverwalter. Das ist so. Die heutige Geldgesellschaft lässt die Künstler politisch mehr in Ruhe. Ideologie im sozialistischen Sinne hatte aber immer auch was Bezügliches, erzeugte entweder Affirmation oder Protest, auf alle Fälle eine stärkere Notwendigkeit von Einmischung, denke ich. Die SED-Ideologen kamen mit dem Motto daher: Wir sind überzeugt, dass der Sozialismus das Heil ist, und du hast das gefälligst auch zu glauben und wenn nicht, dann müssen wir eben diskutieren. Wie der Schriftsteller Peter Hacks in seinem Essayband »Die Maßgaben der Kunst« sinngemäß sagte: Das babylonische Recht kannte für unbotmäßige Künstler zwei Strafen, die der Verbannung und die der Erörterung. Der Delinquent wurde auf dem Marktplatz an eine Säule gefesselt und musste mit jedem, der das wollte, seine Sache erörtern. Also diese Lektüre empfehle ich allen, die aus Geschichte lernen wollen. Da kommt auf einmal unsere ganze Jugend in der DDR wieder hoch, auch der Theaterbetrieb in Dresden.

Wenn wir uns an das Neujahrskonzert im Berliner Schauspielhaus, oder wie es jetzt heißt, Konzerthaus am Gendarmenmarkt, erinnern, als Leonard Bernstein zum 1. Januar 1990 unmittelbar nach dem Fall des Eisernen Vorhangs Beethovens IX. Sinfonie dirigierte und der Chor Schillers »Ode an die Freude« jubilierte, als wäre sie für dieses Ereignis neu geschrieben, da gab es doch eine riesige Euphorie zwischen Orchester, Dirigent, Chor und Publikum. »Alle Menschen werden Brüder« schien auf einmal möglich.
Sie, Herr Rösel, meinen, es gäbe im Grunde zwei Interpretationsmuster: Der eine spielt den Text, der andere sich selber. Gibt es nicht doch Situationen im Leben eines Interpreten, wo das changiert. Denn es ist doch gut vorstellbar, dass

Stardirigent Bernstein selig war an diesem Tag und diesem Ort, wo das Ende des Kalten Krieges Gestalt annahm. Meinen Sie nicht, dass das einfließen muss?

Es wirkt ungeheuer intensitätssteigernd. So ähnlich wie mit dem Blutdruck. Man wird beeinflusst in seinem Verhalten oder wie man sich gegenüber anderen äußert, mit welchem Temperament man das tut. Aber ein Profi vermag natürlich auch, bestimmte Dinge auf bestimmte Weise und Wirkung zu spielen, das ist doch ganz klar. Und in dem besonderen Fall wurde sogar der Text für den Chor geändert. Also »Freude« wurde ja im Gesang durch »Freiheit« ersetzt. Freiheit ist für mich übrigens einer der merkwürdigsten Begriffe, den ich kenne, weil jeder was anderes darunter versteht. Anfang 1990 war zweifellos noch voller Hoffnung.

Als Sie weit vor 1989 auf Westtourneen geschickt wurden, weil Sie sich mit Ihrer Klavierkunst für die DDR im Ausland gut verkaufen ließen, hatten Sie da nicht automatisch das Gefühl: Ich komme aus einem kleinen Land, werde delegiert, andere DDR-Bürger können nicht reisen. Ich bin also privilegiert und spiele im Westen, ob ich will oder nicht, als ein Spitzenrepräsentant oder Kulturbotschafter meines Landes.

Ja, natürlich, ich wurde und werde noch heute oft als solcher wahrgenommen.

Ging es Ihnen damit ambivalent? Der Theaterregisseur Wolfgang Engel hat – wie er erzählt – in der Bundesrepublik die DDR verteidigt und hier in Dresden die Toleranz des Westens gelobt. Dort also Verteidigung der Herkunft und hier sein kritischer Blick. Ging Ihnen das so ähnlich?

Man war im Westen in gewisser Weise röter als hier, das stimmt. Einfach weil man bei allen Widersprüchen und bei allen Mängeln, die das DDR-System hatte, eigentlich bestimmte Klischees nicht unwidersprochen hinnehmen konnte. Und solche werfen uns uninformierte Wessis, trotz Unkenntnis unseres Systems und DDR-Alltags, mit vollster Überzeugung bis heute an den Kopf. Sie behaupteten sogar, um als Spitzen- oder Olympia-Sportler trainiert zu werden, mussten die Athleten erst mal in die Partei eintreten. Leider kriegen wir auch 20 Jahre nach dem Mauerfall noch immer unser Leben erklärt und gedeutet.

Gab es auch bei den Fragen westdeutscher Musikkritiker an Sie solche Unkenntnis?

Es kommt relativ oft vor oder es wird zumindest gern vermerkt, »der ehemalige Spitzenpianist der DDR Rösel«, das klebt an mir wie Honig. Also solche Formulierungen kommen zuhauf. Wenn zum Beispiel András Schiff, in Frankfurt am Main oder anderswo in Westdeutschland auftritt, dann wird selten gesagt: Der gebürtige Ungar oder der emigrierte Ungar. Der ist eben einfach Herr Schiff. Unsereiner ist immer ehemaliger DDR- oder Ost-Bürger.

Glauben Sie, dass es wichtig ist, das künstlerische, intellektuelle und kritische Potenzial, das die DDR auch hatte, jungen Leuten, die mit vielen Klischees oder undifferenzierten Urteilen aus den Medien und auch in der heutigen Schulausbildung groß werden, differenzierter und seriöser zu erklären? Dass man sie zum Beispiel auffordert: Lest doch mal die Bücher von DDR-Autoren, guckt euch Filme wie »Solo Sunny« an, denkt mal darüber nach, was trotz ideologischer Bevormundung an Kreativem und künstlerisch Gültigem entstand?

Das erweist sich deshalb als schwierig, weil der Sieger der Geschichte in der Regel am Besiegten keinen guten Faden lässt. Und er braucht dies, um sich als der moralisch Bessere, als in jeder Hinsicht berechtigter Sieger zu fühlen. Wenn es darum geht, Schulklassen etwas über die DDR zu erzählen, dann wird in der Regel nur eingeladen, wer unter dem System gelitten hat, im Gefängnis war oder von der Stasi verfolgt wurde. Da sind schlimme Dinge passiert und es ist auch nicht illegitim, so zu verfahren. Aber damit wird eben immer auch dafür gesorgt, dass eine verknappte und eindimensionale Sicht auf die DDR geworfen wird, voller Klischees. Vielleicht können die Eltern aus ihrer Alltagserfahrung heraus da mehr erreichen; und natürlich wäre es klug, auch auf bleibend große Kunstwerke aus der DDR hinzuweisen, sie zu besprechen.

Glauben Sie, dass bei unseren Kindern, in den 60ern, 70ern groß geworden, etwas in der Hinsicht gelandet ist? Ihre beiden Kinder haben ganz unterschiedliche Karrieren; die Tochter, haben Sie erzählt, ist eine begabte Sängerin und kämpft dennoch um ihre Existenz und Ihr Sohn ist etablierter Arzt. Glauben Sie, dass bei denen was hängengeblieben ist nicht nur von Ihrem konkreten DDR-Leben als Eltern, Sie als Künstler, Ihre Frau als Journalistin, sondern auch von Ihren Sichtweisen auf Politik und Zeitgeschichte. Oder ist das eher blass?

Unsere Kinder waren zur Wende ja schon 18, bzw. 20, da konnten sie schon selbstständig denken. Es ist schon was hängengeblieben, glaube ich. Aber es verblasst, das ist richtig. Diese jugendlichen Gehirne stellen sich leichter auf ein Leben um, dessen größeren Teil sie ja noch vor sich haben. Aber Tatsache ist, dass es in 30 oder 40 Jahren nicht mehr viele echte Augenzeugen aus der DDR-Zeit geben wird. Dann werden nur noch die Geschichtsbücher mit Verknappungen davon berichten. Am besten werden vielleicht noch Bücher und Filme das damalige Lebensgefühl der DDR erzählen.

Nun gibt es nicht wenige Journalisten und Historiker, die unter dem Stichwort Demokratie heute schnell formulieren: Diese 17 Millionen DDR-Bürger zwischen Rügen und Erzgebirge waren eben nicht mündige, keine freien Bürger, denen kann es ja gar nicht gut gegangen sein. Und für den schnöden oder tatsächlichen Alltag mit den ganz gewöhnlichen Sorgen und Freuden der Familien gibt es keinen oder nur wenig Raum der Rückerinnerung. Vielleicht sollten wir all die differenzierten Lebensgeschichten auch unter dem Aspekt stärker hinterfragen, was war wirklich furchtbar, einengend oder schlecht und was war vielleicht gut, ohne gleich in das Kalte Kriegs-Feindbild-Denken zu rutschen. Das hätte ja nichts mit Reinwaschen von politischen Verbrechen zu tun.

Bei allen Kritikpunkten, die es zweifellos gegeben hat, erinnere ich mich gern – natürlich weil es mich betrifft, logischerweise – dass in der DDR der Künstler eine geachtete, besondere Persönlichkeit war. Und natürlich, wenn man nicht gerade die Konfrontation suchte, es gab auch solche, wurde man früher mit einigem Respekt betrachtet und behandelt, weil irgendwie dieses SED-Politbüro instinktiv ahnte, der macht was, was nicht jeder kann. Und wenn der dazu noch im Westen Erfolg hat, dann muss das wohl was bedeuten. Ich habe den Eindruck, in der Bundesrepublik ist der Künstler so eine Art Affe, ein Dienstleister. Und wenn zum Beispiel die Gattin eines hochrangigen Beamten in der Hochschule anruft und sagt, wir wollen mal wieder ein Hauskonzert veranstalten, schicken Sie uns doch ein paar Studenten, dann weiß ich schon, welche Geisteshaltung dahintersteckt.

Am meisten genervt hat uns nach der Wende ein sich über sieben Jahre hinschleppender Gerichtsprozess, der uns im Ergebnis aus unserem vom damaligen Rat der Stadt zugewiesenen und ordentlich bezahlten Haus, dem ich ein hochmodernes und ziemlich teures Studio angebaut hatte, rausgeworfen hat. Ich will das hier nicht noch mal alles aufrühren, aber als wir da schließlich raus mussten, was übrigens damals in allen Dresdner Boulevardzeitungen stand, fühlten wir uns wie enteignet und um unser Zuhause betrogen.

Die Literaturwissenschaftler Therese und Frank Hörnigk haben gesagt, wenn man mal den sozialen Status der Leute, die im SED-Politbüro saßen, nimmt, waren das in den allermeisten Fällen keine Repräsentanten aus dem Bildungsbürgertum. Und deshalb hätten die auch so einen Psychokomplex gehabt, wie Honecker, der sich gern mit dem Schriftsteller-Freund Hermlin geschmückt hat, nicht nur weil er in seiner Jugend mit ihm als Jungkommunist zu tun hatte, sondern für ihn war Hermlin halt der Elegante, der Bourgeois, der Gebildete. Das war sicherlich nicht nur ein Achtungskomplex, sondern vielleicht auch versteckter Neid.

Könnte es sein, dass die neuen Eliten, die Wirtschaftselite vornehmlich, die nach Untersuchungen z. B. kaum Belletristik lesen – das brauchten sie angeblich nicht für ihre Karriere, sie müssten stattdessen sich in erster Linie in ihrer Fachliteratur, den Börsenschwankungen, den Konkurrenzbanken und sich vielleicht noch in wichtigen Bankgeheimnissen gut auskennen –, könnte es also vielleicht heute so sein, dass die neuen Eliten diesen Neid oder diese Achtung gegenüber Künstlern gar nicht empfinden? Sie sitzen an den Schalthebeln der Macht, und die Künstler sind lediglich eine Art hübsche Zierleiste der Gesellschaft, mit der man sich nur ab und zu durch Sponsoring und Ausstellungen schmückt?

Darauf wollte ich hinaus. Also, jeder Sparkassendirektor ist heutzutage eine wichtigere Persönlichkeit als irgendeiner, der da schreibt, malt oder singt. Und ohne dass es sich jeder bewusst macht, greift langsam das US-amerikanische System, wo die Leute ganz offen gefragt werden: Was verdienst du denn die Woche. Wenn einer sagt 2 000 Dollar, dann ist das eben mäßig. Und wenn er sagt 5 000, dann heißt es: Aha, oh, great, he makes money! Diese Mentalität sickert auch in Deutschland mehr und mehr durch. Wobei bei uns, bilde ich mir ein, sich das sogar etwas weniger an Geistesgrößen orientiert. Geld verdienen ist eine Möglichkeit an sich. Ich fand das mal ganz spannend: Als Jugendliche, genauer gesagt College-Studenten in den USA gefragt wurden, wen sie sich zum Vorbild nehmen könnten in der älteren Generation. Darauf hat eine große Mehrheit geantwortet: Bill Gates. Etwas Ähnliches hat man an einem deutschen Gymnasium gefragt, und da kam raus: Oliver Kahn oder Schumacher! Das ist nicht uninteressant, finde ich. Menuhin schrieb in seinen Lebenserinnerungen mal leicht ironisch: Wenn ein deutscher Junge mit 14 fotografiert wird, trägt er häufig einen Ball unterm Arm, ein jüdischer Junge mit 14 trägt in der Regel eine Brille, die konnte sogar aus Fensterglas bestehen. Hauptsache, er sieht klug aus.

Regt Sie das eigentlich bis heute auf, dass – nehmen wir mal sächsische Beispiele – National-Kicker Ballack von früher FC Karl-Marx-Stadt oder Kati Witt als Olympia- und Weltmeisterin im Eiskunstlaufen, dass jene nach wie vor heiß gehandelte Stars für Publicity und Medien sind und dagegen, sagen wir mal, ein halbwegs intelligenter Mensch zwar weiß, wer Peter Schreier und Peter Rösel sind, aber von deren Popularität oder besser gesagt internationalem Können weit weniger die Rede ist?

Bei Kati Witt und Michael Ballack stehen ja schließlich große sportliche Leistungen dahinter – ganz im Gegensatz zu, sagen wir, irgendwelchen hochgepushten Sternchen der Unterhaltungskunst. Kati Witt hat in mehr als 15 Jahren immer ganz oben auf dem Treppchen gestanden, phänomenal. Wobei mir andererseits klar ist, dass Fußball mit seiner massenhaften Popularität in den Medien noch höher gehandelt wird.

Der Dresdner Sänger Theo Adam sagte mir mal ganz nüchtern, für klassische Musik interessieren sich doch höchstens zwei Prozent der Bevölkerung, vermutlich hatte er Recht. Und die hehre Absicht der DDR-Kulturpolitik, dass die Kunst zum Volke gehen müsse und Musiker in volkseigenen Betrieben auftraten und der Konzertwinter auf dem Lande bei der LPG stattfand, dieses Ideal ist ja trotz Subventionierung auch nicht zur Gänze aufgegangen, sondern war zuweilen fast grotesk. Wenn ich mich erinnere, dass Gerhard Rosenfeld sein Klavierkonzert zum Beispiel zusammen mit einer Frauenbrigade des Chemiefaserkombinates Premnitz komponierte.

Katharina Witt hat nie ihre DDR-Karriere verleugnet. Welche Erfahrung machen Sie im heutigen Medien-Alltag, betrachten wir mal das Kulturfeuilleton führender Blätter wie der Süddeutschen Zeitung, der NZZ oder FAZ. Finden Sie da genug Seriöses, die Künstler und Künste ausreichend Respektierendes, oder wird da auch schon häufig Kultur am Event- oder Sensationsgrad gemessen, wie z. B. neulich Tilman Jens, der als Sohn des verdienstvollen Rhetorikers und Ex-Präsidenten der wiedervereinigten Akademie der Künste Walter Jens nun schon zum zweiten Mal seinen Vater regelrecht denunziert, jedenfalls in der Öffentlichkeit vorführt, indem er dessen Demenz voyeuristisch und brutal in die Presse zerrt? Wie sehen Sie die aktuelle Kulturberichterstattung im Vergleich zu den früher stets mit Ideologie getränkten DDR-Kultur-Seiten oder -Blättern?

Da fühle ich mich als Leser einfach nicht kompetent genug, weil ich diese Feuilletons nicht regelmäßig und vor allen Dingen auch nicht vergleichend lese. Sie werden staunen, nicht mal die übliche Musikkritik interessiert mich brennend. Denn wenn ich an dem Abend nicht gut war, weiß ich das selbst auch und vielleicht am besten. Und wenn ich selbst Hörer bin, kann ich mir ohne fremde Hilfe ein Urteil bilden. Natürlich gestehe ich gern, wenn die »New York Times« was Angenehmes über mich schreibt, gehe ich schon ein wenig damit hausieren und es ist mir nicht unlieb. Aber, um auf die eigentliche Frage zurückzukommen: Ich denke schon, dass die überregionalen Zeitungen sich durchaus etwas mehr mit unseren kulturellen Potenzen und Leistungen befassen könnten. Generell ist der Osten in deren Aufmerksamkeit nicht gerade überrepräsentiert.

Was man gelebt hat, wird man nicht los

Interview mit der Malerin Gerda Lepke im Juni 2009

Frau Lepke, wenn Sie nicht gerade malen, lesen Sie sehr viel und gern. Was gibt Ihnen die Literatur?

Lesen ist eine Beschäftigung, etwas Kostbares, seit meiner Kindheit.
Literatur ist für mich das im Wort gestaltete Bild. Ich kann mir keinen Tag ohne Literatur denken. Also eine Art Notwendigkeit. Es ist auch eine anregende andere Bildvermittlung. Ich gehe mit dem Lesen in eine andere, fremde Welt, oft ohne zu verstehen. Das ist dann Aufregung und Anregung, die mich in den Tag begleitet oder es ist ein Denk- und Empfindungsgewebe für die Nacht.

Wir haben uns anlässlich Ihres 70. Geburtstages noch einmal den Porträtfilm »Das Bild in mir« über Sie angesehen und Ihr autobiografisches Werk-Buch (Ausstellungskatalog 1999) gelesen. Im Film gibt es diese schöne Episode, wo Sie erzählen, dass Sie Ihre Tante oder Schwester, die Sie mit dem Löffel füttern will, Sie waren da zwei Jahre alt, heftig abwehren und schreien: Alleine! Das scheint Ihr Existenz-Motto geworden zu sein, als autarke, unabhängige Person das Leben schöpferisch zu bewältigen. Ist das übertrieben?

Dieses »Autarke und Unabhängige«, wie Sie es formulieren, kommt sicher von dem Mutterbild. Meine Mutter hat mich stärkend und liebevoll begleitet. Und sicher ist Vieles den Zeitumständen geschuldet. Es war Krieg, Nachkrieg, die Eltern geschieden; es war selbstverständlich, dass Dinge des Alltags auch von uns Kindern übernommen wurden. Die Mutter war jahrelang, bis zur zweiten Ehe, mit uns – meinem Bruder und mir – allein. Da gab es Not und das Lernen, mit Begrenzung zu leben.

Ihr Vater war eher skeptisch bei Ihrer Berufswahl, Malerin zu werden. Ihre Mutter hingegen hat Sie bestätigt und gesagt: Wenn meine Tochter Malerin wird, ist sie die einzige Malerin in der Welt, die ich kenne. Daraus spricht doch ein Wahnsinnsglauben an die Tochter.

Gerda Lepke 2009 (1972 gemeinsam mit Ingo Schulz: siehe S. 68 li.)

Ja, diesen Glauben an mich hatte meine Mutter von Anfang an. Mein Vater war skeptischer, von einem anderen Frauenbild geprägt, das ich ihm als Tochter nicht erfüllen konnte.

Ihren Stiefvater, den Bäckermeister, schildern Sie anders, Ihnen verständnisvoller zugewandt. Waren es dann Beide, die Sie in souveränen Entscheidungen bestärkt haben, indem sie sagten: Mach' nur das, was du willst?

Das war ein entscheidender Satz vom Bäckermeister. Er war ein guter Begleiter. Gespräche mit ihm und der Mutter, die handwerkliche Arbeit, das waren für mich bestimmende Stunden und Szenen. Auch bestimmend für meine Selbstständigkeit. Einen Satz wie: Alles, was du tust, tust du für dich selbst, habe ich früh gehört. Und dann habe ich ganz früh begreifen gelernt, was dieser Mann, der fünf Jahre im Krieg und in Gefangenschaft in Russland war, mir mit seiner Erzählung klar machen wollte: Das Schönste auf dieser Welt ist, ohne Krieg leben zu können. Er hat immer wieder in Gesprächen betont: Bei Massenbewegungen gehst du weg; alles, was die Masse macht, musst du doppelt, dreifach und vielfach bedenken. Hab den Mut, nur die Dinge zu machen, die dich bewegen. Meine Mutter hat mir eben solche Sätze mit auf den Weg gegeben und hat selbst danach gelebt.

Und Ihr Vater, war er stolz auf Sie?

Bei allen Differenzen, die es zwischen uns gab, hatten wir Respekt und Achtung voreinander. Diese Gegensätzlichkeit brachte Nachdenkliches und Anregendes. Später hat es ihn jedoch beeindruckt, wie ich mein Leben gestaltet habe.

Mit elf Jahren wurden Sie getauft. Ende der 50er Jahre haben Sie geistigen und emotionalen Rückhalt auch in der Kirche gesucht und gefunden.

Meine Kindheit ist von christlicher Mythologie geprägt.

Sie haben damals gesagt: Ich will nicht Pionier werden.

Ich war einmal in einer Pionierversammlung und habe mich gelangweilt, weil mir in den Gesprächen dort Gegenwart begegnete, ich aber zum damaligen Zeitpunkt träumen wollte und Geschichten brauchte, die mir einen anderen Raum eröffneten. Außerdem war die Skepsis gegen die neue Gesellschaftsordnung der DDR zu Hause deutlich zu spüren. Schließlich lebte ich in einem Handwerker-Haushalt, wir waren damals sehr arm, das Handwerk wurde zum damaligen Zeitpunkt weder gefördert, noch geachtet. Im Gegenteil. Es gab existenzielle Schwierigkeiten, mit denen ich früh konfrontiert wurde.

Mit 14 Jahren sind Sie von den Eltern weggezogen?

Ja, ich sollte nach dem Schulabschluss in Gera in die Produktion gehen. Meine Mutter hat das mit viel Energie und dem damaligen Superintendenten der Geraer Salvator-Kirchengemeinde zu verhindern gewusst. Das war 1953. Ich war dann Schülerin in einem evangelischen Pro-Seminar.

Damals hetzten die SED-Funktionäre am meisten gegen ihren größten Feind, den Westen, der angeblich die ostdeutschen Arbeiter aufgewiegelt hätte, die Ulbricht-Regierung zu stürzen.

Die SED-Ideologen sind zu uns in die Junge Gemeinde gekommen und haben gedroht: Die Kirche arbeitet mit dem Westen zusammen, das lässt sich der Arbeiter-und-Bauern-Staat nicht bieten. So ähnlich agitierten sie in den Schulen und in den Betrieben.

Sie haben sich autodidaktisch gebildet, angefangen mit ihren damals vor dem Mauerbau noch möglichen gesamtdeutschen Fahrradtouren, die Sie bis Hannover und nach München führten. Sie haben dort Kunst von Henry Moore und anderen wichtigen zeitgenössischen Malern und Bildhauern gesehen. Und Sie sind zur Ausbildung als Krankenschwester nach Güstrow gegangen. Da sind Sie der Kunst Ernst Barlachs in seinem noch original eingerichteten Atelier begegnet. Sie haben seine engste Freundin und Vertraute Marga Böhmer kennen gelernt, die Ihnen das schwierige Leben und Wirken dieses schöpferischen Einzelkämpfers und Melancholikers nahe gebracht hat. Wurde Barlach ein Vorbild für Sie?

Barlachs Kunst, seine Übereinstimmung von Denken, Arbeiten und Leben haben mich unglaublich fasziniert. Das war eine wesentliche Begegnung im richtigen Moment. Da habe ich eine Haltung erfahren, die mir eine Substanz vermittelte, mit der ich bis heute leben und arbeiten kann.

Ernst Barlach wurde uns im Kunstgeschichtsunterricht als Bildhauer nahe gebracht, dessen Werke die Goebbels-Propaganda als »entartet« diffamiert hatte.

Das ist etwas, was Sie erfahren haben, nicht ich. Vor Güstrow habe ich nichts von Barlach gewusst.

Wobei sich die »offizielle« Kunstgeschichte der DDR in den 50er Jahren schwer tat mit Barlach, das ging bis zur Ablehnung. Daran erinnere ich mich aus Gesprächen mit Barlachs Freund Schult, den ich noch kennen gelernt habe.

Später hat die DDR Barlachs Atelier-Haus am See in Güstrow zu einem Museum ausgebaut, und es gab Kunsthistoriker, die sein Werk respektierten und popularisierten. Barlach wurde einmal sogar von Honecker für seine pragmatische West-Diplomatie genutzt, als er den Barlach-Kenner und damaligen Bundeskanzler Helmut Schmidt bei seinem DDR-Besuch auch in die Barlach Gedenk-Stätte nach Güstrow begleitet hat. Ebenso wichtig war für kunstinteressierte DDR-Bürger die Beschäftigung mit Barlach in der Literatur z. B. durch Franz Fühmann oder in sensiblen Porträtfilmen. Barlach war durch sein Leben ein politischer Mann, obwohl er keine Politik gemacht hat, sondern Kunst.

Ihre Frage ist eine Ergänzung zu Barlach. Kunst und Leben sind, denke ich, immer politisch.

Aus Ihrer Biografie ist einerseits Gelassenheit ablesbar gegenüber dem, was Politik macht, andererseits auch Neugierde, daneben trotzige Selbstbehauptung. Was ich hier mache, das ist unabhängig von der Idee des sozialistischen Realismus, von Mauerbau, von West-Ost, das mache ich, wie ich es für richtig halte. Die aus Spanien stammende und in Berlin lebende Malerin Nuria Quevedo sagt über ihr Werk: »Meine Bilder sind für mich Sprache und Sprechversuch bei der Bemühung um Mitteilung; denn ich will, dass die poetischen Motive vom Betrachter immer auch politisch verstanden werden, wobei ich Utopien Krücken nenne, mit denen sich die Menschen trösten. Und ich sehe als Schicksal jeder Utopie ihr unausweichliches Scheitern«. Deshalb ist Don Quichotte auch Quevedos Lieblingsthema. Können Sie sich dem anschließen oder ist Ihnen Quevedos Sicht fremd?

Diese Sicht ist für Quevedo vollkommen richtig. Mit meiner Arbeit hat das nichts zu tun.

Wie unterscheiden Sie sich von ihr?

Ich arbeite nicht mit oder am ideologischen Inhalt. Mich beschäftigen Themen wie Kopf, Baum, Himmel, Landschaft, Selbstbild. Ob Sie als Betrachtende das politisch interpretieren oder formal sehen, das überlasse ich Ihnen, also den Betrachtenden.

Da könnte ein ästhetischer Laie fragen, ob Ihnen die Inhalte weniger wichtig sind als die Form?

Was ist ein ästhetischer Laie? Und warum muss mich das interessieren? Für mich ergibt sich Inhalt durch die Form. Im Malen und Zeichnen führe ich (wie Otto Dix sagt) Selbstgespräche. Also, der Ausgangspunkt bin immer ich. Und das Gegenüber muss sich darauf einlassen oder nicht.

Und Ihr Sujet?

Das Sujet ist, wie schon gesagt, der Baum, die Landschaft, Himmel, Kopf, Selbstbildnis – also ich selbst.

Aus der Form kommt meine Kunst. Das ist eine Ihrer Maximen. Sie haben sich zum Beispiel mit Rubens, Tintoretto, aber auch Picasso, Giacometti und anderen beschäftigt. Und eines Tages stehen Sie in Dresden am Zwinger und jubeln: Ich spüre meinen Bleistift tanzen!

Nach langem Malen und Zeichnen und der Frage, wie entsteht ein Raum auf der Fläche, hatte ich eines Tages das Erlebnis: Ich stehe im Zwinger und auf einmal konnte ich den Raum, eine Bewegung auf der Fläche in die Fläche hinein zeichnen. Ich konnte plötzlich räumlich, bildnerisch denken und fühlen und konnte dieses Räumliche auf dem Papier darstellen. Nach langem Suchen und Arbeiten ein wunderbares Erlebnis!

Hätte das ohne Ihre Vorarbeit und der Beschäftigung mit Kunsttechnik, mit Künstlerbiografien, mit dem Anschauen von großen Vorbildern vielleicht auch so gut funktionieren können?

Nein. Für mich gehört die bildnerische Auseinandersetzung dazu. Und es gehört Begabung dazu, das umsetzen zu können. Und die Fähigkeit, die Handschrift und das Finden der eigenen Bildsprache.

Sie sagten, Sie sind ein politischer Mensch wie Barlach. Wie drückt sich das in Ihren Bildern aus?

Das Private ist politisch, so lautet ein Satz, den ich kenne. Der Baum ist unterdessen ein politisches Thema. Ich male also mit dem Baum und mit der Landschaft, mit meinem Seherlebnis ein politisches Thema. Schauen Sie in meinen Garten! Jetzt im Sommer ist die Anregung durch Licht, Bewegung und Wind besonders stark. Da entstehen diese flirrenden, offenen Blätter. Und wenn der Baum sich im ständigen Lichtwechsel bewegt, laufe ich ihm mit meinem Blick und Pinsel hinterher, um das Gesehene festzuhalten. Übrigens bin ich meist – ganz gleich, ob ich nun Bäume oder Köpfe gemalt oder gezeichnet habe – als politischer Mensch mit meiner Malerei behandelt worden, auch in der Ablehnung. Wenn ich oder meine Bilder abgelehnt werden, ist das ein persönliches Geschehen. Ich habe daraus nie ein Problem gemacht. Wenn jemand zu mir sagt: Ihre Arbeiten taugen nichts, dann habe ich nicht weiter darüber nachgedacht, sondern habe mir gesagt, der kann doch nach nebenan gehen, da gibt es noch andere Malerinnen und Maler.

Dazu gehört Gelassenheit und Selbstbewusstsein.

Nein, sagen Sie nicht so große Worte. Dazu gehört Sturheit! Ich kann ja nicht aus mir einen Mann machen, ich bin eine Frau. Ich kann aus mir auch nicht, wenn ich 70 bin, eine 40-Jährige machen. Verstehen Sie, was ich damit meine?

Schon im Abendstudium an der Hochschule für Bildende Kunst in Dresden bei Gerhard David und Karl Erich Schäfer gab es politisch inhaltliche Differenzen zum Studienprogramm.

Das war für mich eine erste Begegnung mit einer inhaltlich engen determinierten Kunstauffassung im Sinne des sozialistischen Realismus. Und es war eine ausschließliche Festlegung. Ich glaube, dass ich diese drei Jahre Abendstudium durch meine Begabung absolvieren konnte, das heißt, ich habe intensiv und trotzig am Gegenstand (zum Beispiel Baum, Stuhl, Kopf, Figur, Raum, Landschaft) studiert.

Dann gab es diese verrückte und ziemlich ernste Situation der Fast-Exmatrikulation.

Diese denkwürdige Exmatrikulierungs-Geschichte, ja. Das kam daher, dass ich die Ideologie nicht mitmachen konnte. Das war damals ziemlich ernst, heute kann ich darüber lachen.
Ja, es ging um das von mir nicht ausgeführte sozialistische Menschenbild. Es ging immer wieder um den allgemeinen Vorwurf, mein »Menschenbild« stimme nicht. Das war nicht zu klären, weil ich dieser Sichtweise nicht folgte. Ende des dritten Studienjahres sollte eine Klärung erfolgen, möglicherweise auch mit Exmatrikulation. In dieser Zeit wurden Studenten mit derartigen Problemen ein oder zwei Jahre in die Produktion geschickt als eine vorübergehende Studienunterbrechung, eine Art Denkumerziehung. Der Professor, mit dem ich in dieser Konfrontation stand, war ein besonders heftiger Verteidiger des sozialistischen Realismus. Ich wusste, dass ich der offiziellen Argumentation gegenüber keinerlei Chance hatte. Mir blieb also nur die Überlegung, mit Hilfe meines Lehrers

Herbert Kunze, mich mit dem Leben dieses Mannes zu beschäftigen. Seine immer wieder vorgebrachten Behauptungen, er gestalte ein sozialistisches Menschenbild, ich als Studentin hätte mich dieser Anschauung zu fügen, zwangen mich zu einem Blick auf seine Vergangenheit. Beim Suchen in alten Katalogen von 1933 bis 1945 fanden wir seinen Namen und Arbeiten in damaligen Ausstellungen. Es waren Arbeiten, Malerei von, so weit ich mich erinnere, 1939 und 1944, einmal »Deutsche Mutter mit Kind« und »Deutscher Junge mit Segelflieger«. Mit diesen beiden aufgeschlagenen Seiten zweier schmaler Kataloge im Hosenbund und unter dem Pullover versteckt, ging ich in diese vertrackte Versammlung. Der Lehrer vor mir, ich vor ihm stehend, und hinter mir etwa 30 Leute. Dann begann seine Argumentation. Während seiner Ausführungen fing ich an, meinen Pullover langsam nach oben aufzurollen. So kamen diese Abbildungen zum Vorschein. Nur er und ich waren an diesem Vorgang beteiligt. Auf der Stelle war Stille. Ich sah ihn an, sagte kein Wort. Rollte meinen Pullover wieder runter. Kurz danach verließ er den Raum. Ich konnte mein Studium zu Ende bringen. Mir ging es wirklich nur darum, mein Diplom zu kriegen, das ich dann mit »genügend« bestanden habe (lacht). Ich denke noch heute, dass ich mich sehr anständig und klug verhalten habe.

Sie haben sich auf seriöse, faire und dennoch auch raffiniert-mutige Weise gewehrt.

Ja, das war meine Möglichkeit.

So hatten Sie sich mit Ihrem Diplom eine gute Ausgangssituation für Ihren späteren Beruf erkämpft. Sie erinnern sich gern an Ihre Lehrer Gerhard Kettner und Herbert Kunze als ausgezeichnete Kunst-Pädagogen. Sie hatten ein Atelier über der berühmten Brühlschen Terrasse der Elbestadt.

Ja, das war gut. Es war in der Diplomzeit üblich, ein eigenes Atelier zu haben. Diese wichtige Zeit habe ich mit intensivem Studium ausgefüllt, die sehr guten Möglichkeiten zum Arbeiten intensiv genutzt.

Es gab einerseits die Förderung der Studentin Gerda Lepke und andererseits Konfrontation durch das Nichterfüllen der Studien-Vorgabe: das sozialistische Menschenbild, der sozialistischen Realismus überhaupt.

Man gab mir zu verstehen, dass mein Menschenbild nicht stimme. Grundsätzlich stimmte es nicht mit dem von der Kunstpropaganda geforderten überein. Die 60er Jahre waren ideologisch hoch aufgeladen. Vordergründig ging es dabei um formale Dinge, zugespitzt auf die Frage: Sozialistischer Realismus oder subjektive Malweise. Ich antwortete, dass es nur mein eigenes Menschenbild gibt. Das war meine Behauptung.

Sie wussten schon ganz früh: Das will ich und das nicht. Sie haben sich dennoch an den Debatten um den sozialistischen Realismus nicht beteiligt, Sie haben nicht wütend protestiert?

Nein, ich hatte keine Erfahrung mit solchen Debatten und auch keine Lust darauf. Ich hatte nur das Glück, dass ich mit 26 Jahren an die Hochschule für Bildende Kunst in Dresden kam. Ich wusste, dass ich dieses Studium haben wollte und brauchte. Ich kann nur sagen, dass ich das gute Gefühl hatte, den richtigen Weg zu gehen. Und ich hatte das unendliche Glück, in Dresden Freunden und Malerkollegen mit gleicher Gesinnung zu begegnen.

Aber dass Sie da an dieser Top-Adresse für den Nachwuchs bildender Künstler der DDR nicht zum Diskutieren aufgefordert oder vielleicht sogar gezwungen wurden, erstaunt schon.
Haben Sie als junge Frau bereits registriert, hier bin ich machtlos?

Wieso aufgefordert? Meine Haltung war bekannt und eindeutig. Und die Machtstrukturen waren hier ebenso eindeutig. Und was heißt hier Diskussion? Das wäre doch Agitation geworden. Die Hochschule war ideologische Diktatur. Und ich spürbar machtlos. Wobei ich in diesem Sinne auch nie Macht haben wollte. Ich studierte, , mein Ehrgeiz ging in Richtung Papier und Leinwand mitsamt dem Denken und Fühlen und der daraus entstehenden Gestaltung auf der Fläche. Ich hatte begriffen, dass ich der offiziellen Argumentation gegenüber machtlos bin. Es ging um das sozialistische Menschenbild, das für mich weder Thema noch Inhalt war.

Es ist doch sehr bedrohlich, wenn man als Studentin kurz vor der Relegierung steht. Wer stand Ihnen damals bei?

Ich hatte Freunde und stand nicht allein. Das setzt sich bis heute fort.

Wie gestaltet sich heute Ihr Alltag, Ihr Leben? Existenzangst?

Ich lebe in Dresden und Gera. Bis 1996 hatte ich ein schönes Atelier mit Blick auf die Elbe in Dresden, Pillnitzer Landstraße. Es gab viele Gründe, im eigenen Geraer Grundstück ein Atelier bauen zu lassen. Da arbeite ich seit 1997. Jetzt bewege ich mich zwischen Dresden und Gera hin und her. Autofahren musste ich 1998 lernen. In dieser Zeit habe ich auch meine kranke und alte Mutter gepflegt. Es gab damals viel zu bewältigen. Für die schnellen und so gravierenden Umstrukturierungen brauchte ich Zeit und Kraft. Von schnellem Begreifen konnte keine Rede sein. Schon seit 1971 war ich freischaffend, also waren mir im plötzlichen Einheits-Deutschland einige Strukturen nicht ganz fremd. Erst im Nachhinein wird mir diese ungeheure Arbeit und Anstrengung, die in dieser Zeit nötig war, bewusst. Heute sehe ich es als Verlebendigung und Bereicherung, anstrengend bleibt es weiterhin. Meine Bewerbung als Lehrkraft an der Dresdner

Kunsthochschule war eine Reaktion gegen aufkommende Existenzangst, die mit dem ganzen Neuen zu tun hatte. Dass es nicht klappte, hatte ich erwartet. So gewannen andere wichtige Dinge Raum.

Existenzangst, ja, zur Wendezeit. Die gelebte Vergangenheit bekam eine andere Beleuchtung. Es war wieder Anstrengung und Aufregung, Diskriminierung und andere Arten der Bevormundung. Plötzlich gab es eine Art »demokratische Bevormundung und Besserwissen«. Meistens nur mit einem homerischen Lachanfall zu beantworten. Ich denke da an die 60 Jahre Bundesrepublik-Kunstausstellung in Berlin.

Nach der Wende sind viele, auch Künstler, in die neuen Parteien eingetreten. Es gab allerorts ziemlich große Hektik und auch Illusionen. Sie haben in dieser Zeit in Dresden – und da waren Sie ja Gründungsmitglied – die »Sezession zeitgenössischer Künstlerinnen« gegründet. War das auch so eine Art Ventil für Sie und Ihre meist jüngeren Künstlerkolleginnen, jetzt machen wir was Eigenes?

Es ist eine Gruppierung aus dem Jahr 1988. 1989 war die Gründung. Das eigentliche Anliegen der »Dresdner Sezession 89« ist das Sichtbarmachen der Arbeiten von Künstlerinnen.

Für mich bedeutet das die Begegnung mit jüngeren Kolleginnen. Es ergeben sich Gespräche und Freundschaften, und damit fühle ich mich beschenkt. Was bewegt sie gesellschaftlich, politisch? Wie arbeiten sie, wie leben sie? Mit welch enormer Anstrengung fürs tägliche Leben? Da wird anschaulich, wie wenig Kraft und Zeit ihnen für die eigentliche künstlerische Arbeit bleibt.

Was gibt Ihnen der Dialog mit diesen Malerkolleginnen?

Konfrontation mit anderem Denken und Arbeiten, anderer Sicht- und Malweise.

Die Gleichberechtigung der Frau war in der DDR nicht hundertprozentig erfüllt, obwohl politisch und ökonomisch gewollt.

Ist nicht mein Thema.

Das gängige Frauenbild ist heute ein anderes, als wir es von der DDR her kennen.

Ja, es gibt andere Frauenbilder und andere Lebensmöglichkeiten. Es gibt Chancen, in dieser Fast-Food-Illustrierung und modischen Sternchen-Vermittlung nicht mitzuspielen.

Die ständige Diskriminierung, die Frauen betrifft, ist empörend. Zum Glück erlebe ich ganz andere Frauen und eine Haltung gegen Entmündigung. Emanzipation muss jede Frau für sich zu leben versuchen.

Vom Trend, bzw. Mainstream und von der Werbung wird die Jugend berieselt: Jung, fit, kess, schön, Erfolg und Spaß – das ist das Ideal. Und an die Frauen gewendet: Du hast der Familie zu dienen und gut auszusehen. Ein Weibchen zu sein. Färbt das nicht auf viele junge Frauen ab, auch auf die jungen Männer? Die Erziehung zu gleichberechtigter Partnerschaft wird bestenfalls vorausgesetzt oder, wenn das der glückliche Fall ist, vorgelebt von emanzipierten, liebevollen Eltern, bei denen auch offene Auseinandersetzung zum Alltag gehört.

Das interessiert mich eigentlich nicht. Jeder für sich hat das Recht und die Pflicht, sich auszusuchen, was auf ihn zutrifft und muss sich als denkender Mensch nicht zum willfährigen Opfer der Werbung oder Unterhaltungsindustrie machen. Der Mensch kann in unserer Gesellschaft wählen, was er an Bildung, Kultur und sozialem Verhalten anstrebt oder ablehnt.

Nachgehakt: Ist bei der Emanzipation der Frau vielleicht eine Retrobewegung im Gange, wie sie manchmal Alice Schwarzer benennt und beklagt?

Alice Schwarzer macht brisante Themen sichtbar. Die Frage nach Retrobewegung in der Emanzipation müssen die Frauen beantworten, die es jetzt angeht. Frauen müssen aktiv und demonstrativ kämpfen und aufpassen, dass ein schon erreichtes Niveau nicht wieder verlassen wird. Und man muss hellhörig sein für Erscheinungen, die mit Emanzipation nichts zu tun haben.

Ist es nicht so, dass man nur so denken und handeln kann, wenn man als Kind in Liebe aufwächst und geachtet wird, so wie es Ihre Mutter Ihnen schon früh gezeigt und gesagt hat: Wenn du Malerin wirst, bist du für mich die einzige Malerin, die ich kenne und mag; mach immer das, worauf es dir ankommt, und lauf nicht mit der Masse mit? Wenn man das aber nicht hat, diese seelische Bestärkung in der Kindheit für die eigene Entwicklung, auch die Bildung und das Vorbild, dann ist es doch schwer.

Ich kann das nicht beantworten. Ich kann nur für mich sprechen. Ich habe Krieg erlebt, ich habe Nachkriegszeiten erlebt, ich habe Hunger erlebt, ich habe Trennung erlebt, ich habe gegen Kriegsende in Gera verbrannte Menschen gesehen, ich habe vor Schmerz schreiende Menschen gehört, ich habe damals die furchtbare Angst der Frauen vor Vergewaltigungen mitbekommen. Im Februar 1945 wurde ja Gera noch einmal bombardiert. Wir wohnten damals auf dem Galgenberg. Da sind dann Männer mit ihren verkohlten Binden in unsere Keller gekommen und haben vor Schmerzen geschrien, gewinselt und uns angefleht, dass wir ihnen ihre Brandbinden abnehmen. So ist Krieg. Da weiß man doch schon als Kind: Die Welt ist nicht nur gut und sauber.
Ich denke, Menschen müssen sich immer anstrengen, die Probleme beim Namen zu nennen. Ich halte zum Beispiel die Schulpolitik, in der man den Kunst-Unterricht rausstreicht, für ein vollkommen verkehrtes Signal. Wenn zu Hause nicht die Möglichkeit besteht, mit Kunst und Literatur in Berührung zu kommen, muss das die Schule anbieten, denn Kunst muss gelehrt und gelernt werden.

Diese Umhüllung und Enthüllung, wie Sie sie als schreckliches und traumatisches Kindheits- und Kriegs-Erlebnis in Ihrem Gedächtnis gespeichert haben, hat Sie weiter lange beschäftigt.

Ja, dieses Eingewickeltsein. Dieses Erlebnis eingewickelter Soldaten! Als ich die Henry-Moore-Zeichnungen das erste Mal sah, waren diese Bilder wieder da. Diese Bunkerbilder, die Moore gemalt hat. Ich musste als Kind mit Kriegsbildern irgendwie fertig werden. Meine Mutter hatte keine Zeit, mit uns darüber zu sprechen, sie hatte andere Sorgen. Ich bin mit diesen Bildern durch meine Kindheit gegangen. Später habe ich Kreuzigungen dargestellt und an religiösen, sakralen Themen gearbeitet. Habe die Kreuzigung Jesu, die Grablegung und Auferstehung als Hoffnungszeichen, als Lebensdurchgänge, nicht nur als religiöse Darstellungen betrachtet und gestaltet. Ich kann mich gut erinnern, wie Ende der 60er Jahre Fritz Cremer mit seinem Buchenwald-Denkmal aufhorchen ließ. Das hat mich sehr beschäftigt, Leid künstlerisch zu gestalten. Leid werde ich anders los. Ich kann es nicht malen.

Ihr großer Geraer Malerkollege Otto Dix hat dieses Leid aus seiner Kriegserfahrung heraus beeindruckend gemalt.

Er war ja mittendrin im Krieg, da war er ein 20-Jähriger. Ich aber war ein Kind. Meine Erfahrung von Krieg hängt wie ein schwerer Brocken in mir. Ich bin wahrscheinlich von diesem Geschehen überhaupt unerlöst, wenn ich das Wort mal so verwenden darf.

Wir Nachkriegskinder haben eine starke Abscheu gegen Krieg. Unsere Kinder fühlen diese Abscheu nicht so wie wir. In unseren Schulklassen waren in den 50er Jahren viele Mitschüler ohne Vater, die Väter waren gefallen oder vermisst, und in den Wohnstuben hatten die jungen Witwen und Mütter Erinnerungsfotos von ihren Männern in Wehrmachtsuniformen hängen. Finden Sie für diese Distanz oder Gleichgültigkeit der Jüngeren gegenüber Krieg eine Erklärung?

Da spreche ich mit Else Lasker-Schüler, die gesagt hat: Ich muss nicht Leid erfahren, um ein Mensch zu werden!
Also, ich glaube nicht, dass die jüngere Generation aus Mangel einer Leid-Erfahrung Kriege zulässt. Das glaube ich einfach nicht.

An Ihrer Vita und Ihrem Erzählen ist wahrzunehmen, dass Sie etwas Gelassenes haben und auf der anderen Seite etwas hoch Ambitioniertes. Das Wort gefällt Ihnen vielleicht nicht. Sagen wir, wir erkennen darin viel Engagement. Nehmen wir zum Beispiel das politische Ereignis des Mauerbaus am 13. August 1961. Sie waren vorher mit dem Fahrrad in München und Hannover unterwegs, haben sich dort Gegenwartskunst wie die von Henry Moore angeguckt. Und dann kam der Mauerbau der SED-Regierung, der Ihnen überhaupt nicht gefal-

len konnte. Und doch waren Sie offenbar nicht so erregt und empört wie die meisten Zeitgenossen. Weil Sie sich sagten: Ich habe meine Malerei, ich habe mein Thüringen, da bin ich zu Hause. Und ich habe in Dresden meine künstlerische Heimat?

Das Wort »gelassen« trifft auf mich nicht zu. Ich habe sehr früh erkannt, wo meine Möglichkeiten liegen.

Sie suchen und finden also in der Beschränkung Reichtum für Ihr Dasein als Malerin?

Ja, weil ich Malerin bin.

Bei unserer Recherche haben wir gefunden, dass Sie nie gesagt haben: Ich bin DDR-Bürgerin, sondern Sie haben gesagt: Ich lebe in der DDR.

Ich bin Bürgerin in der DDR, so habe ich es gesagt. Meistens habe ich nicht das Land, ich habe die Stadt gesagt. Ich bin Dresdnerin.

Zu Dresden, Ihrem Künstlerort, bekennen Sie sich bis heute, und in Gera liegen Ihre Kindheitswurzeln. Haben Sie unter der Enge, bzw. dem Eingeschlossensein in der DDR gelitten?

Was heißt gelitten? Ich habe so gut ich konnte die Möglichkeiten, die vorhanden waren, genutzt und Begrenzungen durchlässig gemacht. Und ich habe, wie schon gesagt, gelernt, mit Begrenzungen zu leben, sie nicht ausschließlich als Negativum zu begreifen.

Schon als Kind waren Sie quengelig und ein kribbeliger Geist, das haben Sie uns erzählt. Sie wurden als kleines Mädchen unruhig, wenn Sie nicht genug zu sehen bekamen. Dann haben Sie sich ans Dachbodenfenster gesetzt, haben die Bäume und die Wolken betrachtet und wurden wieder ruhig. Im kleinen Ausschnitt konnten Sie schon viel sehen, viel wahrnehmen und entdecken?

Ja, das war und ist so für mich.

Sie waren viel unterwegs, auch in der Sowjetunion. Wie haben Sie dieses Land damals wahrgenommen?

Ich habe in Russland sehr erschütternde Erlebnisse gehabt. Das erste Mal war ich 1969 dort. Ende der 70er Jahre und in den 80er Jahren war ich in der damaligen Sowjetunion zusammen mit der Kunsthistorikerin Sibylle Badstübner. Wir erlebten, wie die russischen Maler, die abstrakt malten, von Behörden diskriminiert und schikaniert wurden, es gab heikle und bedrohliche Situationen. Die Gastfreundschaft der Menschen war ein besonderes Erlebnis. Zurückgekommen war uns bewusst, dass es uns gut geht.

Auch in der DDR wurde eine bestimmte Gruppe von Künstlern entweder nicht ausgestellt oder so weit gegängelt und diskriminiert, dass sie keinen anderen Ausweg sahen, als einen Ausreiseantrag zu stellen. Haben Sie das als bitteren und tragischen Aderlass für die Kunstszene der DDR erfahren?

Besonders in den 80er Jahren sind etliche Freunde in den Westen gegangen. Das habe ich zunehmend als sehr bitter empfunden. Und ich habe von da an diese wachsende Verengung erfahren und gespürt. Ich denke dabei immer an das Märchen vom Eisernen Heinrich. Ich spürte die Beringung, einen inneren und äußeren Druck, der den Ring immer enger werden ließ. Als dann ein sehr guter Freund ging, 1986, der hier ein schönes Haus zurückließ, und zu mir sagte: Ich will meine Kinder nicht in diesem engen System groß werden lassen, sind wir noch einmal gemeinsam an der Elbe entlanggegangen. Ich fragte ihn: Hast du nicht noch ein bisschen Geduld, ich kann mir nicht denken, dass dieses System weitere fünf oder sechs oder acht Jahre bestehen bleibt. Darauf hat er mir geantwortet: Gerda, du spinnst oder du träumst. Aber es schwebte über uns so eine Atmosphäre der Verdichtung von innerer Aggressivität und zugleich bleierner Zeit. Ich habe meinen Freund angebettelt, hier zu bleiben, aber er ist weggegangen. Nach der Wende kam er zu mir und sagte: Ich muss immer an unser Gespräch an der Elbe denken, woher kam deine Ahnung? Heute weiß ich auf diese Frage eine Antwort.

Sie haben in den 80er Jahren Christa Wolf kennen gelernt, und daraus ist Produktives und eine Freundschaft entstanden.

Ja, Freundschaft seit den 90er Jahren.

Um auf den Vergleich mit der Literaturszene der DDR zu sprechen zu kommen, wir hatten Mitte der 60er Jahre an der Universität Leipzig einen Journalistik-Kommilitonen, Thomas Brasch, der nach der Biermannausbürgerung in den Westen gegangen ist. Vorher hat er Christa Wolf aufgesucht. Sie hatte bis 1976 allen Kollegen, von Rainer Kunze bis Sarah Kirsch, gesagt: Bleibt hier, wir wollen hier was verändern. Als Thomas Brasch zu ihr kam, dachte sie: Das ist das erste Mal, dass ich verstehe, dass einer weggehen muss. In ihrer Dankesrede zum Büchner-Preis hat sie das veröffentlicht. Haben Sie auch dieses Gefühl gehabt und gemeint: Es ist gravierend und schade um jeden denkenden und begabten Menschen, der uns verlässt.

Ja, natürlich. Der Mauerbau war aus meiner Sicht der gesellschaftliche Untergang. Es ist wie bei Schlangen – wenn ihnen ihr Schwanzende ins Maul kommt, müssen sie sich selber auffressen.

Es gibt die Auffassung: Literatur und Kunst entsteht durch Reibung. Die Romantiker haben das so empfunden, auch Anna Seghers sprach von den Dichtern, »die

sich die Stirn an den gesellschaftlichen Verhältnissen wund reiben«. »Christa T.«
von Christa Wolf hat uns das vorgeführt. Oder Hans Mayer, der jüdische Ger-
manist und Literaturkritiker, den die SED von der Universität in Leipzig vertrie-
ben hat, formulierte: »Literatur ist in Sprache transformiertes, unglückliches
Bewusstsein«. Das spürt man in den Büchern von Thomas Mann bis Christa
Wolf. Können Sie dem zustimmen?

Kunst ist immer eine Transformation von Unglück. Es ist eine Auseinandersetzung mit Trauer, mit Hoffnung, mit Sehnsucht, Melancholie, all das.

Kunst kann doch aber auch ganz heiter sein.

Ja, heiter, wenn sie dann da ist, ist sie vielleicht heiter, aber der Vorgang des Ent-
stehens hat viele Wellen von schwarz bis weiß. Immer. Ich habe immer Verstö-
rung wegzuarbeiten zwischen mir und der Leinwand.

Zwischen Ihnen und Christa Wolf gibt es inzwischen einen künstlerisch pro-
duktiven Dialog. Sie haben Grafiken und Aquarelle zu ihren Romanen »Kas-
sandra«, zu »Medea« produziert und ihr Blätter dazu geliefert.

Die Ansprache zu meiner Arbeit entstand durch ihren Mann, Gerhard Wolf,
über die bildende Kunst. Dann kam es zu persönlichen Begegnungen mit
Christa Wolf. In ihren Briefroman »Ein Tag im Jahr« schrieb sie mir, ich zitiere:
»Liebe Gerda, zwischen uns ist ein Geben und Nehmen, und so soll es bleiben.
Herzlich Christa. 17.10.2003.«
Seit Jahrzehnten lebe ich mit ihren Büchern, zunächst und immer wieder in dem
eigenen Gespräch und der eigenen Anregung. Beide mögen meine Arbeiten, das
macht mich glücklich.

Es fiel das Wort Diskriminierung. Haben Sie das als Künstlerin zu DDR-Zeiten
erfahren?

Zu mir passt weder das Wort Widerstand noch das Wort Diskriminierung. Ich
habe in der Hochschule, also sehr früh, begriffen, dass ich einen Alleingang wagen
muss, damit Entwicklung für mich stattfinden kann. Ich habe immer Menschen
gefunden, die mich uneigennützig unterstützt haben. Das hat mir viel geholfen.

Verglichen mit gestern gibt es heute keinerlei künstlerische Einschränkungen,
alles ist erlaubt. Fühlen Sie sich jetzt mehr angenommen mit Ihrer Kunst?

Ich fühle mich angenommen, früher und jetzt.

Sie haben auch eine sehr enge Freundin im ehemaligen Westberlin. Spielt die
Ost-West-Erfahrung in den privaten Begegnungen noch ein Rolle? Ist Ihnen im
Dialog mit Ihrer Freundin aufgefallen, dass die unterschiedliche Sozialisation
wichtig bleibt?

Was man gelebt hat, wird man nicht los. Ob wichtig oder nicht, es ist da und spielt eine Rolle. Es gibt Verständigung, aber auch Schweigen oder Nichtverstehen. Wesentlich ist das sich-immer-wieder-begegnen-Können. Und eben dies wäre für eine Beziehung zu DDR-Zeiten nicht möglich gewesen.

Nach der Wende bin ich viel in Westdeutschland unterwegs gewesen, habe viele Gespräche gehabt und bin dabei auf unsere unterschiedlichen Sichtweisen durch 40 Jahre Trennung gestoßen. Es war für mich spannend, auf Frauen zu treffen, die einen ganz anderen Weg gegangen sind, emanzipatorisch und intellektuell.

Es ist eine wunderbare Empfindung, eine Welt ohne Mauer und Grenze zu erleben. Und je älter ich werde, desto mehr freue ich mich darüber, dass ich Freunde aus der ganzen Welt ohne Hürden und Hemmung einladen und empfangen kann. Ich habe zu DDR-Zeiten immer große Anstrengungen unternehmen müssen, um meine Besucher aus den USA, aus England, Frankreich und aus der Sowjetunion in Dresden empfangen zu können.

Gesellschaft übersetzen Sie ins Persönliche? Demokratie auch?

Demokratie ist für mich immer konkret und interaktiv. Nicht-DDR-Bürgern ist es vielleicht schwer zu vermitteln, wenn ich sage, dass ich aus einer Diktatur kommend, humanistisch und demokratisch denken und fühlen kann. Nach meinen Westreisen nach der Wende, bei denen ich viel sehen und entdecken konnte, habe ich doch letztlich nie so richtig das Gefühl gewonnen, dass ich Wichtiges in meinem »alten« Leben versäumt hätte. Ich sage das wirklich ganz vorsichtig. Und bin darüber selbst erstaunt.

Als die Wende kam und ich frei reisen konnte, war ich 50. Also, ich konnte, Göttin sei Dank, noch viel sehen. In kurzer Zeit bereiste ich viele Länder; ich war in Italien, in der Türkei, am Pergamon-Altar. All die Kunstwerke, an denen ich im Ost-Berliner Museum einst studiert und gearbeitet hatte, hatten in mir die Sehnsucht ausgelöst, sie an Ort und Stelle sehen zu können. Ich wollte mich endlich in der Kultur des Abendlandes bewegen. Pergamon war vor 1989 meine besondere Sehnsucht. Und in der italienischen Renaissance bin ich träumend spazieren gegangen. Und dann passierte es, ich war dort und der eiserne Ring verschwand.

Auch wenn ich mich ins Auto setze und über die gewesene Grenze fahre, in Thüringen oder mitten in Berlin, singe ich heute noch laut.

In mir ist natürlich das Wissen der schöpferischen Dialoge und Beziehungen aus der Vergangenheit. Anderes Denken, anderes Fühlen, anders sprechen als das Offizielle. Es hat ja in der DDR an vielen Stellen brennende Orte gegeben. Und an solchen Orten trafen wir uns jahrelang immer wieder mit Freunden aus Westdeutschland und anderen Ländern, haben geredet und geträumt.

Sie sprechen über die Impulse, die von draußen kamen. Ist das wichtig für Sie?

Natürlich war und ist das wichtig. Besonders intensiv erlebe ich das bei meinen Reisen.

Anfang der 90er Jahre waren Sie in Brasilien.

Das war für mich ein großes Erlebnis. Ich wollte in einem anderen Raum die sozialen, politischen und menschlichen Dimensionen kennen lernen.

Die Begegnungen mit anderem Licht, Landschaft und Farben, anderen Lebensformen waren dieses große Erlebnis. Und ein Anfang von Begreifen, was es bedeutet, sich frei bewegen zu können, ohne polizeiliches Diktat, ohne Anmeldung, ohne Anträge stellen zu müssen, wissend um die Ablehnung. Aus wie viel »freier« Bewegung kommt – sehr vorsichtig gesagt – Demokratie? Was ist zu lebende Vielfalt, unterschiedliches Denken und Glauben? Wie gehen Menschen, so verschieden sie sind, friedlich, freundlich, zornig miteinander um? Wissen darum, ist das Eine, die direkte Erfahrung durch eigenes Erleben das Andere. Ich war über mich froh, das von der DDR gelehrte Feindbild nie verinnerlicht zu haben. Eine für mich wichtige Erfahrung. Neugierig und froh staunte ich über so viele unterschiedliche Lebensformen, auch in Betroffenheit über so viel Armut, bei gleichzeitigem Reichtum. Ich lernte einen Lebensmut und eine Lebensfreude kennen, davon hatte ich bisher nur gelesen. Diese Erfahrung Anfang der 90er ist eine bleibende, bis zum heutigen Tag.

Der Schriftsteller Ingo Schulze hat vor zehn Jahren einen liebevollen Essay über Sie geschrieben. Sie haben ihn ja quasi mit erzogen. Wenn seine Mutter als Ärztin Nachtdienst hatte, haben Sie auf den Jungen aufgepasst, ihm Märchen erzählt und mit ihm gemalt. Bei seinem Besuch im mecklenburgischen Kruckow, Ihrem jahrelangen Sommer-Arbeitsort, haben Sie dem 17-Jährigen das »Dichter-Brett« verordnet. Ingo Schulze hat über diese Begegnung geschrieben. Wurde so der spätere Schriftsteller von Ihnen zum genauen Hinsehen erzogen?

Vielleicht habe ich ihn zu anderem Sehen beeinflusst. Hinzusehen, Geschehenes in Worte zu fassen, dem Gesehenen mit Worten ein Bild zu geben, war das vorgegebene Thema in diesen Wochen. Wolken, Wiese zu beschreiben, einer Atmosphäre Worte zu geben, das war die Übung. Dabei hatten wir viel Spaß, gute Gespräche, schönes Essen – alles in wunderbarer Landschaft und im baufälligen Bauernhaus.

1969 lernte ich einen sehr aufmerksamen Siebenjährigen kennen und Ingo in mir eine Studentin, die Malerei und Grafik studierte und außerhalb seines Familienbildes stand. Das ergab eine gute Mischung. Ich wurde neugierig auf dieses Kind, er auf diese Studentin. Märchen hat ihm seine Mutter erzählt. Ich erzählte »Geschichten aus dem wahren Leben«, wie ich das nannte. Ingo interessierten Geschichten. Und ich erzählte den gelebten Tag, das war Hochschule, Lehrerbeschreibung, Straßenbahnbegegnungen, saure Kartoffeln in der Mensa, mein kleines kaltes Zimmer, und gab meinen über den Tag in der Hochschule gearbeiteten Bildern Worte. Wir malten zusammen, fütterten Stallhasen, wenn wir meine Mutter in Gera besuchten, sahen uns Bilder an, gingen spazieren, räumten nachts den Kühlschrank aus. Ich war, so sehe ich es heute, zeitweise wieder Kind. Da war vielleicht etwas, was ich in meiner Kindheit nicht sein konnte. Und da war meine Freundschaft zu Ingos Mutter, seinem Lebensmittelpunkt. Christa Schulze hatte wahrscheinlich zeitweise, wenn man das so sagen kann, zwei Kinder.

Sie sind einerseits eine handwerklich begabte Person. Auf der anderen Seite beschäftigen Sie sich mit philosophischen Fragen. Sie helfen Menschen in der Nachbarschaft, Sie füttern Ihre zwei zugelaufenen Katzen.

Na und? Menschen helfen und zugelaufene Katzen füttern, das tun andere Menschen auch. Ich bin Malerin.

Von Wegen, Abwegen und Irrwegen

Interview mit dem Historiker Kurt Pätzold im Mai 2009

Wir haben uns Ihr Erinnerungsbuch »Die Geschichte kennt kein Pardon« bestellt und es gelesen. Dort stellen Sie sich die Frage: Warum ist der Staat untergegangen, an dessen Zielen und Politik ich mit meinem beruflichen Engagement beteiligt gewesen bin? Sie haben sich weiter gefragt: War ich ein Opfer dieser Propaganda? Da zitieren Sie den Bebel-Satz: Den Sozialismus in seinem Lauf hält weder Ochs noch Esel auf, den Erich Honecker später auch benutzte, ohne dass allen diese Quelle bewusst war. Und Sie fragten sich auch, ob Sie zu den geistigen »Tätern« gehören, letztlich waren Sie an leitender Stelle im Bereich der Geschichtswissenschaften tätig. Ihr Buch gibt Antworten auf diese Fragen. Wenn wir das auf die Begriffe Opfer/Täter reduzieren, wie beurteilen Sie da Ihren Stand?

Wer sich mit der Geschichte des deutschen Faschismus forschend und publizierend beschäftigt hat, und zu dieser Gruppe gehörte ich in der DDR, hat mit den Begriffen Opfer/Täter in ihrer Anwendung auf die Geschichte der DDR seine Schwierigkeiten und das nicht deshalb, weil es das eine wie das andere nicht gegeben hätte, sondern weil damit über die Sprache eine Assoziation hergestellt wird, die auf der demagogischen Ebene von den »zwei deutschen Diktaturen« liegt. Darin sehe ich die Tücke in der Verwendung der Begriffe und zugleich das Anziehende für die Verfechter der Totalitarismusdoktrin.

Sie haben diese Begriffe bei Ihrer Fragestellung in Ihrem Buch selbst benutzt.

Ja, schon. Ich sehe mich in keiner Weise als Opfer. Wie auch? Ich wäre nie auf eine Oberschule gekommen, hätte nie eine Universität von innen gesehen, wäre nie in geistige Arbeitsprozesse gelangt, die mir Schweiß, Freude und Genuss bereiteten ohne die Wende von 1945 und der folgenden Jahre. Mein Vater war Schlosser. Und meine Mutter Verkäuferin. Als sie mit mir schwanger war, hat sie ihren Beruf aufgegeben. Dann, in der anhaltenden Krise, die 1929 begann, ist sie

Kurt Pätzold, 1946 auf dem Gründungskongress der FDJ (li.) und 2009 (re.)

eine Aufräumfrau geworden und hat in verschiedenen Breslauer Haushalten gearbeitet. 1945 sind wir von Schlesien nach Thüringen verschlagen worden. Zu den Opfern von Entwicklungen, die nach dem Kriege in Ostdeutschland sich vollzogen, gehöre ich nicht, das können wir getrost streichen.

Und »Täter«? Dazu habe ich meine Meinung in meinen Erinnerungen auch niedergeschrieben. Ich habe für diesen Staat und für diese Gesellschaft viel getan – Richtiges und Falsches, Arbeiten, die diese Gesellschaft zeitweilig gefestigt und ihr Ansehen und einen guten Ruf verschafft haben und andere, die ihr und mir abträglich waren oder wurden.

Haben Sie denn etwa die DDR mit Ihren wissenschaftlichen Erkenntnissen destabilisiert?

Nein, nicht mit der wissenschaftlichen Arbeit. Doch war ich Akteur in einem System, das ich in dem Kapitel »Erziehungsdiktator« grob dargestellt habe. Das betrifft unseren – und hier: meinen – Umgang mit Studenten, die sich auf irgendeine Weise mit der Politik von Partei und Staat in Konflikt sahen. Wir haben manche dieser Studenten mit und ohne Disziplinarverfahren aus der Universität verwiesen ...

Relegiert?

Relegiert würde nach unserem Verständnis meinen, sie dauernd von jeglichem Studium an einer Hochschule auszuschließen. Wir haben sie zeitweilig von der

Universität verwiesen und, das gilt für alle Entscheidungen, an denen ich beteiligt war, an der Humboldt-Universität nach ein oder zwei Jahren, in denen sie meist manuell gearbeitet hatten, wieder immatrikuliert. Sie haben ihre Studien abgeschlossen. Was ich in dem erwähnten Buch nicht schrieb: Es würden sich viele Absolventen von Universitäten heute freuen, erhielten sie Arbeitsplätze, die jene »Relegierten« dann in der Gesellschaft einnahmen.

Zur Klarstellung: Von welcher Zeit reden wir?

Von 1968 und den als »Prager Frühling« bekannten Ereignissen.

Kam der Anstoß für diese Bestrafungen von der Universitätsleitung, von der Partei oder von der Stasi?

Das war eine Auseinandersetzung, die sich in der Sektion Geschichte über längere Zeit hinzog und die in dem Augenblick kulminierte, als es in einer FDJ-Gruppe nicht bei Diskussionen blieb, sondern Protestresolutionen beschlossen werden sollten.

Haben die Studenten gegen den Einmarsch der sowjetischen Truppen in der ČSSR protestiert?

Nein, es ging um die Sprengung der Kirche in Potsdam.

Noch einmal: Welche Konsequenzen hatten diese Verweise für die betroffenen Studenten?

Ich kenne nicht alle Lebenswege. Einer dieser »Rückkehrer« bat mich, die Bürgschaft für seinen Eintritt in die SED zu übernehmen. Das habe ich gemacht, da ich ihn nicht für einen wendehalsigen Karristen hielt. Er war später selbst ein gewählter Funktionär an einem Institut der Akademie der Wissenschaften der DDR und ist zum Professor berufen worden. In einem Gespräch nach 1990 hat er das mit der Bemerkung charakterisiert, er sei »glimpflich davon gekommen«. Ein anderer wurde wissenschaftlicher Mitarbeiter in der Landesbibliothek in Dresden, ein Dritter an der Viadrina in Frankfurt an der Oder. Einen der Vier habe ich aus den Augen verloren. Er beschränkte seine Studien nach seinem Wiedereintritt in die Universität auf sein anfängliches Nebenfach Hungarologie.

Dass Leute, Bürger, die in politische Konflikte gerieten, in der Gesellschaft aber eine gewichtige Funktion besetzten oder später einnehmen sollten, in die Produktion geschickt wurden, geschah nach dem Motto: Guck dir mal die DDR-Welt von der anderen Seite an, vom Standpunkt der Produzenten materieller Güter. Dieser Weg galt als ein ideologisch-politisches Korrektiv, manchen auch als ein Allheilmittel. Über die Effektivität einer solchen Maßnahme lässt sich streiten. Fest steht: Unsere damaligen Entscheidungen haben die Atmosphäre des Gedankenaustausches und des Meinungsstreits an der Universität verdorben. Sie waren in ihren Wirkungen über den konkreten »Fall« hinaus tödlich. Und dann bleibt da die Frage: Was hätten wir gemacht, wenn sich einer der Gemaßregelten das Leben genommen hätte? Wie konnten sie unserer Zusage »Rückkehr an die Universität« glauben? Sie konnten meinen, wir wollten sie um ihre Lebensperspektive bringen. Einzuklagen war unser Versprechen nicht, wir haben uns daran gehalten, aber woher sollten sie das wissen?

Einerseits ist aus Ihrem Erzählen Reue herauszuhören, auch die Sorge, was wäre gewesen, wenn … Mit Ihren Details und vor diesem Hintergrund klingt das anders als lebenslange Strafversetzung im Namen der Partei oder im Stasiauftrag.

Zum Zwecke der Rechtfertigung jenes Prozesses, der 1990 demagogisch »Reinigung« der Universität genannt wurde, sind die Dinge so dargestellt worden, als hätten wir junge Menschen in den Orkus gestoßen, wären über ihre Schicksale kaltherzig – sozusagen: gestiefelt – hinweggegangen. Unser Ziel war hingegen, und die Lebenswege stehen dafür, alle für unsere Sache zu gewinnen, der wir selbst zu unkritisch gegenüberstanden. Die Absolventen der Geschichte wurden bei uns zwar keine – wir kannten den Begriff nicht – »Staatsbeamte«, aber ob Lehrer oder Angestellter in einem Museum oder einer Bibliothek, jeder gelangte doch in Staatsdienste. Am Ende eines Studiums, wenn es an die »Berufslenkung« ging, hatten wir nicht die Wahl, einem Absolventen zu sagen: »In eine staatliche Stellung würden wir Sie jetzt nicht so gern schicken, versuchen Sie es doch mal in einem privaten Verlag oder an einer Privatschule, da sind die Ansprüche andere.« Derlei gab es nicht. Wir hatten eine Einbahnstraße gelegt, die sich als Falle erwies.

Hinzu kam, was ich pädagogische Narretei nenne, die mir nicht fremd ist. Wir glaubten, aus jedem Geschichtsstudenten einen überzeugten Sozialisten machen zu können. Da haben wir einem utopischen Menschenbild gehuldigt und unsere Chancen weit überschätzt. Auch Bertolt Brecht würde heute womöglich neu über die Frage nachdenken, was, wer und weil er ein Arbeiter ist, begreifen kann. Ich habe mir Welt und Menschen nicht einfach, aber partiell doch vereinfacht vorgestellt.

Es war, gesamtgesellschaftlich gesehen, ein großer Verlust, auf kritische Stimmen zu verzichten. Bei derartig ideologischer Verengung wurden selbst Leute, die – nennen wir es mal Zuneigung – die aus Zuneigung zu ihrem Land, zur DDR, Kritik anmeldeten, schnell in die Feindesecke gedrückt.

Die Feindesecke war einer geringfügigen Minderheit vorbehalten. Doch Ignoranz gegenüber jeglicher Kritik war verbreitet. Das war Resultat einer letztlich verhängnisvollen Entwicklung. Wenn in der zweiten Hälfte der 40er und dann in den 50er Jahren Fred Oelssner oder Kurt Hager nach Jena kamen, gab es Rede und Gegenrede. Es ging nicht um Verkündungen. Ein Beispiel: Fred Oelssner kommt zu einer Veranstaltung nach Jena. Der Parteisekretär soll sich abends im Hotel Schwarzer Bär, wo Oelssner übernachtet, zum Vorgespräch einfinden. Ich bin alle meine Sünden durchgegangen und bin, zu der Zeit 19 Jahre alt, zu dem Treffen mit dem damals für die Ideologie verantwortlichen ZK-Mitglied gegangen. Zu meiner Überraschung: Keine Rede über die Universität. Er begann mit mir ein Gespräch darüber, wie man den Überhang an Geld in der DDR-Gesellschaft minimieren könnte. Seine Idee war, da das nicht über die Steigerung der Produktion materieller Güter zu machen sei, das kulturelle Angebot zu erhöhen. Unter anderem dachte er daran, neben der DEFA eine zweite Filmgesellschaft zu gründen, die weniger anspruchsvolle Unterhaltung produzierte. Ökonomisch mochte das eine Schnapsidee sein, doch der Mann suchte einen Partner, der zwar von der ganzen Sache nichts verstand, aber zuhörte und dem er seine Gedanken entwickeln konnte.

Diese Art von Umgang zwischen »oben und unten« hat sich nicht erhalten: Wenn wir in den 50er Jahren bei Tagungen im ZK-Gebäude saßen, sechs Parteisekretäre an einem Tisch, je einer von den fünf Universitäten und der von der Technischen Hochschule Dresden, dann waren das nicht Zusammenkünfte der Erfolgsberichterstattung. Kurt Hager hatte auf unsere Anliegen zu antworten oder zu sagen: Ich weiß es nicht, wir müssen noch einmal darüber beraten. Es wurde offen über eigene Schwächen und Misserfolge geredet.

Weil Sie Kurt Hager kennen gelernt haben: Dem konnte man vielleicht zutrauen, dass er die tatsächliche Lage kennt und erkennt. Und dennoch hat er nicht entsprechend agiert. Stand auch er unter dem Druck seiner Vorgesetzten?

Ich weiß es nicht. Eine Antwort könnte in den Auseinandersetzungen von 1956 liegen, das kann man im Protokoll der ZK-Sitzung über die Ereignisse in Polen nachlesen. Was sich dort an Disziplinierungen auf der obersten Ebene abgespielt hat, vermag ich im Einzelnen nicht zu sagen. Vielleicht wird die Geschichtswissenschaft in manches Dunkel eines Tages Licht bringen. Vorerst liegt das Interesse auf der Verteufelung der Machthabenden.

Wenn Sie als junger Mann mit diesen führenden SED-Genossen ungehemmt reden konnten, wäre es da nicht denkbar gewesen, Sie wären später als Sektionschef, wenn es irgendwo knirschte, schnell mal über den kurzen Weg direkt zu Hager gegangen, um ihm Bescheid zu geben oder um Rat zu bitten?

Diese kurzen Strecken gab es nicht mehr. Vor allem: der Rat der Wissenschaftler, die doch mit Anstrengungen und Aufwand herangebildet worden waren, war nur auswahlsweise gefragt. Bis in die Räte der Hochschulen wurde hineinkommandiert. Beispiel: Ehrenpromotion für den Schah von Persien. Konrad Naumann

(Bezirkschef der SED Berlin), zu dem meine Ablehnung gedrungen war, ließ mir sagen, soll der Pätzold doch mal das Öl in der Bezirksleitung abliefern, das er hat. Auf diesem Niveau bewegst du dann nur noch Luft.

Kommen wir noch mal zu Ihrem Fachgebiet Geschichte. Von westlichen Medien, vielleicht auch von Kollegen, wird oft der Vorwurf laut, ihr wart doch a priori Geschichtspropagandisten, weil eben jede Wissenschaft in der DDR, außer vielleicht Medizin oder Zahnmedizin, mit dem gesellschaftlichen Ideal Sozialismus und dieser Ideologie verknüpft war. Was würden Sie denn heute einem Studenten sagen, der nüchtern feststellt: Sie waren Geschichtsprofessor, also Geschichtspropagandist?

Prinzipiell existiert zwischen Wissenschaft und Politik ein Spannungsverhältnis. Das ergibt sich daraus, dass die Wissenschaft nach Erkenntnis und Wahrheit sucht, und die Politik Erfolg und Zustimmung braucht und erstrebt – in Demokratien wie in Diktaturen übrigens. Beide, Politiker und Wissenschaftler, müssen sich auf dieses Spannungsverhältnis einstellen. Politiker sollten die Meinung und Kritik der Wissenschaft ertragen, Wissenschaftler sich in die Möglichkeiten der Politik hineindenken, ein Vorgang, der nicht in der Akzeptanz von Opportunismus enden muss. Ulbricht hatte offenkundig ein gewisses Gespür für diese Crux. Er ließ sich auf das Gespräch ein, konnte reagieren und auch überzeugend argumentieren. Sebastian Haffner hatte meiner Meinung nach mit seiner Feststellung Recht, dass es nach 1945 zwei deutsche Politiker von Format gab. Der eine der beiden war Ulbricht.

Und wer war der andere?

Konrad Adenauer. Das waren Leute, die strategische Konzepte im Kopf hatten und sie im Rahmen ihrer Möglichkeiten stringent verfolgten. Außerdem war Ulbricht ein eiserner Arbeiter.

Inzwischen hört man Ulbricht gelegentlich mit dieser lächerlichen und verlogenen Aussage »Keiner hat die Absicht, eine Mauer zu bauen«. Dieser Satz, noch dazu in seinem sächsischen Dialekt, wirkt heute urkomisch. Oder man sieht ihn in Dokumentarfilmen beim Frühsport, eine etwas lächerliche Figur im Gegensatz zu Honecker, der diesen »tragischen« Abgang hatte. Sehen Sie in der Kapazität des politischen Regierens, in ihrem Handeln, einen großen Unterschied zwischen Ulbricht und Honecker?

Sie gehörten zwei Generationen der deutschen Arbeiterbewegung an. Ulbricht kam aus der Tradition jener deutschen sozialdemokratischen Bewegung, in der die Parole galt »Wissen ist Macht« oder wie es in einem Lied heißt »... den Feind, den wir am meisten hassen, das ist der Unverstand der Massen«. Aufklärung war die Devise.

Das haben Leute wie Wilhelm Pieck und auch Ulbricht in die ostdeutsche Gesellschaft tradiert. Im verbreiteten Verständnis ihrer Bürger war Bildung ein hohes Gut. Die Tore zu seinem Gewinn wurden aufgestoßen. Unlängst las ich eine Doktorarbeit, deren Autor sich um den Begriff »Brechung des Bildungsprivilegs« herumschwindelt – in einer Arbeit über die Arbeiter- und Bauernfakultäten im Osten. Doch es gab den Stolz von Hunderttausenden auf ihre Kinder und Enkel, die über die Arbeiter- und Bauernfakultäten in die Wissenschaft kamen. Unbildung wurde zu einem Makel. Die Schule war im Bewusstsein der Leute keine Einrichtung, in der es darum ging, wie qualifiziere ich mich so, dass ich einen möglichst krisensicheren und einträglichen Job kriege. Heute wird diskutiert, ob der Lehrplan oder die Lehrinhalte in der DDR nicht vielleicht doch partiell ganz gut waren. Doch der Erfolg der Schule lag in der Übereinkunft von Lehrern und Eltern und – gewiss nicht allen – Schülern, dass Schule etwas mit ernster Arbeit zu tun hat und das nicht nur für mich selbst und allein, sondern auch für die Gesellschaft als Ganzes.

Die Lernbereitschaft hat mit Motivation zu tun. Die Jugendlichen oder Absolventen heute wissen, dass sie nach Schul- oder Uni-Abschluss wahrscheinlich erst mal beim Punkt Null anfangen und sich eine Weile mit Praktika durchhangeln müssen. Das war in der DDR anders, da war ein Arbeitsplatz gemäß der Ausbildung normalerweise sicher.

Was den Lernprozess angeht, so hat sich in der DDR vieles von ihren Anfängen erhalten. Die Pädagogen kümmerten sich – gegen alle heutigen Entstellungen – um den Einzelnen, das Individuum. Eine der frühesten Heldinnen der Arbeit war Edith Pempel aus der Ringspinnerei Schmalkalden. Diese Heldin musste nun natürlich gebildet werden. Sie kommt also an die ABF, lernt schwer, wird noch am Nachmittag gefördert und gefördert. Muss dazu auf allen möglichen Präsidien von Versammlungen und Konferenzen sitzen. Dann besteht sie ihr Abitur. Danach geht sie nicht zur Universität sondern zur Fachschule für Textilingenieure, also an den richtigen Platz, und dann zurück in »ihren« Betrieb. Nun höre ich den Einwand: »Ja, das war doch immerhin eine Heldin.« Indessen haben Abertausende in der DDR ähnliche, ihr Leben prägende Erfahrungen gemacht. Die lassen sich gegen eine Minderheit von Menschen, die mit diesem Staat ganz andere, schlechte und schlimme Erfahrungen machen mussten, nicht aufrechnen. Nur kann von den ersten nicht gut geschwiegen werden. Und deren Wege lassen sich auch nicht als solche in einer Nische einordnen. Es waren Wege, die von einer staatlichen Politik projektiert und geebnet, und also zu beschreiten waren.

Die DDR war kein reiches Land, in keiner Phase ihrer Existenz, aber es ließ sich in ihr sorgenfrei studieren, selbst – ich weiß das aus eigener Erfahrung – in einer

Familie mit Kindern. Die lassen sich heute mit der Lupe suchen. Gut, mit einem reichen oder begüterten Ehepartner mag sich das machen lassen.

> *In unserem Jahrgang 1944/45 war im Allgemeinen die Reihenfolge so: Abitur, Facharbeiterausbildung, Studium, Berufseinstieg parallel mit Familiengründung. Da haben wir viel geleistet, bilden wir uns ein, und es ist wahrscheinlich auch so. Ob die jungen Leute, also zum Beispiel Ihre Enkel, mit uns tauschen möchten? Die leben als Single doch sicher auch glücklich.*

Momentan gewiss.

> *Sie müssen darum kämpfen, sich selber zu ernähren, ohne von den Eltern oder vom Staat abhängig zu sein. Das gestaltet sich oft schwierig genug.*

Unbestritten. Eine meiner Enkelinnen hat den Tag als Studentin in einer Fleischerei – nach meinem Empfinden: noch in der halben Nacht – begonnen, Brote bereitet, mit denen sie dann in Betrieben Automaten bestückte für die Pausenverpflegung der Arbeitenden. Solche Jobs suchen und leisten viele, bevor sie in die Hörsäle gehen oder wenn sie aus ihnen kommen. Doch es gibt und wirkt da ein Zweites: die Orientierung auf sich selbst, auf die eigene wirkliche oder vermeintliche Chance. Diese Konzentration ist durch die Umstände häufig erzwungen, aber darin verwirklicht sich auch eine Ideologie.

> *Auch die Finanzierung von Bildung spielt inzwischen eine Rolle. Nicht jeder kann das nötige Geld aufbringen. Da setzt also schon früh eine Auslese ein, wer noch das Gymnasium oder ein Studium bezahlen kann. Diese sozial bedingte Vorauswahl ist weit entfernt vom sozialdemokratischen Ideal: Jeder kann alles werden, wenn er genug Intelligenz und Willen mitbringt.*

Gegenwärtig heißt die Parole der Sozialdemokratie: Jedem seine Chance. Ernst wird es indessen erst, wenn von den Voraussetzungen und Bedingungen geredet wird, die Chancen entstehen lassen und deren Nutzung ermöglichen.

> *Wir kommen noch mal auf das Jahr 1989. Von Gorbatschow kursierte der Satz: Wer zu spät kommt, den bestraft das Leben. Sie bezeichnen Gorbatschow als Träumer und Missionar, der in der Außenpolitik eine gute Figur machte und auf dem Feld der Entspannung agiert hat. Für die Innenpolitik aber hatte er keine Rezepte, sagen Sie. Es gab aber doch Perestroika und Glasnost als Programme. Gorbatschows Wirken wehte wie ein frischer Wind in die DDR, und die Hoffnung keimte auf: Ja, es geht doch, Veränderungen sind möglich. Gorbatschow kommt bei Ihnen nicht gut weg?*

Als wir mitten in den Ereignissen waren, sagte einer meiner Schulfreunde, vor seiner Berentung Professor für Politische Ökonomie am Akademie-Institut für Wirtschaftswissenschaften: Der Mann hat ökonomisch kein Konzept. Darin waren wir uns einig. Ich habe im Nebenfach Politische Ökonomie studiert, das konnte ich auch mit meinem bruchstückhaften Wissen seinen Reden entnehmen. Das waren Beschwörungen, die ihren Gipfel in der Forderung an seine Landsleute erreichten: Sauft nicht so viel Wodka. Hingegen keine Antwort auf die Frage: Wie ist aus dieser Gesellschaft eine produktive zu machen, so dass die Bevölkerung aus dem ewigen Mangel herauskommt und überhaupt von einem ökonomischen Wettbewerb mit dem Kapitalismus die Rede sein kann – nicht nur auf dem Felde der Militärtechnik. Was sich zu Gorbatschow fragen lässt, betrifft nicht nur den konzeptionellen Mangel: Hatte er überhaupt eine Chance? Was musste geschehen, damit es zu einem revolutionierenden Aufbruch, denn um nicht weniger ging es, kommen konnte? War der ohne eine Massenbewegung von unten denkbar, die nicht nur die an Jahren alten Kader von der Macht entfernte?

Welche Massenbewegung meinen Sie jetzt?

Stellen wir uns doch mal für einen Moment vor, die DDR wäre ein selbstständiger Nationalstaat gewesen und hätte in ihrer Nachbarschaft nicht die Bundesrepublik gehabt, sondern Frankreich, Belgien und andere Staaten. Dann würde doch die 1989 in ihrem Inneren entstandene Bewegung erheblich anders verlaufen sein. Nun kann man sich fragen, wäre das dann ein Ablauf ähnlich jenem in Polen, Ungarn oder Rumänien geworden? Das wissen wir nicht. Doch dass der Untergang der realsozialistischen Staaten in kapitalistische Zustände, die manche gar an die frühkapitalistische erinnern, münden musste, scheint mir keine ausgemachte, geschweige denn eine gesetzmäßige Sache gewesen zu sein. Also noch einmal zu den ostdeutschen Zuständen und den erinnerlichen Bildern: Ohne die Agitatoren Kohl in Dresden und Genscher in Halle, ohne die Treuhand – hätten wir dann aus unserer Mitte die Oligarchen bekommen, von denen jetzt in Russland geredet wird?

Gorbatschow hat doch trotzdem gewaltige Veränderungen angestoßen.

Ja, aber auf welchem Gebiet? Und mit welchen Resultaten?
Und mit welcher Naivität, die man einem Manne nicht zutrauen wollte, der die marxistisch-leninistische Ausbildung an einer sowjetischen Hochschule durchlaufen hat, und die war, verglichen mit der DDR, noch etwas anderes.

Er versuchte, die Konfrontation Ost-West aufzubrechen. Es wurden Entspannungsverträge abgeschlossen, das kann man doch nicht von der Hand weisen.

Auf den Punkt gebracht: Menschheitsfragen vor der Klassenfrage. Dummerweise haben sich die Kontrahenten darauf nicht eingelassen. Sie waren nicht einen Augenblick gewillt, sich – bei allen ihm anhaftenden Mängeln – mit der Existenz eines sozialistischen Systems abzufinden. Kurzzeitig ja: im Zweiten

Weltkrieg. Aber auf Dauer? Ich hätte Gorbatschow empfohlen, die Biografie Winston Churchills zu lesen, sozusagen als Einführungslektüre.

Ist das nicht altes Blockdenken?

Wofür steht denn die weltgeschichtliche Entwicklung nach 1990? Die USA-geführte kapitalistische Welt hat die »Menschheitsfragen« auf ihre Weise gelöst. Die Skepsis der Leute im SED-Politbüro gegenüber dieser Außenpolitik Gorbatschows war verständlich. Sie regierten einen Staat, der immer – mal mehr, mal weniger – die Hand »der anderen« an der Gurgel hatte, von 1949 an!

War es Ihrer Meinung nach denn richtig, dass zum Beispiel der »Sputnik« verboten wurde, aus Angst davor, sowjetische Glasnost könnte auch in der DDR Sympathisanten finden?

Das ist ein neues Thema.

Sie sagen, Gorbatschow war naiv, und es ging geschichtlich deswegen so weit, dass sich das Projekt Sowjetunion von selbst erledigt hat. Das hieße in Ihrer Konsequenz, erstens: er war naiv, zweitens nicht kompetent, weil die Wirtschaft nicht umgekrempelt werden konnte, weil der Apparat zu verfestigt und der Westen zu stark war. Das hieße aber auch, es hätte alles so weiter gehen müssen, ohne Glasnost und Perestroika? In Ihrem Buch erklären Sie Gorbatschow zum Traumtänzer, weil er die Vision vom europäischen Haus hatte, ohne zu bedenken, dass andere das gar nicht so wollten.

Die wollten das wirklich nicht. Sie bauen heute ihr europäisches Haus bis vor Russlands Grenzen und lassen aus dessen nach dort gerichteten Fernstern ein paar Raketen herausragen – zur Abwehr von Angriffen aus dem Iran?

Und so kam in Ihrem Geschichtsverständnis dieses Fehlverhalten zustande: Die Hoffnung war auch bei Gorbatschow groß, aber die ostdeutschen Politiker, die mehr im Klasseninteresse dachten, gingen da nicht mit?

Die weltgeschichtlich bedeutsame Kernfrage war: Welches Bild mache ich mir von meinem Gegner? Wie verhält sich das zur Wirklichkeit. Die DDR-Politiker haben doch mit diesen Gegnern verhandelt und gehandelt. Nur haben sie nicht geglaubt, dass damit deren Wunsch und Wille ausgelöscht werden könnte, ihre Systemkonkurrenz auf Dauer loszuwerden.
Von dieser Kernfrage sind die anderen zu unterscheiden: Wie halte ich es mit der Demokratie in meinen eigenen vier Wänden. Das betrifft die unerlässliche permanente vollständige und rückhaltlose Verständigung mit den Massen über Weg und Ziel.

Wir können und wollen aber nicht mehr in Feindbildern denken.

Das machen Sie mal jenen klar, die im Augenblick DDR-Geschichte schreiben. Und außerdem: Es gibt nun wirklich Feinde und das mitten unter uns. Ich lehne doch jene, die nächtens Ausländer überfallen, nicht nur ab. Ich betrachte sie als einen Feind und zwar nicht nur als den der Opfer. Diese Nazis bieten mir doch das Feindbild, ich muss mir das nicht zusammenbasteln.

Aber dass die Konfrontation des Kalten Krieges nun endlich aufgehört hat, obwohl es weltweit noch Konfrontationsherde gibt, vor denen man nicht die Augen verschließen darf, ist das nicht ein Gewinn?

Zu fragen bleibt, ob ein weltgeschichtlicher Gewinn erreicht wurde und ob es denkbar ist, dass das Jahr 1990 als ein Jahr des Heils in die Weltgeschichtsbücher gelangen wird. In den offiziellen deutschen ist es ja dort schon so platziert, mit einigen durch neueste Entwicklungen verursachten – um das Mindeste zu sagen – Irritationen. Der fehlende Wettbewerb der Systeme hat Kräfte des Kapitals entfesselt, von deren Bändigung unter den verschiedensten Vorzeichen, ökonomischen, klimatologischen und anderen geredet und geredet und geredet wird. Und was nach dem Zweiten Weltkrieg die Konfrontation der beiden Hauptmächte USA und UdSSR betrifft: Die Situation ihres atomaren Vis-à-vis war alles andere als wünschenswert. Nur, und das habe ich von einem Atomphysiker, dem Jenaer Professor Max Steenbeck, in den 50er Jahren das erste Mal in einem Vortrag im Senatssaal der Universität so unumwunden gehört: Dieses Patt war im Moment und auf eine unbestimmbare Dauer die sicherste Garantie dafür, dass es nicht zu einem Dritten Weltkrieg kommen würde

Aber einen neuen gefährlicheren Krieg wollte Gorbatschow doch verhindern ...

Was er als Umbau deklariert hat, wurde ein Abriss mit dem Resultat, dass wir heute von der Begrenzung des Besitzes von Atomwaffen weiter entfernt sind als ehedem und vom Ostrand des Mittelmeeres nach Osten hin sich Regime mit dieser Waffe ausgerüstet haben, die einen mit dem Segen der USA, die anderen ohne ihn. Und die USA haben einen Präsidenten, der die Verringerung der Atomwaffenbestände predigt. In manchen Kreisen, ich weiß nicht ob nur mit Bezug auf diese eine Beteuerung, hat er sich den Namen Michael Sergejewitsch Obama eingehandelt. Mit Befriedigung oder Häme kann man das nicht hören. Kurzum: Ich sehe die Segnungen des Jahres 1990 nicht und das nicht etwa aus einer engen autobiografischen Perspektive.

Was wäre denn für Sie die Alternative gewesen?

Die Alternative wäre gewesen: das Kunststück eines entschlossenen, aber kontrollierten Überganges zu mehr Demokratie. Die hätte mit einer schonungslosen Bestandsaufnahme beginnen müssen. Gewiss lauerte da die Gefahr von Resignation. Zugleich lässt sich fragen, ob dieser Neubeginn in einer DDR, an deren

Bestand sich die Sowjetunion desinteressiert zeigte, weit geführt haben würde. Sie wäre dann aber anders untergegangen, und wie Staaten und Systeme untergehen, das hat mitunter weit reichende geschichtliche Folgen.

Wer hätte das aber überhaupt versuchen können?

Das Politbüro um Honecker schwerlich. Doch es gab selbst in dem verzweigten Apparat der SED und des Staates Leute, die sahen, so kann nicht weiter regiert werden und die auch nicht ganz ideenarm waren. Doch kamen die nicht oder zu spät und nur ansatzweise zum Zuge. Was unter ihrer Regie zustande gebracht worden wäre, ist fraglich. Jedenfalls aber doch der Versuch eines Aufbruchs, eines Aufbäumens, von dem sich nicht sagen lässt, wie weit er getragen haben würde. Die Politik der Führung unter Honecker, die sich immer auf die Rolle der Massen berief, das bildet doch wohl den Zentralpunkt sozialistischer Kritik an ihr, hat selbst die eigene Parteimitgliedschaft durch den Ausschluss von Informationen und von der Teilnahme an Entscheidungen in einem Grade demobilisiert, dass sie 1989 in Auseinandersetzungen um die Zukunft gar nicht mehr eintrat, sie waren neutralisiert.

Noch einmal zur Rolle der Wissenschaft in der Gesellschaft. Heute interessiert es die Mächtigen wenig, was Intellektuelle so reden. Können Sie erklären, warum in der DDR so empfindlich auf Kritik reagiert wurde und warum die nicht ausgehalten wurde?

Quellen werden dem Historiker da sicher wenig Aufschluss geben. Was die Gesellschaftswissenschaften betraf, so wurde auf einen ausgewählten Beraterkreis, meist aus den parteieigenen Instituten, zurück gegriffen, aber auf eine Einbeziehung auch nur der kompetenten Vertreter der jeweiligen Disziplinen kein Wert gelegt. Dass eine in der Arbeiterbewegung aufgrund ihrer Erfahrungen mit der bürgerlichen Wissenschaftselite zurückgehende misstrauische oder ablehnende Haltung fortwirkte und sich nun auch auf die »eigene« Intelligenz übertrug, lässt sich vermuten. Und dann: Eine öffentlich Debatte mit den Stimmen der Wissenschaft hätte in die Gesellschaft hineingewirkt, sie wäre nicht auf die Fachleute beschränkt geblieben. Letztlich geht es auch da um das Grundverständnis eines demokratischen Sozialismus. So ergab sich eine Situation, in der die Politiker die Wissenschaftler wegen irgendwelcher »Abweichungen« kritisierten, nicht aber die Wissenschaftler die Politiker, wiewohl es da Abweichungen ohne Anführungszeichen gab.

Die SED als stärkste Partei in der DDR hatte nicht den Ruf, kreativ zu sein. Bei den Beschlüssen mussten die Mitglieder den Mehrheitsbeschluss respektieren. Das Parteileben war in einem Maße verhärtet, dass diese Partei und ihre senile Spitze zunehmend abgelehnt wurden.

Die Frage war 1989 und früher schon, wie sich die immens angehäuften Probleme, die ökonomischen vor allem, lösen lassen würden. Jedenfalls nicht auf der Straße durch Demonstrationen. Da waren gesellschaftliche Kräfte anders in Gang zu setzen. Losungen gut und schön: Aber mit »Wir sind das Volk« war noch nicht gesagt, wohin das Volk wollte und vor allem nicht, was es selbst zur Veränderung kritisierter und beklagter Zustände tun konnte und wollte. Hunderttausende, die im Oktober und November auf die Straßen der DDR zogen, an Zahl insgesamt eine Minderheit, wussten, was sie nicht mehr wollten, aber nicht, was an dessen Stelle gerückt werden sollte. Dieser »Revolution« haben dann Einwanderer die gewünschte Richtung gegeben, denn die »Revolutionäre« – die meisten hätten sich im Moment ihrer Aktion als solche gar nicht verstanden – waren ohne Programm. Dass der Mensch in seinem dunklen Drange sich des rechten Weges bewusst sei, ist eine schöne Wendung, sie liegt etwas jenseits von Geschichte.

> *Aber mit Blick auf den Leipziger Augustusplatz oder die eine Million Demonstranten auf dem Berliner Alex, kann man doch nicht wirklich von Minderheiten reden.*

Das waren unübersehbare Massen. Im Verhältnis – nehmen wir die Demonstranten aus den Städten der DDR zusammen – zur erwachsenen DDR-Bevölkerung nichtsdestoweniger eine Minderheit. Entscheidender als Zahlen aber war: Für eine gewisse Zeit schien diese Demonstrantenmasse zu bestimmen, wohin die politische Reise gehen werde. Viele meinten: in eine erneuerte, wirklich demokratische DDR. Das war Sehnsucht, Wunsch, Vorstellung, Forderung, aber kein Programm. Dann aber setzten sich zielbewusste Richtungsweiser an die Spitze der Bewegung, und die hatten oder bekamen mächtige Förderer. Es kam nicht zu einer eigenen abwägenden Verständigung über Wege und Ziele. Stattdessen existierte nun aber ein fix und fertiges Angebot, als Importware und wurde »eingeführt«. Für Historiker lieferte die Geschichte eine neue Studie zu Fragen, die sie schon an das Jahr 1918 oder 1933 gestellt hatten: Wann setzen sich Massen in Bewegung? Und: Wenn Massen sich in Bewegung setzen, wer oder was bestimmt dann die Richtung ihres Weges?

> *Meinen Sie, die Massen gehen immer in die falsche Richtung?*

Keineswegs. Doch den Ausschlag gibt, wer sich als Führer oder führende Kraft durchzusetzen vermag, die entscheidenden populären Losungen gibt, die Fahne färbt. 1918 waren das die rechtesten Führer der Sozialdemokratie. 1933 Hitler und seine Clique. 1989 die Verfechter des Anschlusses, also des Abrisses der DDR. Aus sich heraus hatte die Bewegung 1989 keine Führung, kein Programm hervorgebracht. Sie nahm eine Anleihe.

Da muss man aber doch daran erinnern, dass es damals in der DDR gar nicht möglich war, andere Gesellschaftskonzepte zu entwickeln. Es gab – wie Sie selbst analysierten – keinerlei schöpferischen Austausch mehr zwischen Führung und Volk. Das fehlte völlig, es wurde unterdrückt.

Ja, das war systemimmanent. Diese »zweite Reihe« sollte es nicht geben. Die Führung kannte den Weg. Wer unerbeten Korrekturen dachte und vorschlug, bekam es mit ihr zu tun. Nicht als Partner.

Sie sprechen in Ihrem Buch vom Gedankenstau in der DDR. Sicherlich wussten Viele, was im Argen liegt, aber sahen keine Möglichkeit der Veränderung innerhalb der Strukturen. Dafür, dass es nicht so weiter gehen konnte, gab es handfeste Signale: die zu Tausenden Flüchtenden, die Menge an Parteiaustritten und vieles mehr.

Das ist gar keine Frage, wiewohl diese Krisenzeichen ignoriert oder – wie in der Geschichte oft – schnöde klein geredet wurden.

Wie hätte es denn Ihrer Meinung nach weitergehen können?

Notwendig war eine Verständigung mit einer Eröffnungsbilanz. Die DDR musste auf einen Prüfstand. Wie diese Prüfung in den Augen derer ausgegangen wäre, die ihre Bürger waren, lässt sich nicht sagen. Jedenfalls konnte der notwendige Umbau in vielen Bereichen der Gesellschaft, von den Grundsätzen und Methoden der Wirtschaftsführung zum Zwecke höherer Effektivität bis zur Aufsprengung der Fesseln für geistige Arbeit, nicht damit beginnen, dass Türen und Tore für die sperrangelweit geöffnet wurden, die diesen Prozess gerade sabotieren wollten. Also nicht mit dem Verzicht auf jegliche Grenzkontrollen. Diese Kontrollmaßnahmen hatten 1961 den Staat vor dem Ausbluten gerettet. Notwendig war die Änderung des Regimes an der Staatsgrenze fraglos, jedoch nicht dessen totale Liquidierung, über deren Zustandekommen jetzt viel gerätselt und gemutmaßt wird.

Was meinen Sie war entscheidender für das Ende der DDR, der außenpolitische Faktor, dass die Sowjetunion als starker Beschützer und dominierende Kraft wegfiel, oder die moralische Dekadenz der SED-Führung, die das Ende beschleunigte?

Also es geht um das Gewicht der inneren wie der äußeren Faktoren. Der Historiker besitzt keine Waage, die derlei Aussagen vollkommen hieb- und stichfest machen würde. Ökonomisch fixiert auf die Sowjetunion, konnte die DDR-Wirtschaft eine abrupte Wende kaum überstehen. Doch war die Lossagung Moskaus von ihrem bis dahin verlässlichen Verbündeten in Europas Mitte uneingeschränkt. Die DDR wurde für Gorbatschow zu einem Gegenstand von Verhandlungen mit Dritten. Auch in einer innenpolitisch besseren, soliden Verfassung wäre das schwer zu überstehen gewesen.

Was die inneren Faktoren anlangt, wird vor allem auf das Fehlen der Demokratie verwiesen. Das hat Kräfte im Lande gefesselt, ja verkümmern lassen, Menschen entmutigt und verletzt, also Verluste auf vielen Feldern verursacht. Nur knüpft sich an dieses Thema auch eine Legende. Reden wir also mal über die Menschen und ihr Verhältnis zur Demokratie. Das beziehen sie über keine Nabelschnur. Dass der Mensch isst, trinkt, schläft, sich fortpflanzt, gehört zu seinen natürlichen Bedürfnissen. Die Demokratie gehört nicht dazu. Sie entwickelt sich als Bedürfnis erst im Verlauf eines Lebens – oder auch nicht. Meiner Generation war in Nazi-Zeiten das Maulhalten, Strammstehen und Befehlsgehorsam beigebracht worden. Ich habe die demokratischen Rechte an der Schule, die ich nach 1945 besuchte, genossen, aber doch dort schon gesehen, dass manche Mitschüler an ihnen nicht interessiert waren. Die gleiche Beobachtung lässt sich heute hierzulande staatsweit tagtäglich machen. Die bürgerliche Gesellschaft kann, bei Abstinenz eines hohen Anteils ihrer Bürger gegenüber der Wahrnehmung demokratischer Rechte, ganz gut existieren, auch wenn sie den mündigen Bürger gleichsam permanent vor sich herträgt wie ein Banner und beispielsweise die geringer werdende Wahlbeteiligung beklagt.

Die sozialistische Gesellschaft, der Versuch eine neue Welt zu schaffen, kann ohne das Mitdenken und Mittun von Massen hingegen nicht gelingen. Das ist je länger desto mehr in der DDR ignoriert worden. Es begann schon während ihrer Vorgeschichte mit der Abschaffung der Betriebsräte. Mein 1947 gestorbener Vater schrieb mir bald nach der Befreiung, er habe den Eindruck, dass das Verhältnis zu den Massen nicht im Lot sei. Das herzustellen war damals eine schwierige Aufgabe, denkt man an die geistige und emotionale Verfassung der Mehrheit der Deutschen nach zwölf Jahren Nazidiktatur. Die Volksmassen galten dennoch, und man möchte sagen verwunderlicherweise, als fortschrittlich und gleichzeitig auch immer als die zu Belehrenden.

Wir lasen übrigens in der Schule 1946 Schillers »Demetrius« und darin die Sätze: Was ist Mehrheit? Mehrheit ist der Unsinn, der Verstand ist stets bei wenigen noch gewesen. Diese Sätze lassen sich sehr verschieden auffassen. Man kann sich als Intellektueller eitel den wenigen mit dem Verstand zugehörig fühlen oder sich dafür einsetzen, dass aus den wenigen mehr werden. Das ist aber keine bloße Frage der Vorträge und Bücher, sondern des praktischen gesellschaftlichen Zusammenlebens und des Learning by doing.

Nur bleibe ich dabei, dass die DDR, wie sie konstruiert war, auf sich allein gestellt, nicht überlebensfähig war. Der Schlüssel für eine Zukunft des nichtkapitalistischen Teils der Welt lag bei der sozialistischen Führungsmacht. Ohne ihren ökonomischen Durchbruch zu größerer Effektivität, fehlte das Kraftzentrum.

Wie sollte denn da die DDR überleben, wenn diese große Sowjetunion …?

Nur, wenn die Menschen das Gefühl gewannen, dass der Zustand der Stagnation und das auf vielen Gebieten sichtbare Zurückbleiben gegenüber den Entwicklungen in den so genannten fortgeschrittenen Industriestaaten des Kapitals – da war der Maßstab immer und immer mehr die Bundesrepublik – überwunden werden konnte. So wie sie lebte, wollte eine erhebliche Zahl von Bürgern der DDR nicht weiterleben. Viele wussten, was ihnen fehlte, und nahmen als selbstverständlich hin, was sie hatten. Ob es 1989/1990 möglich gewesen wäre, der Gesellschaft einen neuen Impuls zu geben, einen nüchternen Blick für Realitäten, steht dahin. Der Zeitpunkt dafür war nach meinem Eindruck schon lange verpasst. Die Beschönigung der eigenen Zustände hatte sich immer wieder durchgesetzt. Inzwischen reisten Millionen DDR-Bürger in den Westen, nicht nur Rentner. Sie kamen zurück mit Beobachtungen, Erlebnissen und Eindrücken. Die Propaganda verhielt sich demgegenüber total ignorant.

Mein Schwiegervater, Gott hab ihn selig, Handwerker mit zwei erlernten Berufen, parteilos, Brigadier im Freileitungsbau in Sachsen, fährt mit 65 westwärts. Nach der Reise lautet sein Kommentar: Die Baugeschäfte mit den Werkzeugen und dem Material, die gefallen mir alle sehr. Zwei Dinge hatte er auszusetzen: Die reden beständig vom Geld und sie haben keine Zeit füreinander. Das war allerdings nicht der Maßstab anderer Reisender. Heute würde er möglicherweise zu jenen gehören, denen der wohlfeile Nostalgie-Vorwurf gemacht wird, mit dem so etwas wie ein Vergleichsverbot bezweckt wird.

Über manche Zusammenhänge des Untergangs der DDR werden wir mehr wissen, wenn durch soziologische und historische Forschungen aufgeklärt sein wird: Wer waren die Leute – die wurden erfasst, so dass Archive zum Sprechen zu bringen wären – die via Prag und via Budapest 1989 »nach drüben« gegangen sind? Wer war das nach Alter und Beruf? Wo kamen sie her? Aus Kleinstädten, vom Lande oder vorwiegend aus Großstädten? Sie wären zudem zu befragen: Wann habt ihr euch entschlossen zu gehen, wer oder was hat euch dabei beeinflusst oder getrieben? Und wie steht es mit euren Erwartungen und deren Erfüllung? Vorerst besteht – selbst mit dem Blick auf den viel berufenen 20. Jahrestag der Maueröffnung – wenig Aussicht, davon Verlässliches zu lesen. Da herrscht Genügsamkeit: Genschers Rede in der bundesrepublikanischen Botschaft in Prag. Jubel.

Es gab im Herbst '89 eine Reportage im DDR-Fernsehen von dem Dok-Filmer Achim Tschirner. Der hatte bei »Elf 99« durchgeboxt, dass er nach Prag fährt und Flüchtende interviewt. Also, da gibt es Material.

Festzustellen wäre, das war unser Ausgangspunkt, wen der Mangel an Demokratie westwärts gelockt und getrieben hat, und wen die Sehnsucht nach der so viel bunteren Warenwelt – die Ware »Urlaubsreise in die weite Welt« eingeschlossen.

Demokratie interessiert die Massen nicht, meinen Sie?

Ich schlage vor festzustellen, was ihnen in der DDR gefehlt hat, auf quellenkritischem Wege. Gäbe man den zu Befragenden einen Bogen in die Hand, in dem sich ankreuzen lässt, dass sie ins Land der Demokratie wollten, werden sie das natürlich tun. Sie wissen inzwischen gut, was gewollt ist, haben sie doch nahezu zwei Jahrzehnte Ein- und Anpassung in die neue Welt hinter sich, in der sie sich vor allem einen materiellen Boden zu schaffen hatten. Und dann wäre mit denen zu reden, die westwärts erst zogen, als im Osten die Zahl der Arbeitsplätze schrumpfte. Was diese Wanderung für die Weggehenden und die Zurückbleibenden – meist Angehörige der älteren Generation bedeutet – und was das für die Gesamtgesellschaft auf Dauer für Folgen haben wird, davon existieren sehr schwache und dann auch noch verdrängte Vorstellungen. Was sich abzeichnet ist ein Grad des Alleinseins und der Vereinsamung von Menschen, und das nicht nur in den neuen Bundesländern, der in manchem an die deutsche Nachkriegssituation erinnert.

In vielen Gesprächen gibt es bis heute die Überlegung, wenn sich 1968 die sozialistischen Länder um Dubcek mit seinem Konzept des demokratischen Sozialismus geschart hätten, wäre es vielleicht möglich gewesen, Grundsätzliches zu retten und die Verhärtungen und Verkrustungen aufzubrechen?

Das Fragen, wo in der Geschichte dieses Systems sich Wege eröffneten, die nicht beschritten wurden, aber ihm historischen Bestand und Perspektive vermittelt hätten, wird bei denen, die eine Alternative zur bürgerlich-kapitalistischen Gesellschaft schaffen wollten, nicht aufhören. Antworten können nur durch vorurteilsfreie Forschungen gefunden werden, und auch da bleibt wieder die Unsicherheit des Urteils über geschichtliche Möglichkeiten und deren nur denkbare Verwirklichungen. Vorerst dominiert jene Betrachtungsweise, die das als Prager Frühling bezeichnete Ereignis zum Beweis militärischer Intervention nutzt, unternommen zum Zwecke der Erdrosselung eines demokratischen Prozesses. Doch gehört viel Einfalt dazu, davon zu abstrahieren, dass jeder sich in einem sozialistischen Staat anbahnender Wandel, dessen Kontrahenten und Konkurrenten doch nur unter dem Gesichtswinkel tangierte und interessierte, ob sich da nicht die Aussicht auf eine Schwächung des gegnerischen »Lagers« bietet und sich Wege zurück in die Vergangenheit eröffnen könnten. Die Herren im anderen »Lager« wollten den Sozialismus weder in der stalinistischen, noch in einer poststalinistischen, noch in einer Verfassung à la Luxemburg. Sie wollten immer den Sieg der Gegenrevolution.

Und da – 1968 – ist noch ein Anderes in Rechnung zu stellen. Als ich in einem Vortrag in den 90er Jahren an der Bielefelder Universität über die DDR-Forschung zu den Themen Faschismus und Zweiter Weltkrieg sagte, westdeutsche Historiker und Historiker der DDR aus meiner Generation, Spezialisten dieses

Gebiets, wären einander durch die Ablehnung des Krieges – wir hatten den bis dahin furchtbarsten selbst erlebt – näher gekommen, wurde mir entgegnet, dass wir im Osten wegen 1968 davon nicht sprechen könnten. Da hätten wir doch so etwas wie einen Krieg begonnen mit allen Gefährdungen seiner Ausweitung. Ich habe dort meine gegenteilige Sicht entwickelt: Die Kriegsgefahr entstand gerade durch den Versuch, einen Staat, die ČSSR, aus dem militärischen Pakt heraus zu brechen. Der Appetit wuchs den Imperialisten noch immer mit ihren Erfolgen.

Wollte denn Dubcek aus dem Warschauer Pakt herausbrechen?

Dazu gibt es Dokumente, die inzwischen veröffentlicht sind. Sie bezeugen das Vorhandensein von Kräften und deren Debatten über die erfolgreiche Taktik des »Zurück in bürgerlich-demokratische Zustände«. Sie sollte so gewählt werden, dass sich beispielsweise die tschechischen Sozialdemokraten programmatisch und politisch zunächst zurückhielten, damit es mit der UdSSR zu keinem Konflikt käme. Verwunderlich ist nur, dass sich nach den Wandlungsprozessen von 1989/1990 noch immer eine selektive Vorstellung von den damaligen Ereignissen erhalten hat. Deren Kräfte und Tendenzen nüchtern zu sehen bedeutet jedoch nicht, die Intervention völkerrechtlich zu rechtfertigen. Und schon gar nicht, die Demokratisierungsbestrebungen zu verurteilen – die 1989 in der DDR in Gang gesetzten weisen zu ihnen eine Verwandtschaft auf.

Die letzte dramatische Begegnung Breschnew – Dubcek ist dokumentiert, und die spricht eine andere Sprache.

Noch niemals ist die Verwirklichung eines eingreifenden Wandels in einem Staat damit eröffnet worden, dass seine Initiatoren sich die Situation durch außenpolitische Herausforderungen erschwerten. Gegenüber dem Ausland wird stets erklärt, es solle alles beim Alten bleiben. Insbesondere wenn man einen solchen »Mentor« hat wie die Tschechoslowakei, in Gestalt der Breschnewschen UdSSR.

Für sehr viele Zeitgenossen stellt es sich aber so dar, dass es offenbar noch einmal eine Chance gegeben hat, den Sozialismus zu reformieren und zu demokratisieren. So bleibt Prag 1968 im öffentlichen Bewusstsein. Wenn man die Zäsuren in den einzelnen Ländern rekapituliert, also 17. Juni '53 in der DDR, Ungarn '56, Prag '68, Solidarnost in Polen – dass manches davon auch von außen gesteuert war, lassen wir mal beiseite – zeigt, dass es einen Nährboden dafür gab, Veränderungen wurden angestrebt. Diese Signale wurden einfach überhört. Stattdessen gab es stalinistische Prozesse gegen jede kritische Stimme. Erinnert sei nur an den Prozess Janka, Just, Zöger, Harich. Nicht hinnehmbar war, dass die eigenen Genossen zwei Mal ins selbe Gefängnis gesteckt wurden. Janka saß bei den Nazis in Bautzen und bei der SED wieder. Wäre da nicht ein Aufschrei der Philosophen angemessen gewesen?

Wann die Chance bestand und vertan worden ist, die sozialistischen Gesellschaften zu demokratisieren, also, was von den humanistischen politischen Errungenschaften der bürgerlichen Revolution brauchbar war, zu erkennen und zu verwerten, das wird, wie gesagt, Diskussions- und Streitpunkt bleiben. Eric Hobsbawn, ein wirklich kluges Haus und ein allseits geachteter marxistischer Historiker, hat in Interviews einmal das Jahr 1956 und ein anderes Mal das Jahr 1968 als die Zäsuren angegeben, in denen die Hoffnung auf Reformfähigkeit und damit auf einen dauernden Bestand verloren ging. Denkt man an die Rolle der Führungsmacht, dann gewinnt das Jahr 1956 entscheidendes Gewicht. Doch fixiert man sich darauf, stößt der Suchende auf ein Fragengebirge. Was hatte Chruschtschow eigentlich selber begriffen? Wie stand es um das Kräfteverhältnis in der KPDSU-Spitze? Wie stark waren die konservativen Gegenkräfte im Lande? Wie mächtig die retardierenden Faktoren an der Basis der Gesellschaft? Es ging um das rückhaltlose Aufdecken gravierender Misskonstruktionen und Missentwicklungen des Sozialismus und deren Überwindung und das in der nicht aufzulösenden Situation, in der seine unwandelbaren Gegner auf der Lauer lagen. Chruschtschow – das schien ein Anfang zu sein. Doch der Aufbruch blieb schon in der Analyse unvollkommen, oberflächlich. Ich mag die Vergleiche der geschichtlichen Prozesse mit denen der Medizin nicht sonderlich, aber: Kurieren sie mal eine Krankheit, wenn sie keine vollständige Diagnose haben. Die chinesische Partei, wie auch Palmiro Togliatti haben auf deren Mängel hingewiesen.

War Togliatti damit ein Vordenker für den Euro-Kommunismus?

Er war jedenfalls einer der klügsten Leute unter den Führern des Kommunismus im 20. Jahrhundert. Und er war ein hartnäckiger Mann, der schon erlebt hatte, wie seine treffende Analyse der internationalen Lage von 1935 im August 1939 von Stalin mit einem Federstrich weggewischt worden war.

Bei allen unseren Reaktionen auf erkannte Mängel, Fehlentwicklungen, ganz allgemein auf Korrektur- und Reformbedürftiges muss bedacht werden, dass die sozialistischen Staaten ökonomisch die Schwächeren waren. Die Angst, Einbußen an Macht im Innern zu erleben, spielte in den Führungen stets mit, und es dahin kommen zu lassen, wurde als der größte aller zu machenden Fehler angesehen. Solche Furcht regierte auch 1956 in der DDR und ich war nicht frei davon. Ich war Delegierter des SED-Parteitages 1956. Karl Schirdewan verlas den Chruschtschow-Bericht. Dann ging man auseinander. Kein befreiendes Wort derer, die dabei gewesen waren und dazu beigetragen hatten, dass Stalin zum Gott gemacht worden war. Brauchten sie Zeit, das Verdrängte hervorzuholen? Wollten sie einen politischen Autoritätsverlust vermeiden? Wie kann man sich dieses folgenschwere Schweigen erklären? Keiner, weder Wilhelm Pieck noch Walter Ulbricht, haben in ihren Nachlässen etwas Aufklärendes dazu hinterlassen. Es hätte in einen einzigen Appell münden müssen: der Diskussion über

Weg, Methoden und Ziel unter allen Umständen die Freiheit unter den Sozialisten zu wahren und zu verteidigen. War die Last, die sich aus dem beteiligt Gewesensein summierte, so groß, dass die Kraft nicht ausreichte, sich zu bekennen und das vielberufene Prinzip von Kritik und Selbstkritik schonungslos auf den eigenen Lebensweg anzuwenden?

Die Frage, wann an eine an die Wurzel greifende Überwindung dessen noch gedacht werden konnte, was gemeinhin Stalinismus genannt wird, hat sich wohl doch auf die Chruschtschow-Jahre zu konzentrieren. Ihre Beantwortung erfordert Quellenstudien. Wie die Dinge liegen, wären sie von russischen Gesellschaftswissenschaftlern zu leisten. Noch sehe ich nicht, dass wir mit baldigen Resultaten rechnen können. Doch vielleicht irre ich mich da.

Über den Stalinismus ist Einiges veröffentlicht worden, Wolfgang Leonhardt hat darüber geschrieben. Traurig ist immer wieder, dass die Pervertierung der Marxschen Ideen von den Marxisten selbst so ungern eingesehen und analysiert wird. Warum tun sie sich damit so schwer?

Wir haben mehr Beschreibungen und damit verbundene Verurteilungen als quellensatte Analysen. Der österreichische Marxist Otto Bauer hat in einer Veröffentlichung aus der Mitte der 30er Jahre entwickelt, dass die sozialistische Revolution nicht mit einer Demokratieveranstaltung beginnen kann. Aber wenn die Revolution gesiegt hat und um sie zu stabilisieren und ihr Dauer zu verleihen, muss das größtmögliche Mitbestimmungsrecht all derer gesichert werden, die diese Gesellschaft wollen und ohne deren »Ja« sie nicht zustande kommen kann. Die Frage lautet mithin: Warum ist dies nach 1917 nicht geschehen? Fehlte die Erkenntnis überlebensnotwendiger Korrekturen? Und wenn es sie gab, warum ist auf den Gedanken die Tat nicht gefolgt, im Lande, das einmal die Hoffnung auf die Weltrevolution repräsentierte.

Damit sind Fragen formuliert, auf die Antworten gesucht werden müssen. Das ist wiederum nicht nur eine Frage der Wissenschaft und ihrer Potenzen. Am ehesten könnte das in Parteien der so genannten Linken geschehen. Das setzt die Überwindung jenes Verhältnisses zur eigenen Vergangenheit voraus, das ich als Distanzierungswut bezeichne. Und manche müssen sich von dem bequemen Gedanken verabschieden, dass der Untergang des Systems das Werk irgendwelcher fremden Unholde gewesen sei. Er war vor allem hausgemacht. Punkt.

Die Hauptstrecke Ihrer wissenschaftlichen Arbeit ist die Faschismusforschung. Die antifaschistische Aufklärung findet heute nicht so statt, wie Sie, die Sie so viel mehr wissen als die große Mehrheit, sich das wünschen. Wie beurteilen Sie die Behandlung der Faschismusthematik in den Medien heute?

Na ja, Land auf, Land ab wird die Frage diskutiert, ob die Deutschen sich jetzt nicht zu sehr oder nahezu ausschließlich als Opfer sehen. Nun gibt es gar keinen

Zweifel daran, dass sie zu Millionen Opfer waren. Doch das ist die häufigste gedankliche Fehlstelle, bevor sie Opfer wurden, funktionierten sie als verlässliche Instrumente dieses verbrecherischen Systems. Ohne ihren Beitrag hätte Europa nicht so zugerichtet werden können, wie es 1945 aussah.

Ich habe mich jüngst in der »Jungen Welt« zu einem Artikel des »Spiegel« geäußert, der von den Kollaborateuren in den eroberten Staaten und Ländern handelte und behauptete, es haben schätzungsweise 200 000 Deutsche und 200 000 Ausländer an dem Judenmorden teilgenommen. Also fifty-fifty. So wird die Judenverfolgung zu einem europäischen Projekt erklärt. Wer aber hat denn diesen nichtdeutschen mitmordenden Antisemiten die Aktionschance eröffnet? Diesem Thema schließt sich, wie auch an weitere, der Versuch, die Verantwortung aus der deutschen Geschichte wenigstens partiell zu exportieren, an.

Inzwischen wird die Faschismus-Analyse hierzulande dominiert durch das beispiellose Verbrechen an den europäischen Juden. Es war und ist auch Gegenstand meiner Forschungen. Dahinter verblassen jedoch Fragen, die unter dem Gesichtspunkt von Schlüssen und Lehren nicht weniger schwerwiegend sind. Warum sind Millionen diesem System gefolgt und haben es zunächst nicht als Vergewaltigung ihrer selbst empfunden? Wie kommt es, dass Menschen wieder und wieder gegen ihre eigenen Interessen handeln?

Dargestellt werden die Leiden der Deutschen, denken Sie an die Filme »Die Flucht« oder »Wilhelm Gustloff«. Wie sie in ihre Lage kamen, das kommt nicht vor. Überhaupt befassen wir uns lieber mit dem Ende als mit den Anfängen, denen zu wehren gewesen wäre. Lieber mit den Folgen als mit den Ursachen. Nächst der Frage nach Ursachen und Antrieben des Judenmords erscheint mir keine als so herausfordernd und auch quälend wie die, warum und wodurch es gelang, ein Volk, das gegen den Krieg war, denn die Deutschen wollten ihn in ihrer übergroßen Mehrheit 1939 nicht, dazu zu bringen, einen Kontinent und sich selbst – entschuldigen Sie das Wort – derart auf den Hund zu bringen.

Sie haben analysiert, wie zum Beispiel die Jugend von den Nazis durch geschickte Werbung gewonnen wurde, es wurde das Sportliche bedient, das Abenteuerelement, sie konnten sich technisch bilden, seemännisch, flugtechnisch. Es wurde der Wettbewerb angestachelt, wer ist der Beste. Die Arbeitslosigkeit wurde reduziert, dann abgeschafft, eine totalitäre Propaganda in Gang gesetzt. Und es gibt den von Ihnen verwendeten Begriff von der »Erfolgsbestechung«.

Das war ein Thema, mit dem ich mich 1980/82 intensiv beschäftigt habe. Es gehörte in der DDR zu den ungeliebten. Manche meinen, das wäre so gewesen wegen der Ähnlichkeit der »totalitären« Systeme. Eher war doch die Führungsgruppe in Partei und Staat der Meinung, dass diese Erörterung überflüssig geworden sei. Warum wollen wir Menschen, die jetzt ehrlich in sozialistischen Betrieben arbeiten, eigentlich noch mit der Vergangenheit kommen?

Also: Wieso konnte ein Volk über so viele Jahre dieser Nazi-Propaganda auf den Leim gehen und sich derart manipulieren lassen?

Nehmen wir das Beispiel Krieg. Hitler sagte im November 1938 nach den Beobachtungen des Verhaltens der Deutschen in der so genannten Tschechei-Krise: Mit diesen Deutschen lässt sich kein Krieg führen. Jetzt muss von der Friedensdemagogie so umgeschaltet werden, dass »die Seele des Volkes« nach Krieg zu schreien beginnt. Hat sie aber nicht im August 1939. Die Leute waren überrumpelt. Sie hatten geglaubt, Hitler werde wieder erfolgreich am Rande des Krieges operieren wie 1938. Und nun passiert Folgendes: Es wird ihnen gesagt, Krieg ist gar nicht. Das Wort Krieg wird vermieden. Es wird lediglich zurückgeschossen und: Wir klären bestimmte Fragen mit Polen, die sich auf dem Verhandlungswege nicht haben klären lassen. Krieg wollen uns die anderen, England und Frankreich, aufzwingen. Dazu passte, dass es keinerlei Kundgebungen wie 1914 gab. Dabei hätte Goebbels doch am 1. September 1939 im Berliner Sportpalast leicht einen nationalchauvinistischen Riesenkrach inszenieren können mit einer Nazimenge. Nein, sie lassen den »Arbeiterführer« Robert Ley einen Leitartikel schreiben: Wir wissen, was Krieg bedeutet. Wir gehen in ihn ernst wie in ein Gebet. Und nachdem Polen besiegt ist, wird beteuert, dass dieser Krieg eigentlich abgebrochen werden könne. Hitler unterbreitet ein »Friedensangebot«. Erst am 9. November in München redet er Klartext: Wir sind in der Lage, jahrelang Krieg zu führen. Behutsam geradezu, das passt gar nicht zu dem weit verbreiteten Bild von den damaligen Machthabern, wird das Volk in den Krieg hineingeführt und an ihn gewöhnt.

Die Leute sind im Krieg, aber sie wollen ihn für ihren Lebensalltag zunächst nicht akzeptieren. Wie ist dieser erste Kriegssonntag verlaufen? Die Städter gehen in die Lokale, zu ihren Vergnügungen usw. Es gibt wenig Aufregung. Jedoch in einem stimmen sie eingedenk der Erfahrungen des Ersten Weltkrieges überein: Diesen Krieg wollen sie nicht verlieren. Das genügt der Führung vorerst. Denn wer sagt, er wolle ihn nicht verlieren, dem sagt sie: Dann musst du was tun, damit das nicht geschieht. Nur jene verschwindende Minderheit, die am 1. September 1939 sagt: Diesen Krieg muss Deutschland verlieren, bezieht wirklich eine Gegenposition.

Es gab die KPD-Losung: Wer Hitler wählt, wählt den Krieg. Hat die KP das vorausgesehen?

So durchsichtig war für die Massen der Deutschen, und die waren keine Kommunisten und hörten diese nicht einmal, das Vorhaben nicht. Die Friedensdemagogie der Nazis war geschickt. Hitler versicherte in x Reden: Ich als Frontsoldat weiß doch, was Krieg ist. Also kann ich gar keinen wollen. Die Völker müssen miteinander auskommen, wir leben alle zusammen in Europa.

Hat er seine Reden selbst erfunden?

Er war nicht der erste, der vom Frieden redete und den Krieg vorbereitete, und er wusste, dass er die Täuschung nach innen wie nach außen brauchte.

Dass er eine Art Schauspieler war, wird immer wieder beschrieben, Brecht hat das in seinem »Arturo Ui« thematisiert. Hatte Hitler denn viele Berater?

Daran hat es nicht gefehlt, doch blieben sie meist im Hintergrund. Das war eine Bedingung für die Verbreitung des Führerkults. Nur so konnte er als der Schöpfer von allem und jedem erscheinen. Und was den Einfluss auf die Massen anlangte, so war er über deren Stimmungen gut informiert und fähig, geschickt auf sie einzugehen. Er brauchte keine Redenschreiber. Natürlich wandelte sich sein Einfluss. 1941 beginnt ein Glaubwürdigkeitsverfall der Führung, der sich 1943 verstärkt und auch um Hitler keinen Bogen macht.

Es gab 1942 schon Annoncen, die den Tod an der Front mit Worten anzeigten wie: »Sein innigster Wunsch war, die Heimat wiederzusehen.« Eine Klage, die nicht gern gesehen wurde. Formulierungen wie: »Sein Wunsch ist nicht in Erfüllung gegangen« wurden nicht gedruckt. Was aber konnten Menschen unternehmen, wenn sie keinen organisatorischen Halt, keine Möglichkeit auch nur der gemeinsamen Verständigung, die doch der Aktion vorausgehen muss, besaßen? Die Kirchen waren legal, gewiss. Die haben anfänglich die Waffen gesegnet und dann mehr und mehr Trost gespendet.

Verwunderlich ist, dass nicht die Mütter über den Verlust der Söhne oder die Frauen über den Verlust ihrer Männer größeren Unmut und Wut heraus schleuderten. Im Tschetschenienkrieg waren sie es ja gerade, die aktiv wurden.

Frauen im Krieg, das ist ein bei Weitem nicht ausgeschöpftes Forschungsthema. Da denke ich an das Leben meiner niederschlesischen Verwandten und die Frauen, die mit Männern im Rentenalter und ihnen zugeteilten Kriegsgefangenen Höfe bewirtschaften mussten. Wenn mich etwas empören konnte in letzter Zeit, dann waren es die Geschichten des Historikers Götz Aly über das schöne Leben der Kriegerfrauen, die sich an den Päckchen und den Mitbringseln ihrer Krieger-Männer erfreuen konnten. So schreiben Bürgersöhnchen Geschichte, die sich nie die Arbeit machten, sich in den Kriegsalltag der produzierenden Klassen auch nur hineinzudenken.

Was hat Götz Aly konkret über die Frauen geschrieben?

Er erzählt die Legende vom Nazifaschismus als einer Wohlfühldiktatur und von der Eintracht der deutschen Beutegemeinschaft.

Um noch mal zur gegenwärtig inflationären Darstellung des Themas Faschismus zu kommen, die Verstrickung zwischen Industrie und Nazipartei wird dabei ganz selten beleuchtet.

Darüber rede ich schon gar nicht mehr. Die Anstrengungen, es sind zumeist solche des Verschweigens der Zusammenhänge und mitunter selbst von elementaren Tatsachen, werden nicht enden. Es geht um die einfache Wahrheit, dass der faschistische deutsche Staat eine politische Organisationsform der bürgerlichen Gesellschaft, also eine ihrer möglichen Hervorbringungen war und damit kein Fremdkörper in dieser Gesellschaft. Mit den spitzfindigsten Argumenten wird versucht, den Nazistaat als eine widerkapitalistische Installation erscheinen zu lassen. Dazu dient selbst die Tatsache des Judenmassenmordens. Der Kapitalismus, heißt es – das wird eingeräumt – beutet Menschen aus, er sei daher an ihrem Leben interessiert. Das ist eine sehr fromme Beschönigung der Geschichte der kapitalistischen Kolonialeroberungen. Stets interessierte nur der kurz-, allenfalls mittelfristig brauchbare Teil der eroberten Völker und Stämme.

Und was die Beteiligung großer Industrieller an der mörderischen Aufrüstung anlangt, so wird nach wie vor behauptet, die konnten sich nicht anders verhalten, sie wären gegenüber der Staatsmacht in keiner anderen Situation gewesen als »ihre« Arbeiter. Das haben schon die Richter in Nürnberg anhand von Dokumenten entkräftet. Unter denen, die eine Beteiligung einflussmächtiger Wirtschaftsführer an der Inthronisation Hitlers als Reichskanzler nicht bestreiten, findet sich des Weiteren die These, wonach sich die Kanzlermacher in Hitler geirrt hätten. Gewiss, sie mussten, das ist ein Bild nach Bertolt Brecht, den Faschismus nehmen, der gleichsam im Angebot war. Nicht in allen Teilen seiner Ideologie, seines Programms und auch seines Personals mochten sie von ihm angetan gewesen sein. In den entscheidenden Fragen waren sie das aber: Vernichtung der Republik, Liquidierung der revolutionären wie der reformistischen Arbeiterbewegung und in der Vorstellungen von Deutschlands Aufstieg zur Groß- und Weltmacht.

Schließlich, damit kann diese knappe Tour enden, wird das Verhältnis von bürgerlicher Gesellschaft und Faschismus auf wenige Akteure hin personalisiert und damit zu einer Frage individueller Moral, des persönlichen Geschmacks gemacht. Kurzum, da soll ein »Fleck« in der Geschichte der bürgerlichen Gesellschaft retuschiert werden. Umgekehrt, das kann nicht unerwähnt bleiben, haben Darstellungen mit historisch-materialistischem Anspruch, vor allem in der Frühphase der einschlägigen Forschungen in der DDR, mit Generalisierungen und Verallgemeinerungen argumentiert, die eine angemessene Abbildung der Wirklichkeit der »Übersetzung« von wirtschaftlichen Interessen in faschistische Politik auch partiell verfehlten.

Wir haben uns anfänglich manche Auseinandersetzungen zu leicht gemacht. Dazu gehörte die Anklage, alle Führungskräfte der Wirtschaft hätten sich gleichermaßen belastet. Das war undifferenziert und leicht zu widerlegen.

Antifaschismus in der DDR. Heute werfen die Medien der DDR vor, ihre Sicht auf den Faschismus war kurzschlüssig und propagandistisch. In der DDR hieß es: Wir machen antifaschistische Politik. Dabei wurde nicht beachtet, dass auch hier noch Mitläufer lebten. Sie schreiben ebenfalls, dass die DDR vor allem propagandistisch auf die wirklichen Gegenspieler der Nazis, auf die Kommunisten gesetzt hat und dabei alles andere vernachlässigt oder außen vor gelassen hat. Es konnte ja nicht von heute auf morgen ein Volk von lauter Antifaschisten geben.

So habe ich das nicht geschrieben. Als wir im Dezember 1945 ein Jugendheim in Gera tauften, erhielt es nicht – wie vorgeschlagen – den Namen Ernst Thälmann, sondern den der Geschwister Scholl und das auf Vorschlag des Kommunisten, Spanienkämpfers und Auschwitz- und Buchenwaldhäftlings Kurt Goldstein. Der Unterschied zwischen der Auseinandersetzung mit der Vergangenheit in Deutschland Ost und West – da wie dort drängte sich die Mehrheit nicht danach – ergab sich aus der Tatsache, dass in der sowjetischen Besatzungszone, Kräfte maßgeblichen Einfluss gewannen, die das große Thema »Der Faschismus und seine Gegenspieler« auf die politische Tagesordnung setzten und es dort lange hielten. Dabei standen sie vor einem Problem, das mit dem Bilde vom Spagat gekennzeichnet werden kann. Sie wollten Menschen gewinnen und sagten ihnen aus dieser Überzeugung heraus Dinge, die diese nicht hören und – mehr noch – auch nicht wahrhaben wollten. Wie aber sollte man die scharfen und eingreifenden Demontagen zum Zwecke von Wiedergutmachung Arbeitern in den betroffenen Betrieben erklären, wenn nicht von Krieg und davon die Rede war, dass hier ein Volk, jedenfalls die Bevölkerung in Ostdeutschland, für das Angerichtete in Haftung genommen wurde und einen Teil der Rechnung zu bezahlen hatte. Nicht nur die Programmatik der Antifaschisten, auch die Wirklichkeit des Nachkriegs im Osten zwang, über Ursachen und Folgen, Schuld, Mitschuld und Verantwortung zu sprechen.

Sie meinen die Reparationskosten?

Die Reparationskosten und vieles andere. An vorderer Stelle die Aussiedlung. Zunächst hatte wohl die SED-Spitze mit anderen antifaschistischen Kräften auch selber noch die Hoffnung gehegt, im Friedensvertrag könnte die Potsdamer Grenzziehung geändert werden. 1948/49 wurde sie verabschiedet. Kurzum, wollte man ein von der Bevölkerung akzeptiertes neues Verhältnis zu den Völkern im Osten und kein Aufkommen von Feindschaft und Revanchismus, dann musste über Geschichte geredet werden. Populär war das nicht, aber es geschah.
Von einem bestimmten Zeitpunkt an, für meine Begriffe zu früh, ist – wir sprachen schon davon – das dann als erledigt angesehen worden. 1985 »starb« ein Artikel, um den mich die Redaktion des »Neuen Deutschland« gebeten hatte, weil dort ein paar Sätze Klartext über die geistige und mentale Verfassung der

Deutschen 1945 geschrieben standen. Er kratzte auch an den allzu lackierten Bildern von Begegnungen Wilhelm Piecks mit deutschen Kriegsgefangenen in der UdSSR, weil darin eine Wendung aus einem Brief an seinen Sohn Artur zitiert war, die etwa lautete: »So sehen also unsere Landsleute aus. Schauderhaft!«. Nun bin ich nicht der Meinung, dass man den Deutschen, und heute sind das mit weniger werdenden Ausnahmen Nachgeborene, permanent die Nazivergangenheit um die Ohren hauen muss. Es geht ohnehin nicht mehr um Schuld, die damals angehäuft wurde, sondern um eine Erfahrung, die so schwer erworben wurde, dass sich jeder leichtfertige und oberflächliche Umgang mit ihr verbietet.

Was erscheint Ihnen heute als der größte Mangel der verbreiteten Geschichtsbilder?

Wenn von Geschichte geredet wird, müssen materielle und ideelle Interessen und deren Ursprünge zur Sprache kommen. In Wahrheit aber wird zumeist – sehen Sie sich die Erläuterungen zur Geschichte der gegenwärtigen Wirtschaftskrise an – von menschlichen Eigenschaften gesprochen, von Geiz und Neid und Habsucht, die gezügelt werden müssen, als ließen sich die Interessen und Zustände, aus denen solches Verhalten hervorgeht, durch Staatsgesetze abschaffen. Schüler, mit denen ich darüber unlängst sprach, habe ich zunächst an ihre eigenen und höchst materiellen und auch immateriellen Interessen erinnert: Ihr steht doch morgens mit einem ganzen Bündel solcher Interessen auf. Der Lehrer soll euch keine unangenehmen Fragen stellen, Vater und Mutter sollen euch hinreichend Taschengeld geben, eure Freunde für euch Zeit haben usw. Das Thema war ihnen nicht fremd.

Geht es in die »große« Geschichte, ist zu fragen und zu erklären, wie gemeinsame Interessen entstehen, wo sie herrühren, wie sie sich bündeln, verfochten werden, vielleicht auch erst einmal als gemeinsame erkannt werden müssen. Das zu erörtern, kann nicht früh genug geschehen, nämlich klarzustellen, warum Interessenlagen von Einzelnen wie von mehr oder weniger großen Gruppen so oft verkannt werden, die eigenen wie die der Anderen, und warum Menschen Führern nachlaufen, die zwar vorgeben ihre Interessen zu vertreten, in Wahrheit aber fremde verfolgen. Also, anders ausgedrückt: Es geht um die Bloßstellung der verlogenen Volksgemeinschaftsangebote in allen ihren Varianten, von denen die braune nur eine ist. Damit hätten Sie meinen Wunsch an die Geschichtslehrer von heute – einen.

Sie haben eine Hitlerbiografie geschrieben. Gab es zu DDR-Zeiten Kritik daran, dass sich ein kommunistischer Hochschulkader mit dem Thema beschäftigen und dazu forschen will?

Die Personengeschichte war nicht erst seit Nazizeiten vorbelastet. Dass die »großen Männer« Geschichte machen, dem wurde in den aufklärerischen Bemühungen im Osten nach 1945 heftig widersprochen und gleichzeitig – paradoxer- und groteskerweise – der Stalinkult sukzessiv importiert. Verwiesen wurde auf die fortschrittliche Rolle der Volksmassen, die diese in Deutschland nun gerade nicht gespielt hatten. Das war ein Geschichtsragout eigener Art.

Lange blieb in der DDR dann eine Geringschätzung der biografischen Forschung erhalten. Dann schrieb Ingrid Mittenzwei ihr viel beachtetes Buch über Friedrich II., Ernst Engelberg legte die große Bismarck-Biografie vor. Hitler blieb indessen eine »Größe« für sich. Die Lücke existierte fort und damit eine in unserer Geschichte und Analyse des Faschismus. Es gab zunächst eine lockere Verabredung zwischen Wolfgang Ruge, Wolfgang Schumann und mir, gemeinsam eine Hitler-Biografie zu schreiben. Wolfgang Ruge war der Einzige, der frei verfügbare Zeit hatte. Er verfasste eine Teilbiografie. Schumann und ich steckten noch in anderen Vorhaben. Ich habe während der DDR-Zeit nur einen einzigen Aufsatz zu Hitler geschrieben, darüber wie sein 50. Geburtstag politisch inszeniert worden ist. Kurzum, es waren nicht staatsoffizielle Hindernisse, die es in der DDR nicht zu dieser Biografie kommen ließen. Dann machten Manfred Weißbecker und ich, vom Leipziger Militzke Verlag eingeladen, einen neuen Anlauf und kamen auch zum Ziel.

Da Sie so viel über Hitler wissen und das Phänomen, das sich mit ihm verknüpft, klingt es beinahe, als würden Sie ihn intellektuell größer machen, als er im allgemeinen Bewusstsein ist. Da wird er doch oft als Psychopath dargestellt, einer der zum gewünschten Studium nicht angenommen wurde …

Das Hitlerbild, wie es Erich Weinert in einem Gedicht entwirft, von dem Führer, »der's nicht mal mit Weibern kann«, vom Selterwasserfritzen usw., das haben wir als Jugendliche begeistert gelesen und aus freien Stücken auswendig gelernt. Dieses Bild stammte aus dem Zweiten Weltkrieg und, da kann man das amerikanische wie das sowjetische nebeneinander halten, es hatte da wie dort nur eine Funktion: zu vermitteln, dieser Mann und dieses System sind schlagbar. Plakate, Filme, Gedichte alles war dem untergeordnet. Aber dieser Mann hatte – ob nun Intuition oder Intellekt, wer will das entscheiden – lange ein ziemlich sicheres Gespür für die von ihm verfolgte imperialistische Politik als die Kunst des Möglichen. Er vermochte seine kalt berechnende Natur einzusetzen. Er kalkulierte skrupellos. Kein Verbrechen, vor dem er zurückgeschreckt wäre. Zudem und wie in ungezählten anderen Fällen auch: die Schwäche seiner Gegner war seine Stärke. Wenn die bei seiner Bewertung nicht in Ansatz gebracht wird, erscheint Hitler zusätzlich unter einem Vergrößerungsglas.

Wie haben Sie den Film »Der Untergang« gesehen?

Über Hitlers Platz in der deutschen und europäischen, ja der Weltgeschichte lassen sich aus der Bunkerendperspektive keine Erkenntnisse gewinnen. Und die

Aussage von Bruno Ganz, der den Hitler spielte, in einem seiner Interviews, er hätte für diesen auch etwas Mitleid erwecken wollen, fand ich zum Kotzen.

Er wollte der Figur eine menschliche Dimension geben. Das ist u. a. eine Möglichkeit von Kunst, dass man selbst einem Verbrecher Menschlichkeit zugesteht.

Womit oder wodurch hätte der Mann darauf einen Anspruch geltend zu machen? Den erwarb er sich nur im Hinblick auf einen Gerichtshof und den Galgenstrick, vor denen er in den »Freitod« floh.

Im Film »Der Untergang« wird ein vollkommen verzweifelter und – wie Sie auch andeuteten – realitätsferner Führer in seinen letzten Tagen dargestellt. Hatten Sie auch inhaltliche Kritik am Film?

Die betrifft nicht Details wie die Darstellung des Endes des Propagandaministers. Wenn eine Handlung vollständig in die Endphase, die Agonie des Systems, platziert wird, offenbar doch, weil das für besonders dramatisch und besucher-, also verkaufsträchtig angesehen wird, lässt sich über dessen Wesen, geschichtliche Rolle und Platz, seine Erfolge, seine Stabilität, ja selbst über die im Zentrum stehenden Personen wenig Erhellendes vermitteln. Warum kommt eigentlich niemand auf die Idee, die hochdramatischen Vorgänge um die Einsetzung des Kanzlers Hitler filmisch darzustellen? Da wären wir wieder beim – sagen wir es milde – Unerwünschten. Wer Filme wie »Ich war neunzehn« von Konrad Wolf über den Schlussakt des Kampfes um Berlin gesehen hat, besitzt einen Vergleichsmaßstab, mit dem sich ermessen lässt, was packende Filmerzählungen an Aufklärung über Geschichte zu leisten vermögen. »Der Untergang«? Das war die Bebilderung eines ruchlosen Endes.

Die Verächtlichkeit der Nazis hat einen schon erreicht. Man bekam Wut für sinnlose Tode, insgesamt für diese Sinnlosigkeit von »Tapferkeit«.

Der Film hat gewiss Abscheu erzeugt. Vor wem? Doch vor Personen, die dort in ihrer Kläglichkeit vorgeführt wurden, als ihnen der übergroße Teil ihrer Macht schon entrissen war. Wie viel Einsichten daraus zu gewinnen waren, mag jeder Zuschauer für sich entscheiden, sofern er durch den Filmbesuch überhaupt darauf gebracht wurde. Manche mochten sich schlicht unterhalten gefühlt haben, andere anschließend darüber ins Grübeln gekommen sein, wozu der Mensch fähig ist. Wie viele mögen sich auf dem Nachhauseweg die Frage gestellt haben: Warum? Auf deren Beantwortung zielt Geschichtswissenschaft, doch nicht sie allein. Anlässlich des 50. Jahrestages der Zerstörung Pforzheims durch einen verheerenden Luftangriff, wir schreiben 2005, erhielt ich von dort eine Einladung zur Mitwirkung an einer Podiumsdiskussion. Teilnehmer, Herr Ullrich von der »Zeit«, mein Fachkollege Professor Jäckel aus Stuttgart, ein Gast aus

Israel, ein Moderator. Pforzheim wies nach einem Angriff den größten Prozentsatz von Toten unter allen bombardierten deutschen Städten auf.

60 000 Einwohner, 20 000 Tote. Da lässt sich in Trauer, Empörung, auch Starre verharren und nachdenken. Darauf zielte mein Beitrag. 20 000 – das war auch die Zahl der Pforzheimer, die 1932 Hitler gewählt hatten. Die Toten waren mit diesen Parteigängern nicht – jedenfalls gewiss nicht total – identisch. Krieg trifft nicht nur häufig, sondern meist die »Falschen«. Aber, zwischen diesen beiden Zahlen gibt es eine Ursache-Folge-Beziehung. Sie besteht auch zwischen diesen Entscheidungen am Ende der Weimarer Republik und den Vergewaltigungen von Frauen, nachdem Pforzheim Wochen später von Truppen im Kampf erobert worden war.

Die Vergewaltigungen, das ist ein emotional sehr aufgeladenes Thema. Meinen Sie, dass in der öffentlichen Wahrnehmung ein Ungleichgewicht besteht zwischen den »Taten« der Russen, siehe Film »Anonyma«, und denen der Westalliierten? Im Bewusstsein waren doch die Russen die schlimmsten Vergewaltiger.

Ich spreche mit Bezug auf Pforzheim nicht, um die dort geschehenen Gewalttaten zugunsten der »Russen« ins Argumentationsfeld zu führen. Es gibt eine solide Untersuchung, die vor Jahren vom Münchener Institut für Zeitgeschichte publiziert wurde und deren Autor den Zustand der sowjetischen Armee bei ihrem Vordringen nach Polen und dann nach Ostdeutschland anhand von Quellen untersucht. Zunächst brachte das für die Masse der russischen Soldaten einen Kulturschock. Manche begannen, ihre Fahrzeuge und Panje-Wagen mit der verschiedensten Beute zu beladen. Sie kamen mit der Vorstellung ins Reich des Feindes, das ist ein Nazi-Land, hier hausen die Barbaren, und dann sahen sie nach ihren Maßstäben: Hier leben ja lauter Bourgeois. Das hat ihren Hass gegen diejenigen, die in ihr Land eingefallen waren und es ausgeplündert hatten, fraglos verstärkt. Dieser Hass äußerte sich am ärgsten, wenn noch Alkoholvorräte »erobert« wurden und ganze Einheiten ihren Kommandeuren entglitten, manche nicht einmal mehr angriffsfähig waren. Krieg erzeugt Gleichgültigkeit, Mitleidsunfähigkeit und Verrohung. Das Thema war für die Geschichtsschreibung in der DDR, sofern es um die Armee der »Freunde« ging, tabu. Nicht so in der Romanliteratur.

Christa Wolf hat in »Kindheitsmuster« darüber geschrieben. Christoph Hein hat in einer Gesprächsrunde an der Evangelischen Akademie bei Schorlemmer in diesem Zusammenhang die Geschichte seiner Großmutter erzählt. Da Sie, Herr Pätzold, das so genau belegen, wie Faschismus wirken und entstehen kann und auch ein ganzes Volk in die Spur schickt, wie erklären Sie sich heute, 60 Jahre danach, das erneute Auftauchen neofaschistischer Gruppen? Wie kann es sein, dass Nazis unter rechtsstaatlichen Bedingungen agieren dürfen? Bekannt ist ja Brechts Ausspruch: Der Schoß ist fruchtbar noch, aus dem das kroch.

Das Brechtbild höre ich gelegentlich in Veranstaltungen. Der Schoß – das meint die Gesellschaft, nicht einzelne Menschen oder Gruppen. Zunächst: Nirgendwo ist Faschismus an die Macht gelangt, ohne dass ein gesellschaftliches Bedürfnis existierte und Kräfte, die es durchzusetzen vermochten. Mit ihnen muss die Antwort auf ihre Frage beginnen, nicht mit dem Fingerzeig auf die im Straßenbild agierenden Marschierer, Schläger und Großfressen. Die gab es 1932 in ungleich größerer Zahl, aber sie haben Hitler nicht in die Reichskanzlei zu bringen vermocht. Damals war eine Reihe von beabsichtigten Lösungen der wirtschaftlichen und politischen Krise mit negativem Ergebnis erprobt worden. Nicht dass Hitler gleichsam die allerletzte Wahl gewesen wäre, aber er war derjenige, der von einer Minderheit aus den Eliten der Gesellschaft favorisiert wurde, der die Mehrheit aus den gleichen sozialen Kreisen der Großbourgeoisie und des Großagrariertums kein Gegenkonzept entgegensetzen konnte, sie hatten nichts Überzeugendes im Angebot, und wollten es wohl auch nicht. Denn auch jene, für die der Nazifaschismus nicht erste Wahl war, die Vorbehalte besaßen und Befürchtungen über den Ausgang dieses »Experiments« hegten, trachteten nach der Liquidierung der Republik, mit deren Existenz sie sich nie ausgesöhnt hatten.

Heute hingegen kann von einer politischen Krise keine Rede sein. Das macht den entscheidenden Unterschied. Dass es in Kreisen des Bürgertums und der bürgerlichen Intelligenz eine so offene Diskussion über den Kapitalismus gibt, wie wir sie im Augenblick erleben, bezeugt Stabilität der Herrschaftszustände, das Vorhandensein von Handlungsspielräumen, über die frank und frei gesprochen und geschrieben wird, im Grunde ohne eine irgendwie ins Gewicht fallende Einmischung der Massen. Denen wird gesagt, was jetzt und was demnächst in Ordnung gebracht werden muss, wird repariert. Der entfesselte Kapitalismus wird gefesselt und alles wird wieder gut, was irgendwie aus dem Ruder gelaufen ist. Und nirgendwo ein mächtiger Sprechchor, der protestiert: Was schwatzt ihr da! Geglaubt wird an die staatliche Reparaturkolonne und deren definitiven Erfolg. Mit der Abwrackprämie sind doch Kompetenz und Handlungsfähigkeit dem Michel schon bewiesen. Und dann, lehren vornehmlich die Kirchen, müssen wir alle gemeinsam in uns gehen und ein wenig neu denken und fühlen. Wo wäre bei alledem unter den Mächtigen der Gesellschaft der Bedarf nach einem Hitler 2?

Dennoch ist es diese Gesellschaft, die mit ihren Widersprüchen und aus ihnen jene Minderheit von Nazis hervorbringt. Eine Minderheit von vorwiegend jungen Menschen, die glauben, in der Naziideologie ihre, mit Verlaub, geistige und mentale Heimat gefunden zu haben, aus ihr ihre Feindbilder beziehen, das Hochgefühl, die Besseren, die Ehrlichen, die Kämpfer für eine – natürlich deutsche – Zukunft zu sein.

Meinen Sie, dass der Nährboden dafür wächst?

Die Voraussetzungen und Bedingungen für einen Massenzulauf, einen Durchbruch à la 1929/1930, sehe ich nicht. Doch ist dieses Urteil für mich kein Grund, den Erscheinungen keine Beachtung zu schenken und ihnen nicht entgegenzutreten. Vor Jahren hatte ich so genannte Projekttage mit Schülern der 9. und 10. Klasse in einer Schule Berlins, in einer Gegend, in der es eine Konzentration von Nazis gibt. Die besaßen in einer der drei Klassen ihre jüngsten Parteigänger. Und eine Klasse – das hatte man mir signalisiert – war fest in der Hand dieser Typen. Die wollten mich da auflaufen lassen. Ich wollte ihnen diesen Erfolg aber nicht gönnen: Den haben wir mit seinen Antifa-Erklärungen fertig gemacht. Ich fragte in die Runde: Wenn ihr in der Regierung wärt und müsstet Gesetze schaffen, wie sich Ausländer in Deutschland zu benehmen hätten, wie würden die aussehen? Da hatte ich eine halbe Stunde Pause. Erzählt wurden abenteuerlichste Geschichten über das Benehmen dieser Leute. Und: Was in der Nazipropaganda der Geldsack der Juden war, das war in diesen Schilderungen das goldene Kettchen der Araber und Türken. Geklagt wurde über das Anbaggern der Mädchen, allerdings nicht von denen selbst. Dann habe ich gefragt: Habe ich euch richtig verstanden? Ein Türke darf hierzulande eigentlich alles, nur nicht reich werden? Kein Widerspruch. Die 15-jährigen Jungen verfügten über das gesamte Repertoire: Die Türken kriegen Arbeit und mein Vater ist noch immer arbeitslos. Darauf ein Mädchen schüchtern und halblaut: Das stimmt doch nicht. Dann die Geschichte von der Zudringlichkeit der Zugewanderten in den Freibädern gegenüber den deutschen Mädchen. Keine von ihnen sagte ein Wort. Als ich sie beim Auseinandergehen direkt nach ihren Erfahrungen fragte, erhielt ich zur Antwort: Uns passiert das nicht, wir benehmen uns auch nicht so. In der Runde hatten sie geschwiegen. Sie hatten vor den Beherrschern ihrer Klassenszene kapituliert. So weit sind wir in der Gesellschaft insgesamt nicht. Wenn wir aber sicher sein wollen, dass wir dahin unter keinen Umständen kommen wollen, muss in den Schulen, dort vor allem, mehr geschehen. Dann müsste von den Problemen der Gesellschaft und ihren vernünftigen Lösungsmöglichkeiten gesprochen werden wider dieses verlogene, aber vor allem für schwache Geister attraktive Angebot.

Als die Neonazis in Dresden vom Bombenholocaust sprachen, kam automatisch in der Diskussion die Forderung nach dem Verbot der NPD hoch. Seit Jahrzehnten geht es darum. Sie haben unbestreitbar nazistisches Gedankengut als Ideologie, aber da sagt der Rechtsstaat, diese Partei sei legal und die Polizei muss sie auch schützen, wenn sie demonstrieren will. Finden Sie das richtig?

Nein, ich bin absolut für das Verbot. Es würde die Bedingung für die Demagogen und ihre Werbungen stark verschlechtern, denn es macht allein einen Unterschied, ob ich mich einer legalen Organisation oder einer illegalen Truppe anschließe.

Doch im Kampf gegen diese Nazis geht es um mehr als um das Ja oder Nein zur Legalität ihrer Aktionen. Nach wie vor hat das Urteil des obersten Gerichtshofes von 2005 Bestand, das die Losung »Ruhm und Ehre der Waffen-SS« legalisiert. Wer nimmt heutzutage daran Anstoß? Ein Verbot nazistischer Organisationen würde den Bürgern eine klare Norm bezeichnen, die besagt: Das dulden wir und das ist für uns politisch und moralisch in unserer Mitte unerträglich.

Noch mal zurück zum Begriff der Klassen. Die Klassenfrage ist heute allgemein kein Thema mehr. Dennoch kann man beobachten, dass die Polarisierung in der Gesellschaft unglaublich zunimmt. Sortiert sich das neu nach anderen Klassen?

Die Hauptklassen der Gesellschaft haben sich gegenüber den Zeiten von Marx unerwartet stark differenziert und soziale Schichten, deren Untergang er erwartet und vorausgesagt hat, haben sich erhalten oder transformiert. Die Industriearbeiterschaft ist drastisch geschrumpft, die Arbeiter im Dienstleistungsgeschäft an Zahl erheblich gewachsen. Ein nicht geringer Teil der so genannten Lohnabhängigen lebt heute in einer Waren- und Güterwelt, die vor 100 Jahren unvorstellbar war. Die Klassen sind, meiner Meinung nach, nicht abgeschafft, sie existieren in veränderter Gestalt und mit Folgen für ihre Denk- und Verhaltensweisen.

Sie bekennen sich ohne Umschweife zum marxistischen Denken?

Ja. Der historisch-materialistische Ansatz bleibt für mich der Schlüssel zum Verständnis von Geschichte und Gegenwart, was nicht bedeutet, dass er nicht ergänzungs- und entwicklungsfähig wäre. Das folgt aus manchem, was falsch bedacht wurde, aber mehr noch aus Veränderungen der Wirklichkeit.

Bei der marxistischen Analyse ist es doch entscheidend, dass sie nicht nur eine Analyse des Elends bietet, sondern auch die Vorstellung entwickelt, wie das Elend beendet werden kann. Marx' Vorstellung hieß: Proletarier aller Länder, vereinigt euch! Hat dieses Denken, in die Realität einzugreifen, heute noch eine Chance?

Das ist die Frage, die Viele bewegt, die Suche nach dem Subjekt mit dem Willen und der Kraft der Veränderung. Der schon einmal zitierte Eric Hobsbawm nennt sich einen Intelligenz-Pessimisten, aber einen Willensoptimisten. Das ist ein nachdenklich stimmendes Bild. Und Wolfgang Fritz Haug, verdienstvoller Herausgeber des »Kritischen Wörterbuchs des Marxismus«, ließ sich ähnlich vernehmen. Sie und andere halten – vergeblich – nach dem verändernden Subjekt Ausschau. Manche finden Trost beim Blick nach Südamerika. Das begegnete mir unlängst in einer Diskussion in Bremen und erinnerte mich an die hochgesteckten Erwartungen, die wir in den sechziger Jahren auf Afrika und dessen nichtkapitalistischen Weg setzten.

Dass dieser Erdball auf Dauer menschenmöglich eingerichtet, das heißt verändert werden muss, ist heute doch Gegenstand nicht nur in Kreisen politischer Revolutionäre. Die großen Warner vor dem »Weiter so« sind Naturwissenschaftler. Deren Meinungen differieren nicht so sehr über den Ernst bedrohlicher Tendenzen, sondern über den Zeitraum, der bleibt, ihnen Einhalt zu gebieten. Doch noch bilden die Warner keinen Chor. Und ebenso wenig haben sie Massen erreicht und sich – ist der Gedanke so abwegig – zu ihren anerkannten intellektuellen Führern gemacht, jedenfalls dem Teil davon, der diese Wende durchzusetzen und zu leben fähig ist, denn die Hungernden und Verhungernden in der Welt gehören aufgrund ihrer Lage nicht zu den dazu Befähigten.

Allein auf die klassischen Formen der Organisiertheit, die wie das Parteiensystem aus der Mitte des 19. Jahrhunderts herrühren, werden wir uns nicht fixieren können, wiewohl ich sie nicht schlicht für überholt halte. Unter Verwendung ihrer Erfahrungen aber könnten sich neuartige Bewegungen bilden oder aus vorhandenen durch deren Zusammenschluss neue entstehen. Das würde die Überwindung nur partieller Ziele voraussetzen, die heute in geradezu inflationär anmutendem Maße verfochten werden. Die Einen sorgen sich um das Klima, die Anderen um hungernde Kinder in aller Welt, Dritte treten für die Gleichberechtigung der Homosexuellen ein, Vierte wollen die Blauwale retten, wieder andere solidarisieren sich mit den bedrohten Ureinwohnern in nicht mehr so entlegenen Gegenden der Welt und so weiter und so fort. So gerechtfertigt, nützlich und ehrenwert im Einzelnen, so unangemessen erscheint mir das insgesamt im Hinblick auf die Herausforderungen, denen sich die Menschheit gegenüber sieht.

Wie aber kann das zusammengeführt werden, wo doch so Viele auf ihrem speziellen Feld Aufgabe, Arbeit, Befriedigung spüren und von sich sagen können, dass sie etwas Vernünftiges tun? Dafür scheint mir eine an die Wurzeln aller Übel greifende, die jetzigen Kapital geprägten Weltzustände kritisierende Theorie unerlässlich. Die wird sich ohne »Rückgriff« auf Marx nicht entwickeln lassen. Kurzum: Es geht darum, das gemeinsame Interesse der Mehrheit der heutigen Generationen und der Nachkommenden zu erkennen, gegen die Tagesinteressen abzuwägen und zu verfechten. Das heißt: über das bedrängende Alltagsinteresse hinaus denken und handeln. Dieser Anspruch ist für alle hoch, die von Sorgen und Befürchtungen des heutigen und morgigen Tages schwer bedrückt sind. Wer interessiert sich da für das Thema, ob der Erdball in 40 oder 50 Jahren weithin irreparabel verdorben ist? Eine Minderheit besitzt Voraussetzungen das zu tun und voranzugehen, von der sich freilich zu Viele in dieser Welt bequem eingerichtet haben. Es käme nicht zuletzt auf die moralische Erziehung an den Hochschulen an, die für Viele nur der Weg zu einem Job sind, den sie gewiss oder ungewiss beschreiten.

Jedoch: Solange die Eigentumsverhältnisse bleiben, wie sie sind, die Gesellschaft unter dem Diktat der höchsten Profitrate steht, Natur und Mensch weithin hemmungslos ausgebeutet werden, wird sich an den Weltzuständen und ihrer Tendenz grundsätzlich nichts ändern lassen. Reparaturarbeiten sind denkbar und ebenso ihr Erfolg, sie besitzen aufschiebende Wirkung, nicht mehr. Wer dafür einen Beleg braucht, blicke auf den Jammer der internationalen Klimakonferenzen.

Ist Ihre Prognose unter dem Strich düster?

Da ist die alte Frage: Sozialismus oder Barbarei. Der Begriff und die Aktionslosung Sozialismus sind hochgradig diskreditiert durch Erfahrungen des 20. Jahrhunderts, nicht weniger durch die seit Generationen betriebene antisozialistische Propaganda, sie besitzen folglich wenig Anziehungskraft. Und die Aussicht auf Barbarei wird verdrängt. Eric Hobsbawm hat eine ihrer Ausprägungen bedacht und ausgesprochen. Gigantische Verteilungskämpfe sind nicht auszuschließen. Ein Aufjaulen rief er hervor, als er kürzlich Zweifel daran äußerte, dass China und die USA auf Dauer friedlich nebeneinander existieren werden. Gewiss, in wem bäumen sich bei derlei Perspektiven nicht emotionale Widerstände auf?

Aber: Wir sind nicht ganz ohne Hoffnungen. Sie knüpfen sich an Menschen, an wen sonst. An jenen Franzosen, der um den Erdball fliegt, um Millionen in Bildern zu zeigen, was zu bewahren und wie stark es gefährdet ist. An jenen Österreicher, der den Film gedreht hat »We feed the World«, Leute, die mit ihren Stimmen und Mitteln aufschreien. Vielleicht sind sie ja der Vortrupp, der eine heranwachsende junge Intelligenz – und das meint nicht nur die so genannte akademische – mobilisiert. Und dann glaube ich auch nicht, dass die Bewegung für Frieden und radikale Abrüstung weiter international so kümmerlich existieren wird wie heute.

Welche Kritik richten Sie an solchen Parteien wie die »Linke«? Warum bringt die nicht mehr zustande? Weil sie im Parlamentsgefüge ist?

Also, die Begrenztheit ihres Einflusses allein auf den Opportunismus von Politikern in ihren Reihen zuzuschreiben, obwohl es den unbestritten gibt, scheint mir verfehlt. Manche haben sich in die große Reparaturkolonne des Kapitalismus eingereiht, und andere wollen dort noch aufgenommen werden. Aber die Forderung nach unumstößlichen Prinzipien und gegen deren Preisgabe ist in letzter Zeit lauter geworden. Und in der Tat: Es gehört doch wohl mehr Glaubensfähigkeit zur Hoffnung, dass ein gewandelter Kapitalismus einen Ausweg bietet, als dazu, dass Kräfte zueinander finden, die über ihn hinausführen in neue gesellschaftliche Zustände, für die bisher kein besserer Name als der des Sozialismus gefunden ist, denn Nebelbegriffe wie »postkapitalistisch« bieten keine Alternative. Zudem hat es den Anschein, als würde die »Macht der Tatsachen« der Schärfung der Gedanken noch etwas nachhelfen können. Es muss in den Reihen der Partei »Die Linke« nicht bei der gebremsten Kapitalismuskritik bleiben.

Das ist kein Plädoyer für eine Abstinenz gegenüber Fragen und Entscheidungen der Tagespolitik, also etwa zu den derzeitigen antizyklischen Maßnahmen der Regierung zur kurzfristigen Dämpfung der Krisenfolgen unter Inkaufnahme absehbarer und unabsehbarer Folgen. Nur lässt sich doch auch klarstellen, was auch in der großbürgerlichen Presse nicht bestritten wird, dass die Banker, beispielsweise, bei der erstbesten Gelegenheit dort wieder weitermachen, wo sie eben ein wenig aufgehört hatten. Sich an deren Erziehung zu versuchen, ist aussichtslos, denn: Die Verhältnisse, die sind nicht so!

Gegen die Linken wird das Argument benutzt: Die haben gut reden, so lange sie nicht in der Regierung sind. Forderungen zu stellen, sei keine Kunst, aber handeln und diese Forderungen konkret umzusetzen, da scheiden sich die Wege. Vieles ist einfach nicht umsetzbar.

Das ist das sich wiederholende Argument ihrer Gegner im Hinblick auf die nächsten Wahlen. Der eigentliche Streitwert liegt einige Etagen höher. Er betrifft nicht mehr und nicht weniger als die Frage nach einer – ich stehe nicht an zu sagen: rettenden – Vision oder Utopie. Dass sich die in Kreisen der Linken behauptet hat, war 1990 in den Reihen der Sieger nicht vorgesehen. Hierzulande wird der Untergang der DDR als Beweis dafür bemüht, dass solche Visionen besser unterbleiben sollen. Das endet, und damit wird nicht nur eine Warnung ausgesprochen, sondern ein Knüppel geschwungen, bei Hitler, bei Stalin und Mielke. Jeder ein wenig in Logik unterrichtete Mensch wird das für einen gedanklichen Kurzschluss halten. Doch gehört Logik nicht zu den Unterrichtsfächern unserer allgemeinbildenden Schulen, worauf sich Politiker und Ideologen gern verlassen.

Gibt es für Sie persönlich, also in Ihrem Agieren als Historiker, heute auch Vorteile, oder gibt es nur die etwas pessimistisch, traurige Einschätzung der Lage?

Freunde fragen mich mitunter: Warum machst du denn das noch? Unausgesprochen ist da mitgedacht: in deinem Alter. Zunächst aus einem wohl allgemein-menschlichen Bedürfnis nach Begegnungen und Gedankenaustausch, aus Neugier auf Mitmenschen. Das ist der meist uneingeschränkt vergnügliche Teil. Dann ist da ein Pflichtgefühl. Die Generation von Sozialisten, die gescheitert ist, hat über ihre Erfahrungen zu sprechen, soll sie kritisch vermitteln, wo nach ihnen verlangt wird. Zudem bin ich so etwas wie ein pädagogischer Narr geblieben, wenn auch nicht unangefochten von der Frage, die sich viele Meinesgleichen stellen: Müssen wir die Möglichkeiten und mithin die Grenzen von Aufklärung nicht neu durchdenken? Kürzer gesagt: Ich kann nicht aus meiner Haut. Dazu gehört ein Moment, über das – noch einmal Hobsbawm – der britische Historiker vor Jahren in Berlin vor einer honorigen Gesellschaft gesprochen hat, als er auf die Frage antwortete, warum er sich noch immer Kommunist nenne. Er sagte: Aus Trotz.

Und das können Sie gut verstehen?

Ja. Wenn das auch nicht mehr das gleiche Verständnis des Begriffes Kommunist ist, das sich bei Marx und Engels findet. Zu meinen in jungen Jahren gelesenen Schriften gehört Engels' »Die Entwicklung des Sozialismus von der Utopie zur Wissenschaft«. Heute hätten wir vielleicht eine Fortsetzung nötig mit dem Titel: »Die Entwicklung des Sozialismus von der Wissenschaft zur Utopie«. Sie würde davon handeln, dass wir an einem weltgeschichtlichen Punkt angekommen sind, wo sich die Vorstellung vom Fortschreiten der Gesellschaft zum Kommunismus mit einer Utopie verbindet, weil sich ein Weg, den es zu Marx' Zeiten als eine von der Arbeiterklasse zu verwirklichende Möglichkeit gab, heute nicht ausmachen lässt.

Wir denken, wir werden dieses Zukunftsmodell von Marx und Engels nicht mehr erleben.

Doch. Wir junge Sozialisten waren in unserer Schulzeit nach Kriegsende sicher, dass am Ende des 20. Jahrhunderts dieser Erdball, von Resten abgesehen, dem Kapitalismus entkommen sein wird. Ich wollte dann wie viele mit mir, den Nachkommenden eine andere Welt hinterlassen. Das ist misslungen. Ob die Enkel das besser ausfechten werden? Sicher ist nur, dass die These vom Ende der Geschichte gelehrtes Geschwafel ist.

Die mündliche DDR war die wahre DDR

Interview mit dem Publizisten Christoph Dieckmann
im Mai 2009

Meinen Sie, dass Ihre Herkunft aus einer Pfarrersfamilie hinderlich oder in bestimmter Weise auch förderlich für Ihre Entwicklung in der DDR war?

Natürlich gab es Einschränkungen und zwar extreme. Um es klar zu sagen, ich durfte kein Abitur machen, weil ich nicht in der FDJ war. Da sagte die Sangerhäuser Kreisschulrätin Richter zu mir: Sie, Herr Dieckmann, tun nichts für das Volk, deshalb tut die Volksmacht auch nichts für Sie. So wurde ich Filmvorführer. Aber natürlich, für das Denken-lernen und für das Zu-sich-selber-finden war meine Herkunft aus einer Pfarrersfamilie nicht hinderlich, zumal es eben – und das war das Entscheidende – einen guten Ausgang nahm: Ich studierte schließlich Theologie.

Haben Sie denn ohne Abitur studiert, wie war das möglich?

Es gab in der DDR drei kirchliche Hochschulen, und die wären ja dämlich gewesen, wenn sie junge Leute, die aus Gründen ihrer kirchlichen Zugehörigkeit an den so genannten EOS (Erweiterten Oberschulen) kein Abitur machen durften, nicht aufgenommen hätten. Ich habe erst am Theologischen Seminar Leipzig studiert und dann in Berlin am Evangelischen Sprachenkonvikt.

Wie erinnern Sie sich an das Leben in der DDR? Wenn Sie einem Westdeutschen das Land zwischen Oder und Elbe erklären müssten, was würden Sie da erzählen?

Das ist eine komplexe Frage. Ich muss dabei sozusagen einen Kreis anschneiden. Es kommt immer darauf an, mit wem ich mich darüber unterhalte. Wenn es ein DDR-Schönfärber ist, kann ich sehr hart werden. Wenn jemand erzählt: DDR gleich KZ, dann versuche ich, das in anders deutlicher Weise auszubalancieren und vor allem den notwendigen Unterschied zu machen zwischen Lebenswelt und Staat. Wohl wissend, dass das Eine das Andere durchdrungen

Christoph Dieckmann beim Schlangestehen vor der »Jazzbühne Berlin« 1986 (li.) und 2009 (re.)

hat. Insgesamt war das für mich kein gutes Land. Es hatte zwar eine moralische Legitimität, die aber moralisch verspielt wurde.

Es gibt die Äußerung von Ihnen, Sie seien lebensnah und staatsfern aufgewachsen. Eine knappe, treffende Zusammenfassung?

Ja, die Staatsferne bedarf keines Beweises, die kam einfach durch meine Herkunft und weil ich mit Staatsmächten nichts zu tun hatte und in keiner staatlichen oder SED-nahen Organisation war und dann eben auch bei der Kirche geblieben bin – bis auf diese drei Jahre Lehrausbildung und Arbeit als Filmvorführer. Und die Lebensnähe, na ja, die kann man sich selber schlecht zuschreiben. Ich würde sagen, es gab bei mir auch eine gewisse Lebensdistanz. Das hängt aber damit zusammen, dass ich immer eine andere Beheimatung und Verwurzelung hatte, die waren eben nicht DDR-typisch. Aber ich habe mich für die DDR interessiert, und deshalb fehlen mir in vielen Erinnerungen von Leuten, die historisch Recht haben, oft ihre konkreten Lebensgeschichten. Es ist nicht plastisch, wenn es immer nur heißt: Das war das Richtige und das war das Falsche. Die ironischen und ambivalenten DDR-kundigen Geschichten, die echten und ehrlichen Erzählgeschichten, die vermisse ich dabei.

Den konkreten Lebensgeschichten in der DDR aufgewachsener Menschen gehen Sie ja als Publizist nach, und damit geben Sie jenen Leuten das Wort, die sich in der Regel öffentlich nicht äußern, weil sie keine Kapazität, keine Lust dazu

haben oder einfach nur verstummt sind. Das kann man in vielen Ihrer Zeitungs-
artikel und Bücher nachlesen.

Ja, so habe ich das auch gedacht, mit meinem Beobachten und Schreiben wollte ich eine Chronik des Übergangs liefern, mit starken und tiefen Wurzeln in der Zeit vor 1989. Nun muss ich allerdings einsehen, dass diese Arbeit in gewisser Weise getan ist. Irgendwann muss der Übergang ja vorbei sein, sonst ist es kein Übergang mehr, sondern das Provisorium wird zur Dauerlösung.

Sie sagen auch im Gegensatz zu anderen ostdeutschen Intellektuellen und Zeit-
genossen: Immer Ossi, das kann man nicht sein.

Diese Rolle muss man zerbrechen, oder man wird von ihr zerbrochen. Ja.

Das wäre jetzt die Situation dazwischen oder?

Ich weiß noch, in welchem meiner Bücher das drin steht – nämlich in »Das wahre Leben im falschen«, also 1998 schon. Und das hing auch damit zusammen, dass ich über viele Jahre der einzige Ostler bei der Wochenzeitung »Die Zeit« war. Inzwischen sind wir zwei. Ich habe auch nicht mehr oder selten diese Eifersucht des Ostlers, der möchte, dass sein eigenes Land verschriftet wird. Ich denke einfach, das habe ich jetzt vollbracht, diese Geschichten sind nun erzählt. Und das, was ich damals befördern wollte, nämlich die Anerkennung des wahren Lebens im falschen, das ist für mich auch erreicht.

Eigentlich gibt es nur ein Leben. Ob das schlecht oder angepasst oder unter
einer Diktatur verläuft: Es gibt nur dieses eine Leben. Ist Ihre These vom wah-
ren Leben im falschen ironisch gemeint?

Nein, das ist keine Ironie, sondern eine Melange aus zwei berühmten Zitaten. Das eine stammt von Adorno: Es gibt kein richtiges Leben im falschen. Und das andere ist Václav Havel: In der Wahrheit leben! Ich habe jetzt noch mal überlegt, ob das vielleicht anmaßend war, vom wahren Leben im falschen zu reden. Es ist zumindest eine gute Diskussionsvorlage, glaube ich. Ich sagte ja schon, das Ideologische hat in der DDR das Privatleben durchdrungen, aber dennoch geht das Eine im Anderen nicht auf. Und da die Mediensituation nach 1990 so gewesen ist, dass das gesamte DDR-Leben nur ideologisch in den Blick genommen wurde durch den Westen und dass auch die Belege, die dafür aus der Kiste gezogen wurden, immer den offiziösen Medien der DDR entstammten, fühlte ich mich einfach bemüßigt zu sagen: Es gab noch etwas Anderes. Die wahre DDR war die mündliche DDR. Die findet ihr nicht in den SED-Verschriftungen und ihren Verfilmungen. Die hat jenseits dessen und dem zum Trotze existiert.

Ich bin und bleibe der Ostschreiber, haben Sie einmal in einer Talkshow gesagt.
Haben Sie das aus Trotz, Stolz, Ironie oder aus allem zusammen so postuliert?

Na ja, ich war der Ostschreiber und der Ostbeschreiber. Ja, dieses Image bleibt an einem haften. Man kann das nur zu weiten versuchen.

Kränkt Sie das manchmal?

Nein, das ist einfach ein bisschen flüchtig, so wie ewig von den »neuen Bundesländern« die Rede sein wird. Aber ich bin nicht wie mein verehrter Kollege, der Essayist Friedrich Dieckmann, der historisch nachweist, dass die neuen Bundesländer noch älter sind als die alten. Ich lasse es gewähren. Warum soll ich mich darüber aufregen. Und es stimmt ja auch, es gibt eine gewisse Prägung, die werde ich nicht mehr ablegen. Aber damit erschöpfen sich nicht meine Bezüge und meine Interessen. Im Grunde war ich nie ostdeutscher als nach der Wende.

Es gibt eine lustige Episode von Ihnen, als Sie einmal im Krankenhaus lagen, zusammen mit einem 100-prozentigen SED-Genossen. Der wollte Sie politisch agitieren, Sie konnten jedoch nicht sprechen oder gegenhalten wegen einer Mandelentzündung. Und als Sie wieder reden konnten, hatte er eine Ohrenoperation und konnte Sie nicht hören. Ihr sarkastischer späterer Kommentar: So in etwa funktionierte die Kommunikation zwischen Volk und Führung in der DDR. Was hat Sie am meisten gestört an und in der DDR?

Das war die konsequente Entmündigung der einfachen Leute – und einfache Leute waren eigentlich alle Leute –, diese Subsumierung von allem und jedem unter ein ideologisches Prinzip. Und das Prinzip empfand ich als eng und dumm. Natürlich hat mich am allermeisten die Grenze gestört. Man kann mit keinem Staat übereinstimmen, an dessen Grenze Menschen erschossen werden. Ich habe in der DDR eine teils pathetische und teils ironische Existenz geführt. Ironisch in dem Sinne, dass ich mich über Vieles lustig gemacht habe. Und pathetisch in dem Sinne, dass ich Christ bin und das Leben hier als die größere Bewährungssituation angesehen habe, wie viele andere DDR-Pastoren. Also man stand sozusagen mehr unterm Kreuz als die saturierten bürgerlichen Westpastoren mit ihrem hohen Salär in der bundesdeutschen Bürgerkirche. Es wäre aber für mich nicht in Frage gekommen, in den Westen wegzugehen, es sei denn, es wäre was ganz Schlimmes passiert. Ich bin ein heimatfühliger Mensch, irgendwie kam das Abhauen bei mir nicht in die Tüte.

Ich brauche auch keine grundsätzliche Übereinstimmung mit einem Staatswesen. Ich habe mich sehr gefreut, als mich die Journalistin Liane von Billerbeck an eine Aussage von mir erinnerte, die ich vergessen hatte. Vor der Wende hätte ich zu ihr gesagt: Die Regierung in der DDR stört mich nicht so sehr, weil ich gar keine Regierung habe. So habe ich mich gefühlt.

Zurzeit lese ich 89er Erinnerungen von Halberstädter Bürgern. Wenn es ein gemeinsames Thema in diesen Erinnerungen gibt, dann ist es die DDR-Angst, die Angst, etwas falsch zu machen, und das mühsame Abstreifen dieser Angst, dieses Sich-Ermutigen. Ein Halberstädter hat am 4. November 1989 auf dem Alexanderplatz geredet. Das war Jens Reich. Er begann so: Befreiung heißt, frei zu werden von der Angst. – Aber ich persönlich hatte keine Angst. Das muss was ganz Kostbares gewesen sein.

Angst als Lebensgefühl, manche hatten es, manche nicht. Wir wussten alle, dass »Horch und Guck« unterwegs ist, aber wir haben uns auch darüber lustig gemacht. Angst gibt es heute wieder, nur eben anders. Angst um Existenz, um Arbeit, vor Hartz IV usw. Sehen Sie auch die neuen Ängste vieler Menschen, arbeitslos zu werden?

Ich sehe diese Ängste. Damals war es eine Angst. Ich benutze deshalb bewusst den Singular, weil es einen Verursacher der Angst gab, wie ich sie meine; und das ist der Staat gewesen, mit seinen Zumutungen und Anmaßungen, mit seinem ideologischen Prinzip, unter das alles gestellt wurde. Dem Staat gegenüber konnte man sich in einer bestimmten Weise verhalten, dann stellte der Staat die Angst ab und sagte: Du bist gut, bist einer von uns, solange du dich wohlverhältst. Und heute sind es Ängste im Plural, vielerlei Ängste, berechtigte Ängste.

Kommen die nicht auch vom Staat?

Der Staat ist gegenüber der Wirtschaft schwach. Aber er verursacht nicht auf eine Art, die ich böswillig fände, Angst. Er springt meiner Meinung nach nicht bewusst mit den Menschen um und sagt: Das muss so sein, sonst kriegst du das nicht, sonst verbiete ich dir das. Der Staat heute ist kein Subjekt in dem Sinne, wie er damals ein Subjekt war mit einer wirklichen Machtzentrale. Der Staat heute ist eine Organisationsform der Gesellschaft, die schlecht austariert ist, aber immer noch besser als in anderen Ländern.
Ich will noch was zur Angst sagen, bzw. warum ich in der DDR keine Angst hatte. Ich hatte natürlich vor verschiedenen Dingen Angst. Ich hatte zum Beispiel Angst, dass ich meinen beruflichen Pflichten nicht genüge. Ich hatte Angst, dass ich mein Leben vertue. Ich hatte Angst, dass meine Ehe nicht gelingt, diese Angst war berechtigt. Ich war ein bisschen hypochondrisch veranlagt. Das sind alles Ängste, aber ich hatte keine Angst vor dem Staat DDR. Das hing damit zusammen, dass dieser Staat mir beizeiten seine Gegnerschaft erklärt hatte und mich wissen ließ, du kriegst von mir keine Stulle, Bürger Dieckmann. Damit war das geklärt. Ich fühlte mich auch deshalb frei, weil ich mitkriegte, wie viele Menschen sich zur Kreatur machten. Ich wusste zum Beispiel, wenn die von der Stasi an mich herantreten, die können mir nichts. Sie können mir einfach nichts, weil das für mich nicht in Frage kommt. Ich bin denen überlegen. So fühlte ich mich. Ich dachte einfach, dass viele Leute unter ihrer Würde lebten. Dass sie doch eigentlich eine ganz andere Kraft hätten.

Die Massen haben sich allerdings, geschichtlich gesehen, immer oder jedenfalls meistens wohl verhalten, so dass es für sie halbwegs erträglich lief. Sie wollten arbeiten, satt werden, ihre Familien vernünftig durchbringen und wollten in Ruhe gelassen werden.

Aber: Ich empfinde es als zynisch, die Berechtigung eines Staates damit zu begründen, dass die Masse ja eh still halten wird. Mir hat z. B. Peter Bartels, der Chef der Super-Illu, gesagt: Die Ossis wollten Coca Cola trinken und Hamburger fressen, und die wollten nach Mallorca fliegen, und Bananen wollten sie. Und das haben sie gekriegt, und das machen sie jetzt auch alle, und darum ist das jetzt in Ordnung.

Die Demonstranten am 4. November 1989 auf dem Berliner Alexanderplatz und bei den Montagsdemos in Leipzig, also jene, die eine reformierte DDR bzw. einen Sozialismus mit demokratischem Gesicht haben wollten, hatten andere Ziele als die, von denen der Super-Illu-Chef spricht. Da braucht man bloß an die witzigen, kessen, selbstgefertigten Plakate und Losungen der hunderttausenden Demonstranten, dieses ebenso gewaltigen wie heiteren Protests im denkwürdigen Herbst '89 zu erinnern.

Das geht ja in der Draufsicht heute immer so zu, als ob es damals eine logische Abfolge von Ereignissen gegeben hätte: All das, was zum Untergang der DDR führte, also erst mal die von der SED gefälschte Kommunalwahl, dann die Ereignisse auf dem Pekinger Platz des Himmlischen Friedens und vor allem die Öffnung des ungarischen Grenzzauns zum Westen. Dann die Prügelorgie der Ostberliner Polizei gegen friedliche Demonstranten am 7. Oktober 1989, dem 40. Jahrestag der DDR. Danach der absolute Knackpunkt: Der 9. Oktober in Leipzig, an dem kein Schuss fiel. Dann das wunderbare Volksfest der Revolution am 4. November in Berlin. Und schließlich der Mauerfall. Dass natürlich der Mauerfall, also der 9. November, in einem Spannungsverhältnis zum 4. November steht und nicht dessen logische, gewollte und geplante Konsequenz war, sondern dass der 9. November auch eine Emanzipationsbewegung abgebrochen hat, weil danach die Freiheit privatisiert wurde, das hat keiner besser ausgedrückt als der Schriftsteller Stefan Heym, der meiner Meinung nach die eindrucksvollste Rede des 4. November gehalten hat: »Es ist, als habe einer die Fenster aufgestoßen. Nach all den Jahren der Stagnation, von Dumpfheit und Mief und Phrasengewäsch – welche Wandlung!« Und dann fällt die Mauer, und Stefan Heym sieht fassungslos, wie das Heldenvolk die Revolution an den »Grabbeltischen« von Hertie und Karstadt verbuddelt. Aber letztlich denke ich, es ist jedem selbst überlassen, worin er Glück und Befriedigung findet. Es war natürlich politisch desillusionierend. Doch ich kann verstehen, dass sich die meisten Leute gleich dem neuen Ordnungsprinzip unterworfen haben und wieder Orientierung wollten. Das wurde ja auch ausgenutzt. Ich hadere da nicht.

Die meisten Menschen brechen irgendwann mit ihrem Freiheitswillen ab. Das tue ich auch. Irgendwann habe ich auch genug und organisiere wieder meine Geborgenheit.

Sie sagten einmal: Der postnationalen BRD waren Ostdeutsche so willkommen wie Spätaussiedler. Können Sie das für sich auch belegen, haben Sie das persönlich so empfunden?

Ich kann das für mich nicht belegen, denn ich bin auch in dieser Beziehung ein Sonderfall und hatte einfach großes Glück. Das Problem ist eben nur, dass Wolfgang Schäuble ja in meinen Augen Recht hatte, wenn er seinen ostdeutschen Gesprächspartnern wie Herrn Krause mit ihrem Begehren auf Augenhöhe zu verhandeln, gesagt hat: Hier findet keine gleichberechtigte Vereinigung statt, sondern der Anschluss der DDR an die Bundesrepublik, nicht die umgekehrte Veranstaltung. Denn was ist passiert? Eine moralisch und wirtschaftlich bankrotte Gesellschaft suchte Anschluss an eine intakte, deren sämtliche Magazine, Firmenzentralen, Redaktionen, Geschichtsarsenale wohl gefüllt waren. Der Osten brauchte den Westen, nicht umgekehrt. Niemand hat auf uns gewartet. Und all das, was mit Ostalgie erklärt wird, das ist mitnichten nur eine sentimentalische Veranstaltung von Mitte der 90er Jahre, sondern das ist einfach die realistische Erkenntnis der Ostdeutschen, dass niemand auf sie gewartet hat. Nun haben sie sich langsam wieder untereinander vernetzt und sind dabei, sich zu erinnern, was sie füreinander waren und sein könnten.

Nicht alle ostdeutschen Bürger schaffen das, sehr viele von ihren früheren sozialen Netzwerken, Kultur- und Bildungseinrichtungen, volkseigenen Betrieben und ganze Wirtschaftszweige wie die genossenschaftliche Landwirtschaft wurden zerstört.

Natürlich ist Vieles zerstört worden. Es hat mich aufgeregt, und ich habe es zugleich verstanden.

Die Vereinigung, so lautet ein Vorwurf vieler Ostdeutscher, war geprägt von westdeutscher Arroganz. Meinen Sie, dass sich diese Gründungsarroganz, die Sie als eine Art Logik beschreiben, bis heute fortsetzt?

Also, wenn jemand, wie es ein Großteil der DDR-Bevölkerung gemacht hat, den Anschein erweckt, erstens, wir sind politisch vollkommen naiv, zweitens, uns interessiert nichts mehr als die D-Mark und bitte, Helmut, nimm uns an die Hand und führe uns ins Wirtschaftswunderland, und ich wäre Helmut Kohl, dann würde sich bei mir nicht allzu großer Respekt gegenüber diesen Leuten regen in dem Sinne, dass dies Menschen seien, die mich fordern. Ich würde sie tatsächlich an die Hand nehmen, und ich würde an meine Rolle in der Geschichte denken. Irgendwann hat jeder Mensch, auch jeder Politiker, für sich eine

Lebenserzählung entworfen. Und eine größere Lebenserzählung als diejenige, die Helmut Kohl nun als dem Kanzler der Einheit zuteil geworden ist, kann es eigentlich nicht geben. Dennoch, all diese Dinge sind abgesichert worden durch demokratische Wahlen und Mehrheiten. Es gab am 18. März 1990 die ersten und auch letzten freien DDR-weiten Wahlen. Ich kann doch nun nicht daher gehen und sagen: Bei dieser ersten Wahl war ich gar nicht frei, der Onkel da, der hat so toll mit dem Lutscher gewinkt, da konnte ich mich gar nicht anders entscheiden als für den Lutscher. Ich konnte das. Wenn ich einerseits freie Wahlen fordere und die Mündigkeit der Bürger konstatiere, dann muss ich anderseits diese Mündigkeit auch ernst nehmen.

Der Historiker Professor Pätzold hat gesagt, es wäre seiner Meinung nach durchaus möglich gewesen, ein Konzept oder einen Plan der Reformkräfte für die Neustrukturierung und Demokratisierung der DDR zu entwickeln, wo mehr Souveränität zum Zuge gekommen wäre. Dann wäre das Land, respektive der Staat DDR zwar auch zugrunde gegangen, aber anders, quasi mit einem demokratischen Traum, mit einem praktischen Politik-Vorschlag, nicht so unterwürfig, wie es bei diesem eiligen Einigungsprozess nun mal vonstatten ging.

Kathrin Göring-Eckert sagte sinngemäß: Als schon überall diese riesigen Poster von der »Allianz für Deutschland« hingen, da hätten sie sich bei Bündnis 90, bei den Grünen noch darum gezankt, ob man Plakate mit Nägeln an Bäumen befestigen dürfe. Ich denke: Es musste so kommen, wie es gekommen ist, es konnte mehrheitsmäßig gar nicht anders gehen. Und trotzdem freue ich mich über das, was passiert ist. Ich habe sehr viele Freiheiten jetzt. Ich hadere nicht damit.
Eine andere Geschichte: Mir hat einer – er war Mitbegründer der SPD/Ost und Pfarrer – erzählt, ihm sei am Wahltag, am 18. März 1990, abends in seinem Dorf ein begeistertes Gemeindeglied entgegen gerannt und habe gerufen: »Herr Pastor, wir haben alle die Kirche gewählt.« Er meinte jedoch die »Allianz für Deutschland«. So war das eben.
Ich meine, es gab nach meiner Sicht am Ende der DDR zwei Gruppierungen, die moralisch sauber waren. Das waren die Bürgerrechtler, die haben jedoch gerade mal 2,9 Prozent bei der Wahl »eingeschaufelt«, und das war die SPD als Neugründung im Osten, die keine SED-Leute aufgenommen und sich damit auf ewig im Osten das Wasser abgegraben hat. Denn damit war die gesamte Kultur- und Funktionselite der SED/PDS von vornherein von einer Mitarbeit ausgeschlossen. So haben sie indirekt die PDS gerettet.

Es gab allerdings um die Wendezeit in den von Ihnen genannten politischen Formationen auch etliche für Politik unfähige, hoch gepuschte Personen und Wendepolitiker ohne intellektuelle Kompetenz oder politische Erfahrung, auch ohne jegliche Führungskapazität. Ganz zu schweigen von den durch späteres

Bekanntwerden einer Stasi-Mitgliedschaft moralisch korrumpierten Männern wie die Herren Schnur und Böhme. Regine Hildebrandt war und bleibt für viele die löbliche Ausnahme – ein Beispiel für Kompetenz, Authentizität und Leidenschaft. Wobei die meisten routinierten Spitzenpolitiker der aktuellen deutschen Regierung und Parteien auch nicht gerade mit dem Glanz oder Charisma eines Obama gesegnet sind.

Natürlich, wir reden jetzt immer in Vergrößerungen. Ich frage jetzt nur nach dem Prinzip. Warum haben sie das gemacht, warum haben sie nicht taktisch gedacht. Hans Misselwitz – er war kein SDP-Mitbegründer, trat dann ein und war 1990 Stellvertreter von Außenminister Meckel, er hat die Zwei-plus-Vier-Verhandlungen mit geführt – erzählte folgende Geschichte. Im Herbst 1989 hatte er gerade als Pfarrer in Hennigsdorf angefangen. Die Arbeiter kamen zu ihm und sagten: »Wir machen jetzt auch so einen Protestumzug, aber wir haben Angst vor einem 17. Juni«, also, dass die Russen kommen usw. Er hat dann seine Freunde aus Berlin kommen lassen, die haben Vorträge gehalten. Aber die Arbeiter sagten: »Das ist alles schön und gut, ihr habt eure hehren Ideen, und ihr wollt das Große und Ganze, aber wir haben Angst um unsere Arbeitsplätze.« Da hat er mitgekriegt, dass mit solchen großstädtischen, intellektuellen »Vagheiten« an der Basis überhaupt nichts anzufangen ist. Eine handhabbare Struktur wurde gebraucht, und mit der SPD konnten viele was anfangen. Deshalb hat er seine anfängliche Skepsis gegenüber einer Parteigründung überwunden.

Den Ost-Sozialdemokraten wurde nun wiederum vorgeworfen, sie hätten das große Ganze des Aufbruchs verlassen und sich schnell parteimäßig strukturiert, wohingegen es doch darum gegangen sei, jetzt mal eine ganz andere Form der Basisdemokratie zu entwickeln. So hat sich das eben alles aufgesplittert. Man darf auch nicht vergessen, wenn man sich diese Gründungsprogramme der politischen Bewegungen bis Herbst 1989 anguckt, dass sie alle doch sehr miteinander kompatibel waren. Sie orientierten sich keineswegs an dem, was kommen könnte, sondern diese Kompatibilität resultierte aus einem Konsens bezüglich dessen, was man nicht mehr wollte. Was man nicht mehr ertrug.

In die Zukunft gedacht gab es wenig Konstruktives?

Die Leute aller Gruppierungen und Parteien sahen die stinkenden Flüsse, die entlaubten Wälder, die ineffizienten Fabriken, undemokratische Strukturen, die Stasi usw. Und dann begann die hektische Suche, wer könnte denn unsere Schwesterorganisation sein.

Es gab nach dem Einheitstag 3. Oktober 1990 das Prinzip Rückgabe vor Entschädigung. Das haben Sie den »Henkersstrick der Einheit« genannt.

Ja, ich bin kein Wirtschaftsfachmann. Ich sehe aber zum Beispiel, dass kein Ostdeutscher das Kapital gehabt hätte, einen Betrieb zu erwerben, einfach weil die ostdeutschen Lebensleistungen viel weniger Kapital akkumuliert haben. Und dann die Treuhand. Die war vollkommen überfordert und überdimensioniert. Ich überlege nur, wie wäre es mir ergangen als Treuhandmanager, der zu einem Ost-Betrieb geschickt wird. Gehe ich da zum Pfarrer und erkundige mich nach der moralischen Verfasstheit vor Ort oder gehe ich zum ehemaligen SED-Direktor, der ökonomisches Knowhow hat?

Stimmt es Ihrer Meinung nach, dass die Treuhand für den wirtschaftlichen Ausverkauf der DDR steht?

Da kommt auch wieder zweierlei zusammen. Da haben sich welche schamlos bedient, und es wurden Betriebe an halbseidene Typen verschleudert. Andererseits war tatsächlich ein Großteil der DDR-Wirtschaft museal. Beides stimmt.

Bei Goodwill und echter Kooperation wäre, laut Ökonomin Prof. Christa Luft, ein Drittel zumindest der effektiven Exportbetriebe der DDR überlebensfähig gewesen, man hätte sie, so man gewollt hätte, durchaus erfolgreich in die Marktwirtschaft überführen können.

Ein Paradebeispiel dafür ist Bischofferode. Dort hatten sie übervolle Auftragsbücher, und dennoch sind sie aus Gründen der so genannten Marktbereinigung vom Netz genommen worden. Da kommt dann eben der Thüringische Ministerpräsident Bernhard Vogel, den ich achte, zu den Hungerstreikern und sagt: »Hier hat der Kapitalismus seine Fratze gezeigt.« Das ist natürlich auch eine Selbstaussage über die Ohnmacht der Politik. Die Streikenden lagen auf ihren Pritschen und hofften: Wenn der Helmut Kohl von uns erfährt, kommt er bestimmt zu uns und schreitet ein. Doch das passierte nicht.

Sie haben mal über Pfarrerskinder in der »Zeit« geschrieben und auch über Ihre zeitweilige Englischlehrerin, die Mutter von Frau Merkel, Frau Kasner. Sie haben da die Reihe aufgemacht von Albert Schweitzer, über Nietzsche, Gudrun Ensslin, Angela Merkel, Ingmar Bergmann usw. Das Pfarrersmilieu wurde so beschrieben: Einerseits gibt es die Würde Jesu und die Lutherische Sprache, andererseits aber auch die unerhörte Enge und Strenge.

Glashaus, ja, und: Benehmt Euch!

Glashausenge und andererseits auch Disziplinierung. Die Pflicht spielte eine Rolle, die Autorität des Vaters darf nicht leiden. Diese Ambivalenz. Sie haben gesagt, die Pfarrer hätten von vornherein in die Protesthaltung gehen müssen, da sie nicht so mit dem atheistischen Staat einverstanden waren, der Atheismus will statt Religion. Andererseits haben Sie zugegeben, dass Sie als Junge ein bisschen traurig waren, von so vielem äußeren, anderen Leben ausgeschlossen gewesen zu sein.

Ich hatte einen tragischen Hang zum Arbeitermädchen …

Zum Fußballspiel durften Sie gerade noch, aber nicht zur 1.-Mai-Demonstration. Diese Ambivalenz des Großwerdens unter einer Glocke, aber doch mit moralischem Rüstzeug, das Ihnen bis heute anhaftet. Wenn man Ihnen heute sagt, Sie sind oft missionarisch oder zu moralisch in Ihren Artikeln, was denken Sie dann?

Da bin ich schwerstens begeistert (lacht).

Warum?

Na, dann bin ich doch noch Pastor geworden.

Sie wollten das doch gar nicht sein.

Na, ein bissel schon. Ich wollte nur nicht jeden Sonntag predigen, Konfirmanden erziehen und nicht immer alte Damen beerdigen. Aber ansonsten habe ich damit keine Schwierigkeiten.

Sie leiteten in der späten DDR die Öffentlichkeitsabteilung des Berliner Ökumenisch-Missionarischen Zentrums, Sie schrieben aber auch Zeitungsartikel u. a. für den »Sonntag«, die kulturpolitische Wochenzeitung der DDR, was nicht gerade ins übliche Feindbilddenken einer Diktatur passt: dass ein junger, kritischer Theologe und Kirchenvertreter da mehrspaltige Kulturartikel publiziert. War das wichtig für Ihre spätere Publizistenlaufbahn?

Ja, das würde ich schon sagen. Das war so ein Dreischritt. Am Anfang habe ich ja für die Kirchenzeitung geschrieben, der »Sonntag« war für mich so ein Sprung raus aus dem Kirchenfenster.

Mit weicher Landung?

Ja. Es kamen dann eben auch Reaktionen von Leuten, die niemals von der Kirche auch nur das Läuten gehört hatten. Ich kriegte sehr viel Feedback auf einer emotionalen Ebene, weil ich über ein hochemotional aufgeladenes Medium schrieb, Rockkonzerte und Ähnliches. Und vor allem, es kam beim »Sonntag«-Schreiben auf Ästhetik an, es musste auch formal alles stimmen. Parallel zum »Sonntag« schrieb ich noch für »Kirche im Sozialismus«, das war eine zweimonatlich erscheinende West-Zeitschrift, herausgegeben vom Gemeinschaftswerk für evangelische Publizistik. Da habe ich lange Essays über die Spätphase der SED und der DDR geschrieben. Dabei musste ich was Anderes lernen: wie man den Bogen eines langen Textes spannt, wie man das dramaturgisch aufbaut. Christfried Berger, mein Chef am Berliner Missionshaus, schlug mitunter die Hände überm Kopf zusammen: »Bruder Dieckmann, wollen Sie das wirklich riskieren?« Ich habe ihm meine Artikel vorgelegt, aber ich habe sie mir nicht verbieten lassen, und er hat es mir nicht verboten. Ich dachte mir, es gibt die uneingestandene Erlaubnis für kirchliche Akademiker, im Westen zu publizieren in der Zeitschrift für alttestamentarische Wissenschaft oder sonst wo, und dieses Recht zur Westpublikation nehme ich mir einfach heraus. Zum Beispiel hat sich mein Philosophie-Dozent, der spätere SPD-Mann Richard Schröder, dieses Recht auch herausgenommen. Ich bin schon gewarnt worden, nicht unter meinem Klarnamen zu schreiben. Ich wollte das aber. Und es ist mir nichts passiert. Ich habe meine Stasiakte nicht lesen mögen, ich will das auch in Zukunft nicht. Ich weiß nicht, warum nichts passiert ist, ich bin einfach froh darüber, dass ich es gewagt habe.

Warum wollen Sie Ihre Stasi-Akte nicht lesen, wo doch bestimmt von Ihrer zivilen Courage erzählt wird, die der Stasi ein Dorn im Auge gewesen sein muss?

Das hat zwei Gründe. Ich wollte nicht zum Stasiexperten gemacht werden bei der »Zeit«, weil ich nicht wollte, dass die DDR auf die Stasi reduziert wird. Und zweitens: Mir ist vom Leben wirklich überhaupt nicht übel mitgespielt worden, und deshalb möchte ich mich nicht so benehmen wie jemand, der sein Leben erst dann wieder auf die Reihe kriegt, wenn er weiß, wer ihn verraten hat. Und drittens waren die Stasi-Leute subalterne Lümmel, die sich selber das Leben durch eine unwürdige Existenz verdorben haben. Ich weiß von einem, mit dem ich ein Jahr zusammen gewohnt habe, dass der eine große Petze war. Ich möchte mir da eine gewisse Arroganz bewahren und sagen: So nicht. Das interessiert mich nicht.

Hat die Herausgeberin der »Zeit«, Gräfin Dönhoff, Sie gemocht und gefördert?

Mit Gräfin Dönhoff hatte ich gar nicht so viel zu tun, die war damals schon recht alt. Die »Zeit«-Kollegen waren alle freundlich zu mir. Es gab nur eine Schwierigkeit, ich machte keine Anstalten, die richtigen politischen Geschichten zu schreiben, also die Geschichten über die politische Klasse und ihre Regularien, von Parteitag bis Hintergrundgespräch. Die Alltagsspiegelung, wie ich sie beim »Sonntag« gelernt hatte, handelte nur von Menschen, die politisch nicht prominent waren. Das war also eine Schwierigkeit. Schließlich einigten wir uns auf den Begriff Komplementärfarbe. Also steuerte ich in der »Zeit« die für sie ungewohnten politischen Komplementärfarben Alltag und Provinz bei. Das ging auch deshalb gut, weil ich keinem ins Gehege kam. Niemand machte Anspruch geltend auf das Thema DDR.

Sind Sie ein Gewinner der Wende? Sie bringen fast jedes Jahr ein Buch heraus. Gibt es da auch welche, die Ihnen das neiden?

Eher wird gesagt, dass ich zu wenig schreibe.

Wer sagt das?

Viele: Man liest nie oder nur selten was von Ihnen in der »Zeit«. Ich schreibe tatsächlich langsam. Aber schreiben macht keinen Spaß. Lesen macht Spaß.

Wie läuft bei Ihnen der Prozess des Artikelschreibens ab? Sie nehmen zuerst Gespräche auf und schreiben sie ab. Und dann?

Dann mache ich daraus ein Hörspiel mit essayistischen Parcours oder wie auch immer. Ich habe keine Methode, sondern ich sage, ich schreibe so, wie ich es selber am liebsten lesen möchte.

1989 waren Sie auch kurzfristig Moderator beim Fernsehen?

Ja, da haben sie mich rausgeschmissen und zwar mit Recht. Das war einfach schlecht. (lacht) Ich dachte immer, dass ich ganz toll bin. Diese Meinung hatte ich ziemlich exklusiv. Dann traf ich einmal Sonntagmorgen nach einer Sendung – ich war noch voll in meiner eigenen Selbstbegeisterung von der gestrigen Sendung – jemanden, der sagte: Ach, Herr Dieckmann, dass ich Sie endlich mal treffe, ich wollte Ihnen sagen, wie gut mir Ihre Sendung gefällt. Ich guckte bejahend. Er wieder: Aber nur eins stört, Sie! Sie tun immer so intellektuell, Sie sind überhaupt nicht intellektuell, und die Sendung entgleitet Ihnen. Das war ein Zuschauer. Ja, das war wirklich nicht toll. Ich habe mal eine Zusammenfassung gesehen von fünf Folgen dieses »Samstalk«, zusammengeschnitten auf die Länge von einer, und in dieser Zusammenfassung war alles Wesentliche drin. Ich habe nichts vermisst. Das war kein gutes Zeichen.

Ist es für Sie ein Privileg, dass Sie zwei Gesellschaftssysteme erlebt haben?

Ich versuche alle Ostdeutschen, die das nicht selbst so empfinden, dazu zu überreden. Es ist ein ungeheures Privileg! Weil es das Leben erweitert. Man gewinnt eine zweite, eine Gegenwelt. Man kann in spiegelbildliche oder vergangene, aber doch nicht vergehende Verhältnisse hinüberreisen. Und das können die Westdeutschen, die diesen Zeitengraben nicht kennen, nicht.

Die westdeutsche Zeitungs- und Medienlandschaft ist größer, bunter, erlaubt Kritik und Vielfalt. Und doch beklagen kritische Publizisten derzeit eine zunehmende Verflachung, eine Boulevardisierung und Anpassung an den so genannten Zeitgeist. Welche Gefahren sehen Sie für eine aufgeklärte demokratische Mediengesellschaft?

Ich beklage eher das Desinteresse des Publikums. Ich beklage die Auswanderung der Wirklichkeit aus dem Wort. Die Visualisierung macht alles vieldeutig und erlaubt es auch den Menschen, beliebig zu bleiben. Dann resultiert daraus ein Mediensterben. Ein Teil davon mag berechtigt sein, weil jeder von uns überfordert wird durch Dinge, die auf ihn einstürmen. Natürlich gibt es Manipulation durch Leute, die Macht haben. Das muss keine politische Macht sein, das kann auch eine suggestive Macht sein, eine finanzielle Macht.

Sie sind auch Angriffen ausgesetzt. Beispielsweise gibt es einen deftigen Schmähartikel des Berliner Publizisten Henryk Broder, der Sie zynisch und ideologisch aggressiv diffamiert – ausgerechnet Sie, der Sie nicht in der FDJ waren, als Schreiber von »FDJ-Prosa«. Wie denken Sie darüber?

Ich kann nur Mehreres mutmaßen. Ich habe diesen Artikel gelesen. Ein »Kollateralschaden der deutschen Einheit« sei ich. Tja, es gibt eben so diesen Wiglaf-Droste-Typus, der sich ausschließlich als Polemiker profiliert. Zum Anfang hat sich Broder ganz freundlich an mich rangemacht. Das war bei einem Pen-Kongress in Heidelberg, bei diesen ewigen Pen-Verheiratungsquerelen Ost-West. Damals hatte der West-Pen erklärt: Keine Berührung mit dem Ost-Pen, niemals! Daraufhin sind 80 West-Pen-Mitglieder unter Führung von Günter Grass als Doppelmitglieder in den Ost-Pen eingetreten. Und ich dachte, im Osten organisiere ich so eine kleine Gegengruppe von 10 Ostlern mit Christoph Links, Christoph Hein usw., die in den West-Pen eintreten. So wurden wir 1996 zum West-Pen-Kongreß nach Heidelberg eingeladen. Am zweiten Tag wollte mich Henryk Broder so vereinnahmen und umarmen und sagte: »Uns ist dies alles zu heuchlerisch, Herrn Dieckmann und mir. Nicht wahr, Herr Dieckmann, wir gehen jetzt einfach, wir verlassen diese lügnerische Veranstaltung.« Ich antwortete: Nein, Herr Broder, ich bin ja gerade angekommen, ich will noch ein bisschen bleiben. Und dann kam diese Geschichte mit meinem Auschwitzartikel »Gottesvolk und Kriegstrompeten«. Zu diesem Artikel, so wie er in der »Zeit« erschienen ist, kann ich mich nicht mehr bekennen. Ursprünglich sollte es in der Ausgabe um den 11. September 2001 einen Vorabdruck aus meinem Buch »Volk bleibt Volk« geben. Es passierte das Bekannte in New York, der furchtbare 11. September, und die Zeitung füllte sich natürlich anderweitig. Mein Vorabdruck unterblieb. Er sollte zum 9. November, dem Pogromgedenktag, nachgeholt werden, aber ich möge den Buchtext ein bisschen aktualisieren. Mittlerweile hatte im Schatten des 11. September Sharon seine Provokation auf dem Tempelberg gestartet, die Zweite Intifada begann usw. Das hat mich so empört, dass ich den Artikel polemisch angespitzt habe. Da ist mir selber die Hand ausgerutscht, und ich habe theologische Topoi aktuell-politisch verwendet. Das war nicht in Ordnung. Vor allem: Man kann nicht Israels Politik von der Auschwitzer Rampe aus kritisieren. Daraufhin rastete sozusagen der Hebel Broder ein, das war sein Thema, das kann ich sogar verstehen. Es gab dann in der »Jüdischen Allgemeinen« noch einen Artikel von Henryk Broder mit der Überschrift: »Dumm, deutsch, Dieckmann.« Das fand ich nun schon wieder fast klasse (lacht).

Sie haben bei Christa Wolfs Geburtstagsfeier in der Akademie der Künste in Berlin beschrieben, was Ihnen ihr Roman »Kindheitsmuster« an literarischem Erlebnis gegeben hat. Was hat Sie da so berührt, bestärkt und für sie eingenommen?

Christa Wolf gefällt mir in vielerlei Hinsicht sehr. Sprachlich mag ich diese Art, Texte zu flechten, die Rhythmik, die schwingende Musikalität. Mir gefällt die Selbstbefragung, die aber den Weltblick nicht aus den Augen verliert. Und »Kindheitsmuster«, das habe ich ja in dem Text, den ich in der Akademie der Künste vorgelesen habe, zu sagen versucht, das lieferte mir Lektionen als Reporter, einen Schlüssel zum Reporterberuf. Ein Reporter ist ein Parlamentär zwischen der Großgeschichte und der individuellen Erfahrung. Die individuelle Erfahrung sagt immer: Ich habe das aber anders erlebt. Und sie hat Recht damit. Die Großgeschichte sagt: Du hast nur einen Ausschnitt erlebt, der ist nicht typisch. Christa Wolfs Buch erzählte eine kindheitliche Heimfahrt ins heutige Polen. Ich habe daraus die Frage destilliert: Ist es legitim, sich einer glücklichen Kindheit im Nazireich zu erinnern, in voller Kenntnis dessen, was dieses Regime angerichtet hat? Die Antwort, wie ich sie verstand: Es ist erlaubt als individuelle Erfahrung; als Epochenurteil wäre es Lüge. Meine Mutter stammt übrigens auch aus Christa Wolfs Kindheitsland.

Als damals die IM-Enthüllung Christa Wolfs kam, die sie ja selber gemacht hat, und dann diese wütende Medienkampagne und Verdammnis einsetzte und sie in die USA entfloh, wie ist es Ihnen damit ergangen? Friedrich Schorlemmer sagte damals: Ein Denkmal stürzt und ein Mensch bleibt.

Ich war erst enttäuscht von Christa Wolf, aber nicht so sehr. Ich dachte, jetzt hat sie das überfordert. Manches von dem, was sie gesagt hat, fand ich auch so ein bisschen mater-dolorosa-haft. Ich dachte, was hat sie denn, ihre Leser bleiben ihr doch, und diese überragende Popularität kommt nicht abhanden. Ich kann ja in diesen Menschen nicht hineingucken, sie ist ja auch ein spröder Mensch nach außen hin. Aber es hat mir Christa Wolf nicht entfremdet. Und ich brauche Christa Wolf eigentlich nicht als Denkmal. Sie ist mir nahe, ihr Sound ist mir nahe.

Hat das damit zu tun, dass Sie das Gefühl der Melancholie auch so gut kennen?

Ja, sicher. Natürlich, das meine ich mit nahe. Sie war ja die Lieblingsautorin aller evangelischen Pastoren. Ich weiß noch, als Gaus anfing, auch Ostdeutsche für seine Reihe »Zur Person« zu interviewen, war Bischof Albrecht Schönherr der Erste. Den fragte Gaus nach Literatur, die er mag. Er antwortete ohne zu zögern: Christa Wolf, »Kindheitsmuster«. Dieses Leben und Bleiben in der DDR und Sich-abarbeiten an ihren Zumutungen, das hat sie zum Thema gemacht.

Man spürt bei Ihnen Wärme gegenüber Christa Wolf, auch in dem, was Sie in der Berliner Akademie der Künste zu ihrem 80. Geburtstag gesagt haben. Würde es Sie auch interessieren, Frau Angela Merkel, die so vollkommen anders ist als die weltberühmte, sensible Autorin Christa Wolf, die aber auch Pastorenkind wie Sie ist, zu porträtieren, eine Frau, die mit der Macht jongliert, die keine Hemmung hatte, in die FDJ zu gehen und in Leipzig an der Uni FDJ-Sekretärin war, die sich offenbar immer ziemlich gefahrlos und ehrgeizig mit der Macht arrangiert hat, damals mit der FDJ und jetzt mit der CDU auf Kanzlerebene. Die damit keine Mühe zu haben scheint, auch nicht damit, dass sie über ihre DDR-Zeit nicht so gerne redet?

Sie verschweigt doch nichts.

Das Studium in der Sowjetunion und ihre FDJ-Mitgliedschaft benennt sie so gut wie gar nicht.

Aber sie lässt sich darauf ansprechen. Angela Merkel ist sehr konsequent, so empfinde ich das. Über sie zu schreiben, darüber habe ich noch nicht nachgedacht. Ich denke, es interessiert mich weniger, weil sie die Ambivalenzen und die Widersprüchlichkeiten nicht austrägt. Sie hat sich entschieden. Sie ist ein sehr nüchterner Mensch. Ich habe mich gefragt, wie sich wahrscheinlich Viele fragen: Wie kann sich eine Frau aus dem Osten in dieser CDU, in diesem Männerhaifischbecken, ohne Lobby durchsetzen. Ihre stärkste Waffe ist eine geradezu groteske Uneitelkeit, die sie ausspielen kann. Sie spart dadurch unendlich viel Kraft.

Und das Aussitzen ist auch eine Taktik.

Das auch. Und sie hat, das ist sicher typisches evangelisches Pfarrhaus, eine innere Souveränität, dass ihr das Eigentliche nicht genommen werden kann. Sie fühlt sich irgendwie überlegen über mindere Motive und mindere Energien usw. Wenn etwas schief geht, kann ihr trotzdem nichts passieren. Sie hat was Anderes, ein Menschenbild, ein Bild von einer Bestimmung, von der menschlichen Kraft und vom Eigentlichen, das nicht abhängig ist von dieser Machtposition. Ich vermute, dass es so ist, ich weiß es nicht genau. Ich verstehe, dass diese Ambivalenzen nicht ausgetragen und nicht besprochen werden, weil Frau Merkel kalkuliert: Ich will für ganz Deutschland geeignet und deshalb nicht zu ostdeutsch sein, weil Ostdeutschland die Minderheitengesellschaft ist. Aber andererseits macht mir das Frau Merkel auch weniger interessant.

Da Sie ein sehr genauer Beobachter sind, finden Sie, dass sich Parteien in ihrem Gehabe ähneln, ob im Osten oder im Westen? Es geht immer um Macht.

Der große Unterschied ist, dass es heute in dieser Gesellschaft mehrere gleichberechtigte Parteien gibt und ein Wettbewerb entsteht. Es gibt einen wirklichen

Wettbewerb. Die »Linke« empfinde ich als saturiert und allseits anerkannt. Und das Maß, in dem sie nicht anerkannt ist, kommt ihr als kleiner charmanter Undercover-Touch zugute. Sie kommt vor und kann sich äußern und vor allem, sie wirkt ja auch. Andererseits erstaunt mich, dass die »Linke« von der Wirtschaftskrise und dem radikalen Imageverlust des Marktsystems anscheinend nicht profitiert.

Sie sagten einmal, die Rehabilitation der Institution Krieg ist für Sie die größte Ernüchterung und Frustration der letzten Jahre. Ihre pazifistische Maxime heißt: Man muss nicht im Krieg gewesen sein, um ihn zu hassen.

Richtig.

Dafur, Afghanistan, Irak, Nahost – wenn man dahin schaut, kommen Sie sich da mit Ihrem Job und mit Ihrem christlichen Pazifismus nicht elend ohnmächtig vor in dieser Welt?

Ja. Ich habe ja eine komfortable Situation. Ich lebe hier in Deutschland in einer Welt, die nicht angegriffen wird. Aber diese Ohnmacht spüre ich natürlich. Ich habe alle möglichen Themenordner, und die dicksten sind die zum Thema Soldaten. Ich schneide alles dazu aus. Ich kriege jedes Jahr einen pazifistischen Kalender von einem der letzten überlebenden Wehrmachtsdeserteure, Ludwig Baumann. Er lebt hochbetagt in Bremen und kämpft unermüdlich für die volle Rehabilitation seiner Schicksalsgenossen, von denen die NS-Justiz 20 000 ermordet hat. Es gibt so ein sukzessives Sich-fügen in den Krieg. Es geht ja nicht darum, dass die Menschen sagen: Ja, ich finde Krieg gut und Frieden nicht. Die Gewöhnung geschieht allmählich, so wie es Billy Bragg in »Rumours of War« besungen hat: »Life goes on as it did before/as the country drifts slowly to war.« Bestimmte maskuline Images werden befördert, militärische Pop-Images sind en vogue, gewaltsame Lösungen gelten als normal, man schwätzt von »Waffengang« und »robustem Mandat«, man behauptet Notwehrsituationen und verteidigt am Hindukusch, was sonst, »unsere Freiheit«.
Ich habe neulich ein langes Gespräch mit Bischof Wolfgang Huber geführt. Das war drei Tage vor Karfreitag. Ich sagte, Herr Huber, Sie werden in meinen Presseunterlagen immer wieder als Pazifist bezeichnet. Deutschland steht inzwischen auf Platz drei der Waffenexporteure. »Ja«, sagte er, »das ist für mich auch deprimierend, für bestimmte Waffensysteme braucht es eine Sondergenehmigung, und die gibt es immer.« Drei Tage später predigte er in der Marienkirche in Berlin vor diesem bürgerlichen Karfreitagspublikum und nannte die Zahlen, Deutschland weltweit auf Platz drei der Waffenexporteure, noch vor England und Frankreich. »Das wurde für mich zu einer Karfreitagsnachricht«, sagte er.
Ich beobachte auch eine sukzessive Militarisierung der Außenpolitik, die mit der Vollgültigkeit Deutschlands und seinem Platz in der Welt begründet wird, mit

der gestiegenen Verantwortung usw. Dass die Leute da einfach mitmachen, dass die Menschen, jetzt mal pauschal gesagt, sich daran gewöhnen, dass es doch immer Krieg gegeben hat und Hauptsache, es bleibt außen vor – das ist ja alles nicht bis zum Ende gedacht. Als jemand, der immerzu relativiert und sich in alle möglichen Dinge hineinfühlt und dies verstehen lernen kann und jenes verstehen kann, bleibe ich hart und sage: Der Mensch darf den Menschen nicht töten, außer in extremer Notwehrsituation.

Wenn wir uns an die mächtigen Demonstrationen gegen den Irakkrieg erinnern, stellen wir heute fest: Die Proteste werden weniger. Hat das mit Gleichgültigkeit zu tun? Die Massenmedien liefern täglich Gewaltbilder frei Haus. Da regt sich schon keiner mehr auf. Die pausenlose Berieselung mit Nachrichten aus Kriegs- und Krisengebieten, die als normal angesehen werden, und die Aufforderung, noch mehr Soldaten dorthin zu schicken, das müssten alle einsehen – erweckt das nicht den Eindruck, als gäbe es weniger die Orientierung auf friedliche Lösungen im Zusammenleben der Völker? Haben die Medien daran eine Mitschuld, und nehmen sie ihre Verantwortung für eine friedliche Welt nicht mehr genügend und nicht energisch genug wahr?

Eine Verantwortung haben sie, eine Schuld, denke ich, haben sie nicht. Sie berichten eben. Wenn ich zum Beispiel ein ARD-Korrespondent bin und habe 60 Sekunden, oder ich fahre tatsächlich in dieses Tal, das die Taliban übernommen haben und schreibe einen langen Artikel darüber, dann kann ich doch nicht jeden Artikel damit beginnen: Liebe Leser, Krieg ist schlechter als Frieden. Und die Berieselung ... Ich stehe doch nicht unter der Dusche. Ich bin doch ein Fernsehgucker und Leser und Denker. Ich weiß nicht, was die Leute machen, die sich tatsächlich berieseln lassen, aber ich kann wählen.

Aber die Nachrichtensendungen, nehmen wir »Tagesschau« und »Heute«, sind sehr zurückhaltend in der Bewertung von Ereignissen. Nun kann man sich darüber streiten, ob Nachrichten bewerten sollen oder nicht.

Das obliegt jedem Einzelnen. Die Arbeit darf man sich einfach nicht abnehmen lassen. Man kann doch nicht von den Medien, jedenfalls nicht regelmäßig, die moralische Schlussansprache erwarten. Es gibt eine Gewöhnung, und sicherlich gibt es sie auch bei mir, die relative Trauer, die da lautet: Der Tod ist in der Welt. Und das Töten ist in der Welt. Sicher ist das so.

Der Pazifismus-Gedanke wird offiziell wenig unterstützt. Auch Ex-Kanzler Gerhard Schröder wurde wegen seiner Haltung, Deutschland nicht am Irak-Krieg zu beteiligen, stark kritisiert. In Kommentaren hört man die Argumentation: Wir sind wieder wer. Wir haben uns die ganze Zeit rausgehalten aus den Auseinandersetzungen, aber jetzt müssen wir uns wieder beweisen.

Ja, das ist das Normale so. Genau das ist das, was ich 1990 befürchtet habe, und es ist eingetreten. Aber es konnte auch nicht ausbleiben. Es würde so sein, das wusste ich schon. Ich bin im Gegenteil dankbar, dass die deutsche Gesellschaft, die diese Erfahrung des Krieges am eigenen Leibe und im eigenen Land gemacht hat, mit dieser Erfahrung resistenter ist gegen Kriegsgelüste.

Sie haben ja auch über Ihre Familie geschrieben. Was sagen die Eltern dazu?

Mein Vater ist 1993 gestorben, meine Mutter lebt noch und wird manchmal gefragt: Wie geht es Ihnen denn damit, in Büchern zu stehen? Sie sagt dann immer: »Daran muss man sich erst gewöhnen.« Aber sie sagt auch: »Ich denke, es ist so geschrieben, dass man damit leben kann.« Und ich sage ihr: Mutti, alles ist besser als Vergessen und Vergessenwerden.

Haben Sie den Film »Der Untergang« gesehen?

Ich mag es nicht, wie Geschichte per Film übermalt wird. Mein Sohn Conny ist jetzt 13 Jahre alt. Der sieht »Good-bye, Lenin!«, und das ist für ihn die DDR, so wie für mich »Spartakus« der Film über das Römische Reich war. Beim Römischen Reich ist es mir wurscht, aber nicht, wie die DDR filmisch übermalt wird. Es ist ja nicht nur die DDR. Die gesamte jüngere deutsche Geschichte wird jetzt eins fix drei abgehandelt, Dresden, Lengede, der Baader-Meinhof-Komplex, die Republikflucht, alles in derselben patinierten Realästhetik. Andererseits muss es immer Mainstream sein. Weil die Filme ins Ausland verkauft werden sollen, sind sie sozusagen gesamteuropäischer Mainstream. Ich schätze es nicht, ganz komplexe historische Dinge auf »personal stories« zuzuspitzen und dann zu sentimentalisieren. Ich werde nicht satt davon. Es ist mir zu viel Entertainment. Ich denke, dass diese Filme die tatsächliche Historie ablösen, indem sie sie übermalen. Dadurch unterbleibt die Auseinandersetzung, während die Filmschöpfer behaupten, sie werde befördert.

Der Blick auf den Faschismus ist heute ein anderer als 1945/46, als man ihm und besonders seinem Krieg gerade entronnen war.

Nicht zu vermeiden ist, dass aus Geschichte Vorgeschichte wird. Das ist so. Und ich gehöre nun mal zu einer Mittlergeneration. Ich bin als Kind geradezu erschrocken gewesen, als mir klar wurde, wie kurze Zeit nach dem Krieg ich geboren wurde. Ich stelle mir vor, es hätte mich ein Brief erreicht, in dem befohlen wird, ich müsse jetzt Soldat werden. Einfach entsetzlich. Ich erinnere mich, früher stand in unserem Dorf auf jedem Vertiko ein Foto mit schwarzem Trauerflor. Viele Frauen, Witwen, jung oder alt, liefen ständig in Schwarz herum.
Aber die Zeit rast. Mein allerliebster Nachwendefilm wurde von einem Westdeutschen gedreht, für den schmeiße ich mich in die Bresche. Es ist »Schultze gets the Blues«. Der Film ist tief und grandios komisch, von Tragik hinterfangen.

Ich traf Horst Krause, der den Schultze spielt, auf dem ZDF-Sommerfest und sagte zu ihm: Herr Krause, wie kann man sich als Westdeutscher nur so genau in die ostdeutsche Befindlichkeit einfühlen? Ich möchte Sie zum Ehren-Anhaltiner ernennen, Axel Prahl ist ja gar nichts dagegen. Später habe ich erfahren, Krause ist mitnichten Westdeutscher, er stammt aus Brandenburg. Mein Kompliment hat er nicht dementiert, das hat er einfach weggesteckt.

Es setzt sich nur so viel Vernunft durch, wie wir selbst durchsetzen!

Interview mit der Kabarettistin Gisela Oechelhaeuser im März 2009

Frau Oechelhaeuser, Ihr Sohn Sebastian war Abiturient, als im Jahr 1988 über Margot Honecker und die SED mehrere Schüler wegen einer demokratischen Wandzeitung mit Pazifismus-Zitaten gegen die Militärparade zum »Tag der Republik« am 7. Oktober in Berlin von der Oberschule »Carl von Ossietzky« relegiert wurden. Wie erinnern Sie sich daran?

Als diese Oberschüler tatsächlich von der Schule flogen und die Tür hinter ihnen ins Schloss fiel, sagte mein Sohn: »Plötzlich wusste ich, was Faschismus ist!« So ein starkes Abwehrgefühl hatte er. Das war für seine Entwicklung ein unglaublicher Schock. Als er dann später, im Herbst 1990, seinen Schuldirektor im Fernsehen sah und beobachtete, wie windig oder wendehalsig der sich zu rechtfertigen versuchte und dabei so eine jämmerliche Figur machte, wurde Sebastian kreidebleich und sagte mir: »Mutter, das musste dir doch immer klar sein, dass ich dem nur geglaubt habe, weil ich ihm glauben wollte; der Direktor hatte uns gesagt: Für eure Mitschüler gibt es keine andere Möglichkeit, denn sie haben sich gegen den Sozialismus entschieden, und deshalb müssen wir sie gehen lassen.«

Dieser Rausschmiss der Schüler kam Gesinnungsterror gleich, bei dem man richtig zusammenzuckte, weil man solche Methoden doch eher in die Nazi-Zeit oder in Pinochets Chile ortete.

Jana Simon, die Enkeltochter von Christa Wolf, erzählt auch davon. Die Kinder von kritischen Intellektuellen, von denen es etliche in Berlin-Pankow gab, haben bei ihren Eltern gelernt, wie man den Mund aufmacht, wo man nachhakt. Diese angeblich sozialistische Gesellschaft hätte sich mit solch aufgeweckten DDR-Jugendlichen schmücken können, wenn es eine klügere SED-Politik gegeben hätte. Der Rausschmiss war doch für die betroffenen Schüler ein vernichtendes Urteil. Bezogen diese mutigen Abiturienten ihre Stärke hauptsächlich von ihren nachdenklichen, kritischen Eltern, die ihnen das vermittelt haben?

Gisela Oechelhaeuser 2009 (li.) und 1978 (re.)

Ja, das muss aber nicht so direkt passieren. Wenn du von klein an mitkriegst, dass du kostbar bist und dass deine Meinung und dein wachsendes Selbstvertrauen wichtig sind, dann ist so eine Abstimmung mit den Eltern für das eigene Verhalten gar nicht mehr nötig. Dieses Gefühl ist meiner Meinung nach die Grundlage von Demokratie, wo es wichtig bleibt, dass du das Wort ergreifst. Ich sehe das ja auch bei uns, den Kabarettisten. Diesen Impuls musst du aus früher Kindheit mitbringen, das kannst du an keiner Schule der Welt lernen.

Wir haben noch mal Ihr autobiografisches Buch »Hiergeblieben« gelesen. Da erzählen Sie, wie Sie als kleines Mädchen zum »Sonnenschein« wurden. Und zwar gibt es dazu diese Episode: Sie hatten Scharlach, lagen im Krankenhaus und sagten zur Krankenschwester: Gib mir mal bitte den Wischeimer, ich helfe dir.

Ja, das habe ich so gesagt: Jetzt musst *du* doch nicht mehr wischen, jetzt bin ich doch da.

Ist diese Episode vielleicht eine Art Freudsche Enthüllung? Denn Sie haben ja nicht nur als kleines Mädchen, als »Sonnenschein«, sondern auch als Erwachsene immer wieder gespürt, ich kriege tolles Feedback. Sie wollten ja nicht nur Sonnenschein geben, sondern auch bekommen. War das Ihre Art von Liebes- und Anerkennungssuche?

Ja, da haben Sie ins Schwarze getroffen. Ich habe nach meinem ersten großen seelischen Absturz 1993 intensiv darüber nachgedacht.

Ich war mitten aus einer Erfolgsbiografie, aus einem wirklich irrsinnigen Erfolg als Kabarettkünstlerin, auf einmal heraus katapultiert worden. Wenn Sie damals eine Umfrage in der deutschen Hauptstadt gestartet und gefragt hätten, wer sind die berühmtesten Berliner und Berlinerinnen, wäre ich sicherlich dabei gewesen. Und da gehe ich plötzlich ins Krankenhaus, freiwillig, weil ich gemerkt habe, ich habe so große Depressionen, dass ich mich nicht mehr einkriege. Ich bekam als Kabarettistin einerseits Bravorufe auf der Bühne, und dann ging ich nach Hause und dachte, ich muss mich umbringen.

Das betrifft Ihre Auftritte im bekanntesten Ost-Berliner Kabarett »Distel«, wo Sie nach der Wende die Prinzipalin waren. Reichte Ihre Kraft nicht mehr?

Es war, als wäre ich gespalten, von außen intakt, aber innerlich fühlte ich mich vollkommen hohl oder ausgehöhlt. Und da bin ich freiwillig in die Psychiatrie gegangen. Das passiert dort offensichtlich selten, jedenfalls brauchte man ganz lange, um zu realisieren, dass ich wirklich krank bin. Die Psychologen und Ärzte meinten, ich sei einfach überarbeitet und übermüdet, das typische Burn-Out-Syndrom. Doch ich war psychisch krank mit schweren Depressionen. Nach dem Krankenhausaufenthalt habe ich eine intensive Gesprächstherapie begonnen. Das war sehr nützlich. In meiner Biografie, die ich mitbringen musste zur Therapie, hatte ich geschrieben: »Ich hatte eine glückliche Kindheit und wurde bedingungslos geliebt.« Und ein Jahr später fragte mich die Therapeutin: »Wollen Sie das noch mal sehen?« (lacht) Es waren die Wünsche, die Wünsche der kleinen »Gigi«, wie ich immer gerufen wurde. Inzwischen war ich fast 50, das muss man sich mal vorstellen!

Noch mal zu Ihrer Frage. Der Sonnenschein entspricht nicht nur meinem Temperament und meiner Lebenslust, sondern da kann ich doch nur dankbar sein für so viel Selbstvertrauen! Danke Mutter, danke große Geschwister, danke Gott! Doch die andere, eben traurige Hälfte dieser Wahrheit ist, dass ich sehr wohl mitgekriegt habe: Ich hatte keinen Vater, keine Großeltern, keinen Onkel, keine Tante, also keine richtige Familie. Ich hatte meine große Schwester und meine großen Brüder, wir waren insgesamt vier Geschwister. Meine Mutter arbeitete. Ich hatte keinen richtigen Schutz. Keine Nestwärme. Meine große Schwester wäre jetzt sehr traurig, wenn sie das hörte, aber ich kann ja nur von mir ausgehen. Ich hatte nichts Privates. Also zum Beispiel kam die Bescherung zu Weihnachten erst dann, wenn gar niemand anderes mehr was von unserer Mutter wollte. Sie arbeitete damals als Pfarrerin in Apolda. Ich hatte immer das Gefühl, ich bin überhaupt nicht wichtig. Ich wurde nicht abgelehnt, aber ich war nicht wichtig. Also musste ich permanent in Vorleistung treten, damit ich wahrgenommen werde.

Die anderen Apoldaer Mitbürger aus der Kirchgemeinde wurden von der Pfarrer-Mama christlich bedacht, und Sie als Tochter fühlten sich von ihr nicht genügend beachtet?

Ja, so war das. Die Protestanten sagen: »Liebe deinen Nächsten wie dich selbst.« Ein wunderbarer Satz aus der Bibel. Aber sie lieben sich meist selbst nicht. Wie sollst du da deinen Nächsten lieben? Wenn du dich selber liebst, musst du doch zu deinem Kind irgendwann mal sagen können: Jetzt bist du dran, nur du. Das habe ich mit meinem Sohn so gemacht: Jetzt wird nur gekocht, was du willst, und wenn das drei Stunden dauert! Wenn ich mit meiner Mutter in der Stadt spazieren ging, blieb sie alle paar Minuten stehen. Auf diese Weise, auf unseren Gängen auf der Promenade, machte sie als Katechetin und später als Pfarrerin die meisten »Hausbesuche«, die sie als überarbeitete, werktätige Frau anders nicht schaffte. Und ich stand dabei, zupfte sie am Rock – ich war damals sechs oder sieben – und klagte: Du hattest doch aber versprochen, dass *wir* spazieren gehen!

War das ein Zwiespalt, denn Sie wussten doch bestimmt schon als Kind: Eigentlich tut meine Mutter Gutes, aber zu mir ist sie nicht gut genug?

Nein, in solchen Kategorien dachte ich damals nicht. Ich hätte mich zu Tode erschreckt über so eine Frage. Das ist wirklich nur mit den Mitteln der Psychoanalyse zu beantworten, denn meine Mutter hat mich auf ihre Weise ja offenbar geliebt. Doch sie hat es nicht besser vermocht, mir ihre Liebe zu zeigen. Sie war der Ansicht und auch im Gottvertrauen: Das Kind wird schon wissen, dass ich sie liebe.

Konnten Sie später mit Ihrer Mutter darüber sprechen?

Ich habe das zum Glück alles mit ihr geklärt, bevor sie vor sechs Jahren gestorben ist.

Und war sie erschrocken?

Sie hat ganz rote Wangen gekriegt und sagte: »Giselchen, sag mir bitte alles.« Ich habe tatsächlich zu ihr gesagt: Du bist eine egoistische, alte Frau, und du hast dein Leben und deine Mutterrolle bestimmt so gut gemacht, wie du konntest. Aber du musst auch akzeptieren, dass es für mich nicht gut genug war, es hat mir leider nicht gereicht.

Dieses »Sich selber lieben« ist ja ein Grundthema der Psychoanalyse und überhaupt jedes Menschenlebens. Sie als erfolgreiche Kabarettistin hatten doch später guten Grund, sich zu mögen und stolz auf sich zu sein, oder?

Stolz ist eine reflektierte Aussage, während das Sich-Annehmen etwas ganz Praktisches ist. Das ist völlig unreflektiert. Es gibt Leute, die haben sich angenommen und sind auf gar nichts stolz.

Und Sie? Haben Sie sich angenommen?

Jetzt, ja! Aber damals: Nein!
Ich habe zwei Männer geheiratet, weil ich gedacht habe, ich muss dankbar dafür sein, dass diese schönen Männer so ein Puttelchen wie mich nehmen. Ja, ein Puttelchen! Jetzt gucke ich mir die Bilder von früher an, sehe, wie ich ausgesehen habe und bin erschüttert: Was war ich doch für eine schöne junge Frau! Ich bin erschüttert, und ich schäme mich.

Ist das nicht etwas kokett?

Nein, nein, das ist nicht kokett. Ich kann es mir einfach nicht mehr vorstellen. Das ist ja dieser Punkt. Mit meinem Peter, mit dem ich seit 15 Jahren sehr glücklich zusammenlebe, habe ich deshalb viele Auseinandersetzungen. Peter hatte, bevor wir uns kennen lernten, überhaupt nichts mit Psychoanalyse am Hut. Der hat immer nur gesagt, man muss sich eben zusammenreißen. Das sagte auch meine Schwester immer. Das stimmt ja auch teilweise, das reicht nur nicht aus. Also, dass ich zum Beispiel als »zoon politicon«, ich wähle mit Absicht diesen Begriff, als 14-Jährige zu meiner Lehrerin gesagt habe, die damals sehr empört darüber war: Sie müssen ganz schön dankbar dafür sein, dass wir mit Ihnen reden, denn Sie machen die Erfahrung einer 40-Jährigen und wir die von 14-Jährigen. Da dürfen Sie glücklich sein, wenn wir Ihnen unsere Erfahrungen mitteilen.

Damit hatten Sie ja sogar Recht.

Natürlich hatte ich Recht. Es war aber dennoch eine Anmaßung. Das heißt, ich war in einem Teil meiner Person vollkommen emanzipiert, vollkommen selbstgewiss, ich habe das Wort ergriffen. Das begleitet mich ein Leben lang: Immer wenn es darauf ankam, dass was artikuliert werden muss von dem, was andere denken, war Gisela Ekardt-Oechelhaeuser dabei. Ich habe mich in meinem ganzen Leben nie um einen Job oder eine Aufgabe beworben. Ich wurde Vizepräsidentin im Komitee für Unterhaltungskunst, ich habe mich nicht beworben, ich wurde Aktivistin, ich habe mich nicht gemeldet, ich wurde als 19-Jährige, als Mitglied der Jungen Gemeinde und nicht mal in der FDJ, Wählervertreter, ich hatte mich nicht danach gedrängt. Das ist das Eine, aber es gibt noch eine andere Seite in mir.

Wie lange waren Sie verheiratet, wenn wir das fragen dürfen.

In meiner ersten Ehe mit Herrn Oechelhaeuser elf Jahre, also lange. Dann habe ich die Scheidung eingereicht, weil ich dachte: Wunderbarer Vater für Sebastian, keine Frage, aber als Ehemann auf Dauer undenkbar. Alles, was mich umgetrieben hat, hat ihn nicht interessiert. Mit Dietmar Keller war ich auch ziemlich lange verheiratet.

Wann ist das mit ihm, dem Kulturminister in der vorletzten DDR-Regierung, auseinander gegangen?

Nach der Wende, als er als Bundestagsabgeordneter für die damalige PDS nach Bonn gegangen ist.

Sie haben mal so einen bunten Reigen aufgemacht von Kunstfiguren, die Sie, und das passt zu Vita und Menschenbild, faszinieren. Das ging los mit dem sowjetischen Roman- und Kino-Helden, dem Kommunisten Pawel Kortschagin, der von seinen Zeitgenossen forderte, »das ganze Leben der Sache der Arbeiterklasse zu widmen«. Dann kam die Primaballerina vom Moskauer Bolschoi-Theater, die elegante Plissetzkaja, danach Christa Wolfs »Christa T.«, die Melancholische, auf und in sich selbst Orientierte, und schließlich schwärmen Sie von »Paul und Paula«, diesen verrückt und unvernünftig Liebenden in Plenzdorfs Kult- und Love-Story. Der kommunistische Prolet Kortschagin mit seinen agitatorischen Auftritten, seinen amputierten Beinen, eine ideologisch typisierte Figur, bleibt der für Sie bis heute ein Held?

Ja, selbstverständlich.

Sehen Sie ihn heute mit Abstand anders als in Ihrer Jugend?

Ja, klar. Denn die Fragen dieses Romans würde ich heute völlig anders beantworten. Dieses »Rädchen und Schräubchen des großen Ganzen sein« funktioniert nicht mehr. Meine Kritik, die ich jetzt an der Figur habe, ist eine vollkommen andere. In dem, was uns als marxistisches Menschenbild vorgesetzt wurde, steckte ja gar nix wirklich Marxistisches. Marx war so unendlich viel klüger als alle späteren Apologeten. Marx hatte, wenn man so will, in seinem humanistischen Menschenbild auch Positionen des Theologen Schleiermacher als Werte verankert. Und was haben die Betonköpfe daraus gemacht?! Das ist ja für mich das Schreckliche oder Erschreckende. In unserer damaligen Betrachtung oder Interpretation, die so plump auf Ideologie reduziert war, spielte es doch überhaupt keine Rolle, wie unendlich traurig eigentlich das Schicksal von Pawel Kortschagin ist. Die offizielle Lesart war: Du bist für die Sache, also hast du bitteschön nicht traurig zu sein. Das hat doch Brecht mit seiner »Maßnahme« auf die Spitze getrieben, wo es heißt: »Wir müssen dich erschießen, du musst aber auch noch damit einverstanden sein.« Aber die Kunst verteidigt immer das ganze Individuum. Also, sie hat Größe, Preis und Verlust mit im Blick. Und bei den von der SED geforderten Helden in der DDR wird der Verlust verschwiegen, weil er als reaktionär besetzt galt. Ich erinnere mich, welche Sensation es alleine war, dass mit »Christa T.« das individuelle Sterben in der Literatur thematisiert wurde. Das Sterben nicht auf der Barrikade der Revolution.

Im sowjetischen Kriegs-Film »Die Kraniche ziehen« wurde der Tod auch angesprochen.

Ja, aber der Film hat doch diese gewaltige Trauer. Das bleibt ein großes, gültiges Kunstwerk, ganz ohne Zweifel.

Aber hochpolitisch auch.

Ja, große Kunst, glaube ich, ist immer politisch.

Wir müssen aber doch unterscheiden: Auch wenn ich ein braves SED-Mitglied, allerdings mit einer großen Fresse war, bin ich doch meiner Intelligenz gefolgt und hatte deswegen verschiedene Parteiverfahren am Hals. Ich und die Offiziellen in der Partei, das muss ich mal deutlich sagen, unterscheiden uns sehr grundsätzlich voneinander. Die Offiziellen von der Partei, die beispielsweise mit mir an der Hochschule für Schauspielkunst unterrichteten, haben nach meiner Beobachtung ihre eigene, geballte Lebenserfahrung bis zur Selbstaufgabe geleugnet. Da erinnere ich mich an folgende Episode. Ich sollte wegen intellektueller Überheblichkeit vor die zentrale Parteikontrollkommission. Ich ging aber zum Glück nach Zürich, weil ich dort 1989 am Theater spielte. Aber da hatte ich wirklich große Angst. Ich hatte Schiss, auch meines damaligen Mannes Dietmar Kellers wegen.

In Zürich haben Sie ein Stück von Volker Braun gespielt?

Ja, da habe ich die Krupskaja, Lenins Lebensgefährtin, in Volker Brauns Stück »Lenins Tod« gespielt.

Also, damals kam eine in weißes Mohair gekleidete SED-Funktionärin in die Schauspielschule und erzählte uns quasi zur Anleitung einen derart lebensfremden Quatsch, dass ich Sie anschließend fragte: »Genossin, sagen Sie uns bitte, fahren Sie S-Bahn, haben Sie Kinder in der Schule?« Beide Male bejahte sie. Dann ich: Sie können diesen Unsinn, den Sie uns hier auftischen, doch selbst nicht ernsthaft glauben; Sie haben es hier mit Menschen zu tun, die Shakespeare spielen, die die volle Dialektik einer Figur ausschöpfen. Wie soll ein 16-jähriges Mädchen, eine Schauspiel-Schülerin, die Mörderin in sich entdecken, wenn sie auf so eine platte Propaganda festgelegt werden soll, die Sie uns gerade verkünden. Die Genossin in Weiß ist regelrecht ausgeflippt. Weil Sie ja wusste, dass ich Recht hatte. Sie hat mich daraufhin in der Parteizentrale angezeigt. Wie gesagt, wegen intellektueller Überheblichkeit.

In Ihrer Autobiografie sagen Sie sinngemäß, die DDR-Welt war viel ambivalenter und differenzierter als in den Medien beschrieben und widergespiegelt. Denn es hätte auf fast allen unteren und mittleren Ebenen auch Rebellion oder zumindest schöpferische Kritik gegeben. Allerdings ab einer bestimmten Leitungsstruktur in der Hierarchie der SED wurde dieses Nachdenken oder Nachfragen, das Sich-und-die-Welt-in-Frage-stellen immer blasser, wenn nicht erstarrter oder wurde ganz vergessen. Tötet Karriere die Aufmüpfigkeit? Nicht nur in

Parteien, sondern auch in anderen höheren Leitungsstrukturen in Politik, Wirtschaft, Gesellschaft überhaupt?

Natürlich. Jemand, der denkt, er hat immer Recht, ist dumm und unkultiviert. Das kann auch der Papst sein. Neulich habe ich was sehr Weises gehört: Was ist Bildung? Bildung ist das, was bleibt, wenn alles Gelernte wegfällt. Das finde ich genial.

Wir haben derzeit einen deutschen Papst, dem es selbst unter großem Mediendruck schwerfiel zuzugeben, dass dieser Pius-Bruder und Holocaust-Leugner eigentlich ein Barbar und Unchrist ist. Und er rät in den von Aids bedrohten afrikanischen Ländern, gegen alle Vernunft und medizinische Aufklärung, keine Kondome zu benutzen. Ist diese manifestierte Unfehlbarkeit des so genannten Stellvertreters Gottes auf Erden vergleichbar mit dem Gehabe der SED-Hierarchie und ihrer These: Die Partei hat immer Recht?

Ja logisch. Das ist sehr ähnlich.

Unfehlbarkeitsapostel sind in Sekten, Religionen, Parteien, Diktaturen, bei Regierungschefs mit starkem Personenkult und bei autoritären oder fundamentalistischen Gruppierungen weltweit zu finden. Und treten als extremste Gefahr in Gestalt von Selbstmordattentätern oder Al-Kaida-Terroristen in Konfliktzonen wie zum Beispiel im Nahen Osten oder in Afghanistan auf. Macht-Politiker, die Fehler benennen und zugeben, haben es dagegen schwer und werden oft von der Geschichte hinweggefegt, man denke an Gorbatschow.

Ich bin nach dem Zusammenbruch des sozialistischen Lagers sehr nachdenklich geworden. Denn weswegen wir Gorbatschow gelobt haben, für Perestroika und Glasnost, das hat letztlich zum Zerfall der Sowjetunion geführt. Ihre Struktur und ihr total ideologisiertes und durch Wettrüsten im Kalten Krieg marodes Konstrukt haben zum Verschwinden der UdSSR geführt. Daraus erklärt sich auch der für uns vielleicht unverständliche Gorbatschow-Hass so vieler, besonders älterer Russen, die um ihre Existenz kämpfen, verelendet und verbittert sind.

»Gorbi«, so haben mit ihm sympathisierende DDR-Bürger ihn genannt, besaß neben Mut auch Pragmatismus und Realismus, denn er wusste, seiner Großmacht bleibt bei Strafe des Untergangs nichts weiter übrig als abzurüsten und mit den USA zu verhandeln. Sie haben ihn damals im Kabarett gern zitiert, denn der ließ sich schwerlich verbieten, auch wenn das SED-Politbüro mit ihm und der Begeisterung für ihn gar nicht einverstanden war. Aber er war und bleibt eben doch auch »nur« eine Figur seiner Zeit. Eine Art Interimsheld.

Auch Obama ist eine Figur der Zeit. Vor acht Jahren wäre er nicht denkbar gewesen.

Um was gut zu meinen, braucht ein Politiker, überhaupt jeder Mensch, gar keinen Mut. Aber deiner festen Überzeugung zu folgen, dafür brauchst du eine ganze Menge Mut. Da kommt für mich Heiner Müller ins Gespräch. Er ist für mich der Dichter, dem ich mich am spätesten genähert habe, weil ich Angst hatte vor seiner Unabhängigkeit. Ihn anzunehmen, dabei haben mir die Schauspielstudenten sehr geholfen. Heiner Müller sagte, dass wir, ob wir wollen oder nicht, akzeptieren müssen, dass die Enden der Geschichte offen sind. Es gibt niemals eine Garantie, wie Geschichte ausgeht. Das ist der springende Punkt.

Das ist auch das, was Obama zum Beispiel von allen gegenwärtigen großen Staatsführern unterscheidet. Wenn ich Obama reden höre, denke ich immer an das Brechtgedicht: »Freunde, ich wünschte, ihr wüsstet die Wahrheit und sagtet sie. Nicht wie fliehende müde Cäsaren: Morgen kommt Brot, sondern: Morgen Abend sind wir verloren, wenn nicht ...« Es ist für mich wirklich ein fundamentaler Unterschied, ob du sagst, so lange du lebst, gehst du das Risiko fürs Gute ein, oder du sicherst dich ab. Ob du Lehrer bist, Arzt oder Mutter, es wird in jedem Falle tödlich ausgehen, individuell tödlich, symbolisch, aber du musst das Risiko eingehen, sonst kannst du nichts bewirken in deiner Zeit. Zeit im doppelten Sinne.

In der marxistischen Geschichtstheorie wurde gesellschaftlicher Fortschritt jedoch als Automatismus, als unvermeidbar durch die revolutionären Klassenkämpfe gelehrt.

Ja, und das ist das, wie die Genossen erst mal glaubten, Im-Besitz-der-Wahrheit-sein. Dann konnten sie sich bequem in ihre Sessel zurücklehnen.

Als Sie Chefin der Kulturabteilung an der Leipziger Karl-Marx-Universität wurden und Ihre politische Karriere damit ihren Anfang nahm, haben sich da welche gegen Sie gestellt, denen es nicht passte, dass Sie aus einem Thüringer Pastorenhaushalt kamen?

Ja, sie witterten ein Sicherheitsrisiko (lacht).

Doch die anderen, Ihre Befürworter, setzten sich durch und lobten, dass Sie bei Missständen den Mund aufmachen und sich für ein kulturvolles Studentenleben engagieren. Haben Sie damals schon gespürt, dass Sie mit Risiken gut umgehen können?

Ja. Weil das ja meiner Überzeugung entspricht. Und es war auch eine Frage der Eitelkeit. Die spielt in meinem Nachdenken eine große Rolle. Es war eitel zu sagen: Es müsste doch mit dem Teufel zugehen, dass ich diese Verantwortung nicht auch gut erfülle, wenn ich es ehrlich meine und richtig anpacke.

Und vielleicht, wenn es nottut, auch mit Raffinesse und Taktik?

Ja, selbstverständlich. Bescheißen muss man auch lernen, das habe ich in meinem Buch »Hiergeblieben« ehrlich aufgeschrieben. Aber das ist eben unauflösbar ambivalent. Denn sonst hätte ich bestimmte Entscheidungen gar nicht erst gewagt. Die anderen haben mich oft gewarnt: Lass das Amt sein. Und ich gehe hin und sage: Wollen wir doch mal sehen. Ich habe mich manchmal wie in den Westernfilmen gefühlt. Wie Gary Cooper. Die ganze Mannschaft sagt: Oh nein, nichts mehr sagen, nur schnell gehorchen. Und Gary Cooper kommt daher geritten, zwei Colts an der Hüfte, und sagt: Wollen wir doch mal sehen.

Und die erwachsene »Gigi« kommt angeritten, mit Witz und Humor, mit Intelligenz und mit dialektischen Wortspielen, die Leute lachen mit ihr. Und manche Funktionäre wittern: Die können wir gebrauchen?

Ja, das ist, wie ich gestehe, höchst ambivalent.

Also, meine Kabarett-Kollegin und Autorin Inge Ristock hat im Vorwort zu ihrem Buch eine Story erzählt, die ich schon vergessen hatte. Am Magdeburger Kabarett war ein Stück verboten worden. Inge Ristock, als eine der Hauptautorinnen, und Rolf Voigt, der dortige Chef, haben mich damals als Vizepräsidentin des Komitees für Unterhaltungskunst in ihr Kabarett eingeladen. Da kamen die ganzen Aufpasser-Genossen von der SED-Bezirksleitung und -Kreisleitung. Und ich habe ihnen das Textbuch marxistisch interpretiert, ich sagte: Genossen, ich gehe davon aus, wir sind alle dafür, dass dieses Programm aufgeführt wird, ein so marxistisches Textbuch verdient das einfach. Ich sprach auch von Marx' »18. Brumaire«. Weil diese Funktionäre meinen Argumenten nicht gewachsen waren, haben sie sich nicht getraut, mir sofort zu widersprechen, denn sie hätten ja zugeben müssen, dass sie ihre eigenen Klassiker nicht gelesen hatten und also nicht kannten. Ich sage oft in meinen öffentlichen Lesungen: Wir brauchten gar keinen Klassenfeind, um die DDR zugrunde zu richten. Die Dummheit der Herrschenden hat das Ihre bewirkt. Dass es den Klassenfeind freilich gab und dass der nichts anderes wollte als unsere Niederlage, das ist unbenommen. Ja, so wurde in Magdeburg das Kabarett-Programm genehmigt. Ich fuhr stolz wieder nach Berlin zurück. Noch während ich unterwegs war, wurde es wieder verboten. Da hat dann Rolf Voigt gedroht: Soll ich die Genossin Dr. Oechelhaeuser noch mal zurückrufen? Und da war es wieder erlaubt.

Das ist aber eine vielsagende Story.

Ja, wunderbar komisch. Und furchtbar auch.

Das war ein Beispiel mit glücklichem Ausgang. Sie mussten sich doch dann darüber im Klaren sein: Ich erziele eine bestimmte Wirkung. Und ich habe als Frau meist Erfolg. Haben Sie das in Ihren Ämtern und Funktionen immer genau mit einkalkuliert?

Ja, sozusagen als eine Fähigkeit an der Front, an der wir lebten. Für mich war alles, was ich Mieses in der DDR erlebte – und da kommt mein Protestantismus zum Zuge – die gerechte Strafe für einen Krieg, mit dem die Deutschen Europa überfallen und zerstört haben. Deswegen gab es meiner Meinung nach diese Einschränkungen, dass wir uns nicht alles leisten konnten, nicht nur materiell, sondern auch geistig, immer mit der Angst, das hätte missbraucht werden können. Also, den Mut von Christa Wolf, Stefan Hermlin oder Stefan Heym, diese Petition gegen die Biermann-Ausbürgerung nach Westberlin zu schicken, den hätte ich nie gehabt. Ich tanzte anders an dieser Front des Kalten Krieges.

Bemerkenswert ist dabei Ihre Offenheit für solche Geschichten wie »Christa T.« oder für die unheimliche Erschütterung nach der Biermann-Ausbürgerung, was das für ein intellektueller Aderlass damals war, als die SED so viele Künstler außer Landes trieb, die 1976 gegen Biermanns Ausbürgerung protestiert hatten. Sie lebten in der Nähe, oder suchten sie sogar, dieser kritischen DDR-Autoren und Künstler. Sie kannten z. B. Christa Wolf und Volker Braun persönlich, dessen Krupskaja Sie spielten. Und trotzdem, trotz Ihrer oft gezeigten Chuzpe, waren Sie nicht so mutig wie dieses Häuflein der Aufrechten? Wie erklären Sie das? Mit der eigenen ambivalenten Schleuderposition?

Ich habe auf meinem Felde zu wirken versucht, mit den vielen Kabarett-Texten und -Auftritten. Jeden Abend neu haben wir Kritik, wie leicht oder schwergewichtig auch immer, öffentlich gemacht; wir haben einen Gegenentwurf aufgezeigt, wie man im Sozialismus die Freiheit verteidigen kann und muss.

Einen vollkommenen Gegenentwurf haben Sie nicht geliefert, der wäre ja sofort verboten worden, Sie haben im Kabarett nur gezeigt oder angedeutet, was ist und was verbesserungswürdig wäre.

Nein. Diese zwei Stunden waren ein Gegenentwurf. Behaupte ich. In diesen zwei Stunden haben wir anders gelebt. Kunst schafft Realität. Ich meine ja keinen Gegenentwurf als Strategie. Wir haben bewiesen, so kann Leben im Sozialismus sein, in Anwesenheit der Probleme, in Anwesenheit politischer Überzeugungen, in Anwesenheit all der Missstände, die die Menschen 24 Stunden am Tag bedrückten. In Anwesenheit meiner Kritik und Satire. Auch Volker Brauns »Kipper Paul Bauch« ist ein Gegenentwurf und zwar nicht in erster Linie strukturell, obwohl Volker Philosoph ist, sondern es ist ein taktischer Gegenentwurf. Also, meine Kritik am Essen, wenn du Ungenießbares kochen solltest, wäre doch immer erst mal, einfach besser zu kochen.

Kabarett in der DDR lief auf freundschaftliche, wenngleich wichtige Insider-Kritik hinaus, die aber von der Partei und der Kulturbürokratie, anderswo vorgetragen, oft als »feindlich« eingestuft wurde.

Ja, Kritik aus Überzeugung wurde völlig missverstanden, aus Angst.

War es eines Ihrer Ziele, mit den Kabarettprogrammen an der Berliner »Distel« und auch vorher schon bei den »academixern« an der Leipziger Uni Mut zur Kritik zu machen?

Ja. Eindeutig.

Das Kabarett war so was wie eine Insel der Seeligen. Man meinte wohl in den Behörden, Kabarett, das ist so ein Sich-lustig-Machen, nichts Ernstes. Öffentlich wurden die Kabaretts, auch Volkskunst-Kabaretts, sogar gefördert und staatlich unterstützt. Und kontrolliert.

600 Kabaretts gab es in der DDR. Ich resümiere: Aus meiner Kabarettvorstellung sind die Zuschauer nicht rausgegangen mit Ideen gegen den Sozialismus, sondern dafür! Dadurch habe ich aber erst mal Realität verändert und habe auch – und das meinte ich mit Selbstüberschätzung – die Illusionen gehabt, dass jeder Einzelne viel verändern kann. Ich habe gedacht, diese Riege von korrupten alten Männern im SED-Politbüro muss nur sterben, und dann wird alles gut.

Ihre Autobiografie endet mit dem schlichten Appell: »Wenn du mitmachst, sind wir schon zwei!« Da steckt beides drin: Naivität und Hoffnung. Denn von A bis Z bitten Sie ungesagt mit Ihrem Buch: Lasst uns zusammen gehen, wir sind doch wer.

Richtig.

Hoffnung haben wir greifbar, wenn auch nur kurz, erlebt, an und mit dem 4. November 1989. Ein heiterer und hochfliegender Glaube an Selbstbestimmung und echte Basis-Demokratie. Wie ist Ihre Sicht heute darauf, mit 20 Jahren Abstand?

Da kommt jetzt bei mir mein Job durch. Dass ich eben sage, in dem Augenblick, wo Hoffnung und Kritik nicht mehr naiv sind, haben sie keine Chance mehr, Kunst zu werden. Mein Grundlebensmotto ist, Kommunikation in Gang zu halten, also ganz gleich, ob ich esse, koche, den Tisch decke oder Ähnliches. Diese menschliche Kommunikation – Marx sagt, der menschliche Reichtum sei der Reichtum an menschlichen Beziehungen – die haben wir in der DDR unendlich oft verballhornt. Aber jetzt stelle ich umso bewusster fest: Ich bin eine Künstlerin. Ich meine damit, ich beteilige mich an der Verteidigung des Einzelnen. Das ist vielleicht die größte Hoffnung, die geistig-künstlerische Arbeit leisten kann. Es muss die Vorstellung in der Welt bleiben, woher Glück kommt. Also, wenn ich heute auf der Bühne stehe, ist das ein Widerstandskampf ohnegleichen. Ich war kürzlich in Hamburg, und ich spürte, die Leute dort wollten mich nicht. Die waren zwar freiwillig ins Kabarett gekommen, aber sie wollten nicht hören, dass ich sage: Alles, was ich über den Kapitalismus in der Schule gelernt habe, stimmt und das erlebe ich gegenwärtig. Da machten sie sofort zu. Und dann habe ich sie doch gekriegt durch meine konkreten Figuren, die ich spiele, neun Frauen aus dem Alltag, den Ost- und West-Frauen teilen. Ich konnte diese Wessis mit meinen quasi gesamtdeutschen Frauen erreichen. Ein junger Kollege und Schüler von mir saß im Publikum und sagte hinterher: Du hast mit diesen Hamburgern etwas gemacht, wovon sie nicht wollten, dass du das mit ihnen machst.

Ist das Manipulation?

Nein, das ist Kunst. Ich lasse Figuren auftreten, verhelfe ihnen zu Eigenleben. Und deswegen ist dieses Zurückkommen auf die Naivität für mich was ganz Entscheidendes.

Aber in der Kunst paart sich Sublimierung mit Naivität.

Das ist alles vor dem Auftritt. Auf der Bühne ist nur noch die Naivität.

Geben Sie sich nicht ganz bewusst bei Ihren Vorstellungen den Auftrag, das Publikum willst und wirst du knacken?

Das ist doch gar keine Frage. Das ist aber nicht der professionelle Vorgang. Das ist der Vorgang, der mich die Fahrkarte kaufen lässt, der mich hinfahren lässt, der mich die Requisiten aufbauen lässt, der mich den Text lernen lässt. Das ist doch das, was Christa Wolf, glaube ich, mal gesagt hat. Ich habe mir das sehr oft in Erinnerung gerufen. Sie gab sich nicht den Befehl, ich werde jetzt mutig sein. So viel Mut hätte sie gar nicht gehabt, sondern es sprach plötzlich aus ihr. Der Mut.

Meinen Sie Christa Wolfs Verteidigung ihres Kollegen Werner Bräunig vor dem 11. ZK-Plenum der SED?

Das war doch endlich mal was Eigenes. Eine starke Äußerung von Mut und Kritik.
Ich habe mal in einem Seminar zur Systemtheorie in der Literaturwissenschaft gesessen, wo wir den Schwachsinn hören mussten: Da sind Inputs und da sind Outputs und da ist die Blackbox, und jetzt werden wir mal rauskriegen, was in der Blackbox passiert. Nein, es ist die Büchse der Pandora, wenn wir diese Blackbox aufmachen. Auch Marxisten müssten doch endlich mal akzeptieren und lernen, dass wir die bitteschön sein lassen, was sie ist, ein Geheimnis.

An Ihrer Kabarett-Kunst machen sich wie in einem Brennglas Politik, Sie als Wesen, die Welt und Ihre Weltsicht deutlich – das Lachen, Unterhaltung im besten Sinne, Philosophie und Psychologie. Sie sagen selbstkritisch, dass Sie dabei früher nicht weit genug gingen. Wie sehen Sie Rolle und Möglichkeiten des Kabaretts heute, da sich bis auf wenige Ausnahmen die Kabarettszene in schier endlose Comedy-Show-Serien verwandelt hat? Fühlen Sie sich als moderner Hofnarr, als Hofnärrin?

Thomas Langhoff hat nach 1989 was Schönes gesagt: Sein Platz als Künstler sei zwischen den Stühlen, und das ist ein guter Platz. Christa Wolf hat, nachdem sie zuerst Kandidatin für das ZK der SED war, sehr zeitig diese Schlussfolgerung gezogen, viel konsequenter als ich. Nun war ich allerdings mit einem SED-Funktionär verheiratet, das hätte bedeutet, mich auch von ihm zu trennen, wenn man es wörtlich nimmt, dass die Kunst bei der Macht nichts zu suchen hat. Natürlich haben wir uns untereinander getroffen, bei den Brauns, mit Christa und Gerhard Wolf, mit Alain Lance u. a. Und Dietmar Keller und ich haben mit ihnen diskutiert, wie die Welt sein müsste. Da war Dietmar aber nicht als Funktionär dabei, sondern, salopp gesagt, privat, als mein Mann.

Solche Künstler wie Einar Schleef, Heiner Müller und andere haben das allerdings sehr konsequent gelebt, diese strikte Trennung von Macht und Politik nach dem Motto: Wenn du dir treu bleiben willst, ist dieses Zur-Macht-dazugehören-wollen das Letzte, was du darfst. Und da kommt aber klein Giselchen daher, mit ihrem Protestantismus und dem unbedingten Dazugehörenwollen, ihrem Wunsch, geliebt zu werden.

Die Freiheit, die ich jetzt erlebe, die ich auch dadurch erfahre, dass man mich bei der »Distel« rausgeschmissen hat, ist inzwischen Glück für mich, und es war gleichzeitig eine der furchtbarsten Erfahrungen meines Lebens. Dass ich das so überlebt habe, ist nicht selbstverständlich gewesen, denn es war schlimm. Ich bin damals aus den Strukturen gestoßen worden. Dazugehören zu wollen und beliebt sein zu wollen, konnte von da an für mich keine Rolle mehr spielen. Das war chancenlos, aussichtslos. Als ein Paria sich beliebt zu machen, das geht nicht. Man ist ausgesetzt und kann sich nur noch sagen: Dann, du Paria, mach' was aus deiner Freiheit!

Das sagen Sie jetzt, nachdem Sie das alles überstanden haben mit dem IM-Outing durch die Presse im Frühjahr 1999. Erlebten Sie das damals als äußerst bedrohliche Situation?

Ja, als furchtbar bedrohlich.

Die Behandlung von IM-Fällen prominenter DDR-Bürger durch die Medien war recht unterschiedlich. Zum Beispiel haben einflussreiche West-Medien Heiner Müllers Stasi-Affäre wesentlich unaufgeregter kommentiert als beispielsweise bei Christa Wolf. Ihr hat man das schwer angekreidet.

Heiner Müller ist ein Mann.

Dass ein Blatt wie die »Super-Illu« sich jedoch voller Häme darüber hermacht, wenn von Gisela Oechelhaeuser, einer prominenten DDR-Kabarettistin mit frechem Mundwerk, eine IM-Akte ans Tageslicht kommt, verwundert eher nicht.

Die »Super-Illu« war noch die fairste von allen Medienreaktionen. Ich kann das alles schwer erklären, nur so viel: Ich war sowohl in der DDR, als auch danach berühmt; ich habe schließlich nach der Wende den Verdienstorden des Landes Berlin gekriegt. Meine IM-Akte lag zum Zeitpunkt der Veröffentlichung nachweislich bereits ein dreiviertel Jahr in diversen Redaktionen. Die haben sich eine passende Gelegenheit dafür ausgesucht. Im Februar wurde Pfarrer Friedrich Schorlemmer denunziert, der einen Scheiterhaufen für die Stasi-Akten gefordert hatte. Herr Matussek hat Schorlemmer im »Spiegel« regelrecht geschlachtet. Doch Schorlemmer bleibt als Publizist und öffentliche Person ein kritischer Demokrat. Genau wie auch Christian Führer, der ehemalige Pfarrer aus der Nikolaikirche in Leipzig.
Und nach Schorlemmer zerrte man mich aufs Schafott.

Wobei es schon ein Unterschied ist, ob einer wie der in der DDR als Oppositioneller angefeindete Pfarrer Schorlemmer für ein konkret-kritisches Statement zur Stasi in der Presse gescholten wird oder eine treue SED-Genossin mit politischen Ämtern und engagierte DDR-Kabarettistin, die als IM geführt wurde. Das muss man klarstellen. Meinen Sie aber, dass die Veröffentlichung Ihres Falles bewusst gesteuert wurde?

Es gibt natürlich für die Feuilletons keine Zentralgewalt, aber ähnlich blöde wie in der DDR funktioniert das auch heute. Finde ich.
Also, wegen meiner bewussten Akte habe ich damals mit mehreren Redaktionen telefoniert. Und da habe ich von der ARD, vom Chef des Kulturweltspiegel, die Antwort bekommen: Ich habe Ihre Akte jetzt ein dreiviertel Jahr hier liegen, und wir werden uns das nicht nehmen lassen, jetzt damit an die Öffentlichkeit zu gehen. Ich frage mich: Warum legt man sich denn so was auf Vorrat hin? Es gab doch niemanden, das ist für mich das Symptomatische, es gab keinen einzigen Menschen, der durch mich geschädigt wurde. Alle Betroffenen haben doch ihre eigenen Stasiakten gelesen, die Kabarett-Kollegen Gunther Böhnke, Bernd-Lutz Lange, Bernhard Scheller. Wenn in meinen IM-Berichten etwas Negatives über Kollegen gestanden hätte, das darüber hinaus geht, was ich als Chefin über die Kultur-Arbeit berichtet habe, dann hätten die Zeitungen das doch riesig ausgeschlachtet.

Die TV-Sendereihe im damaligen ORB »Am Tag, als…« war ein gutes Beispiel dafür, wie sich Ost- und Westdeutsche über jüngere deutsche Geschichte verständigen. Sie haben dabei als ostdeutsche Publizistin mit einem prominenten Journalisten des Berliner »Tagesspiegel« moderiert und des Öfteren auch das vertrackte Stasi-Thema am Wickel gehabt. Im Nachhinein erhebt sich die Frage, warum Sie da nicht heftig zusammengezuckt sind und zu sich selbst gesagt haben: Moment mal, da muss ich mich ja auch befragen!

Wenn man etwas verdrängt hat, hat man es verdrängt. Und dass jemand anderes sich das nicht vorstellen kann, heißt erst mal nur, dass er es sich nicht vorstellen kann. Glauben Sie denn im Ernst, ich mit meinem Harmonie- und Vorleistungsbedürfnis hätte die Nerven gehabt, mich mit Gauck in eine Sendung zu setzen, wenn ich damit hätte rechnen müssen, dass der die Akte vorzieht? Ich hatte es verdrängt. Punkt. Oder Ausrufezeichen. Weil ich niemanden jemals denunziert habe, hat sich das, was ich mit der Staatssicherheit zu tun hatte, für mich, so beschissen das klingen mag, in den Alltag eingeordnet. Ich habe doch überall von meinen berufsbedingten Kontakten zur Stasi erzählt. Zum Beispiel kam die Staatssicherheit zu mir an die Hochschule und wollte mich zu Peter Ensikat ausfragen. Da habe ich denen gesagt: Geht selber zu ihm hin. Danach habe ich Ensikat angerufen und habe ihn darüber informiert: Pit, die Genossen von der Sicherheit werden zu dir kommen. Dasselbe habe ich mit Volker Braun gemacht. Ein anderes Beispiel: Als wir mit Studenten der Ernst-Busch-Schauspielschule nach Westberlin fahren durften, bin ich zu unserem Rektor Hans-Peter Minetti gegangen und habe ihn gebeten, dass ich mit dem so genannten Stasi-Kulturoffizier selber sprechen möchte. Dem sagte ich: Wenn ihr einen nicht fahren lasst, schwöre ich euch, bleibt ein zweiter dort. Lasst alle zum Auftritt nach West-Berlin fahren, und die kommen auch alle wieder zurück. Das war 1987. Dann habe ich das den Studenten vermittelt, dass ich mit diesem Kulturoffizier der Staatssicherheit geredet hatte. Und ich bat meine Studenten: Wenn einer von euch abhauen will, bitte habt den Mut und macht das über einen Ausreiseantrag. Ich habe über solche Dinge immer offen gesprochen, mein Leben lang. Ich habe nur meine Unterschrift verschwiegen. Das ist es.

Friedrich Schorlemmer hat mich bei einer Veranstaltung in der Evangelischen Akademie Wittenberg gefragt, ob ich nachvollziehen könne, wie irritiert alle waren? Ja, und ob, nichts leichter als das. Ich kann verstehen, wenn jemand irritiert über mich ist und sagt: Jetzt muss ich dir mal ein paar ernste Fragen stellen. Ich habe jedem geantwortet, der mich danach befragt hat. Schriftlich oder mündlich. Ich schwöre das.

Hinzu kamen ja dann noch diese furchtbaren Lügen über die Unmengen Geld, die ich der »Distel« nach meinem Rauswurf angeblich abgetrotzt hätte.

Es wurde geschrieben, dass Sie mit Ihren Abfindungsforderungen die »Distel« beinahe ruiniert hätten.

Bitte unterscheiden Sie doch zwischen dem Streitwert des Prozesses als Grundlage für die Höhe der Gerichtskosten und dem dann tatsächlich vereinbarten Betrag der Abfindung. Das waren drei Monatsgehälter. Wenn man über einen

Arbeitsvertrag streitet, der zehn Jahre Gültigkeit hat, dann ist der Streitwert riesig. Das haben die Zeitungen als gefundenes Fressen aufgegriffen. Das hatte aber mit meiner tatsächlichen Forderung nichts zu tun. Ich hätte wahrscheinlich einfach mal zur »Bild«-Zeitung gehen und dort meine Sicht der Dinge und Fakten zu Protokoll geben sollen. Ich habe bei diesem Hickhack für mich die Grundsatzentscheidung getroffen: Das ist nicht mein Feld, ich werde das nicht betreten.

In Ihrem Buch »Hiergeblieben« schreiben Sie: »Dem erwarteten Ritual der Selbstkasteiung unterwerfe ich mich nicht. Ich habe eine Unterschrift verschwiegen, einen anderen Vorwurf gibt es nicht«. Das klingt so, als wäre es Ihnen gelungen, aus einer Trotzhaltung Selbstbehauptung zu entwickeln. Ist das so einfach?

Wenn du feststellst, wie ich das empfunden habe, dass du zum Selbstmord getrieben werden sollst, wenn du so eine traumatische Erfahrung machst und noch dazu von einem, wie du glaubst, zu Recht geachteten Menschen plötzlich zum Scheißhaufen gemacht wirst, dann ist das die reinste Zerstörung. Du bist am Boden. Und andere Reaktionen – ich hatte zum Beispiel 90 Prozent positive, Mut machende Zuschriften und Briefe – erreichen dich in dem Moment nicht. Du bist wie gelähmt. Das ist so ein unvorstellbarer Schock. Du kannst nicht mal realisieren, dass die Sonne scheint. Unterbewusst hatte ich ja in meinem Leben immer so eine Angst, dass ich verachtet werde. Aber ich wollte unbedingt beliebt sein. Ich bin nicht damit groß geworden, mich wunderbar zu finden. Sondern bin so aufgewachsen, dass ich es zu meinem Überleben nötig fand, angenommen zu werden. Zum Überleben auch im Wortsinn gemeint. Ich bin fast verhungert nach dem Krieg. Also war mir eingeprägt, ich habe es nötig, dass mir andere was geben, wenn sie mich mögen. Das ist eine traumatische Urerfahrung. Auf dieses frühkindliche Trauma trifft die traumatische Erfahrung dieser IM-Geschichte. Du glaubst, du hast alles in deinem Leben aufgeklärt. Aber du hast einen wichtigen Fakt verschwiegen, die Unterschrift. Und nun ist für mich therapeutisch die entscheidende Frage: Wann und wie hatte ich ein Unrechtsbewusstsein und worüber. In meiner Gesprächstherapie habe ich die Psychologin gefragt: Was soll ich bloß machen, ich habe kein Unrechtsbewusstsein. Was ich getan und unterlassen habe, muss ich doch erst mal erklären dürfen. Sogar ein Mörder wird gefragt: Wie ist es dazu gekommen? Meine Selbstbehauptung war für mich eine Überlebensfrage.

Sie haben wiederholt gesagt und geschrieben, Sie haben die Unterschrift verdrängt, und dann brauchten Sie professionelle, psychologische Hilfe, um sich an die Umstände und Gründe für Ihre Verdrängung zu erinnern. Dann reagieren Sie aber trotzig und gestehen: Die Gründe meiner Verdrängung werde ich nicht ausführen. Warum nicht?

Das ist doch das Intimste, was es überhaupt gibt. Das geht niemanden was an! Heiner Müller legt im Vorwort zu seinem Buch »Was von den Träumen blieb« offen: »Meine Unlust, mich zu diesem Buch zu äußern, ist enorm. Die Gründe sind vielfältig. Ekel an der Heuchelei der Sieger des Kalten Krieges«. Und jetzt kommt es: »Ein Kadaver kann dem Obduktionsbefund nicht widersprechen«. Ich habe an diesem Punkt meines Lebens entscheiden müssen, ob ich ein Kadaver bin oder nicht. Ich bin aber keiner. Langsam wurde wieder klar, wer mir vertraut. Und Vertrauen hat nichts mit einem Röntgenbild zu tun, Vertrauen hat damit zu tun, dass man sagt: Ich habe diese Frau in der und der Situation als Mensch erlebt. Vertrauen ist subjektive Verantwortung. Ich werde einen Teufel tun, meine Röntgenbilder vorzuzeigen, um Vertrauen zu erheischen. Abgesehen davon gibt es ganz intime Dinge und Befindlichkeiten, die niemanden was angehen. Psychoanalyse findet nicht umsonst hinter verschlossenen Türen statt.

Ich muss mich offen damit auseinandersetzen, dass ich jemanden belogen habe. Ob mit oder ohne Unterschrift. Entscheidend ist, warum ich es gemacht habe. Habe ich ahnen können, was ich damit auslöse? Habe ich das unterschätzt? Das ist ein schwerer Vorwurf an mich selbst. Ich muss mich mit allem allein auseinandersetzen, aber niemand auf der Welt wird es schaffen, mich auf ein Kürzel zu reduzieren. Und das empört manche Leute.

Sie schämen sich beispielsweise dafür, dass Sie aus Parteidisziplin keine Kontakte zu Ihrer Familie im Westen unterhalten haben.

Ja, das war unsäglich.

Wie geht Ihre Familie damit um?

Gut, wirklich.

Und damals, 1999, nach dem IM-Outing?

Auch.

Haben Ihre Geschwister zu Ihnen gehalten?

Das ist gar keine Frage. Auch andere haben das. Meine Studenten haben an die »Zeit« geschrieben: »Bei Frau Dr. Oechelhaeuser haben wir gelernt, was geistige Freiheit ist.« Aber Sie glauben doch nicht, dass so was veröffentlicht wird. Ich erhielt damals, wie gesagt, viele Briefe, ich habe jeden beantwortet und immer wieder erklärt: Ich übernehme für mich die volle Verantwortung.

Im »Kulturweltspiegel« ist es Ihnen passiert, dass Sie am Schluss geweint haben.

Als ich glaubte, die Kameras seien bereits ausgeschaltet.

War es für Sie als Powerfrau schwierig, in die meditative Strecke zu wechseln, stiller zu werden, auch zu weinen?

Nein, wenn man überhaupt mal irgendwas von Dialektik gehört hat, dann ist es doch so: Der Mut kommt nicht aus Abwesenheit von Angst, sondern der Mut ist die überwundene Angst. Abwesenheit von Angst ist Dummheit, wie Heine sagt, nur Dumme fürchten nichts. Das Lachen ist doch nur die andere Gestalt des Weinens. Ich antworte jetzt wirklich vorsätzlich mit der Konzeption der Dialektik: Wer sehr laut lachen kann, dieses Glück des Lachens kennt, weiß, dass es aus der gegenteiligen Erfahrung kommt. Der Clown ist der traurigste Mensch, der nur das Komische an der Traurigkeit entdeckt. Das Komische und das Lustige – in meinen Programmen geht es sehr, sehr komisch zu, aber es ist doch selten lustig, es sei denn, wenn ich mal einen Witz erzähle.

In Ihrem jüngsten Programm gibt es eine deftige Medienkritik, Kritik an Florian Silbereisen und seiner blonden Nettigkeit mit Volksmusik. Die Leute haben über diesen Sketch kräftig gelacht. Aber von denen, die gelacht haben, werden vermutlich an die 80 Prozent den Entertainer und die von ihm präsentierte Volksmusik mögen.

Aber selbstverständlich.

Wie gehen Sie mit dem Wissen um, dieses Lachen hält nur kurz an. Es führt nicht immer zu tieferem Nachdenken.

Was mein Publikum mit meiner Arbeit macht, liegt doch in dessen eigener Verantwortung.

Möchten Sie nicht doch, dass Ihre Programme nachwirken?

Wenn ich eine solche Verantwortung übernehmen würde – ich überspitze mit Absicht sehr grob –, dann könnte ich gar nicht mehr auftreten.
Ich bin davon überzeugt, wenn ich mich kenntlich mache, liefere ich anderen Menschen Reibungsfläche. Mehr nicht. Ich trage Verantwortung nur für meinen Kopf. Bei meiner Arbeit muss ich mich in jeder Hinsicht präzise ausdrücken, psychisch, politisch, intellektuell, das ist bei diesem Flatrate-Sketch so, der gehört zu meinen besten Nummern, die ich je gespielt habe, wegen seiner Konsequenz: Wir sind im Grunde plastiniert, und vielleicht ist Florian Silbereisen der einzige Überlebende unter uns.

Aber wäre es nicht doch schön, wenn das Nachdenken weiterginge?

Ja, sonst würde ich das alles doch gar nicht machen.
Wir sind aber jetzt bei meinem Job. Wenn ich nur noch darüber nachdenken sollte, wie du das aufnimmst, hätte ich sofort so eine Schere im Kopf, dass ich das Extrem nicht mehr finden könnte. Ich trage allerdings handwerklich Sorge,

dass du mein Programm gut aufnehmen kannst. Ich schaffe bei meiner Bühnenarbeit einen Raum wie ein Architekt, in dem man frei denken darf und soll.

Es geht Ihnen um Anregung?

Ja, immer. In der DDR ist uns dieses Freisein mit dem Lenin-Zitat: Der Künstler ist Rädchen und Schräubchen im großen Werk, ausgetrieben worden. Deswegen bewundere ich Christa Wolf, die sich zeitig davon emanzipiert hat, obwohl sie sogar im Parteiapparat als ZK-Kandidatin aufgestellt war. Oder Volker Braun, der mit einer Furchtlosigkeit sagt: Ich folge meinem Impuls. Und ich versuche für das Kabarett, wenn ich vorher am Schreibtisch sitze, die Themen zu finden, nach denen ich gefragt werde. Das ist meine geistige Vorarbeit. Also zum Beispiel diese Nazi-Frau, die ich am Anfang der Nummer so sympathisch spiele und die plötzlich ihren Sohn verteidigt, der Nazi ist. Was meinen Sie, was ich da für Ablehnung erfahre, manchmal kollektive Ablehnung und auch konkrete Angriffe aus dem Publikum nach dem Motto: So was darf man doch nicht von der Bühne sagen. Meine ganze Konzentration steckt in der Sekunde und in dem Satz, wo ich laut und provokant sage: Ich wähle die NPD für meinen Sohn, um so herauszustellen, warum sie das tut. Mehr nicht. Denn wenn du Kunst machst, kannst du nicht gleichzeitig in der Figur produzieren und auf die Figur schauen. In dem Augenblick, wo ich die Figur spiele, nehme ich deren Innenansicht an. Und deswegen sage ich, es ist eure Verantwortung, was *ihr* damit macht.

Nüchtern betrachtet, wenn Sie die »Distel«, Ihre frühere Wirkungsstätte, ein Spitzenkabarett mitten in Berlin, mit Ihrer jetzigen One-Woman-Show vergleichen, denken Sie da, Sie müssen heute grob geschnitzter agieren als früher im Kabarett-Ensemble? Ein bisschen mehr Helga Hahnemann vielleicht und ein bisschen weniger Hildebrandt vom »Scheibenwischer«?

Hören Sie: Das, was ich jetzt mache, ist wesentlich mehr Hildebrandt! Helga Hahnemann – diese Art spielten wir in der »Distel«. Denn für die »Distel« war die Notwendigkeit des Unterhaltungsfaktors viel größer, man bedenke: 440 Plätze und ein Programm, das wir 300 oder 400 Mal spielten.

Sie wurden öffentlich für Ihr Verdienst gelobt, die »Distel« nach der Wende erfolgreich in die Marktwirtschaft herüber gerettet zu haben.

Das haben auch meine alten Kollegen immer so gesehen und gesagt, nicht nur die Medien, vor allem die Kollegen.

Sind Sie darüber auch heute noch froh? Die »Distel« existiert ja noch. Nur eben ohne Sie.

Natürlich bin ich darüber froh. Ich hatte zehn Jahre lang Zeit, alles, was ich kann, zu zeigen. Also, ich konnte konzeptionelle Arbeit machen, auch ökonomisch konzeptionell. Ja, da wurde einem plötzlich ein Betrieb mit 80 Planstellen übergeben, und da hieß es: Nun mach mal.

Sie besitzen die natürliche Fähigkeit, ziemlich schnell nicht nur gute Kontakte für die Arbeit, sondern auch Freundschaften zu schließen. War das bei der prominenten Publizistin Carola Stern auch so?

Carola Stern war mal Gast in meiner Sendung. Wie haben uns gleich angefreundet. Mit ihr war das eben so ganz natürlich und herzlich, wie man eben Freundinnen wird, auch wenn man schon älter ist. Und als dann ihr Mann Heinz Zöger gestorben war, ging es ja auch darum, dass man Carola beim alltäglichen Leben als Freund hilft und unter die Arme greift, dass man sie beim Spaziergang begleitet zum Beispiel. Oder sie musste mal mit dem Auto an die Ostsee, nach Hiddensee oder Usedom, wo sie ja herstammt, gebracht werden. Was man als etwas jüngere Freundin dann eben gern alles so tut an Fürsorge, worüber man aber sonst nicht spricht. So eine Freundschaft war das. Und das war ganz kostbar.

Berührend ist auch die Geschichte in Ihrem Buch, als Sie, ganz elegant und mit Hut, zu Ihrer Mutter kamen und ihr mitteilten: Ich bin jetzt SED-Mitglied. Sie war völlig irritiert, brüskiert sogar und wendete ein: Die in der SED haben doch ein ganz unrealistisches Menschenbild. Dann erzählte sie Ihnen die Geschichte von David und Goliath aus der Bibel.

Meine Mutter hatte ziemliche Schwierigkeiten mit meinem Job als Kabarettistin, also, dass man mit Lachen sein Geld verdienen kann. Das war für sie, glaube ich, schwierig zu verstehen und zu akzeptieren. Als ich aber meine Mutter mal auf irgendeinen Kirchenkonvent begleitete, kam Bischof Schönherr, begrüßte sie, und dann wandte er sich an mich: Aber Frau Oechelhaeuser, wie kommen Sie denn hierher? Er kannte mich vom Fernsehen, auch von der »Distel« und von Podiumsgesprächen. Ich sagte ihm, dass ich meine Mutter begleite. Da war er ganz erstaunt und lobte mich vor meiner Mutter in den höchsten Tönen. Meine Mutter war da, glaube ich, zum ersten Mal richtig stolz auf mich.

Und Ihre Schwester? Ist die in der DDR geblieben?

Nein, die ist 1981 weggegangen, weil sie meine Mutter im Westen nicht besuchen durfte. Die hat einfach nur gesagt: Ich muss meine Mutter besuchen, die wohnt in Westberlin. Als das abgelehnt wurde, hat sie gesagt: Dann zwingen Sie mich auszureisen, ich brauche nur eine S-Bahnkarte für die Friedrichstraße. Das ist auch so eine furchtbare Last der DDR, dass sie nicht erkannt hat, wer und wo überall eigentlich Verbündete waren. Mechthild wäre niemals weggegangen. Aber sie hat schlicht und einfach gesagt und gezeigt: Ich muss doch meine Mutter besuchen dürfen.

Wie war das für Sie, als Ihre Schwester wegging?

Entsetzlich!

War Ihre Schwester stolz auf Ihre beruflichen Erfolge?

Die hat mich geliebt, die ist aber nicht stolz auf mich. Die liebt mich so wie ich bin, immer noch. Wenn es mir gut geht, ist sie glücklich.

Und der eine Bruder, der als Student bei Adorno war?

Das ist der große Bruder, der Peter. Der ist heute Professor. Der andere ist schon gestorben, er war Physiker. Deswegen gestehe ich Ihnen ja diese meine anhaltende Scham! Wenn man sich überlegt, auf der ganzen Welt, in diesem ganzen Universum waren wir vier Geschwister, Peter und Mechthild als Pärchen die Großen, Walter und ich, Gigi, die Kleinen. Wir haben uns ja am Leben erhalten. Peter hat für uns gesorgt, Mechthild hat genäht, gestrickt, gekocht, uns verdroschen. Und dass ich dann einen solchen Kontakt hergebe oder erst mal aufgebe, dafür muss ich mich wirklich schämen.

Das erzähle ich auch deswegen, weil jeder Mensch für sein eigenes Verhalten verantwortlich ist. Auch jene Kabarettkollegen sind es, die für ihre Auftritte so hohe Eintrittspreise nehmen, und es ihnen egal ist, ob ein Mensch, der es nötig hat, in ihre Vorstellung zu kommen, das finanziell überhaupt kann.

Man kann sich nicht herausreden auf Sozialismus oder Kapitalismus. Ich selbst bestimme meine Maßstäbe. Wie oft sind in meinen Lesungen die Zuhörer empört, wenn ich über Verantwortung spreche und sie ihnen übergebe. Die wollen getröstet werden in ihrem Jammer, dass es früher besser war und heute schlechter ist. Und da sage ich, das funktioniert mit mir so nicht. Wenn beispielsweise jemand sagt, heute in der Schule wird nur gelogen, sage ich, in der DDR wurde in der Schule noch viel mehr gelogen. Und: Wie Sie mit ihren Kindern und Enkelkindern umgehen, liegt allein in Ihrer Verantwortung, das ist keine Systemverantwortung. Deswegen mache ich doch Kunst, weil ich diese Möglichkeit, die das Individuum hat, betonen möchte. Sonst hätte ich auch Statistiker werden können.

Haben Sie für Ihren Lebensmotor so etwas wie eine Hoffnung, halten Sie an utopischen Entwürfen fest?

Ich sehe das anders. Heute lebe ich. Wenn ich mal sterbe, kann ich nicht sagen, weil du blöd gewesen bist, ist mein Leben mies verlaufen. Ich bin doch selbst für meine Glücksvorstellungen zuständig. Woraus beziehe ich Glück? Wenn ich Ihnen sage, wie oft ich glücklich war, Geld zu haben und Jemandem davon abzugeben, weil ich ihn damit von einem Problem erlösen konnte. Das ist für mich Glück. Und jetzt? In den letzten zehn Jahren, habe ich viel weniger verdient, ist ja logisch. Und auf einmal habe ich überhaupt keine Schwierigkeiten mehr, mich richtig zu freuen, wenn ich von Anderen zum Essen eingeladen werde. So einfach ist das.

Sie leben mit Ihrem Mann jetzt seit 15 Jahren zusammen?

Ja, mein Mann ist ein arbeitsloser Ökonom aus der DDR, jetzt ist er Rentner. Er hat meine ganzen schwerwiegenden Brüche mitgemacht. Ich weiß gar nicht, ob ich das ohne ihn geschafft hätte. Er ist ein Geschenk. Ich bin einfach dankbar dafür, dass er an meiner Seite ist.

Und ein Enkelkind haben Sie auch?

Ja, meine Luise. Sie lebt mit ihren Eltern in London. Seit Luise geboren wurde, werde ich manchmal wach und frage mich: Warum bin ich jetzt so glücklich? Nun weiß ich das.

Sind Sie oft in London?

Oft, aber viel zu selten. Ich habe andauernd Sehnsucht nach diesem Kind.

An einer Stelle in Ihrem Buch sagen Sie verknappt: Damals in der Diktatur, heute in der Demokratie. Was würden Sie sagen, macht diese Gesellschaft heute demokratisch?

Die BRD ist ein Rechtsstaat, das ist eine große Errungenschaft. Aber: Demokratisch wird eine Gesellschaft vor allem durch das Verhalten ihrer Bürger.
Die Aufforderung »Mach mit, dann sind wir schon zwei« auf der letzten Seite meines Buches habe ich ganz bewusst dorthin platziert, quasi im Gespräch mit dem Leser. Diesen Satz setze ich da so hin wie einen Pfahl ins Fleisch.
Die DDR hat ja selber behauptet, sie sei eine Diktatur. Und deswegen will ich nicht, dass wir uns das schenken. Wir haben immer damit gelebt, dass die DDR eine Diktatur des Proletariats war. Das ist richtig als Provokation gedacht. Manchmal überlege ich sogar, ob ich den Satz weglasse. Manchmal aber habe ich das Gefühl, ich kränke meine lieben Mitmenschen damit.
Und Demokratie erlebe ich zum Beispiel an einem so vitalen und klugen Mann wie Gerhard Baum von der FDP, der für mich ein wunderbarer Demokrat ist. Der sagt, wenn ich, Gerhard Baum, die Errungenschaften der Demokratie gefährdet sehe, kann ich nach Karlsruhe vor das Verfassungsgericht gehen, und es ist mir schon mehrfach gelungen, dass wir da gesessen haben und die Bundesrepublik ins Visier nehmen konnten und sogar Gesetzesentscheidungen haben korrigieren können.

Also Rechtsstaat!

Ja, den meine ich. Ich habe mit Absicht mit Gerhard Baum angefangen. Gregor Gysi hat seinen eigenen Parteifreunden deutlich gemacht, als es um diese Frage ging, wenn wir diese Partei der Linken in der DDR hätten gründen wollen, wären wir glatt in den Stasi-Knast gewandert. Wir konnten aber zum Bundesverfassungsgericht gehen und dafür sorgen, dass wir in der ersten Bundestagswahl nicht die 5-Prozent-Klausel haben müssen, um in diesen Bundestag zu kommen. Das ist Rechtsstaat.

Und wie stehen Sie zur »Linken«?

Ich bin froh, dass es sie gibt.

Sind Sie Partei-Mitglied dort?

Nein, nie wieder werde ich Partei-Mitglied, also, Freiheit ist Freiheit. Auch persönlich. Dass ich für die »Linke« auftrete, wenn die mich bitten, ist überhaupt keine Frage. Aber an oben Gesagtem ändere ich keinen Buchstaben. Ich halte die »Linke« heute für eine ganz normale Partei mit ihren eigenen Querelen, Thesen und Problemen. Was ihre Kapitalismuskritik angeht, ist sie für mich die einzige Partei, die überhaupt zu Hoffnungen berechtigt. Dennoch bin ich geheilt von ideologischen Heilserwartungen. Die Alternative zum Kapitalismus zu institutionalisieren ist schief gegangen, solange es Menschen gibt.

Waren diese Versuche in der Geschichte umsonst?

Das sage ich damit nicht. Ich bin doch Dialektikerin. Deswegen muss man sich ja demokratische und kritische Verbündete suchen. Man denke an den Streit zwischen Che Guevara und Fidel Castro in Volker Brauns Stück! Und da sind für mich eben Baum und Töpfer mindestens so geeignete Verbündete wie Gysi. Es ist doch so, wenn das Kind in den Brunnen gefallen ist, muss es raus. In wessen Namen, das ist erst die zweite Frage.

Sie haben mal gesagt, für Sie seien Mandela, Jesus, Adorno und Marx wichtige Leitbilder. Geht es nicht etwas kleiner?

Pablo Neruda sagt doch auch: »Wir müssen das Meer aussaufen!«
Mein größtes Ziel ist, mich kenntlich zu machen, also auch künstlerisch kenntlich zu machen. Wenn ich Antigone spielen soll und kenne sie nicht, ist die Hauptfrage, was übersetze ich mir: Eine Frau will, dass ihr Bruder begraben wird, obwohl er als Verräter gilt. Das ist die Übersetzung und ist für gebildete Leute mit dem Begriff Antigone belegt, sonst könnte Hochhuth nicht dieses atemberaubende Stück »Berliner Antigone« gemacht haben. Und deswegen diese Namen bei mir, denn unter Jesus können sich viele was vorstellen und unter Mandela natürlich auch. Auf einmal stand ich auf einem Sockel und wurde auf brutale Weise runter gestürzt, so sieht doch der Lauf meines bisherigen Lebens aus.

Auch ein Preis Ihrer Prominenz?

Und genau das will ich eben nicht. Als meine Studenten angefangen haben, mich zu bewundern, habe ich ihnen gesagt, das ist unproduktiv. Ich habe ihnen erzählt, dass ich eine Menge Fehler habe. Und ich glaube, das ist das, warum die Parteioberen so eine Angst vor Brecht hatten, weil er tatsächlich konsequent war in der Dialektik, wunderbar zum Ausdruck gebracht in seinen »Buckower Elegien«.

Jedenfalls war Brecht in gewissem Maße auch ein Schlawiner, und zwar hat er mit Begeisterung List eingesetzt, um Gutes zu bewirken. Mit Theater und Dichtung. Haben Sie auch was von dieser subversiven List?

Als Friedrich II., der alte Fritz, die Kartoffeln eingeführt hat, hat er verboten, dass die Leute sie essen. Er wusste, wenn er sie ihnen als Lebensmittel anbietet, werden sie sie nicht essen, aber wenn er ein Verbot ausspricht, dann essen sie sie. Das war klug.
Bei Brecht ging es um Offenheit, es ging um Wahrheit, und es ging vor allem darum, dass diese größte Idee, die bis dahin geboren wurde, im Namen des dialektischen und historischen Materialismus gerade in der eigenen Pisse erstickt wurde.

Ist Dieter Hildebrandt für Sie ein großer Kollege?

Natürlich. Ein ganz großer. Aber ich hätte mir gewünscht, dass er mich in meiner schweren Zeit mal angerufen und seine Informationen über mich nicht von anderen bezogen hätte. Er hätte sagen können: Komm mal, Gigi, setzt dich neben mich und erzähl mir von dir! Schließlich haben wir schon fröhlich zusammen gesessen und miteinander gefeiert. Spätestens, als er dann den Vorwurf selber an der Backe hatte, dass er als Jugendlicher NSDAP-Mitglied war, habe ich gedacht: Mensch, Dieter, jetzt könnten wir doch erst recht gut und offen miteinander diskutieren. Doch das ist leider nicht geschehen.

Werfen wir noch mal einen Blick 20 Jahre zurück, auf den denkwürdigen Herbst '89. Was haben oder hätten Sie sich für Deutschland gewünscht – jetzt auch mit Blick auf Ihre Enkeltochter?

Dass die realsozialistische Gesellschaft zum Untergang verurteilt war, die behauptet hatte, die Wahrheit gepachtet zu haben, war gesetzmäßig. Keine Frage. Was mich aber zum Beispiel wahnsinnig beschäftigt, immer wieder: Wenn sich einerseits die SPD in diesem Herbst 1989, da haben sie ja schon hier in Ostberlin getagt, Kräfte durchgesetzt hätten, von denen es bestimmt genügend gab, die diesen Riesenpool von tatsächlichen Reformkräften in der SED für sich bewusst geöffnet hätten und andererseits jene quasi in einem historisch bedingten Kurzverfahren entschieden und zugegeben hätten – ich meine die Reform-Denker in der SED, allen voran Gysi und Bisky –, dass an dem leidigen Vereinigungsprozess KPD und SPD im Osten Deutschlands ein großer Teil Unrecht war. Ulbricht sagte damals ganz frech – und das ist belegt, die Dokumente gibt es: Es muss demokratisch aussehen, aber es darf nicht demokratisch sein. Davon hätte sich die SED sofort distanzieren müssen! Der Zeitpunkt war reif dafür. Überreif. Diese Vorleistung hätte man seitens der SED bringen müssen, die Reformkräfte in der SED hätten einsehen müssen, dass die Ost-SPD nach dem Krieg furchtbares Unrecht erlitten hat. Wenn die führenden SED-Genossen das damals endlich zugegeben hätten, hätten sie, glaube ich, diesen Ost-SPD-Leuten, Herrn Meckel usw. den Wind aus den Segeln genommen. Letztendlich gab es ja durchaus die Überzeugung bei einigen Genossen in der West-SPD, bei Menschen, die ich kenne, dass sich mit Reformern in der SED demokratisch arbeiten ließe. Viele kannten sich sogar persönlich, sie besuchten sich und redeten miteinander, hatten ähnliche Gesellschaftsvorstellungen. Es gab auch Freundschaften zwischen SPD- und SED-Leuten. So jedenfalls hätte es eine Chance geben können, dass dieser Deutschland-Vereinigungsprozess nicht unbedingt nach Artikel 146 stattfindet. Es gab doch auch die Möglichkeit nach Artikel 23, und damit die Alternative Anschluss oder Vereinigung. Gysi hat damals in der Volkskammer gewarnt und gesagt: Wir dürfen den Anschluss nicht machen, denn es wird kein Subjekt mehr geben, das seine Rechte einklagen kann. Und dann hätte der schlimmste Vereinigungsfehler, Rückgabe vor Entschädigung, auch nicht so stattfinden können.

Mit diesem Denkansatz und Geschichtsurteil stehen Sie nicht allein. Es gibt etliche renommierte Ökonomen, Bürgerrechtler und Politiker, die eine ähnliche Meinung vertreten: Es hätten sich die Reformkräfte in Ost und West zusammentun müssen. Aber die weltpolitische Lage mit dem Zusammenbruch des Ostens war nun mal so, wie sie war. Die sozialistischen Länder waren heruntergewirtschaftet, die Alternative zur verrotteten Planwirtschaft war die Marktwirtschaft – vor allem auch wegen des sich als Sieger behauptenden Weltkapitalismus.

Ja, das ist doch völlig klar. Aber Gerhard Baum war Innenminister und Wolfgang Schäuble ist Innenminister. Es liegen bei gleichbleibenden polit-ökonomischen Verhältnissen Welten zwischen beiden Politikern. Welten hinsichtlich der Lebensqualität der Deutschen. Schäuble sagt mehr und mehr, er sei bereit, im Namen der Sicherheit individuelle Freiheiten über die Klinge springen zu lassen, und Baum sagt: Nein, einen drohenden Überwachungsstaat dürfen wir nicht zulassen.

Meinen Sie, Vieles hängt von den jeweiligen Politiker-Persönlichkeiten ab?

Selbstverständlich. Dass beispielsweise ein schwarzer Präsident in den USA heute regiert, das ist nur möglich geworden durch Busch. In negativer Dialektik, logisch. Und dass Obama sagt, dass man doch nicht auf dem Rücken der Ärmsten der Armen wirtschaften könne, ist doch ein Nachweis, dass sozusagen die Individuen Geschichte zu modifizieren versuchen.

Ich beschäftige mich nicht mehr mit der Abschaffung des Kapitalismus. Heute kann aber zum Beispiel keine Partei mehr ohne grüne Akzente, also ohne Umweltpolitik, einen Wahlkampf gewinnen. Als die Grünen damals in den Bundestag zogen, erschien mir das auch etwas lächerlich, wie sie mit ihrem Strickzeug und langen Mähnen im Parlament saßen. Und heute ist Umweltpolitik das Zünglein an der Waage für das Überleben der ganzen Menschheit. Um es noch mal mit Brecht zu sagen: »Es setzt sich nur so viel Vernunft durch, wie wir selbst durchsetzen.« Oder mit Blick auf notwendige Solidarität: »Es gibt kein fremdes Leid!« Das sagte der russische Schriftsteller Konstantin Simonow.

Das ist kein Märchen mehr:
Der Kaiser ist nackt!

Interview mit dem Autor und Facharzt für Psychiatrie/
Psychotherapie Hans-Joachim Maaz im Juni 2009

Herr Dr. Maaz, Sie waren zu DDR-Zeiten eher in Insider-Kreisen bekannt. Seit
der Wende gehören Sie zu den prominentesten Zeitzeugen und Zeitkritikern
ganz Deutschlands. Im Herbst '89 waren Sie in fast allen großen TV-Talkshows
zu sehen. In Ihrem Bestseller »Gefühlsstau« schildern Sie, dass in der Bevölke-
rung der DDR Unterordnung, Gehorsam, Ideologie-Hörigkeit und Ängstlich-
keit verbreitet waren. Inzwischen erklären Sie, die gewonnene äußere Freiheit,
Demokratie und der Rechtsstaat führen noch nicht zur notwendigen inneren
Freiheit der Deutschen, weil die Generation der Einheitsdeutschen zu Konkur-
renz statt Gemeinschaft abgerichtet wird und neue Grenzen zwischen mächtig
und ohnmächtig, Arbeithabenden und Arbeitslosen entstanden sind. Kommen
Sie sich damit mittlerweile wie der Rufer in der Wüste vor?

Man fragt mich als Psychotherapeuten in letzter Zeit nicht mehr so häufig nach
meiner Gesellschaftsanalyse, aber nach jedem Amoklauf ist meine Meinung
zu diesem Phänomen gefragt. Dass eine differenzierte Antwort darauf immer
Sozialkritisches umfassen muss, wird nicht so gern akzeptiert. Meine Hinweise
auf tiefer gehende Zusammenhänge oder Hintergründe werden zwar angehört,
aber nicht weitergedacht. Dabei bin ich weder so naiv zu glauben, allein mit
psychologischen Kategorien die Welt erklären oder gar verändern zu können,
noch halte ich es praktisch für möglich, therapeutisch im großen Stil in den Alltag hineinzuwirken. Trotzdem bin ich davon überzeugt, dass ohne Berücksich-
tigung psychologischer Vorgänge im Menschen und in ihren Beziehungen letztlich erfolgreiche gesellschaftspolitische Entscheidungen oder Korrekturen nicht
gemacht werden können. Das zu ignorieren hat nicht nur den realen Sozialismus in der DDR zerrieben, dies höhlt auch immer mehr die Glaubwürdigkeit
des christlichen oder westlichen Abendlands aus, weil Werte wie Demokratie
und Freiheit wieder ideologisiert werden, in der Lebensrealität immer weniger
erfahren werden und nicht mehr in den Seelen der Menschen wurzeln.

Hans-Joachim Maaz 1997 (li.) und 2009 (re.)

Ein so komplizierter und komplexer Prozess wie die Einheit Deutschlands kann nicht gelingen, wenn er auf politische und ökonomische Prozesse reduziert wird. Ich habe heute Nacht eine Fernsehdokumentation über das Verhalten des Papstes während der Nazizeit, seine Haltung oder Nichthaltung zur Judenverfolgung gesehen. Die ist mir derart in die Glieder gefahren, weil sie von der großen Ohnmacht jener Menschen erzählte, die durchaus politische Übersicht hatten und wussten, was im Faschismus lief und doch meinten, nichts machen zu können.

Die offizielle Kirche, die protestantische wie die katholische, hat damals nichts machen wollen!

Ja, die Kirche hat nichts machen wollen. In diesem Film ging es noch um etwas Anderes. Der Hauptdarsteller war ein SS-Mann, der das Verbrechen dieses Systems nicht aushalten konnte und wollte. Er war Katholik. Und er wollte den Vatikan dazu bringen, dass er endlich gegen die faschistischen Verbrechen Stellung bezieht. Dieser Mann hat das nicht geschafft. Und diese Ohnmacht, also mit einem Wissen und Willen ausgestattet zu sein, etwas verändern zu wollen und dennoch nichts bewirken zu können, das hat mich sehr berührt und erschüttert.

Und heute – bei einer völlig anderen Sachlage – erlebe ich und viele Andere auch wieder eine solche Ohnmacht. Wir wissen fast alle, dass wir so wie bisher nicht weiterwirtschaften können. Die Folgen, bezogen auf Umwelt, Klima, Zukunft und vor allem auf wachsende soziale Ungleichheit und Ungerechtigkeit, sind zerstörerisch. Und wir können offensichtlich wieder nichts Wirksames dagegen tun. Mit symptomatischen Maßnahmen machen wir uns alle etwas vor, an die Ursachen wagen wir uns nicht ran. Das Phänomen »Gier«, mit dem wir uns zerstören, betrifft unsere defizitären seelischen Strukturen, die wir nicht wahrhaben wollen und nicht ohne Schmerz wahrhaben können.

Wir stehen vor der Notwendigkeit, unsere Lebensform verändern zu müssen, aber die akute und weltweite so genannte Wirtschafts- und Finanzkrise wird, wie man dies in der Medizin nennen würde, wieder nur symptomatisch behandelt. Immer mehr Milliarden oder Billiarden Euro und US-Dollar werden als Nothilfe in die großen Pleite-Banken und angeschlagenen Wirtschaftsunternehmen gepumpt. Dies kann am Ende nur zu Inflation oder durch Schulden zur Zerstörung der Zukunft führen. Ohne tiefere Analyse und Einsicht in die Ursachen werden wir auch nicht wirklich aus der Misere herausfinden. Wir müssen die Motive auf Hintergründe für das Wechselspiel zwischen Bankern und Anlegern hinsichtlich des Phänomens Gier verstehen. Es hat sich ein Gewinnstreben entwickelt, das suchtartig geworden ist und normale Bedürfnisse weit übersteigt. Und wie bei jeder Sucht liegt die Wurzel in ungestillten psychologischen Bedürfnissen der Menschen, die in ihrer Entwicklung nicht ausreichend beachtet wurden. In meiner Sprache – unerfüllte narzisstische Bedürfnisse. Der Zusammenhang von seelischen Defiziten und dem Verhalten wird nicht offen diskutiert. Damit müssten eben auch Manager und Politiker sich nach ihrem Narzissmus befragen, der viele ihrer Entscheidungen motiviert.

Sie sprechen in Ihren Büchern von einer notwendigen »psychosozialen Revolution«. Sie ist vergleichbar mit der Utopie der Christen, mit der Bergpredigt oder dem Utopie-Anspruch der Kommunisten – Gerechtigkeit für alle und eine klassenlose Gesellschaft. Die Geschichte zeigt, dass sich solche Werte und Zustände in der gesellschaftlichen Praxis bisher nicht durchsetzen ließen. Und dennoch haben Sie den langen Atem oder den Stolz, das wieder und wieder einzuklagen. Wir haben in unseren Gesprächen mit ostdeutschen Intellektuellen viel darüber debattiert, was vor 1989 und danach geschah. Einerseits waren da der Wunsch und die Hoffnung auf Demokratie und andererseits das überstürzte Rennen nach attraktivem Lebensstandard, bzw. Wohlstand und Lebensart des Westens. Wurden Sie durch die tatsächliche Entwicklung in Deutschland eher ernüchtert oder auch zum Teil versöhnt?

Gemäß dem dualistischen Entweder-Oder-Verständnis der abendländischen Kultur sollten und mussten die Menschen in der ehemaligen DDR fast alles vergessen und aufgeben, was ihr vorheriges Leben bestimmt hatte. Und die Menschen in der Bundesrepublik wurden bestärkt in der angeblichen Richtigkeit ihrer Lebensweise. So beherrscht das abgrenzende Konkurrenzprinzip den Vereinigungsprozess; bestmögliche Kooperation und Suche nach beiderseits vernünftigen Lösungen wurde vermieden. Zu Zusammenarbeit und Dialog würden eigene Offenheit und Wertschätzung des Anderen und Fremden gehören. Dann wäre nicht nur das Mitläufer-Syndrom vieler Ostdeutscher anzuprangern gewesen, sondern hätte auch die einseitige Freiheitsvorstellung und Orientierung auf materiellen Wohlstand der westlichen Kultur zur Disposition gestellt werden müssen. Das ist leider nicht geschehen.

»Psychische Revolution« meint eine weiter entwickelte Fähigkeit des Menschen im Umgang mit sich selbst und mit Anderen. Demokratie funktioniert auf Dauer nur, wenn sie auch als innerseelischer Vorgang verankert ist. Bisher war der materielle Wohlstand der Garant für demokratische Verhältnisse – das ist eine von äußeren Erfolgen abhängige Demokratie. Ich spreche von einer demokratischen psychologischen Fähigkeit, auch eigene Fehler, Schwächen und Begrenzungen bei sich selbst zu sehen und akzeptieren zu lernen, damit weniger Feindbilder und Sündenböcke zur Projektion gebraucht werden. Liebe, Toleranz, Empathie kann man nicht erfolgreich fordern, sondern können nur erworben werden durch ehrliche Einsicht in das eigene Seelenleben. Damit ist die Frage danach, wie Kinder behandelt werden, die zentrale Frage nach der Zukunft der Gesellschaft. Denn in der Kindheit wird durch die Qualität der Beziehungen zwischen Erwachsenen und Kindern die narzisstische Struktur positiv oder negativ ausgebildet: guter Selbstwert, der keine übermäßige Macht oder grenzenlosen Konsum braucht, oder Minderwertigkeitsgefühl, das nach Macht, Geltung, Ruhm und Konsum kompensatorisch streben lässt.

Für mich liegt darin eine Antwort für die unfassbare, ja unglaubliche Anmaßung einer »Herrenrasse« in der Tatsache, dass ja tatsächlich die Mehrheit der Deutschen Holocaust und Krieg geduldet, weggeschaut oder aktiv (aus narzisstisch gestörter Überzeugung!) mit gestaltet hat. Diesen Zusammenhang halte ich bis heute für nicht ausreichend verstanden und in den Grundlagen wirklich geheilt. Man kann die Zeiten und das Geschehen – damals und heute – nicht wirklich vergleichen, doch in den psychosozialen Grundlagen massenhaften Fehlverhaltens bleiben bedrohliche Ähnlichkeiten.

Als Psychotherapeut haben Sie genau beobachten können, welche Defizite die DDR-Gesellschaft produzierte. War es bereits Ihre Erkenntnis als Medizinstudent oder junger Arzt in der DDR: Wir müssen die Dinge anders anpacken als unsere Eltern, damit es den Menschen und ihren Seelen besser geht? Oder anders gefragt, entsprach Ihre Motivation der wechselseitigen Erkenntnis, einerseits bedingt durch Ihren Beruf und die Patienten, und andererseits durch den Eigenantrieb, Vieles anders machen zu wollen, für sich selbst wie für die Patienten?

Ich denke, dass das ein Motiv für meine Berufswahl gewesen ist. Dass ich Arzt geworden bin, war ursprünglich im väterlichen Auftrag. Aber dann habe ich sehr früh erkannt: Mit Medizin schaffe ich keine Veränderung. Sie war und ist mir zu einseitig und zu narzisstisch. Der Arzt als Halbgott in Weiß! Also, die soziale, die spirituelle Dimension kommt mir da zu kurz. Dann beschäftigte ich mich mit Psychiatrie. Doch in der Psychiatrie habe ich auch schnell gemerkt, wie furchtbar autoritär es dort zugeht. Also blieb mir im Grunde genommen die Psychotherapie als eine Methode und Aufgabe, um mich selbst und das, was mir geschehen war, besser zu verstehen – auch im Sinne einer Selbstheilung. Aber auch um zu entdecken, in welchen Zusammenhängen Menschen leben, die sich unglücklich entwickeln oder krank werden. Und dann die positiven Erfahrungen, im Einzelfall oder in einer Gruppe, dass es tatsächlich Entwicklungschancen gibt! Man kann mit dem, was mir dabei wichtig geworden ist, also mit größerer Offenheit und Bewusstheit, mehr Kontakt zu seinen Gefühlen, mehr kritischen Reflexionen auch über bittere, traurige und schmerzliche Seiten in einem selbst, durchaus an Lebenssinn und Lebenstiefe gewinnen und damit auch zu lebendigen sozialen Kontakten kommen. Also, diese positive Erfahrung hat mich Gott sei Dank nie müde werden lassen. All das, was für die Gesellschaft als Ganzes eine Utopie sein mag, kann von den Einzelnen schon gelebt werden. Das ist meine Erfahrung, bis zu der Überzeugung: Wenn der Einzelne sich verändert, verändert sich auch ein Teil dieser Welt.

Sie hatten zu DDR-Zeiten als seltene Psychotherapeuten-Kapazität oder fast schon Psycho-Guru einen Ruf, der durchaus ambivalent war. Die einen, meist Patienten von Ihnen, sagten: Der kann wirklich helfen. Besonders jüngere Menschen strömten nach Halle, das war so eine Insider-Insel. Und das andere war: Der ist so knallhart in der Kritik und Selbstkritik, dass es bei Paarkonflikten nach der Therapie meist zur Scheidung kommt. Oder: Wenn Maaz sich über gesellschaftliche Missstände äußert, dann ist es starker Tobak. Sie haben immer gesagt: Mit Euphemismus und Streicheln ändert sich nichts, man muss dem ganzen Elend in die Augen schauen, sowohl privat, als auch gesellschaftlich. Stoßen Sie damit auch jetzt in den Medien auf Ablehnung, machen Sie sich da erneut unbeliebt?

Ja, ganz bestimmt. Sie erinnern meinen widersprüchlichen Ruf ziemlich genau. Ich habe allerdings die Erfahrung gemacht, dass vor allem die Menschen über mich am bösesten reden, die mich persönlich oder meine Arbeit gar nicht kennen. Da ich manches stark verknappt, zugespitzt oder provokant sage, eignet sich das natürlich gut für die Polemik. Auf diese Weise hole ich mir das rein. Ich finde das zwar nicht vergnüglich, aber ich habe auch nichts dagegen. Denn ich weiß, dass das, was ich ein bisschen weicher und betont freundlicher sage, viel schneller verhallt. In der modernen Mediengesellschaft fühle ich mich zuweilen zu zugespitzter Pointe und Argumentationsschärfe veranlasst oder gar provoziert. Wenn ich die Zuhörer oder Politiker in Diskussionsrunden irgendwie affektiv berühre, dann weist das ja darauf hin, dass es den Anderen beschäftigt. Und über den Ausgang dieser Beschäftigung habe ich sowieso keine Macht.

Mit Ihrem Buch »Die Entrüstung« haben Sie viele Leser und Bürger in Ost und West schockiert, weil Sie ihnen eine verlogene Lebenssicht vorwerfen. Die Einen, so argumentieren Sie, wollen von ihrem Wohlstand nichts abgeben, die Anderen ringen verzweifelt darum, am Wohlstand zu partizipieren. Und Sie machen eine dramatische Folge von deutscher Deformierung auf: Faschist – Stalinist – Wohlstandsbürger. Was meinen Sie mit »innerer Faschismus«?

»Innerer Faschismus« ist das Gegenteil von »innerer Demokratie«: es gibt unerkannte und unbewältigte seelische Inhalte, vor allem erlebte Kränkungen und Verletzungen, die berechtigte Gefühle, wie Wut und Hass ehemals ausgelöst hatten, die aber nicht wahrgenommen und ausgedrückt werden durften und damit einen Gefühlsstau erzeugen, und dann Anlässe und Sündenböcke gebraucht werden, an denen man sich abreagieren kann. Eigene seelische Probleme werden also auf Andere projiziert. Kein Mensch wäre zu Verbrechen gegen Andere in der Lage, der nicht einen Gefühlsstau hätte. Mit dieser Erklärung kann aber nicht schuldiges Verhalten exkulpiert werden.

Da materieller Wohlstand als Konzeption für seelische Defizite benutzt werden kann, gibt es immer eine Gefahr, dass Äußeres dazu dienen muss, um Inneres zu überdecken. Aber Hass zum Beispiel kann nur eine kurze Zeit durch Geld beruhigt werden, entweder folgt dann eine Suchtentwicklung, also wachsende Gier mit ihren destruktiven Folgen, oder es müssen neue Ablenkungen und Kompensationen gefunden werden. Zum Beispiel haben wachsender Konkurrenzkampf mit Vernichtung von Konkurrenten und anderes destruktives Sozialverhalten immer eine innerseelische Quelle

Sie haben 1989, in der damals hitzigen Politik-Debatte und in den Medien mit dem »Gefühlsstau« die Psychoanalyse eines ganzen Volkes, das der DDR, vorgelegt. Inzwischen sind 20 Jahre nach dem Mauerfall vergangen. Stellen Sie heute auch wieder »Gefühlsstau« fest – nur unter anderen gesellschaftlichen Koordinaten?

Ja, auf jeden Fall. Dazu muss ich vielleicht ein bisschen ausholen.

Der Ostdeutsche war gut beraten, wenn er sich zurückgenommen hat, nicht aufgefallen ist, nicht kritisch war, wenn er im Kollektiv funktioniert hat, mit Ordnung, Disziplin, Pflichterfüllung usw. Der Westdeutsche musste und konnte sich dagegen stark individualisieren. Er muss sich auf dem Arbeitsmarkt behaupten, muss sich durchsetzen, muss stärker, raffinierter oder origineller sein als die Anderen. Sein Verhalten ist angetrieben von der Angst: Behalte oder bekomme ich den Arbeitsplatz, und bin ich erfolgreich. Das ist ein erheblicher Druck, der eben auch zu Gefühlsstau führt. Im Osten mehr ein Gefühlsstau aus der Repression und im Westen mehr ein Gefühlsstau aus der Leistungsanforderung: Behaupte dich, setze dich durch! Die westliche Lebensform hat eine stärker narzisstische Ausprägung erfahren: Wir sind die wahren Demokraten und wir sind die Stärksten und müssen immer Sieger sein! Wenn wir uns daran erinnern, wie der vorige US-amerikanische Präsidenten, wie Bush jr., seinen Irakkrieg begründet hat, indem er ihn als Kampf der Kulturen bezeichnete, in dem sich die angeblich christliche Zivilisation gegen die Unzivilisierten in Islam-Ländern behaupten muss, das war der Gipfel an Arroganz und Powergehabe. Meiner Meinung nach handelt es sich dabei um eine riesengroße narzisstische Störung mit innerseelischer Bedrohung, die wie bei Bush bis in den Krieg führt. Auch dieses haltlose Zocken der Banker ist meiner Meinung nach ein extremer Ausdruck narzisstischer Störung. Das ist ein süchtiges Immer-Mehr! Innerer Mangel fördert äußere Übermäßigkeit und Größenwahn.

Drei Jahre nach der Wende hatten Sie eine Flugschrift geschrieben, in der Sie zusammenfassten: Die Einen sagen, wir haben sehr viel gewonnen, Demokratie und Freiheit. Die Anderen sagen: Wir haben viel verloren, die Arbeit, soziale Sicherheit, mitmenschliche Solidarität. Welches Resümee ziehen Sie heute?

Das Resümee bleibt dasselbe. Der Ausgleich, die Integration von Freiheit und sozialer Sicherheit ist noch nicht gefunden worden. Obwohl es genug kritische Stimmen und wissenschaftliche Belege über die Zerstörung der Umwelt, die Schuldenbelastung der Zukunft, über wachsende soziale Ungerechtigkeit gibt, führt dies nicht zu wesentlichen Konsequenzen in unserem Leben. Wir bleiben im falschen Denken befangen. Notwendige Entscheidungen werden als nicht »mehrheitsfähig« abqualifiziert oder als unmöglicher »Dritter Weg« diffamiert. Wenn Erkenntnis und vernünftiges Handeln so weit auseinanderklaffen, sind wir Opfer von seelischen Abwehrprozessen, die bittere Wahrheiten und anstrengende Veränderungen nicht zulassen wollen. Es ist wie bei einer schweren Erkrankung, bei der der Patient nicht wahrhaben will, dass sie auch Folge seines Fehlverhaltens ist und Veränderungen im Lebensstil gefordert sind. Wir kennen die Absurdität, wie ein Lungenkrebskranker die Zigarettenindustrie verklagt, statt sein gesundheitszerstörendes Verhalten einzusehen.

Wir können nicht hoffen, die Krise geht vorüber und dann geht es wieder aufwärts, wie Frau Merkel und einige Scheinoptimisten gerade in Wahlzeiten gern und oft verheißen. Ich wüsste nicht, welcher Warnungen wir noch bedürften, um ernsthaft in unserem Denken und in unserer Lebensform Inventur zu machen.

Sie plädieren für Gemeinschaft statt Konkurrenz und Bescheidung statt Wachstum. Ginge das Ihrer Meinung nach nur, wenn man die Gesellschaft grundlegend revidiert und auf Kapitalismus verzichtet, weil dessen Ziel Profit aber nicht menschliche Vervollkommnung ist? Oder halten Sie ernsthafte und effektive Reformen – wie z. B. die Verstaatlichung großer Banken, der Krankenhäuser und Altenheime, des öffentlichen Transports, der Post usw. innerhalb der bestehenden Gesellschaftsstruktur für möglich und erstrebenswert?

Diese grundlegenden Fragen kann man nicht »von oben«, aus intellektuellem Verständnis und ökonomischem Kalkül beantworten. Dann gibt es immer richtige Antworten, die aber sofort neue Probleme aufwerfen oder an den Menschen scheitern. Der Sozialismus ist an den Menschen gescheitert, die mehr wollten als zur Verfügung stand. Der Kapitalismus scheitert an den Menschen, die mehr verbrauchen und höhere Ansprüche stellen als sie verdient haben. Ein Lösungsansatz auf all diese Fragen sehe ich in den menschlichen Entwicklungen, die mit »innerer Demokratie« und »Beziehungskultur« beschrieben sind.

Ich weiß aus meiner beruflichen Erfahrung, dass Menschen, die in ihrer Entwicklung gut bestätigt und befriedigt wurden und die als Erwachsene wenig entfremdet und unverstellt leben können und damit in ihren Beziehungen Befriedigung erfahren, dass diese Menschen weniger konsumieren müssen und auch weniger Macht über Andere anstreben wollen.

Der Kapitalismus wird sich doch nicht selber abschaffen wollen. Insofern klingt das, was Sie möchten, eher nach Revolution als nach Reform – oder?

Eine Gesellschaft in der Krise steht immer vor notwendigen Reformen, sonst droht eine Revolution mit ungewissem Ausgang. Man muss nur das Wiedererstarken rechtsradikaler Kräfte bedenken, historisch gesehen nahezu absurd, aber psychologisch betrachtet analysierbar: Gefühlsstau und soziale Verunsicherung suchen nach Feindbildern und Abreaktionsgelegenheit.

Der real »existierende Kapitalismus« ist außer Kontrolle geraten. Die Politik ist gefordert, die Profitsucht zu zügeln und zu regulieren, und wir Bürger müssen über unsere Lebensform kritisch nachdenken und diskutieren. Ich halte eine außerparlamentarische Bürgerbewegung für möglich und notwendig, wenn Arbeitslosigkeit und Verarmung wachsen. Eine Bürgerbewegung, die, wie bisher die Gewerkschaften, die Interessen der Verlierer in den sozialen Kämpfen sammelt, formuliert und vertritt und damit auch die Politik unterstützt, soziale Reformen durchzusetzen und die Macht des Kapitals zu begrenzen. Es geht um einen neuen Ausgleich zwischen Lebensform, Politik und Markt.

Sie nahmen in Halle zur Wendezeit an vielen Gesprächsrunden mit kritischen Geistern teil, die damals mehrheitlich die DDR reformieren und demokratisieren wollten. Sie haben anschaulich beschrieben, was damals in Halle passierte: Erst aufs Rathaus, dann zur SED-Bezirksleitung, dann zur Stasi und dann: Wir sind das Volk!

Und dann ab in den Westen! (lacht)

Dann reisten aus dem Westen Demonstranten in Leipzig an und haben gerufen: Wir sind ein Volk! Das haben Sie miterlebt und aufgeschrieben. Hatten Sie in der Auf- und Umbruchphase im Herbst '89 Illusionen der Art, dass Sie hofften: Was in Budapest, in Warschau und Prag nicht geglückt ist – den Sozialismus zu demokratisieren –, warum sollte das, mit Gorbatschows Glasnost und Perestroika im Hintergrund und den vielen jungen in den Westen Flüchtenden vor Augen, nicht endlich Wirklichkeit werden?

Ja, diese Hoffnung hat mich seit 1968 nicht mehr losgelassen, seit dem Prager Frühling. Das war ein großer Hoffnungsschimmer, es könne zu einem dritten Weg kommen – mit einem Sozialismus, der demokratisch und halbwegs sozial ausgleichend ist. Die Hoffnung oder Vision hege ich immer noch, auch wenn mich da manche als Träumer abtun.

Doch wer hätte vor 20 Jahren gedacht, dass auch die »Sieger der Geschichte« nur auf tönernen Füßen stehen. Die momentane Krise muss unsere Augen öffnen. Keiner weiß jetzt, wie es anders und vor allem besser (für unser Zusammenleben, für die Umwelt, für die Zukunft) weitergehen könnte. Aber wir sind herausgefordert, Antworten zu finden.

Wann setzte bei Ihnen Enttäuschung oder Ernüchterung ein? Erst mal ging es ja bergauf, sie wurden auf Foren und von Medien angefragt, schrieben Bücher, die ihr Leserpublikum und großes Echo fanden. Hatten Sie nicht guten Grund, sich umworben und gebraucht zu fühlen?

Dennoch, meine Enttäuschung setzte sehr früh ein. Na gut, umworben sein – es ist ehrenvoll, wenn man gehört wird. Aber dass ich mit meinen Analysen oder Forderungen tatsächlich etwas bewirken könnte im gezielten politischen Sinne, diese Illusion hatte ich nie. Ich bin deshalb auch nie einer Partei beigetreten.

Auch nicht in der kurzen Wendezeit?

Nein, wenn ich die Hoffnung gehabt hätte, dass sich meine Gedanken zu einem Programm formieren lassen, dann wäre ich möglicherweise damals einer Partei beigetreten.

Können Sie die Gründe des Scheiterns der Utopie vom – wie Sie sagen – »dritten Weg« im Herbst '89 benennen? Gab es unter den Bürgerbewegten und Reformkräften genügend »Personal« mit intellektueller Kapazität und politischer Erfahrung im Ausüben von Macht, um wirklich Neues zu beginnen?

Es hätten Menschen sein müssen, die die psychische Revolution, die ich meine, für sich akzeptiert haben und leben. Das Personal mit dieser Kapazität war – bei allen ehrlichen Übergangspolitikern – nicht vorhanden. Es kommen ja oft, wenn sich etwas ändert, wieder die gleichen oder ähnliche Typen an die Macht, nur unter einer anderen Flagge.

Macht dient der psychischen Stabilisierung und nicht so sehr dem Gemeinwohl. Deshalb ist ein reformerischer Weg der Einsicht bei den Leuten, die an der Macht sind, eher unwahrscheinlich.

Wirklich Neues beginnt innerseelisch, entweder mit Menschen, die eine andere Entwicklung hatten (narzisstisch gesättigt!) oder mit Menschen, die die seelischen Defizite und Fehlentwicklungen erkannt und verarbeitet haben.

Erst jetzt, nach 20 Jahren, wird deutlich, dass der real existierende Sozialismus, ohne ihn schön reden zu wollen, eine Kraft war, die den Kapitalismus gezügelt hat. Das haben wir damals gar nicht wertgeschätzt. Der soziale Gedanke des Sozialismus hat zur sozialen Marktwirtschaft beigetragen.

Für einen »Dritten Weg« wäre es also schon ein großer Gewinn, wenn die Vor- und Nachteile der Sozialisation im Sozialismus und im Kapitalismus gesehen und verstanden werden. Bisher galt ja nur ein ganz primitiver Spaltungsvorgang: wir gut – ihr schlecht.

Macht muss eine ungeheure Attraktivität ausstrahlen, besonders auf bestimmte Männer in Politik und Wirtschaft. Was wirkt da so verführerisch?

Das ist eine narzisstische Potenz. Menschen, die in der Tiefe nicht wirklich von sich überzeugt sind und das Gefühl haben, ich bin nicht wirklich gemocht, geliebt, nicht gut genug, müssen, um sich zu bestätigen, mit besonderen Leistungen vor ihrer Mitwelt glänzen. Das ist auch der Antrieb vieler Leistungssportler, die Unheimliches an Willenskraft, Disziplin und Training investieren. Wie sieht denn der Alltag eines Machtpolitikers gewöhnlich aus? Jeden Tag schrubbt er irgendwelche, meist langweilige Sitzungen ab, er wird angegriffen, von diversen Konkurrenten und Fraktionen, er wird angebellt und muss dies abwehren ... All das ist für einen Durchschnittsmenschen unerträglich und also nicht erstrebenswert. Es ist, als ob diese Männer an der Macht in einer schweren Rüstung stecken und nur durch enge Schlitze gucken können.

Beobachten Sie, wie viel man von Mimik, Gestik und Körpersprache der Politiker ablesen kann?

Ja. Dafür muss man gar kein Psychologe sein. Das ist verräterisch und oft genau so peinlich wie die banalen Sprechhülsen und grob geschnitzten Statements, die die Politiker von sich geben; meist sehr oberlehrerhaft und bar jeder intellektuellen Tiefe oder Eleganz. Da beginnt wieder meine Sorge: Was ist mit den vielen Menschen bloß los, die nicht sehen – der Kaiser ist nackt!

»Wir aus den Jahrgängen zwischen 1940 und 1950 werden immer DDR-Bürger bleiben«; das haben Sie neulich bei einem Gesprächsforum in Chemnitz gesagt. Und dann fügten Sie hinzu: »Wir müssen uns dafür weder schämen, noch Komplex beladen benehmen, es ist einfach so. Wenn wir uns das erst mal bewusst

gemacht haben, dann kommen wir zu ganz anderer Souveränität.« Wie wurde das vom Publikum aufgenommen?

Ich glaube, das wird von manchen Ostdeutschen ganz gern gehört. Als ob ihnen jemand hilft, das angeschlagene Selbstbewusstsein wieder ein bisschen zu stabilisieren. Natürlich stellt sich die Frage, wie hat man in dem diktatorischen System gelebt, was hat man konkret gemacht oder wie hat man bestanden. Das muss jeder für sich entscheiden und muss sich das auch fragen lassen. In Chemnitz habe ich ebenso darüber gesprochen, dass es ja auch eine besondere Leistung ist, der Versuchung, zum Beispiel Denunziant zu werden, zu widerstehen.

Sie haben auf diesem Forum eine Zahl genannt: Drei Prozent von diesen 17 oder 18 Millionen Menschen in der DDR waren Mitarbeiter der Stasi, und 97 Prozent nicht. Das ist erst mal eine erstaunliche Zahl.

Das wird nicht reüssiert. Wir werden als Bürger des Stasi-Staates eingestuft, und damit sind wir auch irgendwie alle verdächtigt. Das Gegenteil stimmt. Die Mehrheit hat – na, vielleicht nicht richtig widerstanden, weil nicht alle Menschen von der Stasi gefragt oder gekauft wurden, aber die Mehrheit hat sich auch entzogen. Ich halte es für eine Leistung, dass es in einem System, das gedanklich gleichschalten will, Menschen gibt, die sich nicht nur eigene Gedanken gestatten, sondern sie auch beginnen auszutauschen. Das ist für mich eine wesentlich höhere Leistung, als in einer Welt zu leben, in der es erlaubt ist, alles zu denken und fast alles zu sagen. Das Anderssein hat dort keine psychische Bedeutung, erfordert keine große Kraft.

Was sagen Sie zu der These: Das Leben in der DDR war gekennzeichnet von Angst?

Ich würde sagen, es gab eine Grenze, einen Eichstrich. Ab da musste man Angst haben. Wenn man sich unterhalb dieses Eichstriches bewegt hat, brauchte man keine Angst zu haben. Und es war nicht unwürdig, unter dem Eichstrich zu leben. Der private Alltag war ja nicht in jeder Hinsicht politisiert. Wie ich mich alltäglich als Mensch unter Menschen verhalten habe, dabei musste ich keine Angst haben.

Der Publizist Günter Gaus hat in einer seiner Sendungen »Zur Person« gemeint, dass die Intellektuellen etwas anstreben, was die Mehrheit gar nicht will. Und er schlussfolgerte: Anpassung ist ein Bürgerrecht. Was sagen Sie als Psychotherapeut dazu? Muss Anpassung sein?

Ja schon, aber ich würde es anders formulieren. Ich sage: Anpassung *und* Emanzipation sind Bürgerrechte. Beides braucht der Mensch, dabei kommt es auf die Ausgewogenheit an. Das heißt, es gibt Lebenssituationen, in denen muss ich mich anpassen, und es gibt Lebenssituationen, da muss ich mich durchsetzen und eine eigene Position beziehen, unabhängig davon, ob die jetzt gewünscht und bestätigt wird oder nicht. Dieses Spannungsfeld halte ich überhaupt für die wichtigste Entwicklungskraft des Menschen.

Ist das nicht bei jedem Menschen unterschiedlich?

Das ist bei jedem unterschiedlich, und das macht den Reiz der Individualität aus. Problematisch wird es nur, wenn es auf einen Pol fixiert bleibt, also wenn man sich nur anpasst oder sich nur widersetzt. Beides ist krankhaft determiniert oder führt in die Krankheit.

> *Wenn Sie sagen, wahrhaftig sein, sich zu seinen Gefühlen bekennen, auch zu den eigenen Defiziten oder Bedürftigkeiten, das gestaltete sich, wenn man sich in der DDR danach verhielt, schwierig, manchmal auch komisch. Es war für schwächere Menschen fast nicht lebbar. Wie steht es heute darum? Die meisten Firmenchefs streben in erster Linie danach, dass ihr Laden reibungslos funktioniert, dass der Gewinn wächst und kein »Sand ins Getriebe« kommt. Da ecken Menschen, die so authentisch und gefühlsoffen oder ehrlich und problembewusst sind, wie Sie es fordern, eher an.*

Ja, aber ich sprach von Ausgewogenheit. Wenn ich mich in einer Arbeitnehmer-Situation mit so einem Chef befände, würde ich nicht um jeden Preis meine Authentizität durchboxen, sondern mich im Team erst mal zu orientieren versuchen. Jeder muss sich selbst fragen: Wie weit kann ich gehen, bevor ich mich aufgebe, unehrlich werde oder mich verrate. Und wie kann ich den Chef und die Verhältnisse vielleicht in meinem Sinne beeinflussen. Nicht frontal, sondern allmählich oder mit Kräften anderer. Da beginnt eine Auseinandersetzung.

> *Die eingeübte, äußerliche Freundlichkeit vieler Chefs heute kippt erfahrungsgemäß schnell um in taffes Verhalten. Der Boss ist vielleicht noch ganz konziliant, wenn du gut feiern und fröhlich sein kannst. Aber wenn du etwas Nicht-stromlinienförmiges oder Nonkonformistisches sagst, dann bist du dem Chef nicht genehm. Einige Westdeutsche staunen über Ostdeutsche, die einerseits angenehme Kollegen sind, aber andererseits nicht nach deren Maßstäben funktionieren und auf falsches Lächeln verzichten. Woran leiden Ihre Patienten heute, wenn die Psyche vor die Hunde geht?*

Im Grunde genommen hat sich da basal nicht groß was verändert. Zu DDR-Zeiten litten Menschen unter zu großer Anpassung, Gefühlsstau, Repression, und darunter, nicht genug Individualität entwickeln zu können. Da haben wir Menschen geholfen, etwas offener zu leben, kritischer zu werden, individueller. Damit wurden sie aber nach außen auch schnell subversiv. Sie mussten also lernen, zwischen möglicher Offenheit und notwendiger Zurückhaltung zu unterscheiden und Verantwortung für das jeweilige Verhalten zu übernehmen, dabei zwischen körperlichen und seelischen Beschwerden, die man bei zu großer Anpassung und Verbiegung entwickeln kann, oder sozialen und politischen Konsequenzen ihres Verhaltens, wenn sie zu offen und kritisch waren, zu wählen.

Heute machen die Menschen im Arbeitsprozess viel seltener den Mund auf, weil sie um ihren Arbeitsplatz fürchten. Seit der Wende gibt es bekanntlich massenhaft peinliche Seminare, in denen man lernen soll, wie man sich bewirbt, was man den Leuten alles vor Selbstbewusstsein strotzend auftischen soll und wie man auftreten muss. Auf keinen Fall darf man zeigen, wie einem im Innersten zumute ist. Also haben die Leute gelernt, sich zu verstellen und werden daran oft krank. Arbeitslose, die von überforderten Arbeitsämtern zu solchen Seminaren verdonnert werden, können ein Lied davon singen. Wenn wir heute Menschen ermutigen, auch ihre Schwächen und Schwierigkeiten zu akzeptieren und davon etwas zu zeigen, verlieren sie an Marktwert. So kann man sich heutzutage nicht bewerben. Also müssen sie auch wieder lernen: Wenn ich zu Hause bin, darf ich auch mal ängstlich und unsicher sein, weinen und klagen. Gehe ich zur Bewerbung oder zur Arbeit, muss ich wieder meinen Schlips umbinden und so stark tun, als könnte ich die ganze Welt auf die Schultern nehmen.

Es ist also in den Ausformungen anders, aber die basale Problematik bleibt dieselbe. Die gesellschaftlichen Verhältnisse erzwingen Entfremdung und einseitiges Verhalten – im Osten wie im Westen.

In letzter Zeit wenden Sie sich verstärkt der Frage zu: Wie geht die Gesellschaft mit Kindern und mit der Jugend um? Sie plädieren dafür, dass jene Mütter eine größere Beachtung und Akzeptanz bekommen, die ihre Kinder die ersten drei Jahre allein erziehen. Danach, fordern Sie, sollte aber jedes Kind einen bezahlbaren Kindergartenplatz bekommen. Letzteres war in der DDR Realität, heute ist das anders, wird aber als Ziel wieder markiert. Wie bewerten Sie die Unterschiede in der Kinderbetreuung, in der Jugend- und Bildungspolitik vor und nach der Wende?

Genauer gesagt geht es mir nicht so sehr um Mütter, sondern um Mütterlichkeit. Damit kann ich diesen unsäglichen Streit, ob nun die Mutter hauptverantwortlich ist für ihr Kind oder ob nicht auch der Vater oder die Großmutter das sein können, etwas entschärfen. Es geht um ausreichende Mütterlichkeit. Und damit meine ich Fähigkeiten, die das Kind unbedingt braucht, damit es sich gesund entwickeln kann. Das heißt, es will bestätigt und verstanden werden, braucht sensible Einfühlung, muss in seinen seelischen und körperlichen Entwicklungsbedürfnissen befriedigt werden. Da ist natürlich die reale Mutter in einem bestimmten Vorlauf, weil sie unweigerlich durch Schwangerschaft, Geburt und Stillen eine besonders enge Beziehung zu dem Kind hat. Aber Eigenschaften von notwendiger Mütterlichkeit kann natürlich auch der Vater mitbringen, die können auch größere Geschwister, die Oma und natürlich auch eine gute

Kinderkrippe besitzen. In manchen Fällen sogar mitunter besser als eine schlechte oder gestresste Mutter. Also, wenn man die Perspektive des Kindes einnimmt, das gute Mütterlichkeit unbedingt braucht, wäre die Frage dann: Woher kann das Kind die beste Mütterlichkeit bekommen? Von seiner Mutter? Wunderbar! Von einer intakten Kinderkrippe, wenn es nicht anders zu organisieren geht, auch gut. Es sollte immer in erster Linie um das Wohl des Kindes gehen und nicht um irgendeine Ideologie: Die Frau muss sich emanzipieren, sie muss arbeiten oder, die Frau muss zu Hause bleiben und für das Kind da sein. Das sind ideologische Positionen, die nicht das Kind ins Zentrum rücken. Und das wäre etwas, was ein Staat mit bedenken und regulieren könnte: Einerseits, wie können Eltern, Familien und Mütter so ausgestattet, gefördert und geschult werden, dass sie ihre mütterlichen Aufgaben gut erfüllen können. Und andererseits, wie können Kinderkrippen ausgestattet werden, dass sie gute Mütterlichkeit vermitteln können.

Wenn ich mütterlich bin, hänge aber in Hartz IV und kann nicht so viel mit dem Kind unternehmen, wie ich gern möchte, weil ich aus materiellem Grund auf viel Angenehmes verzichten muss und folglich mein Kind auch, entsteht da nicht ein sowohl praktisches wie psychologisches Problem in puncto guter Mütterlichkeit?

Ja. Das ist ohne Abstriche leider der Fall.

Sie sagen andererseits auch, das Kind muss lernen: Auch die Mutter ist bedürftig.

Ja. Und das kommt daher, weil Mütter in ihrem Wirken und Fühlen auch begrenzt sind. Die Begrenzung an Mütterlichkeit habe ich mit dem »Lilith-Komplex« versucht zu beschreiben. Ich halte diese Begrenzung für normal. Jede Mutter, jede Frau ist in ihrer Mütterlichkeit irgendwo begrenzt, wie jeder Vater in seiner Väterlichkeit auch. Aber diese Begrenzung wird nicht wahrgenommen, darf nicht passieren, wird auf keinen Fall gelehrt. Dadurch kommt es zu einer falschen, ja oft verlogenen Einstellung zum Kind. Dann heißt es: Na, ich mache doch alles Menschenmögliche für mein Kind, ich will nur sein Bestes usw. Das hört das Kind, das schon sprechen und verstehen kann, sehr oft von seiner Mutter. Aber beim Kind kommt was Anderes an. Denn das Kind spürt genau, was wirklich ist und nicht, was bloß gesagt wird. Das hat man mittlerweile über die Gehirnforschung untersucht.

Wenn jetzt eine Mutter auch sagen kann: Mein Schatz, ich bin heute am Ende meiner Kraft, ich bin müde, ich habe zu nichts Lust, ich muss mich ausruhen, dann bringt sie dem Kind bei, dass es Grenzen im Leben gibt, denn wir sind immer in allem auch begrenzt. Der entscheidende Unterschied liegt darin, ob die Mutter sagt: Ich will jetzt nicht, ich kann jetzt nicht, oder ob sie sagt: Was bist du für ein schlimmes Kind, du musst doch sehen, dass ich alles für dich tue, aber du willst immer noch mehr von mir! Also, ob sie das Kind belastet oder die Begrenzung akzeptiert und vermittelt: Hier ist meine Grenze, ich will mich jetzt zurückziehen. Jede Mutter bleibt auch egoistisch Mensch mit eigenen Bedürfnissen, mit Interessen an eigener Arbeit, an Partnerschaft und Sexualität, was auch dem Kind zu vermitteln ist. So erfährt das Kind am praktischen Beispiel etwas Wichtiges, was zum Leben gehört.

Ich habe kürzlich beim Bremer Kirchentag eine Bibelarbeit machen dürfen zu dem Thema: Liebe deinen Nächsten wie dich selbst! Und das interpretiere ich natürlich so, dass man zuerst sich selbst lieben lernen muss, bevor man Andere lieben kann. Und wer sich selbst lieben kann, der ist auch liebenswert und wird von den Anderen gemocht und wird auch keine Schwierigkeiten haben, Liebe weiterzugeben. Das ist ein ganz anderes Verständnis als ein christliches Dogma der Liebesverpflichtung. Damit sind schon viele Menschen gequält worden und haben Schuldgefühle entwickelt, denn wie sollen sie Andere lieben, wenn die eigenen Taschen leer sind. In Bremen hat das begeisterte Zustimmung und irritierte Ablehnung ausgelöst und – so hoffe ich – die kritische Reflexion befördert.

Dem Osten wird verbreiteter Rechtsextremismus untergeschoben, wobei unerwähnt bleibt, wo die Headquarters, die politischen Häupter und Demagogen der neofaschistischen Parteien und Gruppierungen sitzen. Man blendet auch oft die sozialen Gründe als Nährboden für Neonazis aus. Wie argumentieren Sie? Sie sind mal so weit gegangen zu sagen, eigentlich sind die Rechten einfach ungeliebte Jungen.

Also, dass das ein Ost-West-Thema ist, ist für mich erst mal sekundär. Primär ist, die Ursache zu verstehen, nämlich das ungeliebte Kind oder das schlecht behandelte Kind, ein Kind also, das in seiner Kindheit und Jugend Ablehnung oder Gewalt erfahren hat. Dazu kommt später fehlende soziale Anerkennung, entweder durch Arbeitslosigkeit oder mangelnde Anerkennung im Job, in der Familie oder dem sozialen Umfeld. Also, ein frühes narzisstisches Defizit findet keine ausreichende Kompensation, und dann findet ein solcher Mensch eine Gesellschaft von »Kameraden«, die ihn aufnehmen, bestärken, wo er sich beweisen kann, meist durch einfache Parolen und verkürzte Zusammenhänge mit einem Ventil über Abwertung und Gewalt gegen Andersdenkende. Es kommen also psychale Verletzungen, soziale Defizite und fehlende oder verlogene, aber stabilisierende Ideologien mit realer Unterstützung durch Gruppendynamik zusammen.

Im Osten ist durch die spezielle soziale Problematik ein bestimmter Nährboden vorhanden, aber da geht es dann wirklich nicht nur um den Osten, sondern um diese Ingredienzien. Also, wie wird das Kind behandelt, welche gesunden Möglichkeiten hat der Mensch später, sich bestätigt zu erfahren, angenommen zu sein, und wie wird Gewalt oder Feindbilddenken sanktioniert. Das sind Faktoren, die da hinein spielen, auf die ich hinweisen will. Da sind wir wieder bei der Kinderbetreuung und dann der sozialen Komponente. In einer Leistungsgesellschaft, aus der immer wieder welche herausfallen, die gekränkt werden, weil sie angeblich nicht gebraucht werden oder weil sie im Wettkampf nicht bestehen können, züchtet man, ob man das zugeben will oder nicht, immer auch Radikalität. Das ist ganz einfach so. Also, der gekränkte Mensch, der ist der Gefährliche. Und der Gefährdete zugleich.

Dann könnte man Neonazis und Gewaltverbrecher damit entschuldigen und sagen: Die Ärmsten hatten eben keine Liebe in ihrer Kindheit? Wie soll man mit ihnen umgehen?

Wir müssen auch feststellen, dass der Erwachsene – spätestens ab dem 18. Lebensjahr – für sein Verhalten verantwortlich ist. Man kann also destruktives oder kriminelles Verhalten nicht mit schlechter Kindheit entschuldigen. Psychosoziales Verständnis exkulpiert nicht! Der Mensch bleibt in der Verantwortung für sein Handeln, aber Analysen sollten helfen, die Bedingungen und Ursachen für Fehlverhalten zu vermeiden.

Sie haben selbst auch Familie und Kinder. Ihr Sohn Moritz ist zwölf Jahre alt. Was für eine Zukunft würden Sie sich für die Nachkommenden, für Kinder und Enkelkinder, wünschen?

Dass sie nicht den Verführungen der Computer, der Fernseh-Verdummung und der Computer-Spiele verfallen, sondern dass es ihnen gelingt, weiter Freude, Gefallen und Vergnügen an Beziehungen zu haben, also an unmittelbaren menschlichen Kontakten. Ich bin davon überzeugt, dass dieser Wert viel höher ist als jeder angebliche Spiel-Kick mit dem Computer. Sobald man jungen Menschen lebendige und offene Beziehung anbietet, nicht nur belehrend oder verbietend, sondern wirklich in Kontakt mit ihnen kommt, dann lassen sie das Spiel sausen. Davon bin ich überzeugt.

Das illustriert den Marxschen Satz, hier sinngemäß: Der wahre Reichtum des Menschen liegt in reichen Beziehungen zu anderen Menschen.

Ja. Wenn wir Menschen uns als Menschen verhalten, sind wir dem Himmelreich auf Erden näher. Doch das ist, um mit Brecht zu sprechen, »das Einfache, was schwer zu machen ist«.

Haben Sie den Eindruck, dass die Herrschenden heute gleichgültig auf aufmüpfige Kunst und Kultur reagieren? Es interessiert sie wenig, was an Schöpferischem, Kreativem oder auch an Dialogangebot entsteht. Es gibt zwar, wie beim deutschen Nobelpreisträger Günter Grass, immer wieder mal einen kurzen Medienhype, wenn er zum Beispiel bekennt: Ich war mit 17 in der SS. Aber politische Essays, zeitgenössische Literatur oder politisches Theater tangieren das kunstinteressierte Publikum, weniger die Eliten. Wenn Friedrich der Große sich dereinst Voltaire zum Brief- und Diskussionspartner auserkoren hat, sah das zumindest nach Interesse des Monarchen an der Meinung des französischen Aufklärers aus.

Ja, in der Hinsicht könnten unsere Politiker ruhig von einer preußischen Tugend lernen.

In der Kultur gibt es gottlob noch »selige Inseln« für Debatten und Auseinandersetzungen, auch in der Psychotherapie.

Ich bin froh darüber, dass ich Psychotherapeut bin. Über all das, was ich kritisiere oder mir wünsche, kann ich ganz offen sprechen. Das ist meine Arbeit. Wahrscheinlich hätte ich schon längst resigniert, wenn ich nicht davon überzeugt wäre, in der konkreten psychotherapeutischen, aber vielleicht auch mit meiner publizistischen Arbeit, immer wieder etwas davon anregen und umsetzen zu können.

Jetzt fragen wir Sie mal privat zum Thema Trennung, das Sie ja nicht nur als Therapeut bearbeiten, sondern in Ihrem Familien-Leben selbst erfahren haben. Funktioniert das Leben so, dass man nicht mit einer einzigen Partner-Beziehung das ganze Leben lang froh sein?

So sehe ich das. Jeder Mensch muss sich im Laufe seines Lebens nach seinen Möglichkeiten und Begrenzungen, nach den Umständen seines Lebens entwickeln. Das muss der Partner, die Partnerin immer mitmachen. Das geht manchmal lange Zeit gut, manchmal gehen die Entwicklungswege wieder auseinander.

Eigentlich gibt es aber doch die Erwartung, dass man, wenn man Nähe und Distanz zulässt, mit langem Atem doch eine Beziehung stabiler aufbauen und länger halten kann.

Ja, Erwartung hilft da nicht viel, Auseinandersetzung schon. Verschiedenheit in Charakter, Temperament und Lebensanspruch usw. sind normal, und das kann auch beflügeln und bereichern. Distanz muss in einer Partnerschaft trotzdem geübt und zugelassen werden. Es kann nicht nur Nähe geben, das wäre erstickend. Mir geht es immer wieder um die Qualität der Auseinandersetzung. Gelingt die noch? Damit meine ich die Fähigkeit und Bereitschaft, sich offen mitzuteilen, Verschiedenheit zu akzeptieren und gut miteinander verhandeln zu können, ohne Tricks, Lüge und Übervorteilung. Eine gute Beziehung lebt von notwendiger Distanz und gewünschter Nähe. Dazu muss man Absprachen oder Aussprachen so miteinander hinkriegen, dass der Eine von beiden nicht zu kurz kommt, gekränkt, beschuldigt oder gar angegriffen wird. Offenheit und Toleranz sind Tugenden und Herausforderungen zugleich.

Streckenweise erleidet doch jeder Kränkungen von seinem Partner.

Ja, das passiert selbstverständlich. Es ist dann aber die Frage, wie man damit umgeht. Gut, ich kann sagen, ich bin gekränkt. Dann kann ich auch sagen, Moment mal, hat derjenige mich jetzt wirklich gekränkt oder wurde da nicht nur eine alte Wunde aufgerissen. Das ist meine Aufgabe. Und der Andere sagt: Habe ich nicht gewollt, tut mir leid, ich wollte nicht kränken, ich habe aber eine Meinung, die muss ich loswerden. Mit einer Kränkung müssen Beide umgehen, die darf nicht nur auf Einem sitzen bleiben.

Das wird ja leider nicht gelehrt, schon in der Kita werden Konflikte rausgenommen, anstatt Konfliktfähigkeit zu üben und Konflikte offen auszutragen. Denn das würde Zeit, Feingefühl und Verständnis für diese Problematik erfordern.

Ja, viele haben die demokratischen und Sinn machenden Formen von Auseinandersetzung niemals gelernt. Und dafür bin ich gern noch einmal Rufer in der Wüste!

Kritische Gegenöffentlichkeit ist in jeder Gesellschaft wichtig

Interview mit den Literaturwissenschaftlern Dr. Therese Hörnigk und Prof. Frank Hörnigk im Januar 2009

Wie standen Sie zu der Ideologie und dem Staat, die den Sozialismus für sich in Anspruch genommen haben, wie standen Sie zur DDR als Gesellschaftsentwurf?

Therese Hörnigk: Man ist ja ein Individuum, das in einer konkreten Zeit, im konkreten gesellschaftlichen Umfeld, mit der Familie, mit Freunden lebt und je nach Bildung und sonstigen Möglichkeiten auch einen politischen Standpunkt hat. Wir gehören einer Generation an, die nach dem entsetzlichen Inferno des Faschismus in Deutschland unter dem Diktum der Befreiung aufgewachsen ist. Ich habe das immer so verstanden, dass wir wirklich befreit worden sind und allen Grund hatten, nachdenklich und auch dankbar für eine neue Chance zu sein, die dem deutschen Volk nach dem Zweiten Weltkrieg gegeben worden ist.

Dabei sind wir in einer totalen Konfrontationssituation zweier Systeme aufgewachsen, im Kalten Krieg eben, auch noch in seiner heißesten Phase. Für uns fand das Erwachsenwerden in der DDR mit dem parallelen Erlebnis Bundesrepublik statt, was wir als Jugendliche bis 1961 sehr bewusst wahrgenommen haben. Ich habe zum Beispiel in beiden Teilen Berlins gelebt, indem ich im Westen Eier verschieben gehen musste, um unsere Haushaltskasse im Osten aufzufüllen. Wir sind gerne drüben auf dem Ku'damm oder sonst wo in Westberlin ins Kino gegangen. »Vom Winde verweht« habe ich mindestens drei Mal gesehen.

Ich komme aus einer Arbeiterfamilie, die eigentlich unpolitisch war. Mein Vater war als Zimmermann der Meinung, die Tochter eines Zimmermannes brauche nicht auf die Oberschule zu gehen. Und die Pioniere, die FDJ und den ganzen Quatsch müsse ich auch nicht mitmachen. So war es zunächst für mich schwierig, auf die Oberschule zu kommen. Meine Mutter hat dann schließlich durchgesetzt, dass ich doch dorthin kam, weil sie meinte ich solle es mal besser haben

Dr. Therese Hörnigk und Prof. Frank Hörnigk 1972 (li.) und 2009 (re.)

als sie. Höchstwahrscheinlich durch die Schule befördert, hat sich bei mir ein Bewusstsein entwickelt, in der DDR eine Lebensperspektive aufzubauen. Auf der einen Seite haben wir daneben zwar alles Mögliche aus Westberlin importiert, mit Vorliebe moderne amerikanische Musik gehört und Filme von dort gesehen. DEFA-Filme oder Ostschlager standen überhaupt nicht hoch im Kurs. Auf der anderen Seite aber gab es auch schon Besuche im Berliner Ensemble und frühe Lektüreerlebnisse anitfaschistischer Literatur. Dazu habe ich hier im Osten frühzeitig beeindruckende Persönlichkeiten kennen gelernt, die nach dem Faschismus aus dem Exil nach Ostberlin gekommen waren und ziemlichen Einfluss auf uns hatten. Von daher ist die Bundesrepublik bei aller Kritik, die wir an der DDR auch ziemlich schnell und grundsätzlich hatten, nicht als wirkliche Lebensalternative in Frage gekommen. Man hatte sich immer getröstet, dass es bei dem guten Ansatz notwendigerweise nur noch besser werden könnte. Das war vor der Mauer so, da wollte ich nicht weg, obwohl viele meiner Freunde weggegangen sind, und nach dem Bau der Mauer erst recht, als man dachte, nun könne sich die sozialistische Idee sozusagen »störfrei« umsetzen lassen in einem Staat, der sich nach sozialen Gerechtigkeitsprinzipien zu organisieren trachtet. Und als Utopie ist sie vielleicht auch weiterhin notwendig, ohne jenes realsozialistische Modell im Auge zu haben, das mit seinem Ende 1989 so gründlich gescheitert ist. Ich weine der DDR als Gesellschaft keine Träne nach, um Erich Honecker in anderem Zusammenhang zu zitieren, der das zynisch den vielen Jugendlichen nachgerufen hat, die massenweise über Prag oder Budapest in den

Westen flohen. Dass es da ursprünglich eine große Idee von Menschen gab, die nach dieser riesigen deutschen Schuld zweier Weltkriege endlich was Neues entwerfen und sich dann aber auf dieses unglückliche Modell der Oktoberrevolution, auf die Machtverhältnisse mit der Sowjetunion eingestellt haben, das barg natürlich viele neue Probleme in sich. Aber ich denke, so ein Versuch ist in der Geschichte noch nicht vom Tisch.

Frank Hörnigk: Meine sozialen Voraussetzungen waren andere. Ich erinnere mich an die Klassenbücher in der Schule. Gleich in der zweiten Spalte stand: »Soziale Herkunft«. In der dritten, mit der Abkürzung »Beruf des Vaters«, sehr oft: »Gefallen«. Viele Väter waren gefallen oder vermisst. Das ist mir noch lebhaft in Erinnerung. Unter sozialer Herkunft stand bei mir: »Sonstige«. Ich gehörte also in der DDR sozial zur letzten Gruppe, denn mein Vater war ein privater »Handelstreibender«. Er hatte, Jahrgang 1905, nur deshalb in der DDR gelebt, weil er nach dem Krieg mit seiner Familie zufällig dort »zurückgeblieben« war. Diese DDR war nie »seine« Gesellschaft. Andererseits ging es meinen Eltern materiell sehr gut und uns Kindern auch. Als Alteigentümer bekamen wir Mitte der 50er Jahre zum Beispiel unser Ferienhaus in Rahnsdorf bei Berlin zurück und lebten auch sonst durchaus privilegiert.

Aber gerade wegen dieser materiellen Privilegiertheit kam ich wiederum nicht zur Oberschule, vordergründig wegen der Absage, an der Jugendweihe teilzunehmen. Als einer der Leistungsstärksten meiner Klasse hätte dieser Schritt vielleicht den sozialen Nachteil meiner »unglücklichen Herkunft« ausgleichen können. Allerdings wäre dieser Schritt mit einer unbedingten Selbstdiskriminierung verbunden gewesen. Denn ich erinnere, dass in meinem Jahrgang fast alle Mitschüler noch konfirmiert worden waren. Die Jugendweihe blieb bis 1958 die absolute Ausnahme, sie war zu diesem Zeitpunkt noch nicht annähernd politisch durchgesetzt. Meine Eltern waren zwar nicht ausdrücklich kirchlich gebunden, die Konfirmation des ältesten Sohnes aber gehörte einfach zu den Konventionen ihres bürgerlichen Status. Mit 14 war man erwachsen, man kriegte einen Anzug, einen Schlips und eine Armbanduhr – und hatte gefälligst in die Kirche zu gehen.

Unter diesen spezifischen Voraussetzungen gab es für mich so zunächst keine Möglichkeit, zur Oberschule und damit zum Abitur zu kommen. Das hat mich damals noch nicht einmal richtig gekränkt. Das Ergebnis war: Ich war plötzlich mit 16 Jahren mit der Schule fertig, wollte aber das Abitur machen – auch das zu diesem Zeitpunkt noch eher aus Gründen der Konvention. Gerade zu dieser Zeit ergab sich in der DDR erstmals die Chance, dieses Ziel in einem zweiten Bildungsweg über eine kombinierte Facharbeiterausbildung zu erreichen. So landete ich in Riesa in der Stahlindustrie. Ich habe also von 1960 bis 1963 im VEB Stahl- und Walzwerk Riesa eine »Facharbeiter-Ausbildung-mit-Abitur« gemacht.

Und das war ganz wunderbar, rückblickend! Denn es war, mit Gorki etwas hochtrabend gesprochen, meine erste »politische Universität« in bewusster Abgrenzung nicht zuletzt von meinem Vater, der ständig prognostizierte, wann die DDR ökonomisch zusammenbrechen würde. Ich habe in Riesa Leute kennen gelernt, das waren nicht unbedingt alle fortschrittliche Proletarier, aber fleißige Menschen, die für ihr Geld hart gearbeitet und etwas produziert haben, das jedes Gerede über den möglichen wirtschaftlichen Zusammenbruch dieser Gesellschaft absurd erscheinen ließ. Diese Erfahrung hat mir gefallen. Und sie hatte übrigens auch eine ganz eigene Ästhetik.

Dann starb im Januar 1963 mein Vater und ich bin nach Hause zurückgekommen, nach Frankfurt/Oder. Dort sollte ich das väterliche Geschäft übernehmen, was mir eine Horrorvorstellung gewesen wäre. Ich habe schließlich meiner Mutter zugeredet, Vaters Arbeit weiter zu führen – was sie schließlich noch über fast zwei Jahrzehnte sehr erfolgreich und nicht zuletzt auch für meine weitere Ausbildung förderlich tat. Denn so konnte ich beginnen, in Berlin ohne materielle Sorgen Germanistik zu studieren – und mich ohne Einschränkungen darauf zu konzentrieren. Erst während dieser Zeit bin ich im eigentlichen Sinne und ernsthaft politisiert worden, ein wenig durchaus auch vor dem Hintergrund meiner pseudo-»proletarischen Herkunft«, denn ich hatte mich ja sozusagen vom »Sonstigen« zum Arbeiter »hochqualifiziert«. Im Milieu der Berliner Humboldt-Universität war ich dann plötzlich jemand, der schon mit einem solchen Produktions-Hintergrund zum Studium kam, den Andere, direkt von der Oberschule kommend, so nicht vorzuweisen hatten.

So waren bei mir rückblickend ganz entscheidend ein zunächst noch eher pubertärer politischer Protest gegen einen »Übervater« und erst später, in den folgenden Jahren, die Begegnung mit wichtigen Wissenschaftler-Persönlichkeiten an der Universität, nicht zuletzt mit Parteimitgliedern, die zu meiner zuerst noch beträchtlichen Überraschung zu den Klügsten zählten, die die eigentlichen Motive meines persönlichen politischen Engagements ausmachten. Dort begann auch meine später immer intensiver werdende Beziehung zur DDR-Literatur.

Therese Hörnigk: Na, es waren nicht alle wunderbar.

Frank Hörnigk: Weiß Gott nicht! Aber die, die uns geprägt haben, die wir uns für unsere eigene Orientierung ausgesucht haben schon. Es war eine Zeit politischer Suche. Und die bezog sich zum Beispiel auf einen Begriff wie Chancengleichheit in der sozialistischen Gesellschaft, die in der Tat zu den ideell behaupteten Fundamenten der DDR gehörte. Allerdings begann sich schon da die Dynamik eines allgemeinen geistigen Dilemmas zu beschleunigen – also ein Prozess, der in der Illusionierung der wirklichen Verhältnisse insgesamt endete. Aber wir waren ja nicht allein, es ging auch guten Freunden und literarischen Vorbildern so – wie

Christa Wolf oder Heiner Müller –, wir haben alle viel zu lange geglaubt, dass unter der Folie der Ideologie eine solche Substanz stecke, die nur Zeit brauchte, sich durchzusetzen. Also, wenn wir # lange genug Vernünftiges schreiben würden, wenn wir uns anstrengen würden wie die altvorderen »Fürstenerzieher« des 18. Jahrhunderts, auch unseren herrschenden Leuten einzureden, dass Heiner Müller tatsächlich kein Feind der DDR sei, dann würden »die da oben« das irgendwann schon begreifen. Diese große Illusion, dass das System reformierbar sei, die gab es. Und dieser Illusion sind auch wir lange, zu lange, aufgesessen.

Das war zweifellos für Viele so, die Utopie war gewaltig, hehr. Von der haben sie anfangs leidenschaftlich Besitz ergriffen und gedacht, eigentlich gibt es nichts Besseres, das Fehlerhafte müsste bloß korrigiert werden.
Aber Ihre Beschreibung der Herkunft bringt uns noch zu einem anderen Punkt: Sie haben das Abitur im Stahlwerk gemacht. Hat diese Verbindung zu den Arbeitenden, den Intellektuellen, jedenfalls vielen Multiplikatoren in der DDR-Gesellschaft, unabhängig von ideologischer Argumentation nicht auch eine gewisse menschliche Reife und Bodenhaftung gegeben? An der Oberschule gab es ja bewusst viele Kinder aus der Arbeiterklasse. Dann hatten wir auch Unterricht in der Produktion, und oft mussten wir vor dem Studium einen Facharbeiterbrief erlangen. Der Arbeiter war nicht weniger wert als der Akademiker. Ist das aus Ihrer Erfahrung vielleicht ein durchaus demokratisches Basis-Moment?

Therese Hörnigk: Das würde ich jedoch, nicht nur in der Rückschau, ein bisschen vorsichtiger formulieren. Das Ungeheuerliche ist doch, was in der DDR nach 1949 passierte und was wirklich ein Riesenvorteil war, dass endlich das Bildungsprivileg gebrochen wurde. Ich halte das für eines der größten Verdienste dieser Gesellschaft. Aber dass mit dem Begriff Arbeiterklasse dann auch viel Schindluder getrieben wurde und auch eine wirkliche Verlogenheit stattfand in der Bewertung von Basisvorgängen, das habe ich ziemlich früh gemerkt, zum Beispiel wer nach Belieben der Arbeiterklasse zugeschanzt wurde. Auf einmal waren Kinder von Ministeriumsmitarbeitern oder hohen Parteifunktionären der SED allesamt Arbeiterkinder. Da wurde offenkundig, wie viel wirklich verkommene Ideologie in dieser Konstruktion steckte, sozusagen als Machtinstrument. So sind wir in gewisser Weise schizophren aufgewachsen. Jedenfalls ich hatte das Gefühl, auf der einen Seite irgendwo dankbar zu sein für die tatsächlichen Bildungschancen, die ich als Zimmermannstochter genoss. Wer weiß, ob jemand wie ich und so viele andere Jungen und Mädchen proletarischer Herkunft in der Bundesrepublik diesen Bildungsweg so mühelos hätten nehmen können. Aber auf der anderen Seite waren wir auch konfrontiert mit einer erheblichen ideologischen Verbiegung. Das hat uns freilich nicht schwächer gemacht, würde ich im Nachhinein sagen, sondern das hat uns eigentlich geholfen, relativ früh kritisch auf diese Gesellschaft zu gucken und zu reagieren, was ja nicht heißt, rundweg alles negiert zu haben. Wir hatten uns quasi kritisch eingerichtet. Nicht konsequent genug! Das ist zu konzidieren. Also wir gehörten am Ende nicht zu den vielen selbsternannten Widerstandskämpfern. Wir hätten einfach früher und energischer kritisch sein müssen!

Frank Hörnigk: Mich für meine Sympathie mit der DDR zu entschuldigen, das ist nicht meine Position. Ich halte es allerdings für zwingend, für mich persönlich und vielleicht auch für unsere Generation, unbedingt an die kommende Generation weiterzugeben, dass ein Mangel an wirklich konsequentem und kritisch marxistischem Denken zu unseren sehr persönlichen Defiziten, zu unserer ausdrücklich persönlichen Mit-Verantwortung am Scheitern der DDR-Gesellschaft gehört. Die schöne Illusion, dass der Weg insgesamt schon objektiv fortschrittlich sei und wir eigentlich nur der Partei und der Weisheit ihrer Führung zu vertrauen hätten, das war definitiv ein Aufgeben intellektueller Selbstverantwortung. Es gab de facto nur sehr wenige Leute, die wirklich bis zu einer marxistischen systematischen Kritik des realen Sozialismus vorgedrungen waren. Der Sozialismus ist auch daran zu Grunde gegangen, dass es diese innere geistige Sorgfalt und auch Energie der kritischen Reflexion von Politik und Ideologie nicht in dem Maße gab, wie sie nötig gewesen wären. Wir reden ja jetzt über meine Generation; und mein Erwachsenwerden beginnt irgendwo Anfang bis Mitte der 60er Jahre. Da müsste ich Ihnen nur die Tonbandmitschnitte des 11. Plenums des ZK der SED 1965 vorspielen, und ich könnte Ihnen die Paul-Verner-Rede über den damals jungen Dichter und Theaterautor Volker Braun in Erinnerung rufen und über dessen Stück »Die Kipper«. Verner war ein Mann, der hätte den Braun am liebsten verhaften lassen. Das ist so schlimm, das ist von solcher Aggressivität, von solcher Verächtlichkeit. So etwas, das darf man nicht vergessen, das haben die ZK-Funktionäre und deren Gäste auf ihrem Plenum durchgehen lassen. Wir haben das damals nicht in diesem zynischen Ausmaß wahrgenommen, im ND (Neuen Deutschland) stand dergleichen nicht, auch nichts von dem bornierten Gelächter des Saales, als Christa Wolf für ihren Genossen und Schriftstellerkollegen Werner Bräunig eintrat, der dort neben anderen hochbegabten Literaten und Filmleuten verteufelt worden war. Und dennoch will ich sagen: die Ausrede, der Ignorant Verner wäre schuld gewesen an der Misere oder später Erich Honecker, und die vielen, vielen Anderen wären lediglich Getäuschte gewesen, Mitläufer, nicht schuldig oder mindestens nicht beteiligt an den fatalen ideologischen Entgleisungen der SED – das stimmt so nicht! Nein, ich frage ganz bewusst nach uns! Wie hätten wir uns konsequenter verhalten müssen?
Ich bin später irgendwann in ein Parteiverfahren der SED hineingeraten und wurde plötzlich als konterrevolutionäre Spitze der Humboldt-Universität diskriminiert. Das war Ende der 70er Jahre, weil ich Heiner Müller, der inzwischen außerhalb der DDR gefeiert wurde, damals nicht verdammte, sondern mit

Respekt über sein Werk geschrieben und mich geäußert habe. Es gehört zu der Pflicht, finde ich, in der Niederlage der Revolution oder des gesellschaftlichen Entwurfs nach den wahren Ursachen zu suchen, die nicht nur billig irgendwelchen Funktionsträgern angedichtet werden dürfen. Das möchte ich mit Nachdruck sagen und zwar als bekennender, nach wie vor bekennender Sozialist, der das auch immer an der Universität öffentlich gesagt und geschrieben hat und bis heute so sagt. Das gehört zu meiner Wahrheit.

Aber ist es nicht so, dass Fundamentalkritik in DDR-Zeiten schon in Ansätzen erstickt wurde? Die Alternative zum Mitmachen war offenes Dissidententum, und das konnte in der DDR zur Folge haben, die Arbeit zu verlieren. Oder man ging ins innere Exil. War das nicht ein Hauptfehler der SED-Machthaber, dass sie jegliche, auch wohlwollende Kritik am System als klassenfeindlich abstempelten und sich dadurch auch positiver Reformchancen beraubten?

Therese Hörnigk: Das war dieses bipolare Denken!

Frank Hörnigk: Obwohl es ganz unterschiedliche Arten von Lebensqualität gab. An der Humboldt-Universität gab es trotz dieser Konflikte, auch der Konflikte mit der Parteiorganisation, durchaus eine geistig offene, innerhalb der Partei problemorientierte Diskussion. Das muss man sagen. Was vorhin mein Moment von Selbstkritik war, bezog sich darauf, dass wir im Glauben an den objektiven Verlauf einer Fortschrittsgeschichte es nicht für möglich gehalten haben, dass das Ganze so rasant an den Baum gefahren wird. Und das ist ja nicht nur eine Frage unserer Generation. Mehr als 100 Jahre haben Menschen dafür gekämpft und gelitten, sind für die Ideen des Sozialismus gestorben. Das war 1989 nicht nur eine ökonomische Niederlage – die ökonomische Schwäche der sozialistischen Länder war ja offensichtlich –, sondern es gab auch einen geistigen Ruin. Und Intellektuelle, die sich über viele Jahre, Jahrzehnte in der DDR engagiert haben, Christa Wolf, Volker Braun, Brigitte Reimann, Franz Fühmann und andere, waren in den Augen der meisten Funktionäre doch immer nur problematische Figuren. Sie wurden lediglich in ihrem Mangel an Überzeugungen innerhalb der offiziellen DDR-Politik betrachtet. Und natürlich haben wir das gemerkt und dennoch gemeint, das ist zwar blöd, aber die Wahrheit wird sich schon durchsetzen. Keiner wollte oder konnte denken, dass das vielleicht die Krise unserer Gesellschaft insgesamt betreffen könnte, dass dieses Defizit uns letztlich auch historisch in eine endgültige Katastrophe hineinführen könnte.

Sie haben sich ein Leben lang und auch verdienstvoll mit Literatur beschäftigt. Gerade die Literaten, auf die Sie und so viele andere nachdenkliche DDR-Bürger gesetzt haben, von Anna Seghers, Arnold Zweig über Bertolt Brecht, bis Christa Wolf oder Volker Braun u. a. boten mit ihren Texten doch immer auch ein Medium oder eine Tribüne, Lebensfragen über die Kunst zu reflektierten. War das im Rückblick ein falscher Trost?

Therese Hörnigk: Ganz sicher ist das so, dass diese Literatur eine Ventilfunktion hatte, die ihr vielleicht nicht immer nur genützt hat, aber sie war so etwas wie ein Hauptkommunikator in der Gesellschaft, und sie war Seelsorger, auch Seismograph. Man hat die Schriftsteller sozusagen als Sprecher benutzt. Insofern waren die DDR-Schriftsteller nach der Wende, als sie ihre Sprecherrollen verloren hatten, weil die Leute entweder selbst zu sprechen angefangen haben oder sich auf den veränderten Alltag konzentrieren mussten, in einer schwierigen, vollkommen neuen Situation. Aber ich denke, die Bedingungen für große Kunst – das ist jedoch eine sehr umstrittene Frage – haben oft mit der Leidensmöglichkeit oder Leidenserfahrung von Künstlern zu tun. Heiner Müller hat mal gesagt, etwas lakonisch, wie er eben so gesprochen hat: »Stalin ist die Bedingung für meine Stücke!« Diese wirklich entsetzliche Grunderfahrung der ersten Entgleisung des sozialistischen Gedankens durch Stalins Massenmord hebt das Modell nicht auf, aber bringt ein ungeheueres Krisenbewusstsein mit sich. Das ist eben auch so zweischneidig: Auf der einen Seite hat die DDR – und diese Überzeugung bin ich überhaupt nicht bereit aufzugeben – ganz hervorragende Künstler in die deutsche Geschichte eingebracht, was heute leider vergessen oder absichtsvoll geleugnet wird. Es kränkt mich, gelinde gesagt, sehr, wenn ich die Medien dazu verfolge, die wirklich an Gedächtnisschwund leiden und wichtige Namen als zur deutschen Kunstgeschichte dazugehörig überhaupt nicht mehr zur Kenntnis nehmen. Die andere Seite ist natürlich die, dass viele dieser Autoren kaputt gemacht worden sind in dieser DDR. Denken wir nur an Franz Fühmann, Brigitte Reimann oder auch Maxi Wander und Irmtraud Morgner. Die sind nicht an der DDR, sondern am Ende an ihrem Krebs gestorben. Ich will nicht so weit gehen, das Krebsleiden eines Menschen der Gesellschaft anzulasten, aber es ist sicher nicht förderlich für seine Gesundheit, wenn ein Autor so veranlagt, ein notgedrungen höchst sensibler Mensch, sich in ständigen Grabenkämpfen bewegen und behaupten muss. Dafür ist ja Heiner Müllers »Mommsens Block« ein literarischer Ausdruck.

Könnte man so weit gehen und behaupten, dass die Reibung mit der Macht künstlerisch produktiv macht, dass sie eine politische Literatur hervorbringt?

Frank Hörnigk: Es ist verführerisch, solche Parallelen zu denken. Dabei geraten Sie unversehens in umgekehrtem Sinn in die Rolle heute westlicher Kritiker der DDR, die uns ja auch immer nur daran messen, inwieweit wir allenfalls an die hundert Prozent heranreichen, die sie vermeintlich an Vorsprung uns gegenüber hätten. Ich stimme meiner Frau ganz und gar zu. Die DDR-Literatur, die DDR-Kunst überhaupt, hatte in dieser Gesellschaft eine deutliche Kompensationsfunktion. Sie hat damit einen Stellenwert erlangt, der dazu führte, dass ein Mann wie der Kommunist und Wirtschaftstheoretiker Jürgen Kuczynski zu Recht meinte: Wer irgendwann wissen will, wie die DDR wirklich war, wird das nicht in den alten Parteidokumenten der SED finden, sondern in den in der DDR entstandenen Romanen. Das war, wenngleich sehr akzentuiert gesagt, ein deutlicher Hinweis auf ein problematisches Bewusstsein bestehender Diskrepanzen zwischen Ideologie und Wirklichkeit. Es gibt eine Wahrheit der Literatur, eine Wahrheit der Bildenden Kunst, es gibt eine Wahrheit in den Künsten, die nicht eins zu eins berechenbar ist mit der Wirklichkeit, aber die doch etwas bewahrt und aufruft, das in der Gesellschaft einen eigenen Resonanzraum hat. Sonst gäbe es diese Äußerungsformen der Künste nicht. Wenn man sagt, dass die Literatur beispielsweise solcher Autoren wie Anna Seghers oder Christa Wolf in der Generation danach, oder Heiner Müller, Volker Braun und Christoph Hein – und man kann da ganz viele weitere Namen nennen – so etwas produzierte wie eine Ersatzöffentlichkeit, dann würde ich, indem ich das bestätige, zugleich auch sagen: Wenn Solches gedacht wurde in der DDR und wenn es auch geschrieben und veröffentlicht wurde, selbst unter Konflikten, selbst wenn es verboten wurde, war und blieb es doch in der Welt! Das heißt, diese Gedanken, Geschichten, Texte sind auch Teil dieser Öffentlichkeit, sind nicht nur zitierbare Konstrukte einer Gegenöffentlichkeit. Man muss das auch als Ausdruck einer sich quälenden, engagierten, mal mehr, mal weniger mutigen Auseinandersetzung mit der eigenen Gesellschaft ansehen. Ich wehre mich dagegen zu sagen, ihr hattet eine kritische Literatur, aber keine kritische Gesellschaft. Die Literatur ist in der Gesellschaft. Ich müsste sonst alles das, worüber wir reden können, immer nur als »Betriebsunfall« deklarieren. Etwa so: Irgendwann hat ein SED-Funktionär oder Zensor nicht aufgepasst und, ups, war auf einmal Christa Wolfs Roman »Christa T.« da. Deshalb bin ich dafür, auch von einer kritischen Öffentlichkeit der DDR-Gesellschaft zu sprechen. Und da hatte Literatur eine verführerische Rolle, das heißt eine verführbare Rolle, sich zu überschätzen.

Wenn das SED-Politbüro also über ein Gedicht von Volker Braun nachdenken musste, dann konnte man durchaus mit Peter Haacks fragen: »Haben die nichts Besseres zu tun?« Es ist auch die Frage: Worauf achtet, was interessiert eine politische Führung? Die Angst vor der anderen Sprache sagt ja auch etwas aus über die Angst vor einem anderen Denken. Das wurde sofort immer als eine Feindbildprojektion beschrieben. Denken Sie an die furchtbaren Verurteilungen, die geistig und ideologisch hinter solchen Unworten wie Skeptizismus, Geschichtsfatalismus oder Renegatentum, Kriegshetze gegenüber Heiner Müller oder Volker Braun und anderen standen. Heiner Müllers »Umsiedlerin« als Kriegshetze! Das ist aberwitzig. Doch das meinten die politisch Verantwortlichen leider ernst.

Therese Hörnigk: Die Literatur wurde von Seiten der Macht völlig überschätzt. Bei »Christa T.« gab es zum Beispiel den großen Vorwurf: Wenn jemand beschreibt, wie ein anderer stirbt und da mitleidet, wird das die Menschen nur noch zum Leiden auffordern und sie werden womöglich selbst alle lebensuntüchtig. Die Kulturoberen, also die, die zu bestimmen hatten, was erscheint und was nicht, haben ja teilweise angenommen, man müsse nur strahlende Helden zeigen, dann würden die Leute auch irgendwie strahlend durchs Leben gehen. Und dass der Tod ein Bestandteil des Lebens ist, wie bei »Christa T.«, das wurde ja als etwas ganz Zerstörerisches angesehen.

Das Echo der Macht auf Kunst hatte viele Facetten. Beispielsweise die Angst vor der Reaktion des Westens auf herausragende Kunst der DDR, die wurde vom SED-Politbüro doch immer tierisch ernst genommen.

Therese Hörnigk: Ja, aber das zeigte auch die eigene Unsicherheit und die Verbissenheit dieses Schwarz-Weiß-Denkens, diese Illusion, was man an sozialem Fortschritt geschaffen hat, eins zu eins in der Literatur abbilden zu müssen.

Frank Hörnigk: Vielleicht noch ein Beispiel zu Christa Wolf. Das betrifft nicht nur die relativ frühe Zeit Mitte der 60er, sondern Mitte bis Ende der 80er Jahre. Als Wolfs »Kassandra« erschien, gab es auch vor dem Hintergrund der Veränderungen in der Sowjetunion plötzlich eine Rezeptionsvorgabe von ernsthaften Kritikern wie zum Beispiel Horst Haase, die argumentierten, Christa Wolf habe zwar keine marxistische Position mehr, sie habe den Boden des Marxismus verlassen, aber bleibe dennoch eine Bündnispartnerin im Friedenskampf.
Und wir – also Therese vor allen Dingen, mit ihrem Buch »Gespräch mit Christa Wolf« – haben damals gesagt, wer diktiert uns solche Argumente denn? Wir fanden es anmaßend, vorzuschreiben und vorgeschrieben zu bekommen, was marxistische Positionen seien und was nicht. Für uns war es zwingend notwendig zu sagen, darüber haben wir bitte schön auch mitzubefinden, das bestimmen auch wir mit. Das sind so unsere Versuche gewesen, einen Begriff von Marxismus zu demokratisieren und dabei nicht einfach der Hierarchie nachzusprechen, die uns ihre Maßstäbe aufzuzwingen versuchte.

Therese Hörnigk: Was sind denn das für Verhältnisse, wo es vom Bauch des Potentaten abhängt, was richtig und was falsch ist! Ich reagierte immer ganz allergisch, wenn erzählt wurde, Erich Honecker spiele mit Jurek Becker gern Skat, sprich, er ist privat ein ganz Lieber, nur sein Apparat ist schlecht. Diese Art von sentimentaler Fürstenbeguckung hat mich zu DDR-Zeiten schon wahnsinnig gestört. Meine Eltern sagten ja zu Nazizeiten auch immer: Wenn das der Führer wüsste! Und so ähnlich ist mir das in der DDR vorgekommen, wenn Leute gesagt haben: Wenn die da oben das wüssten, wäre vieles anders, der Apparat ist verderblich. Nein, die Funktionäre waren verantwortlich für ihren Apparat. Aber dass Honecker mir am Ende seines Lebens sogar leid getan hat, das ist eine völlig andere Frage.

War nicht die SED-Führung eine überwiegend kleinbürgerliche Elite?

Frank Hörnigk: Ich glaube, dass es dort zu allen Zeiten eine proletarische Sehnsucht nach Bildung gab. Bei Peter Weiß kann man das in der »Ästhetik des Widerstands« wunderbar nachlesen. Man möchte diese nicht selbstverschuldete Situation offensichtlicher Benachteiligung, die ja nicht nur in der eigenen Biografie liegt, sondern auch in der Geschichte der eigenen Klasse, unbedingt aufholen. Honecker, der zehn Jahre im Gefängnis saß, der als Dachdecker bestimmte und begrenzte theoretische Voraussetzungen mitbrachte, hatte plötzlich diesen eleganten, geistig regen, hochgebildeten bürgerlichen Menschen, den Kommunisten und Schriftsteller Stephan Hermlin in seiner Nähe. Und daraus ist ja dann eine Art Lebensfreundschaft geworden. Dabei entstehen bestimmte Projektionen. Das Problem liegt aber in einem strukturellen Dilemma. Honecker, der für mich eine tragische Figur der Geschichte ist, konnte nur innerhalb seiner Struktur und der seiner Partei funktionieren, in der alles, was passierte, auch ihm passierte. Es gab für den »Genossen Honecker« keine wirklich souveräne Situation oder Selbstbestimmtheit. Er wurde zum Beispiel von so einem Politbüromitglied wie Konrad Naumann scharf attackiert wegen seiner so genannten liberalen Kulturpolitik. Dieser Angriff Naumanns Anfang der 80er Jahre führte schließlich zu Naumanns eigener Entmachtung. Solcherlei Intrigen und Angriffe waren gegen jede Art von Liberalisierung gerichtet. Das steigerte sich 1989 bis zu der grotesken Arroganz, dass alle, die in den Westen wollten, gehen könnten, man weine ihnen keine Träne nach. Das zeigt, wie die Mächtigen durch reale Entwicklungen erpressbar wurden.

Macht geht selten kongruent mit Intelligenz, mit Kreativität und kritischen Fragestellungen einher, das haben wir von Heiner Müller ganz deutlich gesagt bekommen.

Frank Hörnigk: Ja, eben das hätten die Mächtigen im SED-Apparat bei ihm nachlesen können. Die Intellektuellen haben ihnen das oft genug zu korrigieren nahe gelegt.

Aber weiß das denn die unternehmerische, die jetzt herrschende Macht in einer kapitalistischen Gesellschaft?

Therese Hörnigk: Mein Beweggrund zur DDR zu halten, war immer die Ablehnung des anderen, westdeutschen Entwurfs, weil ich nach wie vor nicht davon überzeugt bin, dass der Kapitalismus das Ende einer glückvollen Geschichte werden wird. Das globalisierte kapitalistische System wird sich bei Strafe seines

Untergangs auch noch verändern, das ist für mich aber nicht die Frage. Heute leiden viele darunter, und – auf geistige Debatten oder auch die Medien und die Künste bezogen – fragt man sich: Ja, wen kümmert es wirklich, wer was spricht, das ist doch denen an den Schalthebeln der Macht im Grunde vollkommen egal. Dass heißt: der Kapitalismus ist gegenwärtig noch immer so stark und autark, dass es für ihn nicht von Belang ist, wenn da irgendwelche Leute kritisch herumschwätzen.

Frank Hörnigk: Um mögliche Missverständnisse aufzufangen: Wir haben bisher mit Ihnen aus der Perspektive einer gemeinsamen Generationsgenossenschaft über die Verhältnisse und das Land gesprochen, in dem wir sozialisiert wurden, in dem wir Überzeugungen hatten, Familien gründeten, Kinder erzogen, unseren Beruf ernst nahmen usw. Und wir haben über das Glück und das Leid einer Erfahrung gesprochen – das Scheitern dieser Gesellschaft zu unseren Lebzeiten, in der Mitte unseres Lebens miterlebt zu haben. Mit sehr fatalen Folgen für viele Menschen. Und vielleicht mit der Verpflichtung, über die Ursachen dieses Scheiterns weiter nachzudenken.
Das ist grundsätzlich eine andere Frage als meine Kritik am Kapitalismus. Meine Frage nach seinen Alternativen ist jetzt ja nicht etwa die, dass ich sage, das kapitalistische System in seinen heutigen globalen Krisenerscheinungen sei perspektivisch genauso am Ende wie der historisch gescheiterte Sozialismus. Nein, unsere Lage erfordert eine andere Form der Kritik.
Heiner Müller ist gestorben, nachdem er verstummt war. »Mommsens Block«, als Text, hat seine Entsprechung in »Müllers Block«, einer späten Lebensbilanz – als Protest in Form einer Schreibblockade. Volker Braun spricht aber jetzt schon 15 Jahre weiter. Das heißt, wir sind verpflichtet, als die weiter lebenden und denkenden Menschen uns immer wieder und neu einzulassen auf die Widersprüche der Gesellschaft, in die wir hineingestellt sind und die wir kritisch zu reflektieren haben, um sie zu begreifen. Auch, um zum Beispiel zu sehen, in welcher Konsequenz Kritik jetzt vonnöten ist in dieser satten, reichen, ausbeuterischen Welt. Eine platte Absage ist nicht mehr möglich. Was wir jetzt erleben im Nahen Osten oder Irak, Afghanistan usw., das erfordert unsere Positionierung heute. Und was wir immer schon in der so genannten Ersten Welt des Westens entdeckt hatten und weiter erleben: Sie ist dabei, sich selbst aufzufressen. Das ist eine tödliche Gefahr für die ganze Zivilisation. Wo stehen in dieser Frage Intellektuelle und Künstler, die dagegen das Wort ergreifen? Vielleicht sind wir heute nicht einmal die Ersten, die diese neue Idee von notwendiger und systematischer Kritik aufbringen. Ich kann das zwar nicht gänzlich überschauen, aber Bewegungen wie »Attac« oder Solidaritätsaktionen innerhalb der so genannten Dritten Welt, in Lateinamerika zum Beispiel, bringen das zum Ausdruck. Wir waren vor zwei Jahren in Brasilien. Wir hatten eine fast euphorische Hoffnung, als wir von dort

kamen. Aber vor Ort saßen wir mit unserer »europäischen Erfahrung« und haben gedacht: Leute, seid vorsichtig, da kommen noch ganz andere Herausforderungen auf euch zu. Dann empfanden wir uns wieder geradezu als lächerlich. Wer sind wir denn, dass wir denen sagen können, worauf sie achten sollen?

Übrigens, so etwas wie die Erfahrung der Feier zum Beispiel zu Heiner Müllers 80. Geburtstag Anfang Januar dieses Jahres in der Berliner Akademie der Künste gibt ein Hoffnungszeichen, dass ein solches dialektisches Denken nicht verloren, sondern noch im Raum ist und Menschen davon profitieren.

> *Wir wissen, dass Sie auch weiterhin über Bertolt Brecht, Christa Wolf, über Heiner Müller, Stefan Zweig, Anna Seghers, Volker Braun arbeiten. Das sind Namen und Texte, die einen auf Anhieb ins Gespräch bei der Suche nach menschenwürdigen Gesellschaftsentwürfen bringen und die auch provokant sind. Sie sind also bei der Sache geblieben. Was hat sich denn für Literaturwissenschaftler heute verändert? War für Sie nach der Wende Öffnung zu spüren?*

Therese Hörnigk: Ich habe die Wende als große Chance erfahren und zähle mich durchaus zu den so genannten »Wendegewinnern«, mit all meinen Skrupeln. Ich habe auch Glück gehabt. Vielleicht auch ein bisschen durch das begünstigt, womit ich mich vorher beschäftigt habe. Nach der Abwicklung der Akademie der Wissenschaften der DDR, das war 1992 – unsere Akademie wurde als erste mit abgewickelt, weil es nichts Adäquates in der Bundesrepublik gab – wurde ich in ein so genanntes Wissenschaftsintegrationsprogramm aufgenommen und für fünf Jahre an der Humboldt-Uni beschäftigt, ohne Aussicht auf Integration. Als wissenschaftliche Mitarbeiterin habe ich Seminare gegeben und nebenbei literarische Sachbücher und Kritiken publiziert. Beispielsweise habe ich pensionierten Westberliner Lehrern ein Mal pro Woche Literaturstunden gegeben oder Frauenkurse betreut. Ich habe auch Literatur-Unterricht an amerikanischen Institutionen gegeben. Das war das Glück des Gegenstands, denn Christa Wolf war natürlich sehr gefragt und Brecht auch. Ein halbes Jahr war ich arbeitslos. Dann schlug ich vor, die »Geschichte des ostdeutschen PEN« aufzuschreiben und wurde dafür in eine westdeutsche Forschergruppe integriert. Das war für mich eine sehr gute Erfahrung, ganz unideologisch, sehr angenehm. Das habe ich für meine berufliche Laufbahn als etwas Wichtiges empfunden. Dann kam die Aufforderung von einem Freund: Im Literaturforum im Brecht-Haus ist eine Stelle ausgeschrieben, melde dich doch. Da habe ich gesagt: Ich bin eine Frau, zu alt, aus dem Osten, das hat überhaupt keinen Sinn, da muss ich mich erst gar nicht bewerben.

> *Da waren Sie Anfang 50 oder?*

Therese Hörnigk: Ja, Mitte 50. Aber der Jugendwahn in dieser neuen Gesellschaft ist mir ja nicht verborgen geblieben. Es gab über 80 Bewerbungen. Ich wurde dann im zweiten Anlauf favorisiert, weil der eigentliche Kandidat, der vor mir die Stelle bekommen sollte, Abstand nahm. Das war natürlich eine Riesenchance. Die Arbeit im Literaturforum des Brechthauses in der Berliner Chausseestraße war eine der produktivsten Zeiten meines ganzen beruflichen Lebens. Die Erfahrung, dass man wirklich machen kann, was man will, dass es von dir selbst abhängt, was du auf die Reihe kriegst, das ist ja nichts Beklagenswertes. Im Gegenteil, es fördert die Eigeninitiative, die Ideenfindung. Diese Zeit war und bleibt schon sehr spannend. Niemals hat mir irgendwer letztlich etwas vorgeschrieben oder in meine Arbeit reingeredet.

Frank Hörnigk: Ich habe meine Frau in diesem Zusammenhang in ihrem Selbstbewusstsein bewundert. Sie hat dabei gelernt, sich übrigens auch als Geschäftsfrau durchzusetzen. Aber das Ganze ist auch widersprüchlich in einem anderen Sinne. Einerseits gab es keine Selbstzensur in diesen Nachwende-Jahren. Das, was einen überzeugt hat, hat man gemacht. Dass die FAZ schrieb, das Brechthaus sei das Epizentrum der Ostberliner Kultur, war durchaus ein Kompliment für uns, wenn auch ein Missverständnis, denn immer ging es Therese um einen Beitrag zur inneren Einheit einer kulturellen Öffentlichkeit im vereinten Deutschland. Auf der anderen Seite verkläre ich damit nicht den bürgerlichen Literatur- und Kulturbetrieb. Die Rückseite dieser ganzen Geschichte ist eben auch: Macht doch, was ihr wollt, das ist sowieso unerheblich. Die Irrelevanz einer eingreifenden Öffentlichkeit ist der Preis.

Therese Hörnigk: Aber das würde ich auch bei aller Kritik an dem Zustand der heutigen Gesellschaft nicht unter den Teppich kehren wollen, dass sie oft für viele Leute viele Chancen bietet, auch auf kulturellem Gebiet. Immerhin leistet sich der Berliner Senat, wo sonst Arien des Sparens gesungen werden, noch vier Literaturhäuser in der Hauptstadt.

Professor Hörnigk, haben Sie in Ihrem Universitäts-Alltag nach der Wende auch so etwas wie Befreiung erlebt, ähnlich wie Ihre Frau?

Frank Hörnigk: Unmittelbar nach der Wende bin ich Dekan geworden. Ich war sozusagen der letzte alte und erste frei gewählte Dekan nach dem November 1989. Davor war ich Forschungsdirektor. Ich gehörte also zu den so genannten Funktionsträgern des »Übergangs«, so hat das Enzensberger mal genannt. Ich habe nie öffentlich damit kokettiert. Und ich habe mich auch nie aufgespielt als Oppositioneller oder Leidenstyp. Ich stehe zu meiner Biografie in der DDR. Das war ja eine unerhört rasante Zeit. Ich wurde 1988, nachdem ich zehn Jahre vorher ein Parteiverfahren hatte, zum außerordentlichen Professor berufen, als vermeintliche Geste der Rehabilitierung sozusagen, die ich auch ganz gut fand. Im September 1990 schließlich wurde ich zum ordentlichen Professor ernannt. Dieser Status war aber rein rechtlich nur vier Wochen gültig, dann existierte die

DDR mit dem Beitritt zur BRD nicht mehr. Danach waren Hochschullehrer wie ich nur noch beauftragt, Lehrverpflichtungen wahrzunehmen, und zwar vorläufig. Da war ich immer noch Dekan, bin dann aber zurückgetreten, als die Arbeit der Struktur- und Berufungskommissionen an der Universität einsetzte. Die war paritätisch Ost-West besetzt, aber der Vorsitzende, der immer aus dem Westen kam, hatte zwei Stimmen. Für mich war völlig klar, dass damit eine konservative Wende auch für die westdeutsche Universitätsgeschichte einsetzte. Dann musste ich mich 1993 auf meine eigene Stelle neu bewerben, drei oder vier Jahre nach dem Fall der Mauer. Ich kriegte den Listenplatz 1 und wurde unter Vorbehalt für fünf Jahre eingestellt, allerdings mit der ausdrücklichen, eigentlich unverschämten Begründung, man sei sich nicht sicher, ob ich tatsächlich auf dem Boden des Grundgesetzes der Bundesrepublik Deutschland stehe. Das hat mir offiziell der Staatssekretär des Wissenschaftssenators bescheinigt, ein Sozialdemokrat. Das habe ich nicht vergessen. Dem folgte eine durchaus unsichere Lebenssituation. Und dennoch haben wir nicht fünf Jahre lang geheult. Wir haben in Sachen Literatur weiter geforscht und publiziert. Dann kam die Auflage, ich müsste mich noch einmal an einer anderen deutschen Universität erfolgreich bewerben und einen Listenplatz nachweisen, dann könnte ich unter Umständen an der Humboldt-Universität »entfristet« werden. 1998 bin ich, neun Jahre nach dem Fall der Mauer, dann tatsächlich »entfristet« worden.

Für mich war dieser Prozess immer mit einer tiefen Kränkung verbunden. Ich will allerdings auch nicht verleugnen, dass diese Jahre zugleich auch eine ungeheuer spannende Zeit des Übergangs waren. Als ich 2008 emeritiert wurde, war ich übrigens schon vier Jahre lang der letzte »Ostprofessor« an unserem Institut mit einem eigenen Lehrstuhl.

Die Abwicklung der Ostprofessoren war ja ziemlich radikal, auch an anderen Universitäten. War es so, dass da eher zweite und dritte Garnitur an Hochschullehrern aus dem Westen kam?

Frank Hörnigk: Das kann man nicht generell so sagen. Nach Berlin an die Humboldt-Universität kam zweifellos nicht die zweite Garnitur, weil das natürlich attraktiv war: Berlin, und dann die lukrativen Sonderkonditionen, mit denen Viele hierher kamen. Die machten bei uns ihre zweite oder dritte Karriere. In der Regel waren das, an unserer Universität jedenfalls, exzellente Leute, auch innerhalb der westdeutschen Fachgeschichte.

Haben Sie sich 1989, als die verschiedenen Parteigründungen stattfanden, daran beteiligt?

Frank Hörnigk: Nein. Am 14. September 1989 bildete sich innerhalb der SED an der Humboldt-Universität so etwas wie eine oppositionelle Plattform. Da traten bekannte Universitätsangehörige unter der Leitung des Politologen Dieter Klein zusammen. Auch ich gehörte dazu. Das war nach damaligen Maßstäben eine Fraktionsbildung im klassischen Sinne. Und die war gefährlich wie zugleich auch lächerlich. Es war das Ende meiner Zeit in irgendeiner Partei. Ich habe mich nie mehr in eine Partei begeben.

Therese Hörnigk: Der Eifer, der plötzlich ausbrach an so verschiedenen Ecken, auch bei Kollegen und Menschen, die wir vorher gekannt und erlebt hatten, war uns teilweise suspekt.

Frank Hörnigk: Es war auch die Erfahrung, dass nunmehr eigentlich alles möglich sei, es aber öffentlich keinen mehr richtig interessierte. Ich habe jahrelang intensiv gearbeitet mit einer für meine Gesundheit fatalen Folge, einer Herzoperation. Es waren Jahre großer Überanstrengung, und zwar aus dem Gefühl heraus, ich müsse immer nachweisen, dass ich auch unter den neuen Verhältnissen zu Recht an dieser Stelle der Universität tätig sei. Natürlich war mir außerordentlich wichtig, und es hatte auch mit meinem Stolz zu tun, dass ich die Suhrkamp-Ausgabe der Heiner-Müller-Werke herausgeben konnte. Mir ging es nicht darum, dass es ein renommierter Westverlag ist, der dieses Werk vertritt, sondern es ging darum, wer definiert, was literarisch relevant ist. Also wem gehört Müller. Dass ich aus dem Osten das gemacht habe, finde ich freilich nicht unwichtig. Interessant und förderlich für mich war, dass es vor 1990 auch eine engagierte linke, kritische Theorie im Westen gab. Für die war Müller nicht nur ein Dissident, sondern sie haben ihn auch für sich selbst entdeckt als mögliche Perspektive eigener Fragestellungen und auch gesellschaftlicher Vorstellungen. Mit Christa Wolf war das ganz ähnlich. Der Westen hat ihr ja nicht nur den Büchnerpreis als akademisches Ritual zuerkannt, sondern hunderte von Studenten haben die Christa-Wolf-Vorlesungen in Frankfurt am Main besucht. Verlagschef Siegfried Unseld hat mich damals gefragt, ob ich die Werkausgabe Heiner Müller übernehmen würde, und ein halbes Jahr später, im März 1999 zur Leipziger Buchmesse, war schon der erste Gedichtband da. Es gab vor zehn Jahren meiner Meinung nach mehr konstruktive Ost-West-Dialoge als heute. Wahrscheinlich ist inzwischen die Neugierde weg und auch, wenn man so will, so was wie die damals noch vorhandene Schamgrenze.

Sie waren ja mit Heiner Müller schon ganz früh im Gespräch und kannten ihn auch privat, gab es zwischen Ihnen auch Punkte des Dissens?

Frank Hörnigk: Ja, ganz ausdrücklich. Wir haben in den 70er Jahren unsere Lebensperspektive aufgebaut, beruflich und auch familiär. Ich wollte keine katastrophische Zukunft vor mir sehen. Als Heiner Müller Therese und mir zum Beispiel die »Hamletmaschine« das erste Mal gezeigt hat, war ich entsetzt. Natürlich hatte das, so weit konnte ich das schon beurteilen, einen großen ästhetischen

Reiz, eine unerhörte subversive Energie. Aber mich hat die Konsequenz dieses Endzeit-Denkens entsetzt. Doch Müller ist am Ende seines Lebens selber ganz weich geworden, zeigte mehr Menschlichkeit und Wärme in seinen späten Gedichten, die ich dann veröffentlichte. Er selber hat sich auch verändert.

Ist er so weich geworden, weil er im Angesicht des Todes stand?

Frank Hörnigk: Ja, sicher auch. Seine Krebs-Krankheit ist eine spezifische Endzeiterfahrung für ihn gewesen. Dann seine späte Vaterrolle für sein kleines Mädchen und schließlich sein Entsetzen, dass der Sozialismus historisch definitiv verloren hatte. Seine Empörung schließlich über diese »potente neue Idiotengesellschaft, über diese neue Barbarei«. Das war sein radikales Denken, das bis an den Rand ging. Ich finde, man muss heute neue Haltungen entwickeln, die sich auch darauf gründen, was Leute wie Heiner Müller oder Volker Braun oder Christa Wolf für ihre damalige Zeit gesagt haben.

Aber haben Sie denn Hoffnung, dass da wirklich was aufgeht von dieser Saat?

Frank Hörnigk: Ja, doch. Ich bin nicht euphemistisch, aber ich halte dafür, dass das, was sich in der schon weiter oben angedeuteten Veranstaltung der Akademie der Künste zu Ehren des 80. Geburtstages von Heiner Müller gezeigt hatte, Hoffnung macht. Es gibt doch noch ein kritisches Potenzial. Und ich bin nicht nur indigniert. Ich denke, dass diese Gesellschaft vielleicht noch ihre härtesten Krisen durchleben muss, um daraus eine neue Möglichkeit, die nicht mehr auf einen Begriff von altem Sozialismus zurückgehen wird, zu entwickeln. Aber wenn wir schon über eine Perspektive reden, ich will meine Utopie nicht aufgeben, die sich freilich nicht mehr an das Modell bindet, was sich selbst überlebt hat. Und das ist übrigens auch eine Botschaft von Heiner Müller.

Wir haben ja alle Kinder, und unsere Sorge ist, ob die künftige Generation auch so freudig auf utopische Gedanken setzt wie deren Eltern.

Therese Hörnigk: Ich bin da überhaupt nicht hoffnungslos, sondern ganz sicher, dass sich jede Generation ihre Möglichkeiten für eine spannende Existenz sucht. Das sind aber immer nur wenige, das ist doch klar. Das wird nie eine Massenbewegung sein. Aber sowohl die, die wir als Studenten über mehrere Generationen nun schon wahrgenommen haben, als auch unsere eigenen Kinder, sehen wir als durchaus politisch Denkende, die auch bereit sind sich zu engagieren. Nicht in der Weise wie wir früher, weil sie keine Lust haben, sich irgendwo organisatorisch zu binden.

Ich würde das auch als eine der wichtigen neuen Erfahrungen nennen, etwas, was ich zu DDR-Zeiten nicht kannte, das Wahrnehmen der Möglichkeit individueller Interessen in Gruppen. Als wir das erste Mal in den USA waren, Anfang der 90er Jahre, haben wir festgestellt, dass es an kleineren Universitätsorten unglaublich aktive Bürgerinitiativen gibt. Das hat uns sehr beeindruckt. Wir kannten das ja so: Eine Gesellschaft, die von sich aus behauptet, sie ist für den Frieden, muss dafür nicht Leute auf die Straße bringen. Heute ist es so, dass man spontan zu Demos geht, wenn man etwas als richtig oder falsch erkennt. Ich kann mich noch gut an die große Anti-Irak-Kriegsdemonstration erinnern. So etwas wird wieder passieren. Da habe ich überhaupt gar keine Zweifel. Die Möglichkeiten, die auch in diesem System bereitgehalten sind für Leute, sich individuell für Gerechtigkeit und Frieden zu engagieren, sind meiner Meinung nach groß.

Frank Hörnigk: Ich habe freilich manchmal so ein Déjà-vu-Gefühl. Denn mich erinnert die Sprache und der so genannte Zeitgeist mancher Medien heute kurioserweise an die DDR, an die Sprache, die Rechthaberei und Ignoranz des ZK der SED. Ich beobachte in den gängigen Fernsehnachrichten eine zunehmende Abwendung von der Wirklichkeit.

Therese Hörnigk: Aber die Medien reden nicht in einer Stimme, und das ist das Wichtige.

Frank Hörnigk: Das will ich gern einräumen.

Therese Hörnigk: Man kann heutzutage mühelos auch andere, demokratische Stimmen vernehmen, oder man kann sie sich suchen. Man findet sie.

Frank Hörnigk: Na gut. Man wird ja auch nicht auf Dauer eine Gesellschaft berieseln können, ohne dass das denen ökonomisch wehtut, die keine Perspektive haben. Was wir jetzt zum Beispiel erlebt haben vor ein paar Monaten mit den Protestdemonstrationen in Athen, das sind in meinen Augen neue Formen eines Aufstands. Diese Fun-Gesellschaft hinterlässt ihre Spuren. Ich denke, die Literatur und die geistige Öffentlichkeit müssen dagegen halten, ja auch zur gründlichen Reform dieses Systems ermuntern.
Es gibt ein großes Gedicht von Volker Braun: »Lagerfeld«. Gemeint ist tatsächlich jener reale Lagerfeld aus Hamburg und Paris, der Modezar. Aber dieser Name hat auch Ambivalenz. Er beschreibt eine dekadente, reiche Kultur, die der Dichter, der dort spricht, kritisiert. Die letzte Zeile heißt bei Braun: »Salute Barbare!« Brauns »Salute Barbare!« ist auch ambivalent. Denn was passiert um Gottes willen, wenn auf die Gewalt nur Gegengewalt antwortet? Die Frage der Offenheit und Demokratisierung der Verhältnisse ist in unseren Augen eine wichtige Aufgabe für die nächste Generation.

Vom weißen Spitz und schwarzen Humor

Interview mit der Schriftstellerin Gisela Steineckert im April 2009

In einem Interview haben Sie einmal gesagt, Frauen wie Marie Curie, Lise Meitner, Frida Kahlo, Sophie Scholl sind Vorbilder für Sie. Was finden Sie an ihnen so »groß«?

An denen finde ich so groß, dass sie so klein sind. Die meisten bedeutenden, wirklich außergewöhnlichen Frauen, mit deren Leben ich mich beschäftigt habe, waren klein und zierlich. Greta Kuckhoff zum Beispiel reichte mir gerade bis zur Schulter. Was für eine mutige Frau! Sie gehörte zur aktiven Widerstandsgruppe »Rote Kapelle« und hat auch Funkgeräte geschleppt. Später war sie Präsidentin der ersten Staatsbank der DDR. Ich kannte sie, durfte sie kennen. Auch Olga Benario oder die mexikanische Malerin Frida Kahlo sind von ihrer Statur, von ihren Körperkräften her eigentlich gar nicht für Außergewöhnliches angelegt, aber sie haben kraft ihres Verstandes und kraft ihres Potenzials an Einsichten sich selber überstiegen, auch Marie Curie oder Lise Meitner. Was sie den Menschen mit ihren Entdeckungen geschenkt oder genommen haben, das ist eine andere Frage. Radium war die Grundlage der Atombombe, aber das haben sie nicht absehen können. Es kann ja nicht sein, dass wir durchschnittlich bleiben, damit keiner mit unseren außergewöhnlichen Leistungen Missbrauch treiben kann.

An diesen Frauen hat mich am meisten beschäftigt und sie mir wertvoll gemacht, dass ihr Wille stärker war als ihr Körper. Solche Frauen gab es nicht wenige in der Geschichte, bei den Partisaninnen ebenso wie bei den Revolutionärinnen in Südamerika und den Wissenschaftlerinnen in Europa.

Kommen wir auf die Frauen in der DDR zu sprechen. Von heute zurückblickend lässt sich sagen, dass sie bei aller Einschränkung in puncto Selbstverwirklichung doch einiges erreicht hatten. Wie würden Sie das charakterisieren? Waren tatsächlich historische Errungenschaften zu verbuchen?

Gisela Steineckert 2000 (li.) und 2007 (re.)

Die Männer haben uns damals gleichgestellt, mit Unterschriften und einem Gesetz. Das hieß aber zunächst nicht, dass das auch lebbar war. Wir waren als Frauen bisher immer dreifach gefordert: Wir mussten in der Arbeit doppelt so gut sein wie ein Mann, waren aber auch Mütter und gesellschaftlich gefordert wie die Männer. Zu einer Versammlung nicht zu gehen, war schon ein grober Verstoß. Das ist die eine Seite, dass wir erst mal lernen mussten, mit den uns gegebenen Freiheiten tatsächlich umzugehen. Neurologen und Gynäkologen in der DDR haben damals gesagt: Alles sehr schön, alles sehr gut, aber mit 35 sind diese Frauen ein Fall für meine Kollegen, oder für mich. Das stimmte. Ich habe das selber gelebt. Aber die andere Seite, die historische Errungenschaft war beispielsweise die Befreiung von der Angst vor ungewollter Schwangerschaft, die Konfliktlosigkeit bei der Einführung der Pille. Da gab es kein Für und Wider, da hat sich bis auf einige konservative Leute niemand dagegen aufgelehnt und gesagt: Das ist doch unmoralisch, da können die doch wie sie wollen und haben keine Angst. Diese Angst vor ungewollter Schwangerschaft hat lange Zeit das Gefühlsleben von Frauen bestimmt. Wenn in meiner Jugend drei Frauen zusammenstanden, und die eine sagte: Heute ist der 19., ist bestimmt eine erschrocken. Was, der 19. schon? Diese Angst vor Schwangerschaft hat auch unser Sexualleben bestimmt, weil wir davon abhängig waren, ob der Mann sich bereit erklärte, eine Verhütungsmethode anzuwenden. Die Selbstverständlichkeit, mit der sich im Grunde innerhalb eines Jahres die Übernahme der Verhütung in die Verantwortung der Frau vollzog, war ein historischer Augenblick. Von da an mussten wir nicht mehr ungewollt Kinder zur Welt bringen. Wir mussten nicht.

Dann kam der zweite Schritt, weil eine Schwangerschaft ja trotz allem passieren konnte, dass die Frau bei Abbruch einer Schwangerschaft straffrei blieb. Sie hatte die Möglichkeit, zum Arzt zu sagen: Das geht jetzt nicht, ich habe eine Ein-Raum-Wohnung und ich habe schon zwei Kinder. Oder: Es passt mir jetzt überhaupt nicht wegen meines Studiums. Das waren wichtige Gesetze. Dazu kam das Recht auf Arbeit, das wir ja jetzt im Grundgesetz nicht haben, und das auch niemand verteidigen würde, weil er es gar nicht könnte. Das bedeutete damals die Freisetzungen der Frauen als denkende Menschen. Dahinter sind wir zurückgefallen, zum Beispiel hinter die absolute Sicherheit, Arbeit zu bekommen – vielleicht nicht auf Anhieb und auf den ersten Versuch hin im Traumberuf, vielleicht nicht gleich als Friseurin oder bei den Jungen als Autoschlosser, das waren damals die Spitzenwünsche. Vielleicht nicht gleich, vielleicht muss ich einen Umweg gehen, vielleicht als spätere Physikerin erst mal in die Produktion. Aber es gab keinen unfreiwilligen Leerlauf im Lebensverlauf. Man konnte einsteigen, man hatte Anspruch darauf. Und wir Frauen haben diese Ansprüche auch dadurch vergolten, dass sich die Verhältnisse der Frauen untereinander verändert haben.

Inwiefern haben sich diese Verhältnisse verändert?

Früher war ja jede andere Frau eine Feindin.

Konkurrentin?

Ja, beim Rennen um den Ernährer, beim Rennen um den einzigen Platz, der einer Frau zustand, in der Arbeit, beim Rennen um so ziemlich alles. Und plötzlich – und ich gehöre zu der Generation, die das gelebt hat – entdeckten die Frauen einander als solidarische Verstärkung. Ich habe immer und für mein Leben gern mit Frauen zusammen gearbeitet. Frauen brauchen weniger Zeit, weil sie weniger Zeit haben. Ich hatte eine Regisseurin bei der DEFA, eine Regisseurin und Dramaturgin beim TV und Rundfunk, ich hatte eine Kraftfahrerin später. Ich hatte immer Frauen, mit denen ich gearbeitet habe, Sängerinnen, Künstlerinnen. Ich habe auch mit Männern gearbeitet, sehr viel. Aber wenn ich die Wahl bei gleicher Qualität hatte, habe ich mich für die Frau entschieden. Wir haben uns dann zusammengesetzt, haben gefragt: Worum geht es? Was wollen wir machen, wer macht es und bis wann? Und dann haben wir noch Kaffee getrunken und gequatscht, denn da war das Wesentliche erledigt. Und diese Gemütsveränderung, dass wir Frauen eben auch mit der Kindergärtnerin, mit der Ärztin und mit der Nachbarin unkompliziert Probleme lösen konnten, wie zum Beispiel: Kannst du mal meine beiden Kinder nehmen, ich muss heute wirklich da und da hin, ich muss zum Arzt oder so. Das haben wir Frauen untereinander geregelt. Es war doch überhaupt kein Problem, ob da zwei Kinder mehr mit gegessen haben oder mit in den Urlaub gefahren sind. Da hat doch keiner gesagt: Das kostet uns aber was, wenn da ein Löffel Gulasch an das fremde Kind ging. Das war völlig normal. Und wenn wir irgendwo warme Strumpfhosen für den Winter entdeckt haben, da hat man immer zwei mehr gekauft, weil man schon zwei Frauen wusste, die dringend welche brauchten und nicht die Zeit hatten, sie zu besorgen.

Das klingt ziemlich rosig, war es wirklich so?

Ja, es war einer der wesentlichen Punkte in der DDR, dass aus einem Negativen ein Positives wurde. Man darf doch nicht vergessen, die Frauen waren in den Großbetrieben, in den Chefetagen, in den Medien einem großen Druck von Männern ausgesetzt, weil die Männer den Leistungen von Frauen von vornherein erst einmal misstraut haben: Kann eine Frau so gut sein wie ein Mann? Wohl doch nicht, dachten viele. Die Männer haben sich selber mehr zugetraut als den Frauen, wenn sie nicht bereit waren, sich auf Erfahrungen einzulassen und dann ihre Meinung zu korrigieren. Diesem Druck zu widerstehen, mussten die Frauen Qualität vorlegen. Das mussten sie. Die Erfahrung werden Sie gemacht haben, die habe ich gemacht. Wenn in der satirischen Zeitschrift, in der ich Kulturredakteurin war, die Männer ab Mittag schon ihr Pensum erledigt hatten und dann am Nachmittag in die Kneipe einen »trudeln« gegangen sind, schönes Bier dazu oder sieben, haben wir Frauen das nicht gemacht. Wir, die Landwirtschaftsredakteurin, ich als Kulturredakteurin und die Leserbrief-redakteurin, wir haben dann vorgearbeitet für den Fall, dass eins der Kinder krank wird, für den Fall, dass die Männer plötzlich eine Idee hatten, die wir schnell umsetzen sollten. Wir wären niemals auf die Idee gekommen, in die Kneipe zu gehen, um dort unsere Zeit totzuschlagen. Wenn wir uns überhaupt Zeit genommen haben, dann schnell mal zum Friseur, schnell mal in den Konsum, schnell mal ein bisschen einkaufen. Das war möglich. Aber ich glaube, die Hauptursache für die Erweckung der Frauen zu Selbstbewusstsein, Lern-spaß, Leistungswillen und sogar Mitgefühl mit den Männern, denn dazu musst du auch erst einmal jenseits von Neid und Hass eine Chance haben, das war die Befreiung von der Notwendigkeit, einen Kerl zu finden, der einen ernährt, der sagt, wie es geht. Einen Kerl zu finden, der darüber bestimmt, wie groß die Familie ist. Es gab die Möglichkeit, sich allein durchzuschlagen. Du hattest als Alleinerziehende – das war ich auch lange –, als allein ernährende Frau Ansprü-che und Rechte und nicht nur den Anspruch auf Mitleidsgehabe oder soziale Hilfe.

Und man wurde nach einer Scheidung von der Gesellschaft nicht negativ be-urteilt.

Nein, du hattest Rechte. Du musstest mit dem Kind nicht vier Stunden in der Poliklinik sitzen, denn es gab regelmäßig im Kindergarten die ärztlichen Kontrollen. Es gab in der DDR – auch das halte ich für einen Riesenvorteil – kaum die unentdeckte Möglichkeit, dass ein Kind, das war die ganz große Ausnahme, in der Familie gequält wurde. Die meisten Kinder gingen in den Kindergarten, in die Vorschule usw. Dort wurde so etwas bemerkt. Meine Tochter kam eines Tages nach Hause und erzählte mir, dass eine ihrer Mitschülerinnen von der Mutter geschlagen und vom Bruder vergewaltigt wurde. Es wäre nicht möglich gewesen, das sofort zu melden, weil die Freundin damit gedroht hatte, sie würde sich umbringen. Aber man konnte etwas machen. Es gab Rechte für Kinder und nicht wie jetzt lediglich das Recht auf Entschädigungen. Wir Frauen in der DDR wurden nicht dafür entschädigt, dass wir nur Frauen waren, sondern es wurde uns eingeräumt, dass wir als Frauen die Möglichkeit hatten, zu lernen, manchmal auch auf Umwegen, aber eben zu arbeiten, uns zu ernähren, uns zu behaupten. Es ist kein Zufall, dass in der DDR fast 90 Prozent der Scheidungen von Frauen eingeleitet wurden. Frauen wurde es leichter gemacht, allein zu leben.

Weil es insbesondere diese materiellen Abhängigkeiten, wie sie jetzt häufig existieren, in dem Maße nicht gab. Diese Form von Abhängigkeit wirkt sehr einschränkend. Wer weiß, wie viele Eheleute allein deswegen zusammenbleiben?

Und eben das war anders. Wenn ich sowieso arbeiten gehe, wenn ich sowieso mein Geld selber verdiene, wenn die Kinder sowieso mehr an mich gewöhnt sind, als an den Papa, der nicht gut zu mir ist und mit dem ich nicht froh bin? Na, da haben die Frauen gesagt: Da lebe ich doch lieber allein und warte, dass ich noch einen Anderen finde. Es gab auch in der DDR keine Frage, wer die Wohnung behält. Wenn da ein paar Kinder waren, gab es keinen Streit darüber, da hatte er zu gehen. Heute ist das eine Frage der Gerichte und deren Entscheidungen, und wie lange das dauert, das macht die Frauen auch kaputt.

So grundlegend, meinen Sie, haben sich die Lebenssituationen verändert?

Es sind zwei Epochen Unterschied, nicht nur eine, um die wir zurückgeworfen worden sind, in Abhängigkeiten, die wir nicht mehr kannten.

Wie ist Ihre Beobachtung, nimmt heutzutage auch die soziale Polarisierung deutlich zu?

Wir hatten in der DDR die Chance, große Frauen zu werden. Dass das nicht alle Frauen genutzt haben, ist eine völlig andere Frage. Der Mensch ist nicht von Geburt aus ein Gigant. Dazu muss er auch erst ermutigt, erzogen und freigesetzt werden.

Ihre Aufgaben und Möglichkeiten, in der DDR gesellschaftlich und politisch zu wirken, waren recht groß. Genannt sei nur Ihre letzte Station als Präsidentin des Komitees für Unterhaltungskunst. 1989 waren Sie die Chefin jener Institution, aus der die Resolution der Rockgruppen kam, ein öffentlicher Appell an die Regierung: Denkt nach, was in diesem Land passiert. Wochenlang wurde das vor jedem Konzert vorgetragen. War das auch Ihr Wunsch, haben Sie diese Aktion gefördert oder einfach toleriert? Sie hätten kraft Ihres Amtes auch dagegen vorgehen können. In ihrer Machtposition war ja Vieles möglich.

Aber nur scheinbar. Ich habe die Erfahrung gemacht, dass man viele Funktionen kriegt, wenn man blöd genug ist, sich selbst zu überschätzen, was man am Anfang als jüngere Frau immer tut. Man will nicht wahrnehmen, dass kein Mann diese Funktion haben will, und dass deswegen immer nach einer hungrigen Frau gesucht wird, die denkt, sie sei wichtig, wenn sie es macht. So bin ich aber auch in Funktionen gelangt, die wichtig und erfüllend waren. Ich war 16 Jahre lang in der Sozialkommission des Schriftstellerverbandes unter der von mir ausgehandelten Bedingung: Kein Mitglied dieser Kommission darf je selbst Vorteile davon haben. Das haben wir 16 Jahre lang so gehalten. Der Dank dafür war Beschimpfung. Ich war Mitglied der Kreisleitung der SED und bin beinahe vor Langeweile tot umgefallen, weil es da unglaublich redundant und unwichtig weitschweifig zuging. Da hat mich nur Otto Stark (Kabarettist im Berliner Kabarett »Die Distel«) am Leben gehalten, weil der immer im schönsten Wienerisch sagte: »Du darfst unter keinen Umständen fehlen, sonst komm i a nit mehr und dann kriegen mer en Krieg da.« Wir haben uns immer Zettelchen und kleine Sketche geschrieben, denn er saß neben mir. Irgendwann bin ich da überhaupt nicht mehr hingegangen, das war auch gut. Ich habe mich später davor gedrückt, Mitglied der Bezirksleitung der SED zu werden, indem ich trickste und andere, angeblich sehr viel wichtigere Funktionen vorschob. Diese Parteifunktionen waren völlig unwichtig. Ob das bei Willi Sitte (Maler) in Halle genau so war, der für seine Künstler gekämpft hat, um Material, für eine Reise nach Italien, damit sie dort mal das Licht sehen und so weiter, das will ich nicht behaupten. Es war ja in den Bezirken alles viel schwieriger als in Berlin. Aber hier in Berlin sollte ich dann Mitglied der Volkskammer werden, was mir erspart geblieben ist. Ich wollte da nicht rein. Und durch meine Antworten auf Fragen, z. B. nach meiner Familie, die nach dem Westen gegangen war, was ich breit ausführte, auch dass ich mit denen in Verbindung bleiben will – was so gar nicht stimmte –, habe ich das abgewendet. Ich wollte nirgendwo mehr rein, keine Mammutsitzungen mehr! Also hat der Schriftsteller Gerhard Holtz-Baumert das dann auf sich genommen. Ich sollte damals das Ressort »Jugend« in der Volkskammer übernehmen. Gut, da hätte ich umsonst mit dem Zug überall hinfahren dürfen. Es hätte auch eine kleine Aufwandsentschädigung gegeben, vielleicht auch eine große, das weiß ich nicht. Aber ich wollte das nicht. Stattdessen habe ich mich in die Singebewegung der DDR eingemischt, mich immer mit der FDJ gekloppt und dabei gelernt, wie man die gegeneinander ausspielt, die Partei gegen die FDJ und umgekehrt. Ich lobte die Einen und sagte, die Anderen haben keine Ahnung. Das klappte dann auch.

Eine List, um gute Sachen an der Zensur vorbeizumogeln?

Ja. Zum Beispiel wollte ich nicht weiter aufsteigen und wollte unter keinen Umständen ins ZK der SED. Ich wusste schon zu dem Zeitpunkt – und das war Anfang der 80er Jahre –, dass ich in dem Moment, in dem ich nicht mehr als Ich daherkomme, sondern als eine offizielle Partei-Funktionärin, für die Leute, für meine Leser, an Glaubwürdigkeit verloren hätte. Natürlich war ich nicht allein so klug.

Wer waren Ihre Verbündeten?

Ohne meinen Mann wären mir diese Erkenntnisse, die ich seit 1973 hatte, seitdem er an meiner Seite war und wir gemeinsam gedacht, überlegt, erwogen und entschieden haben, nicht gekommen. Ich wäre allein in so manche Falle getappt, ob aus Wichtigtuerei, aus dem Wunsch »das könnte ich doch dann alles verändern« – einen Dreck hätte ich gekonnt! Mein Mann hat mir da beim Denken geholfen, ohne je zu sagen: »Nein!« Das hat er nie getan, das hat er nicht an den Anfang gesetzt. Wir haben immer gemeinsam überlegt: Was wäre wenn? Was kommt dann? Und dann sind wir gemeinsam zu der Frage gekommen: Wollen wir das überhaupt machen? Nein, das lassen wir weg.

Aber dann wurden Sie ja doch Präsidentin des Komitees für Unterhaltungskunst, allein schon der Titel klingt sehr ambitioniert.

Ja, dann kam die Sache mit der Unterhaltungskunst, die ich ja wirklich von der Pieke auf gelernt habe, über die Singebewegung. Ich war vielfach Jurorin in Dresden beim Internationalen Schlagerfestival, in Frankfurt/Oder beim Chansonwettbewerb, in Leipzig bei der Leistungsschau der Unterhaltungskunst, in Karl-Marx-Stadt beim Interpretenwettbewerb. Ich habe die Sache also wirklich von Grund auf gelernt. Und ich sah den Missstand: Um die seriösen Künste wurde gebuhlt, aber die Herablassung gegenüber der Unterhaltungskunst war deutlich ausgeprägt. Etwa so: Das waren doch die Leute, vor denen man früher die Wäsche weggehängt hat, das waren die Fuzzis. Die Angst davor, dass die in den Westen abhauen könnten, war bei den Funktionären sehr groß. Nur, wenn ich heute niemanden reisen lasse, dann werden sie morgen nicht zurückkommen, sobald sie einmal reisen dürfen. 1982 hatten wir eine »Konferenz der Unterhaltungskunst« in Karl-Marx-Stadt. Man hatte mich gebeten, dort ein Referat zu halten. Das habe ich gemacht. Damals durften nur die »Puhdys« ins Ausland fahren. Zum ersten Mal gerade »City«, aber weder »Silly«, noch »Stern Meißen«, die »Klosterbrüder« und wer alles – alle nicht. Dort habe ich im Referat – das besitze ich noch – die Verhältnisse beschrieben, unter denen man in der DDR als

Unterhaltungskünstler lebt. Es hieß immer, die verdienen ja so viel. Da habe ich gesagt: Ja, das ist wahr, nur muss man mindestens drei Viertel der erhaltenen Honorare auf ein Fünftel reduzieren, denn so viel Geld brauchen die Künstler, um in der DDR hergestellte Instrumente, Gitarrensaiten etc. aus dem Westen zurückzukaufen. Das ist ein Missstand. Und dann habe ich über ungerechte künstlerische Einstufung gesprochen, eine Einstufung wie die Eiersorten nach A, B oder C, was ja immer damit endete, dass sich jemand wichtig tat. Einige kriegten dann einen Sonderstatus, durften über ihre Honorare frei verhandeln, und manche haben das missbraucht. Nach diesem Referat, das ich dort in Gegenwart auch vor dem im ZK der SED für Kultur verantwortlichen Sekretär Kurt Hager und allen möglichen anderen Funktionären gehalten habe, hatte ich eigentlich damit gerechnet, dass mir das sehr großen Ärger einbringen und mich fürderhin von allem befreien würde. Aber ich hatte nicht damit gerechnet, dass die Sache eine andere Wirkung haben wird. Das war wie ein Stein, der ins Rollen kam. Die konkreten Dinge, die ich benannt hatte, wurden rausgezogen und in einer Art Maßnahmeplan zusammengefasst. Auf einmal war Einiges möglich, Unterhaltungskünstler durften reisen, es wurde ein Kontingent an Gitarrensaiten erfunden, sogar die Zollmaßnahmen wurden verändert. Ich hatte angeprangert, dass man die Gruppe »Pankow« beim Zoll so lange festgehalten hatte, bis die Zeit für ihr erstes und einziges Konzert in Hamburg verstrichen war. Erst dann durften sie weiterfahren. Ich habe diese Übelstände sehr deutlich benannt. Und habe sogar nach dem Sinn der beiden Hände gefragt, die ich auf den Revers der Kollegen und Genossen sehe. Was heißt das? Eine Hand wäscht die andere? Oder heißt das, wir machen das Hand in Hand, Gedanke zu Gedanke? Ich war sehr zornig. Der Beifall für diese Rede war enorm, klar. So gelang es, eine Stimmung zu erzeugen und zu unterstreichen, dass sich Einiges ändern muss. Und plötzlich hieß es: Die Unterhaltungskünstler sollen eine eigene Organisation kriegen. Ich habe auch in der Kulturkommission, zu deren Beratungen ich eingeladen wurde, die Klappe aufgerissen. Wenn ich nach Hause kam, kriegte ich Recht.

Aber ich hatte auch den großen Vorzug: Das SED-Politbüromitglied Kurt Hager und Hans-Joachim Hoffman, der Kulturminister, respektierten mich. Den Jochen Hoffmann habe ich mal gefragt: Wieso hast du eigentlich bei meinen Gedichtbänden noch nie Einspruch erhoben? Ich tue doch immer zwei, drei Gedichte rein, von denen ich annehme, auf die werden sie aufmerksam, die werden gestrichen, und dann kann alles andere drin bleiben? Da hat er mich gefragt: »Warum machst du das?« Meine Antwort: Ich gebe immer einen weißen Spitz rein. Hörst du den nicht bellen? Daraufhin sagte er: »Weißt du, ich würde bei dir nie ein Gedicht oder einen Text rausnehmen, bei dir stimmt immer die Waage zwischen Liebe und Zorn. Und deswegen bleibt das drin.«

Es kam aber auch zu Missverständnissen. Ich erinnere mich daran, wie mein Verlagsleiter mir schlotternd mitteilte, in meinem Manuskript steckten viele

Zettelchen, offenbar müssten die Gedichte alle rausgenommen werden. Da habe ich gesagt: Mache ich aber nicht. Schließlich hat er rausgekriegt, dass die einzige Zensorin für Gedichte, eine ältere Genossin, die Zettel reingelegt hatte, weil sie die Gedichte am schönsten fand. Sie hatte ihre Sekretärin gebeten, diese für sie rauszuschreiben. Die hat das auch gemacht, hat aber die Zettel drin gelassen. Der Verlagsleiter fragte immer noch verzweifelt: Was machen wir, was machen wir? Gar nichts, wir haben alles drin gelassen.

Und wie kamen Sie nun zum Komitee für Unterhaltungskunst?

Ja, dann kam der Moment, wo tatsächlich ein Komitee für Unterhaltungskunst gegründet wurde. Da erst bemerkte ich, dass sie sich hinter meinem Rücken längst auf mich als Chefin verständigt hatten. Gerade solche Künstler wie Tamara Danz von »Silly«, Toni Krahl von »City«, Puhdy-Meyer, die waren sich längst einig, und die Artisten sowieso. Tamara sagte zu mir: »Das Ding musst du reißen! Denkst du, wir sind so blöde und machen das? Wir sind doch sowieso nie zu Hause. Und du bist mit dem Herzen dabei, du zitterst doch immer unten, wenn wir auf der Bühne stehen. Du musst das machen, das macht sonst keiner.« Also gut, wir haben zu Hause hin und her überlegt, ob ich das wirklich machen soll. Ich wusste ja, wie viel Arbeit das bedeutet. Da habe ich dann gesagt: Okay, ich mache das erstens unter der Bedingung, dass es nichts dafür gibt, Anderes lasse ich mir nicht nachsagen. Und zweitens, dass ich mit niemandem arbeite, mit dem ich vorher nicht gearbeitet habe. Es kamen Kollegen, mit denen ich vorher nie gearbeitet habe. Unter anderem Dirk Michaelis. Aber der kam nicht zu mir, weil ich Präsidentin war, sondern weil ihm meine Balladen gefallen haben. Der kam an, so viel Haar, so kurze Hosen, mit seiner schwangeren Frau, brachte mir die Kassette und sagte: »Das musst du machen.« Ich habe ihm erklärt: Du bist jung, wir haben nie zusammen gearbeitet, das wirft einen Schatten auf mein Amt. Da werden manche sagen: Ach, jetzt nimmt sie sich die jungen Talente, wer weiß, was die dafür kriegen. »Ja, ja«, sagte er desinteressiert und ging. Und nachdem ich die Kassette lange liegengelassen hatte, habe ich mir die Ballade doch angehört und habe den Text zur Musik geschrieben. »Als ich fort ging« ist auf diese Weise entstanden.

Wir haben uns das kürzlich ein paar Mal wieder angehört. Wenn man es heute aufnimmt, klingt es fast wie ein Lied auf das Ende der DDR.

Das war nicht so gemeint.

Der Trennungsschmerz, individuell festgemacht, als ein Abschiednehmen von einer Gesellschaft?

Ich will nicht behaupten, dass uns nicht vielerlei Dinge durch den Kopf gegangen sind. Natürlich ist Fortgehen, Abschied nehmen in der DDR immer ein großes

Thema gewesen. Auch wir, mein Mann und ich, haben in den 70er Jahren, als der Nachrüstungsbeschluss kam, überlegt, ob wir hierbleiben, oder ob wir weggehen. Er war damals Chefredakteur für Musik bei Radio DDR. Aber unser Gespräch darüber dauerte nicht sehr lange. Ich habe damit angefangen. Ich habe gesagt: Ich habe Angst. Wir sitzen in der Mitte zwischen den Militärblöcken. Darauf stellte er mir – das war nach 1975, da war meine Enkelin Laura schon geboren – eine einfache Frage: »Willst du Laura hier allein lassen? Sollen die ausbaden, dass wir abgehauen sind? Die Töchter?« Seine Tochter war im Palast der Republik angestellt, die wäre da sofort rausgeflogen. Wir hätten abhauen können. Ja, er hatte wunderbare Angebote – in Venedig und in London – von einem Musikverlag in Salzburg die Vertretung dort zu übernehmen. Aber die Familie zurücklassen? Das hat alles entschieden. Dennoch, dieses Unbehagen an den entstehenden traumatischen Verhältnissen, der ständigen Entfernung und immer größer werdenden Distanz zwischen der Macht, der möglichen, der ausgeübten Macht und dem, was gelebt wurde, was empfunden wurde, was ins Bewusstsein der Leute drang, war ungeheuer bedrückend. Wir dachten damals, wir müssen das noch deutlicher sagen, deutlicher schreiben, filmen, singen. Anders ist das Werk von Gerhard Gundermann, Gerhard Schöne oder vielen, vielen Anderen überhaupt nicht zu deuten. Das waren immer Rüttelungen, Aufbegehren gegen den alten Trott der Regierenden: Kommt doch mal zu euch, macht doch mal was. Es geht doch so nicht weiter.

Das waren Überlegungen, in diesem Land Dinge zu verändern. Gab es denn, wenn auch geringe, Möglichkeiten der Einflussnahme auf die Politik durch Künstler?

Immer mit der Hoffnung auf Veränderung oder Verbesserung des Bestehenden. Wir haben es ja nie für möglich gehalten, dass die Russen ihre Westfront verkaufen oder verschenken. Wir dachten, das sind die Weltblöcke. Da ist die Sowjetunion, die hat ihr Einflussgebiet vorgeschoben, und der vorgeschobenste Teil ist die DDR. Und das muss ihnen erhalten bleiben. Die Frage war, wie kann man die Mauer durchlässig machen. Man kann nicht ein Volk 28 Jahre lang mitten in Europa einsperren. Dieses Unbehagen hat sich in unseren Versammlungen im Schriftstellerverband, wo es immer sehr freimütig zuging, Luft gemacht. Da waren die alten Emigranten, da waren die aus den KZs, aus den Nazi-Zuchthäusern, die ließen sich doch nicht den Mund verbieten. Ich habe immer dabei gesessen und gestaunt. Das war unglaublich interessant. Jeanne und Kurt Stern zum Beispiel, wenn die aufstanden, wer hätte sich denn da getraut, etwas gegen sie zu sagen. Oder gegen Henryk Keisch, der als Angehöriger des Widerstands in Frankreich bei der Flucht einen Lungendurchschuss bekam und damit durch die Seine geschwommen ist, was ihm das Leben gerettet hat, weil so die Wunde ausgewaschen wurde. Oder gegen Berta Waterstraat, Elfriede Brüning, Ruth

Werner. Alle diese Genossen sind da aufgestanden und haben doch vor den Parteioberen keine Angst gehabt. Die haben auf den Tisch gehauen und haben alles gesagt, was sie dachten. Aber es passierte nichts.

Nun noch mal mit Blick auf '89. Die Resolution der Rocker hatte doch viel Staub aufgewirbelt, und die Theater machten es ihnen nach. Nach jeder Vorstellung wurde dieser Appell an die Vernunft vorgelesen. Wie erinnern Sie sich daran?

Wir waren gar nicht in Berlin, als diese Resolution aufgesetzt wurde. Da waren wir in Leutenberg. Ich konnte nicht laufen, hatte einen eingeklemmten Ischiasnerv. Ich schaffte es kaum, die Treppe runter zum Essen zu gehen. Handys oder Computer gab es noch nicht. Dort kriegte ich vom ZK-Mitglied Ursula Rackwitz einen Anruf. Sie sprach von einer Resolution, von der ich nichts wusste. Wir sind nicht gleich nach Berlin zurückgefahren. Dann erst habe ich mich um die Sache gekümmert. Ich habe die Resolution gelesen und dachte: Ja, da ist Vieles von Vernunft getragen. Dann habe ich mich erkundigt, wer das verfasst hat. Ich erfuhr, dass es Bärbel Bohley war.

Diese Autorenschaft war gar nicht bekannt gegeben worden, es hieß immer die Rockmusiker …

Ja. Die Unterhaltungskünstler sind zu Bärbel Bohley gegangen, Toni und Tamara und noch ein paar Andere waren dabei. Tamara war auf jeden Fall dort. Die haben sich also von Bärbel Bohley diesen Text diktieren lassen. Jetzt war das Geschriebene das Eine. Dagegen war eigentlich nichts zu sagen, es war ganz vernünftig. Aber die Absicht dahinter habe ich gerochen. Und ich dachte: Nein, die wollen nicht reformieren, die wollen was Anderes. Die Bärbel Bohley stand mir nicht für eine Reformerin, ich dachte, die will die Konterrevolution. Ihre Verbindung mit Wolf Biermann, mit Vera Lengsfeld und wer da noch alles eine Rolle gespielt hat, das war eine völlig andere Truppe. Und ich habe begriffen, dass die Unterhaltungskünstler sich benutzen ließen, während sie glaubten, revolutionär zu sein. Keiner von denen, und ich habe ja lange Gespräche mit ihnen geführt, wollte die DDR kippen, wollte all das, was dann kam. Die haben gedacht, sie rütteln die alten Männer im ZK der SED und im Politbüro wach.

Sie wollten auf Vernunft setzen und deutlich machen: Hier stimmt was nicht.

Die wollten erst mal wach machen, klar, denn dass von einem Funktionär gesagt wurde: »Wir weinen den aus der DDR Flüchtenden keine Träne nach«, war ja nicht hinzunehmen. Anderthalb Millionen waren schon weggegangen, und da sagen die, wir weinen denen keine Träne nach. Was ist denn das für eine Staatskunst? Die Rocker wollten an die Regierenden appellieren, wollten erreichen, dass etwas geschieht. Aber das wollten Andere nicht. Von den Unterhaltungskünstlern wurde ich aufgefordert, mich an die Spitze der Bewegung zu stellen und die Resolution erst mal zu unterschreiben. Nein, das unterschreibe ich nicht, habe ich gesagt. Diese Auseinandersetzung führe ich auch in eurem Namen. Der Inhalt stimmt mit dem, was ich auszusetzen habe, überein. Aber diese Resolution hat keinen Verfasser, der mein Vertrauen besitzt. Das haben mir Einige tatsächlich sehr übel genommen, sie waren enttäuscht. Und vergessen war, wie ich zwei Jahre im Schriftstellerverband gekämpft habe, um den Hans-Eckardt Wenzel reinzukriegen, weil das Genre Liedermacher von den Funktionären abgelehnt wurde. Und Bettina Wegener habe ich im Verband durchgesetzt, ich war ihre Bürgin, wie für Wenzel, für Steffen Mensching, der jetzt Intendant am Theater in Rudolstadt ist, und für Monika Ehrhardt. Ich habe nicht nachgelassen, bis sie aufgenommen wurden. Ich habe keinen Dank erwartet, aber auch nicht Ungerechtigkeit.

Bekannt ist auch, wie energisch Sie sich zum Beispiel für die Liedermacherin Barbara Thalheim eingesetzt haben.

Immer.

Damals, als sie im Westen ein Interview gegeben hatte, wurde sie von den Kulturoberen der SED mächtig dafür kritisiert. Doch Sie haben sie damals verteidigt, Sie haben wohlwollend für und über sie geschrieben.

Ja, das ist das Eine bei der Barbara. Die ist ja auch mit meinen frechsten Gedichten losgezogen und hat die im Westen unter ihrem eigenen Namen aufgesagt. Oder Anderes: Sie hat mich eines Abends angerufen und mir erzählt, sie haben ihr beim Studio für Unterhaltungskunst – damals in Berlin-Karlshorst – zwei Stunden vor der Prüfungsabnahme mitgeteilt, dass sie nicht zur Prüfung zugelassen wird, weil sie ein Lied von Wolf Biermann singen wollte. Da bin ich in meinen Trabant gehechtet, bin dorthin gefahren und habe mit den Herren dort, mit dem Direktor vom Studio für Unterhaltungskunst usw., Klartext gesprochen: Sie haben heute Abend ein Berufsverbot ausgesprochen. Die Barbara wird nicht zur Prüfung zugelassen, das ist Berufsverbot, denn ohne dieses Prüfungsergebnis und die daraus folgende Auftrittserlaubnis kann sie nicht arbeiten. Die Herren wieder: »Nein, wir denken nur, sie ist noch nicht reif genug für ein Repertoire.« Gut, habe ich gesagt, jetzt setzen wir uns zusammen, machen das Repertoire, und dann kann sie zur Prüfung zugelassen werden. Dann hat sie ihren Bassisten rangeholt und noch einen mit Gitarre. Wir haben uns zusammengesetzt, dabei ging es um die Frage, soll »Student mit den roten Ohren« von Wolf Biermann mit ins Programm? Habe ich was gegen das Lied zu sagen? Gar nichts. Sie wird es singen, als Zugabe. Wenn die Leute klatschen, macht sie es als Zugabe. Wenn sie pfeifen, kommt sie nicht dazu, den Biermann zu singen. Können wir uns so einigen? Also sie wurde zugelassen. Bärbel Thalheim gehört zu denen, die mir immer treu waren. Wir haben uns fast nie gesehen, sehr selten telefoniert, aber ich kannte alle ihre Verrücktheiten. Ich habe ja auch in »Gesichter in meinem Spiegel« über sie geschrieben. Irgendetwas war mit ihr immer. Ich hätte aber nie gedacht, dass Bärbel, obwohl es mir hinterher einleuchtete, was mit der Stasi zu tun hatte. Ich kann das heute nur sehr harmlos finden, denn sie wollte reden. Hinterher ist mir klar geworden, wenn bei der Einer aufgetaucht wäre, der ihr zugehört und gesagt hätte: Ja, das ist auch sehr klug, war sie sofort davon angetan. Die hat nicht andere Leute denunziert. Das ist Quatsch.

Gab oder gibt es für Sie eine Grenze: Stasi-Mitarbeit lehne ich ab?

Erstens hatte ich keine Angst vor denen. Zweitens wusste ich mich in gewisser Weise immer von denen umgeben. Einmal versuchten sie, mich auch zu werben. Die haben mir aber zwei solche Blödmänner geschickt, in Ledermänteln, die von mir wissen wollten, wie der »Oktoberklub« über China denkt. Wir waren aber noch nie in China, niemand. Ich habe mich am nächsten Tag beim Schriftstellerverband, beim Kulturbund, bei der Bezirksleitung der SED und beim Zentralrat der FDJ darüber beschwert. Was habt ihr mir da für zwei Blödmänner geschickt. Wofür haltet ihr mich?

Und wenn Klügere gekommen wären, hätten Sie da mitgemacht?

Vielleicht. Ich war damals noch sehr tatendurstig und hatte das Bedürfnis, dieses Land von Grund auf besser zu machen. Ich weiß es nicht, ich war ehrgeizig und stürmisch und so. Wenn die mir einen sehr klugen Menschen geschickt hätten, einen Menschen, der mit mir darüber geredet hätte, dass ihnen so Vieles misslingt, vielleicht, weil sie zu wenig davon verstehen, und wenn sie jemanden hätten, der ihnen das erklärt, was sie falsch machen und so ... Man hätte mich nie dazu gekriegt, über Personen zu berichten, sie zu verpetzen. Nein. Da wäre bei mir gar nichts zu holen gewesen. Wenn ich das damals nicht gemacht hätte, abends in den Klub gegangen wäre, sofort allen davon erzählt hätte, das waren 50 Personen – da haben die sich darüber scheckig gelacht. Wenn später einer rein kam und sagte: Leute, was denkt ihr eigentlich über China? Da wussten alle, aha, die Stasi hat angeklopft. Wenige Wochen später waren sie bei Jürgen Walter, haben ihm eine neue Existenz in Frankreich angeboten, mit einem neuen Namen und einer großen Karriere. Da kam der auch in den Klub und hat gesagt: Und, was denkt ihr über China? (lacht) Darauf ist dann nie irgendetwas gefolgt. Aber – ich muss ein Aber sagen – es hat Situationen gegeben in meiner Funktion als Präsidentin des Komitees für Unterhaltungskunst, wo eine scheinbare Katastrophe ausbrach und keiner von uns sich zu helfen wusste. In Dresden zum Beispiel, beim Internationalen Schlagerfestival, zwei oder drei Stunden, bevor die große Generalprobe als Live-Sendung über den Sender gehen sollte, waren alle Weststecker weg und alle Kabel durchgeschnitten. Ich rannte rum und sagte, oh

Gott, was machen wir jetzt bloß? Da haben mich mein Generaldirektor Dieter Gluschke und Eike Sturmhöfel an den Schultern umgedreht und haben gesagt: »Geh du jetzt mal ins Hotel und mach dich schön, du sitzt heute Abend in der Loge. Da werden die Kameras auf dir hängen, also pico bello.« So bin ich gegangen, und als ich wiederkam, waren alle Stecker am Platz und alle Kabel repariert, und hinter der Bühne standen schicke, junge Männer, die keinen Blick von den Kabeln und von den Steckern ließen. Ich habe aber nicht gefragt, wie habt ihr das gemacht, weil ich wusste, die würden sagen: Na, siehst ja schön aus. Kannst in deine Loge gehen. Die haben mich abgeschirmt gegen solche Dinge. Im Büro, in der Generaldirektion für Unterhaltungskunst, saß oft irgendein Fredy rum und sagte nie etwas.

War das nicht auffällig genug?

Der gehörte irgendwie dazu, hatte aber keine Funktion. Wir haben nie miteinander geredet. Nie. Wir saßen einmal bei der Chefsekretärin, als die Anderen alle rausstürzten, weil wieder eine Panne gemeldet worden war. Wir beide saßen allein dort. Und die Chefsekretärin, Frau Schöne, an ihrem Schreibtisch. Da haben wir uns angeguckt und ich dachte, worüber können wir denn jetzt reden. Wie gesagt, es gab noch keine Handys, sonst hätte man sagen können, ich muss schnell mal telefonieren. Wir guckten und guckten. Und Frau Schöne sagte: »Wollt ihr noch einen Kaffee?« Ja. Und dann ging der. Also ich will nur sagen, es ist nicht so, dass ich einen Krug voll Weisheit geleert hätte. Es gibt in meinem Buch »Die blödesten Augenblicke meines Lebens« den Text: »Wie ich zu keiner IM-Akte kam«. Da stehen diese Geschichten alle drin. Wir wussten doch, dass wir abgehört werden. Jetzt übrigens wieder. Wenn der Ton plötzlich zu leise war, habe ich gesagt: Genossen, wir verstehen hier nichts mehr, macht mal ein bisschen lauter. Dann wurde der Ton wirklich lauter. Das wussten wir doch. Und dennoch habe ich alles am Telefon gesagt, was mir nicht passte. Die konnten ja nicht antworten. Und ob sie das je abgehört haben? Man hat nach 1990 gehört, dass die Stasi vier Jahre im Verzug war. Die konnten zwar vier Jahre zurück abhören, aber das war doch inzwischen uninteressant. Es gab Leute, von denen ich erfuhr, dass sie auf mich angesetzt waren. Eike Sturmhöfel, er lebt nicht mehr, also kann ich es sagen, hat sich deswegen bei mir gemeldet. Da habe ich gesagt: Du scheinst aber nur Gutes berichtet zu haben. Mir hat ja niemand was angetan. »Ja«, antwortete er, »nur das Allerbeste.« Und ich: Na ja, da können wir doch Freunde bleiben. Ich habe dann seine Trauerrede gehalten. Ein Anderer hat mir in einem zehn Seiten langen Brief geschrieben, dass er auf mich angesetzt war. Wir haben uns aber fast nie gesehen. Den würde ich auf der Straße nicht wiedererkennen. Und da war der auf mich angesetzt. Na wie denn? Mit Fernglas vom Fernsehturm aus?

Spielt die Frage bei Ihnen manchmal in Gesprächen eine Rolle: Was wurde versäumt, dass wir diesen Entwurf einer Gesellschaft nicht retten konnten, einer Gesellschaft, die beispielsweise so humanistische Ziele wie den Abbau der Klassengesellschaft auf ihre Fahnen geschrieben hatte?

Ach, kommt, hört auf, das war Weltpolitik. Du kannst nicht sagen: Hätten wir unser Häusel schöner entworfen, hätte der Architekt uns nicht so ein hässliches Haus hinsetzen können. Das war Weltpolitik. Die Deutschen hatten sich auf den Faschismus eingelassen. Die Deutschen waren bluttriefend. Und nun kam die große Abarbeitung. Wenn man so will, hat sich dann der Krieg fortgesetzt, die Demontage der Schienen und der Produktionsstätten in der DDR, in der damaligen sowjetischen Besatzungszone, war ebenso Unrecht wie der Diebstahl von 200 000 Patenten, die die Amerikaner als Kriegsbeute aus der Bundesrepublik mitgenommen haben. Sogar Persil. Und hier? Das ist natürlich unglaublich, wenn man bedenkt, dass die Russen hier nach Uran graben für die Atombombe, und die eigenen Häuser in der Sowjetunion waren zerstört. Sie haben auch die Schienen abgebaut. Die konnten sie in der Sowjetunion gar nicht gebrauchen und haben sie dann weggeschmissen. Aber das war Weltpolitik. Die DDR spielte da nur als ein Posten in einem bestimmten Territorium eine Rolle, ausgerüstet mit einer bestimmten Weltanschauung und Staatsführung und einer so genannten sozialistischen Gesellschaft, die ständig modifiziert werden musste. Die Menschen in der Sowjetunion haben viel länger gehungert als wir. Die hatten nicht solche Polikliniken wie wir. Ich war mehrmals in der Sowjetunion und habe gesehen, wie es dort zuging, und dass die Familien der heimkehrenden Soldaten, wenn überhaupt, dann Elendsquartiere als Wohnung hatten. Also, wenn wir anfangen zu grübeln, ob wir Macht hätten haben können, dann sage ich: Ja, klar, in der Familie, indem wir gescheite, geistig unabhängige, kreative Menschen neben uns aufwachsen lassen. Oder im Betrieb, indem man dort einen ganz bestimmten Missstand, aber sehr konkret, bekämpfte. Zum Beispiel, indem gefragt wird: Warum fegen wir die Halle? Weil kein Material da ist, später müssen wir uns wieder mit der Produktion überschlagen. Warum gibt es in der ganzen DDR eine Woche lang keinen Quark? Warum sind die Dinge so billig, dass kein Mensch auf der Welt begreift, wie das finanziert werden kann. Für 20 Pfennig Fahrgeld konntest du in der Stadt überall hinfahren, 15 Pfennig kostete ein Telefonat, das konnte acht Stunden dauern. Die Zeitung hat fast nichts gekostet, der Grieß hat nichts gekostet, der Kindergarten nichts. Und wenn du unausgesetzt die Preisgestaltung so machst, dass die Leute daran gewöhnt sind zu unterzahlen, dann wird jegliche Veränderung abgelehnt. Andererseits, wenn ich bedenke, dass in der DDR hergestellte Waren für Westgeld im Intershop gekauft werden mussten, das fand ich unmöglich und empörend.

*Im Interhotel in Gera wurde beispielsweise das Bürgeler Geschirr ausschließ-
lich für Westgeld verkauft. Diese blau-weiß getupften Tassen und Teller, die in
der Nähe von Jena produziert wurden.*

Empörend war das. Dass man eine Leiche brauchte, um vielleicht mal, aber nur
wenn es ersten Grades war, in den Westen fahren zu dürfen. Geburt galt gar
nicht, höchstens Bestattung. Wie zynisch. Das alles war von jenen Menschen
ausgedacht und am Leben gehalten, die in den KZs, in den Zuchthäusern, oder
später auf ihren Parteischulen davon geträumt haben, ein Volk glücklich zu
machen. Und was sie alles einrichten würden. Aber sie konnten nichts tolerieren,
was sie noch nicht kannten. Und so, wie sie sich gegen den Jazz gestemmt haben,
wie sie Rock'n'Roll oder Beat abgelehnt haben, gegen die Langhaar-Frisur einer
Jugend opponierten, die abwechselnd lange, kurze, stoppelige, entenförmig ge-
kämmte Haare bevorzugte – das war doch alles völlig überflüssig. Sie haben nur
begriffen, dass Klassik abgesegnet ist. Bach, Beethoven, Mozart, das ging. Aber
schon Brecht ging eigentlich nicht richtig. Und sie haben allem Neuen gegenüber das Misstrauen gehabt, es wolle sie in ihr überlebtes Unglück zurück-
schleudern. Diese traumatischen Erfahrungen ihres Lebens sind verständlich.
Ich habe ja selbst bei meinem Freund, dem Schriftsteller Peter Edel, Anflüge
davon erlebt, dass er schon Feuer roch, wenn es noch keinen Funken gab. Das ist
alles verständlich, nachvollziehbar und verzeihlich. Was nicht verzeihlich ist,
und was ich keinem verzeihen kann, ist, dass sie sich nicht gebildet, sondern nur
gen Osten geguckt haben. Die Estrada zum Beispiel durfte sein, die fing an mit
Klassik und endete bei der Operette, dann kam noch ein Schlager von der Sorte
Bärbel Wachholz »Wir waren viel zu juhujung« (singt), mit dem Geraune, das
sei das Lieblingslied von Erich Honecker. Ob der das überhaupt kannte, spielte
gar keine Rolle. Man konnte ja auch – und das habe ich manchmal als Trick verwendet – einen Gedanken, den man unbedingt unterbringen wollte, als einen
Gedanken von Walter Ulbricht ausgeben. Das hat nur bei meinem Mann nicht
geklappt.

Der kannte das besser oder hat er Sie durchschaut?

Ja, der wusste, dass das nicht stimmen konnte, dass so was nicht von Ulbricht
sein kann. Die Unbildung der führenden Politiker in diesem Land, ihre Unkenntnis von Geschichte, von Kultur, sogar von den Ursprüngen der Menschheit
und allem, was damit zusammenhängt, auch von den Grundgesetzen, war gewaltig. Ich habe ja mit »Nichts ist unendlich« etwas zu sagen gewagt und mich darüber gewundert, dass die Partei nicht auf der Matte stand mit dem Argument:
Wir sind unendlich, wir sind die Sieger der Geschichte, was redest du da. »Feuer
brennt nieder, wenn's keiner mehr nährt«, da habe ich schon einen politischen
Gedanken untergebracht. Das betraf nicht nur den Einzelfall, die individuelle

Liebesgeschichte. Das ging um mehr, das gebe ich bloß nicht zu. Und es stimmt ja auch für den Einzelfall, auf das persönliche Leben bezogen, gleichzeitig ist es verallgemeinerbar.

Und das muss ich doch sagen: Ich habe den Hermann Axen, er war Politbüro-Mitglied, in seiner ganzen Ignoranz, Arroganz, Unbildung und Primitivität erlebt. Ich war zur einzigen Kur meines Lebens in Dierhagen an der Ostsee. Da wollte ich abnehmen. Axen wurde jeden Tag mit dem Auto hingefahren, hatte ein eigenes, separates Behandlungszimmer. Und der Swimmingpool musste um die Hälfte abgesenkt werden, weil er so klein war. Das hat er verlangt. Und dann kam die Ilse Rodenberg, ebenfalls ZK-Mitglied, die war noch kleiner. Das Wasser musste noch mal abgesenkt werden. Da gingen wir dann nicht mehr rein. Der Leiter des Hauses schimpfte wie ein Rohrspatz: Jetzt haben die mir mein Stromkontingent für den ganzen Monat verbraucht. Dem Axen wurde das Essen extra auf sein Zimmer nach oben gebracht, und vor der Tür standen die Sicherheitsleute. So habe ich die SED-Funktionäre eben auch kennen gelernt. Die waren weit weg von der Realität des Alltags, weit weg von den Leuten.

Gibt es dafür noch ein Beispiel aus Ihrer Arbeit?

Ich musste mit dem DDR-Kulturminister Hans-Joachim Hoffmann vor dem für 1984 verabredeten Kongress der Unterhaltungskunst ins Politbüro. Da haben wir erstmal vier Stunden draußen warten müssen, bis wir für genau sieben Minuten rein durften. Ich wusste ja nicht, wie das dort aussieht, wie viel Leute dort sitzen usw. Da war so eine Hufeisentafel, dort saß Erich Honecker, babyglatt, rosig. Der muss geliftet worden sein, dachte ich, sein Gesicht zeigte keinerlei Mimik. Und uns hatten sie den döfsten Platz gegeben, ich saß mit dem Rücken zu Honecker. Das machte aber nichts, weil der sagte: »Kommen wir also zum Kongress der Unterhaltungskünstler. Genossin Steineckert, du hast das Wort.« Ich bin aufgestanden und habe gesagt: Ja, wir möchten den Kongress abhalten vom soundsovielten zum soundsovielten. Da werden wir ein eigenes Präsidium wählen aus allen Genres usw. Er hatte das sowieso vor sich liegen. Er nickte und sagte: »Na, Genosse Hoffmann, du übernimmst dann also die Verantwortung dafür, und du Genosse – ich erinnere mich nicht mehr an den Namen – bist verantwortlich für die Finanzen. Und nun könnt ihr wieder gehen.« Das Ganze hat sieben Minuten gedauert. Vorher hatte ich zu Hoffmann gesagt: Weißt du, wenn wir jetzt reinkommen, gehe ich erst mal zu jedem hin und gebe ihm die Hand und sage »Guten Tag« und dass ich mich freue, dass wir uns hier sehen. Hoffmann war entsetzt: »Was willst du machen? Um Gottes willen, du gehst schnurstracks zu deinem Stuhl.« Das hätte ich ja sowieso gemacht. Aber ich meine, er war Minister für Kultur und hatte so ein Lampenfieber. Ich hatte keins.

Wenn man sich erinnert, trotz der Minuten-Auftritte im Politbüro, Kunst und Kultur spielten doch in der DDR eine ziemlich wichtige Rolle. Sie wurden ernst genommen, sowohl von oben wie von unten. Kann man sagen, die Rolle der Künste war eine ganz andere als heute?

Eine völlig andere, natürlich. Das kam daher, und war von oben nicht so gedacht, dass sich zwischen Künstlern und dem Publikum, den Menschen in den Betrieben, in den Dörfern, Städten, überall, den Kunstsinnigen oder denen, die einfach mal neugierig waren, eine Beziehung entwickelt hat, die mehr und mehr in gegenseitige Kenntnis und in Vertrauen »ausartete«. So sah das die SED. Da war eine Nähe und gleichzeitig Respekt vor Kunst. Es wurde viel gelesen, sogar Gedichte. Das muss man sich mal vorstellen: Mein Band »Weibergedichte« hatte eine erste Auflage von 60 000. Der Lektor kam von der Messe zurück und sagte: »Übrigens, die Bestellungen sind doppelt so hoch wie die Auflage.« Ich wollte gerade eingebildet gucken, da sagte der: »Aber nicht nur bei dir, bei allen Titeln des Verlags.« Die Bücher haben wenig gekostet, sie wurden gekauft und gelesen. Es gab ja noch nicht rund um die Uhr das Fernsehen, diese Verblödungsmaschine. Auch waren die Begegnungen zwischen den Künstlern und ihrem Publikum eine Art Ventil. Ich erinnere mich an eine Lesung in Arnstadt im dortigen Theater, das war 1989. Da habe ich drei Stunden auf der Bühne gesessen, ganz allein. Das Theater war überfüllt, in den Logen standen sie noch und haben Fragen gestellt. Das war eine Wechselbeziehung. Diese Erwartungen des Publikums kommen wieder, da bin ich sicher. Und sie bringen noch was Neues. Das beobachte ich seit einiger Zeit wieder verstärkt. Ich erlebe das, da knüpfen die Leute, auch wenn ich mit Neuem komme, an Altes an. Die sagen: Du hast damals das und das gesagt – und jetzt? Du bist noch die Gleiche.

Sie sind ja auch noch mit einer großen Zahl von Veranstaltungen unterwegs. Wir haben gelesen, um die hundert pro Jahr?

Die Leute sagen, jetzt stellen wir deine Bücher wieder nach vorn. Die wollten erst mal sehen, ob ich jetzt das Gegenteil erzähle und mich womöglich als Opfer geriere. Aber das ist nicht der Fall und ich stehe zu dem, was ich von der DDR und dem vereinten Deutschland denke und halte. Aber ich mische mich nicht mehr so ein. Bei »Pro Ethik« allerdings bin ich dabei, bei einer solchen Sache muss das sein. Oder bei dem Protest gegen den Truppenübungsplatz in der Kyritzer Heide, da waren wir dort. Ich habe meine Unterschrift gegeben. An solchen, für die Menschheit wichtigen politischen Dingen, nehme ich teil. Und auf der Bühne sage ich, was ich denke. Wenn ich in einem Gedicht erst mit der DDR abrechne, dann mit der Bundesrepublik und danach sage: »Und doch hab ich dies blöde Land geliebt, / ein mieses Zuhause, / aber wärmer, als es das noch je für mich gibt. Nun bin ich an Big-Deutschland übergeben und kann damit auch nicht gut leben.« Und dann sage ich: »Hinter dem Rücken versteck ich die Hand. Du willst mich nur ohne meine Erfahrung, / ohne meinen Verstand. / So wirst du mir kein Vaterland.« Dafür gibt es vom Publikum Zustimmung.

Damit treffen Sie offensichtlich das Lebensgefühl von Vielen. Doch Geschehenes kann man nicht rückgängig machen.

Das hieße, sich der Gegenwart zu verschließen. Etwa rückwirkend über die erste Ehe nachzudenken und sich zu fragen, warum die nicht gut gelaufen ist, wozu das? Das ist doch abgeschlossen. Wenn allerdings die klassische Größe »Schuld« eine Rolle spielt, dann muss was aufgearbeitet werden. In einem normalen Leben aber, wie die Meisten es geführt haben, mit einer Öffentlichkeit, die die Irrtümer an unserer Arbeit erkennen konnte und unsere Vernunft auch, brauche ich jetzt nicht nachzurechnen und aufzurechnen, was ich damals hätte sagen sollen. Ich habe es oft gesagt.

Nun ist in den Medien beim Rückblick auf die DDR oft verkürzt und pauschal vom Unrechtsstaat, von der Diktatur die Rede. Letzteres hat die DDR nie verleugnet, sie war eine Diktatur des Proletariats.

Na, nicht des Proletariats. Es war schon eine Diktatur des Machtapparates. Da muss man philosophisch viel tiefer gehen und dann erst mal das Wesen von Diktaturen ergründen. Es gibt eine blutige Diktatur. Also, wenn die DDR mit dem Etikett »Unrechtsstaat« versehen wird, da müssen wir auch erst mal darüber reden, was ist Unrecht. Ist Unrecht gleich Ungerechtigkeit? Und gegen wen? Oder ist Unrecht gleich Untat? Also das nehme ich so nicht hin.

Heute ist in der Politik und in den Medien viel von Demokratie die Rede. Bedeutet Demokratie als Staatsführung für Sie Regieren nach dem Willen und im Interesse der Mehrheit?

Wir haben heute eine Diktatur des Geldes. Und damit eine Diktatur der Macht. Und derjenige, der nicht nach oben gehört, fällt unten durch. Und er hat leider nicht die Chancen, es selber zu bestimmen. Die hat er nicht. Es war ja aus Sicht der BRD ganz schlau, bestimmte Dinge erst gar nicht ins Grundgesetz zu schreiben. Das Recht auf Arbeit steht nicht im Grundgesetz. Kann also auch nicht eingefordert werden.

Aber gerade die Arbeitslosigkeit hat ungeheure Folgen für die persönliche Freiheit des Einzelnen. Und ist es nicht so, dass massenhafte Arbeitslosigkeit die Rechte der Anderen minimiert?

Wo haben die Arbeitslosen denn Macht? Die haben gar keine. Ihre Freiheit ist, sich verwahrlosen zu lassen. Also Vogelfreiheit ist die jetzt so gepriesene Freiheit. Ich sehe darin weniger Freiheiten, stattdessen breitet sich eine Atmosphäre von

Angst aus. Die zieht sich durch viele Familien, weil es der Tochter, dem Sohn, mir selber passieren könnte, dem Vater, der Mutter: Man wird ein Pflegefall oder arbeitslos oder Krankheit kommt dazu. Das kann jedem geschehen. Und zwar morgen. So sieht existenzielle Gefährdung aus, immer.

Wenn wir uns noch einmal an den Aufbruch '89 erinnern, Sie haben so einen schönen Buchtitel: »Wild auf Hoffnung«. Mit welchen Hoffnungen haben Sie den Herbst 1989 erlebt?

Mit keinerlei Hoffnung. Ich wusste, was jetzt kommt, weil ich wusste, wie wehrlos wir sind. Wir waren ja dazu aufgerufen, wehrlos zu sein, unter anderem auch von Pfarrer Friedrich Schorlemmer. Nachdem dieser Einigungsvertrag DDR-seitig unterzeichnet worden war ...

Von Krause und seinesgleichen?

... anschließend der eine Vertragspartner aber gar nicht mehr weiter existierte, die Treuhand eingerichtet wurde und ich mich entschloss, in den Demokratischen Frauenbund Deutschlands einzutreten, was ich vorher nie gemacht hätte. Zwei Monate danach war ich Vorsitzende und wir haben uns vier Jahre mit der Treuhand rumgeschlagen, die vom DFD Millionen haben wollte, wo gar kein Geld war. Da blieb doch kein Raum für Hoffnung. Ich wusste, die DDR ist geöffnet zur Ausplünderung. Das ist bis heute so. Die alten Adelsgeschlechter kommen immer noch zurück und fordern. Das kommt nur nicht so an die Öffentlichkeit. Sie nehmen sich, wovon sie meinen, ihr zwölfter Urgroßvater habe das mal besessen. Die Leute, die in Kleinmachnow gewohnt haben, sind im Westen für ihre Häuser entschädigt worden und kriegen sie nun trotzdem zurück. Das steht auch in meinem Buch »Die blödesten Augenblicke meines Lebens«: »Traute Brautnacht. Wie ich die November-Nacht erlebt habe.« Ich habe alle Bedenken gehabt. Und war voller Ahnungen, dass das schief geht, weil die Leute wie trunken waren. Das ist nun nicht mehr zu korrigieren, weil wir kein Rechtsmittel haben. Wir sind niemand mehr. Wir sind ein Entwicklungsland.

Nie wuchsen stolzere Männer und schönere Frauen heran, und nie war Gott so weit

Interview mit dem Filmregisseur und Schriftsteller
Egon Günther im Juni 2009

Sie sprechen, Herr Günther, wenn Sie Ihre Biografie erinnern, sehr rührend über Ihr Elternhaus. Ihre Mutter hat Ihnen, als Sie schon zeitig mit Schreiben anfingen, aus der Wäscherei Pfüller eine Schreibmaschine als Leihgabe besorgt. Ihr Vater, ein Schlosser, hat Tolstoi und andere Weltautoren gelesen. Sie sind im erzgebirgischen Bergstädtchen Schneeberg groß geworden. Was bedeutet Ihnen Herkunft?

Ja, mein Vater war in der Tat ein großer Leser, das finde ich schon interessant. Bis zu seinem 70sten Lebensjahr stand er früh um fünf auf und ging zur Arbeit. Und er las z. B. Tolstoi, das stimmt. Ich hatte mich ganz früh an einen Roman heran gewagt und meine Mutter wollte, dass fremde Leute meinen Text in einer schönen Form lesen sollten. Ich verlebte im erzgebirgischen Schneeberg eine ganz normale Kindheit in einem typischen Arbeitermilieu. Mein Vater war Schlosser und ich wäre auch fast Schlosser geworden. Das Elternhaus bleibt natürlich immer wichtig. Aber es liegt lange zurück.

Hat Ihr Vater Sie zum Lesen angeregt?

Das war eher umgekehrt. Weil ich nach dem Krieg, in den ich mit 17 zu den Fallschirmjägern eingezogen wurde, in ein Land kam, das das Bildungsmonopol brechen wollte, wurde ich als Arbeiterkind für eine kurze Zeit Neulehrer. Und dann ging ich in die damals für mich unendlich weit entfernte Stadt Leipzig und wurde Student der Germanistik, Pädagogik und Philosophie. Ich habe schon immer viel und gern gelesen, und mein Vater hat einfach mit gelesen. Obwohl ich die ersten Schuljahre nur die Volksschule besucht hatte, war das, gemessen an dem, was mein Vater früher an Schulbildung erlangen konnte, ein großer Unterschied. In seiner Schulzeit war man offensichtlich auf noch weniger Literatur aus. Wir wurden also in der Schneeberger Leihbibliothek feste Kunden und

Egon Günther 2009 (li.) und 1967/68 bei Deharbeiten zum Film »Abschied« (re.)

haben uns von dort immer neue Bücher geholt. Und der Papa las mit mir. Die Mutter nicht. Dieses Bild hat sich mir fest eingeprägt, dass mein Vater, wenn er von der Arbeit kam, sich auf das Sofa legte und zu lesen anfing. Er las eben auch nicht irgendwas kreuz und quer, sondern gehobene Literatur, was mir damals nicht gleich auffiel, sondern erst später, als ich dann Student und Lehrer war.

Als Sie mit 17 Jahren zum Krieg eingezogen wurden, waren Sie blutjung. Sie sind dann später aus der Gefangenschaft abgehauen und nach Hause gelaufen?

Ja, nach dem Krieg. Ich war vor dem Kriegsende in Holland interniert. Es erscheint mir heute fast grotesk, weil es so lange her ist. Und ich war damals wirklich noch sehr jung. Es ist ein großes Verbrechen gewesen, 1944/45 halberwachsene Jungs noch in diesem sinnlosen Krieg zu verheizen. Ich habe nur realisiert, dass von meiner Kompanie, das weiß ich noch ganz genau, die so 110 oder 120 Mann stark war, lediglich vier oder fünf übrig blieben. Dazu gehörte ich – ich war unter den am Leben Gebliebenen. Es wurde einem erst hinterher so langsam bewusst, was der Krieg für eine Gemeinheit war. Ich möchte am liebsten gar nicht mehr davon reden.

Wenn man in der frühen Jugend so schreckliche Kriegserlebnisse hat, wird man da instinktiv zum Pazifisten?

Nein. Solche hohen Ziele waren mir zunächst fern. Das war es nicht, sondern einfach ein Gefühl gegen den Krieg. Pazifismus, das ist ja irgendwie eine große

Nummer oder Haltung, die mich dabei nicht so sehr beschäftigt. Ich konnte mir den ganzen Schrecken, der uns im Krieg widerfahren ist, danach, und eigentlich auch bis jetzt noch nicht richtig vorstellen. Wie die reihenweise kaputt gingen – die Buben.

Wir kommen, mit Verlaub, darauf zurück, weil Sie in der Schule Ihrer Söhne später dem Direktor gesagt haben: Drei Jahre Armee bei der NVA, das mache ich nicht mit. Ob da Ihre frühe Erfahrung mit dem Krieg und dem Tod mitgewirkt hat, dass Sie für Ihre Söhne nicht wollten, dass die eine Uniform tragen, was ja immer mehr bedeutet als nur dies.

Ja, das betrifft meine beiden Söhne. Ich habe für sie einen verlängerten NVA-Dienst weder unterstützt noch akzeptiert. Von Armee und Krieg hatte ich genug. Meine konkrete Erfahrung betraf zwar nur ein viertel oder ein halbes Jahr, doch das war verheerend. Und schwer zu beschreiben. Es sind eigentlich alle gefallen, die ich damals kannte.

Sie haben, wie gesagt, sehr zeitig angefangen zu schreiben. Auf der Schreibmaschine dieses Schneeberger Wäscherei-Besitzers. Waren Sie schon als Schüler beim Aufsatz-Schreiben gut?

Ich war in Deutsch nicht schlecht. Ja, ich habe ganz früh angefangen zu schreiben. Das wurde bei mir auch immer richtig voluminös, also gleich über 200 Seiten oder so.

Was haben Sie geschrieben?

Romane.

Wie fand das Ihre Mutter?

Die fand das großartig. Die hat das mit Freude oder auch Stolz unterstützt.

Und deshalb hat sie für den Sohn eine Schreibmaschine ausgeliehen?

Ja, weil ich mal gesagt habe: Herr Gott, ich kann das doch nicht alles mit der Hand schreiben, oder ich kann schon, aber viel besser wäre es, meine Texte mit einer Maschine zu tippen.

Weil Sie schon an einen Verlag dachten?

Ja, schon.

Im Erzgebirge, konkret in Schwarzenberg, gar nicht weit von Ihrer Heimatstadt Schneeberg, gab es 1945 dieses einmalige historische Experiment der Schwarzenberger Republik, das Stefan Heym und Volker Braun in ihrer Literatur thematisiert haben.

Das habe ich damals nicht richtig mitgekriegt in dieser Dimension. Davon habe ich hinterher erst Genaueres erfahren. Zwar fielen damals schon so manche Bemerkungen dazu, aber die hat man nicht richtig ernst genommen. Es war unmittelbar nach dem Krieg, keine leichte Zeit ...

Waren Ihre Eltern politisch aktiv?

Mein Großvater war in der SPD. Doch mein Vater war wirklich ein Anti-Nazi, absolut. Und meine beiden Tanten waren nach Amerika emigriert. Meine Mutter hielt sich strikt aus all diesen Dingen heraus. Da mein Vater den Faschismus immer für albern hielt und diese dumme Uniform der Nazis auch, die er nicht anzog, war das so eine latente Vorwarnung und Entscheidung, dass diese Nazizeit nicht richtig und nicht gut ist. Nur, sie konnten halt nichts wirklich machen. Sie hatten dummerweise zwei Söhne, und die waren beide Soldaten.

Sie studierten nach dem Krieg in Leipzig bei den legendären Professoren Ernst Bloch und Hans Mayer und dem Goethe-Spezialisten Prof. Korff Germanistik und Pädagogik, bevor Bloch und Mayer von der SED in den Westen vergrault wurden. Und Psychologie haben Sie auch studiert.

Ja, auch medizinische Psychologie. Ich habe mich überall ein bisschen umgesehen, weil ich natürlich noch keinen genauen Fahrplan für mich hatte, und man konnte auch ohne weiteres die Fakultät wechseln, das war damals sehr offen. Das anstürmende Neue war wirklich überall stark zu spüren, wenn auch schwer zu klassifizieren. Und so hat man immer damit geliebäugelt, dass man ja durchaus auch noch was Anderes machen könnte. Ich hatte auch in diesem Sinne keine Vorbildung. Meine Mutter war immer entsetzt, wenn von mir so große Wegänderungen kamen und mein Vater hat immer gewarnt: Nur nicht so hoch hinaus! Aber das war schon gut gemeint von ihm. Er konnte das einfach nicht beurteilen, er hat nur mit großer Bewunderung, die er natürlich nicht so offen geäußert hat, meinen Werdegang begleitet und war dann auch ganz stolz auf mich.

Für Sie eröffneten sich in Leipzig auf einmal neue Geisteswelten, machte Sie das glücklich?

Ja, natürlich, aber einer der Haupteindrücke war, wie ich mich erinnere, erst mal etwas ungeheuer Abweisendes – von diesem ganzen ungewohnt intellektuellen Milieu her. Ich war einfach voller Staunen, jawohl, ich staunte. Und dieses Staunen und meine riesengroße Neugier haben mich wahrscheinlich gerettet. Man darf ja nicht vergessen, ich war gerade mal 18 Jahre alt. Nein, das war ein bisschen später, als ich wirklich anfing zu studieren. Aber bis 18 habe ich gewissermaßen nicht existiert, sondern bin in lebensbedrohlichen Situationen gewesen und hatte große Mühe, die durchzustehen, wobei mir bis heute rätselhaft ist, wie mir das schließlich doch gelang.

Sie haben als Student schon geschrieben. Da hätte es ja auf der Hand gelegen, dass Sie Schriftsteller werden. Wie kam dann dieser Sprung zum Film zustande, war das Zufall?

Nein, Zufälle gibt es nicht, meine ich. Aber das ist nur meine Sicht. Ich glaube nicht daran. Ich glaube, man steuert auch unbewusst Dinge an, die man hinterher erst richtig begreift. Kurz und gut, ich halte meine Entscheidung für den Film nicht für einen Zufall. Ich hatte ja damals zwei Bücher geschrieben. Die erschienen im Mitteldeutschen Verlag, bei dem ich eine Weile als Lektor arbeitete. Da kam eines Tages einer von der DEFA-Mannschaft und sagte mir: Ich lese deine Bücher, komm doch zur DEFA. Ja, dachte ich, wieso eigentlich nicht? Drei oder zwei Jahre Verlag, das reicht doch. Und so bin ich damals richtiggehend aufgefordert worden, zur DEFA zu gehen, und wurde auch aufgenommen. 1958 war das. Also, da gab es keinerlei Vorsprechen, um dort zu arbeiten, sondern es war beschlossen. So wurde ich DEFA-Dramaturg, dann Autor und dann Regisseur.

1964 gab es den Film »Lots Weib«, für den Sie das Szenarium geschrieben haben. Das wurde Ihr allererster Film. Einerseits gab es bei Ihnen diese Demut vor den gestandenen Kollegen, andererseits aber wussten Sie schon genau, was Sie wollen.

Ja, etwa so. Wenn ich Ihnen das genau erklären sollte, könnte ich es wohl nicht. Es grenzt ja auch an Leichtsinn und Frechheit, zu sagen: Ich schreibe mal dieses Buch, diese Geschichte interessiert mich. Da hatte ich aber schon etwa zwei Jahre als Dramaturg gearbeitet. Als nun das Buch fertig war, wollte ich es unbedingt verfilmen. Und ich hatte tatsächlich schon alle Vorbereitungen getroffen, und wusste, was Drehen heißt. Ich konnte als Dramaturg eigentlich in alle Ateliers gehen und habe so eben das Entstehen von Filmen mitverfolgt. Ich war darüber, wie ein Film zu produzieren ist und was zur Vorbereitung gehört, völlig informiert. Also konnte ich sagen: Hört mal, ich mache diesen Film selber. Ich kann mich noch an ein paar Blicke erinnern, von Klaus Wischnewski zum Beispiel, dem damaligen Chefdramaturgen bei der DEFA. Der sagte: »Gut, du machst das.«

Schon in der ersten Geschichte gab es dieses mutige oder freche Weib, das dem lieblosen Gatten, einem Offizier der NVA, den Laufpass gibt, weil sie es mit ihm nicht mehr aushält. Das war schon gegen den Stachel gelöckt, denn Offiziersfamilien der DDR sollten nach außen hin intakt erscheinen.

Ja, das war bei mir eigentlich immer konträr zu dem, was die Kulturbürokratie in der DDR wollte. Das habe ich ganz bewusst so gemacht, klar. Und wenn ich mich recht erinnere, warum mich Leute gewissermaßen zur DEFA holten, hatte das zweifellos schon diesen Grund, dass die auch irgendwie was Gescheiteres, Frecheres, Leichtsinnigeres in den Filmen sehen wollten. Ich war ihnen gewissermaßen als nicht konformer, nicht gelernter Filmer und junger, energischer Akademiker willkommen. Ich glaube, ich war damals der einzige akademisch Ausgebildete unter den Filmleuten der DEFA, was ich in meinem damaligen Übermut gar nicht richtig ernst nahm. Ich habe dann an der Filmhochschule in Babelsberg Filmschreiben gelehrt. Und langsam wurde mir klar, wie viel da mit Wasser gekocht wird. Und ich dachte: Das willst du so nicht. Ich war eben von jeher auch ein Macher. Mich hat das brennend interessiert, einen eigenen Film zu machen. Das ist ja wie eine Schlacht schlagen! Sie müssen sich gegen Leute durchsetzen, die Sie vorher für Ihre Freunde hielten. Oder man spürte auch Eifersucht von Kollegen. Und diese Eitelkeiten Älterer nach dem Motto: Der will wohl alles ändern? Ich sagte: Nein, nicht alles, das kann keiner, aber einiges vielleicht. Man wird ja dann auch frecher. Da war ich noch keine 30 Jahre alt, da war auch viel Leichtsinn dabei und Mut zum Risiko, aber auf der Grundlage, dass ich über das Technische, wie ein Kinofilm zu machen ist, Bescheid wusste. Ich kannte die Film-Technik von A bis Z.

War in diesen frühen DDR-Jahren mehr möglich als später?

Ja klar, weil die Politkaste der SED, in der es Gebildete, aber auch Ungebildete gab, wahrscheinlich immer an diesem wahnsinnigen Gedanken festhielt, wenn der Günther nur will, wenn wir ihn überzeugen könnten, dann könnte der doch für uns die Filme machen.

Ist Ihnen schon in den 60er Jahren dieses Spiel »Macht gegen Kunst« bewusst geworden? Haben Sie das damals so analysiert?

Vielleicht ist das Wort Widerstand zu hoch gegriffen, aber mein fester Wille war, anders als verlangt zu arbeiten. Meine sehr frühe Erkenntnis, die ich auch gern zu Papier gebe und immer wieder behaupte, lautet: Die DEFA hat sich vollkommen aus der Ufa entwickelt. Und sie ist die Ufa nie richtig losgeworden, in der Form der Filme, in der Art der Filme, in ihrer Ästhetik. Und ich wollte in jedem Falle, und wusste am Anfang ungefähr schon wie, aber nur ungefähr, solche Art Ufa-Filme nicht machen kann und nicht machen will. Und »Lots Weib« war ja auch sofort ein Außenseiter. Und so ging das bei mir weiter bis zu dem Verbotsfilm.

Sie waren nicht nur inhaltlich ein Rebell, sondern auch in der Form.

Ja. Ich habe immer eine große Lüge gepflegt. Ich habe behauptet, dass mich Form nicht interessiert. Es ist aber genau umgekehrt gewesen. Es hat mich absolut interessiert, wie was gemacht wird.

Sie waren der DEFA zu modern. Zum Beispiel wissen wir das vom ehemaligen Chef des Aufbau-Verlags Walter Janka, der, nach seiner Haft in Bautzen, wo ihn die Stasi eingesperrt hatte, als Dramaturg bei Ihrem viel gerühmten DEFA-Film »Lotte in Weimar« arbeitete.

Ja, aber Walter war nicht dagegen, wie ich den Film machte. Ich habe noch gut im Ohr, wie er mit so einem Lächeln zu mir sagte: »Mach mal, es wird schon wieder schief gehen.« Ich bin ja vor der Verfilmung von »Lotte in Weimar« mit Walter Janka zu den Manns nach Zürich in die Schweiz gefahren. Und ich habe mit Katia Mann lange, lange zusammen gesessen. Sitzen dürfen! Einmal wurden wir von ihr zum Mittagessen eingeladen. Ich kannte Katia Mann bislang nur vom Sehen, war aber ein großer Thomas-Mann-Fan. Und allein schon dort bei den Manns zwei Tage sein zu dürfen, hat mein Leben geändert. Da gibt es eine schöne Episode, die ist an sich nicht wichtig, aber lassen Sie mich die erzählen. Ich war nie sonderlich modisch oder elegant angezogen. Jedenfalls sagte Katia Mann – es lief damals gerade die Premiere des Filmes »Tod in Venedig« –: »Egon, Sie müssen einen Anzug anziehen, wir nehmen Sie mit zur Premiere.« Ich sagte: Ich habe aber keinen. Darauf sie: »Dann probieren Sie doch mal einen von Golo.« Und ich sagte: Der ist zwei Meter groß. Das war grotesk. Ich hatte dann doch meinen Anzug an. Aber die Szene war rührend. Und wissen Sie: Diese Begegnungen mit den Manns sind in meinem Gedächtnis gespeichert. Die werde ich nie vergessen, die bleiben lebendig und haben mir in vielen Fällen, die ich jetzt nicht aufzählen will, geholfen. Das war für mich eine Riesenbegegnung und eine Riesenbelehrung.

Abschied von wahrer Bürgerlichkeit vermittelt Thomas Mann in fast allen seinen Werken, Bürgerlichkeit eine Kultur, die zu Grunde geht. Sehen Sie das auch so?

Dieses Bürgertum, das Thomas Mann so wunderbar beschreibt und vertritt, hat eine ungeheure kulturelle und edle Seite.

Sie haben zahlreiche Preise für Ihre Arbeit bekommen, u. a. den Nationalpreis der DDR, den bundesdeutschen Filmpreis in Gold für Ihr Lebenswerk.

Ja, die Goldene Lola.

Sie haben über 20, auch international geachtete, Erfolgsfilme gedreht. Kann man sich da mit 82 zur Ruhe setzen und sagen: Jetzt will ich keinen weiteren Film mehr drehen?

Hinsetzen geht für mich gar nicht. Das liegt nicht in meiner Konstitution. Allerdings der Versuch, immer wieder etwas zu machen, wie alt man auch ist, stößt leider auf ziemlichen Widerspruch, weil eine andere, jüngere Generation andere Arten des sich Einmauerns kultiviert hat.

Hören Sie, wenn Sie neue Projekte bei den Institutionen der Filmförderung und der Geldvergabe vorschlagen, so was wie: Lasst doch endlich mal die Jungen ran?

Das sagen sie einem nicht so direkt, das mögen jedoch manche genau so denken. So verhalten sie sich aber auch schon zu Jüngeren, zu Kollegen im mittleren Alter, wenn sie deren Filme nicht haben wollen. Damit muss man rechnen.

Seit 1977/78 sind Sie ja im Westen gewesen, haben Sie da gelernt, sich zu vermarkten?

Ich habe das nie gekonnt oder gemacht. Es ist aber gar kein Lob daraus abzuleiten. Ich musste es, Gott sei Dank, nicht. Ich kam zur Bavaria. Andere Kollegen sagten mir, du musst deine eigene Firma gründen. Du wirst dich noch mal wundern, wenn du die Bavaria nicht mehr hinter dir hast.

Sie haben noch so eine heitere Mecklenburger Liebesgeschichte im Kasten, wenn wir das mal verraten dürfen.

Ja richtig, die liegt bei mir seit zwei Jahren. Jetzt wurde ich endlich benachrichtigt, dass sich ein Lektorat darum kümmert, eine Nachricht also mit positivem Ausgang. Und jetzt wird die Einreichung richtig laufen. Ob es aber definitiv klappt, weiß ich noch nicht. Ich warte ab. Es kann genauso gut auch nicht klappen, weil da immer wieder neue Gremien kommen, die andere Ziele haben. Das ist alles verdammt schwierig. Filmen ist immer schwierig gewesen, mittlerweile aber läuft es ganz kompliziert.

Sie haben vor einigen Jahren bekanntlich ein großes Projekt zu Nietzsche vorbereitet. Warum ist daraus nichts geworden?

Ja, seit zehn Jahren schon. Es traut sich keiner, da anzubeißen. Das darf einen nicht kränken. Ich mache nur mal darauf aufmerksam: Wer hat Nietzsche denn wirklich gelesen? Und wenn ich mir dummerweise erlaubt habe, ein Drehbuch über diesen Mann zu schreiben, wissen doch die Meisten gar nicht, ob das so stimmt oder bloß Phantasie vom Autor ist. Da werden sich manche deswegen einfach nicht an meine Nietzsche-Szenen ran trauen, die ich geschrieben habe.

Aber wer hat denn andererseits den ganzen Goethe gelesen? So intensiv wie Sie als gestandener Goethe-Regisseur doch wohl die wenigsten?

Jedenfalls wird es bei Nietzsche so sein, dass man sich in den Gremien fragt: Wie sollen wir denn das überhaupt beurteilen?

Nietzsche gehört nicht nur zur deutschen, sondern zur europäischen Geistesgeschichte. Mit einem guten Film über ihn könnte man aus deutscher Kultursicht sogar international Aufmerksamkeit und Respekt bekommen, vermutlich auch von den Amerikanern.

Jedenfalls ist das ein Drehbuch, das ich für sehr gut halte, das darf ich wohl so sagen. Es wird nur eben nicht gemacht. Zu teuer, zu riskant, heißt es.

Sind Sie darüber verzweifelt? Sie sagten mal, dass Sie rund sechs Arbeitsjahre in dieses Nietzsche-Drehbuch investiert haben.

Nein, Zweifeln – das hat gar keinen Sinn. Und verzweifelt sein auch nicht. Sonst darf man nicht Filme machen wollen. Ich finde, wir haben mit der DDR den Zuspruch verloren, wir haben keinen Hintergrund mehr. Und es werden immer weniger, die jetzt noch aus der DDR stammen und gute Filme gemacht haben. Es ist fast niemand übrig geblieben, der den Übergang von Ost zu West geschafft hat. Oder?

Konnte man in der DDR als, wie es immer so hieß, »Kulturschaffender« bei den entsprechenden Kultur-Behörden der SED leichter argumentieren? Konnte man sie möglicherweise irgendwie rumkriegen mit ihrer eigenen Argumentation, sie vielleicht bei ihren proklammierten Idealen packen, indem man ihnen sagte, dass sie die selbst missachten, wenn sie Arbeiten verbieten? Hat man bei den Geldgebern heute weniger Chancen zu tricksen?

Nein. Ich sage nur, das ist heute eine vollkommen andere Welt, das darf man nicht vergessen. Und eine andere ethische, ästhetische ...

Anders gefragt: Finden Sie es schwieriger, mit den Geldgebern, der so genannten Filmförderung etc. zu arbeiten, als mit den Polithierarchen der SED?

Nein, ich finde es nicht schwieriger. Sie geben einfach kein Geld für so was wie Nietzsche aus.

Und da beißt man immer auf Granit?

So weit ich weiß, ja. Wissen Sie, wenn man ein Drehbuch schreibt und es irgendwo abgibt, dann wird man ja über mögliche Widersprüche, die gegen dieses Buch aufgestellt werden, nicht informiert. Es wird nur nicht gemacht. Fertig.

Konnten Sie früher in der DDR, wie effektiv oder sinnlos auch immer, wenigstens für Ihre Filme kämpfen?

Für mich ist da kein Vergleich möglich. Ich mache ihn nicht.

Eine Rezensentin schrieb über Sie: Egon Günther zeichne aus, dass er ein Frauenregisseur sei. Die »Junge Frau von 1914« nach Arnold Zweig, die »Lotte in Weimar«, die Goethe-»Braut« Vulpius, die Liebe suchende Hauptfigur in »Der Dritte«, Gottfried Kellers »Ursula«, die »Else« – man könnte getrost noch andere beeindruckende Frauengestalten Ihrer Filme hinzufügen. Alles starke, manchmal auch tragische Figuren, die um Würde und Emanzipation kämpfen.

Das ist nicht Absicht!

Nicht Absicht, gut, aber es zieht sich doch wie ein roter Faden durch Ihre Arbeit, das Geschichten-Erzählen über Frauen, die eine gewisse Unabhängigkeit im Denken und Sein repräsentieren und es damit schwer haben.

Ja, klar. Aber ich bin weder ein Frauenfreund, noch Frauenfeind. Gar nichts von beidem. Das hat sich in meinen Filmen halt so ergeben (lacht). Auch bei strengster Selbstkontrolle könnte ich jedoch keinen Grund dafür finden. Ich habe meine Mutter nicht mehr gemocht als andere ihre Mutter auch mögen oder so. Ich finde da keinen Ansatz. Das klingt so nach Programm meiner Filme, das hab ich aber nicht.

Aber um Frauenemanzipation im nicht vordergründigen, sondern vitalsten Sinne ging es auch in Ihrem hoch gelobten und bis heute gezeigten Film »Der Dritte«. Wie sehen Sie das Leben von Frauen heute?

Entschuldigen Sie bitte, ich weiß darauf nicht zu antworten. Viele meiner Filme waren Aufträge, da kam die Dramaturgie auf mich zu.

Wir beziehen unsere Frage auch nicht nur auf die Filme, sondern auf tatsächliche gesellschaftliche Entwicklung und Veränderung, schließlich sind Sie in dritter Ehe wieder Familienvater und leben mit Tochter und junger Frau in Ihrem Haus in Groß Glienicke.

Meine Filme haben zwar mit dem realen, aber nicht zwangsläufig mit meinem eigenen Leben zu tun, sondern sie sind für mich zuerst eine Art ästhetische Veranstaltung, ein Suchen nach Dramatik, da steckt kein Plan dahinter.

Noch mal zum »Dritten« – wir haben den Film aus Begeisterung schon mehrfach gesehen.

Er hat auch in den USA reüssiert vor einem Jahr. Die amerikanische Chefin von irgendeinem Frauenverband, einem wichtigen, hatte durchgesetzt, dass die große Filmschau von DDR-Filmen mit dem »Dritten« eröffnet wird – in New York, im MoMA. Ich war leider nicht dabei, mich haben sie nicht mitgenommen aus irgendeinem Grund. Aber Jutta Hoffmann war dort und kam natürlich glücklich zurück und berichtete euphorisch: »Die Frauen dort hättest du nach unserem Film sehen müssen!«

Mit diesem Film wurde ein bestimmtes Lebensgefühl getroffen. Und ausgerechnet diese Frauen, die viel Herz hatten, aber auch kess und provozierend waren, hinreißend dargestellt von Jutta Hoffmann und Barbara Dittus, so haben wir gelesen, gefielen dem DFD (Demokratischem Frauenbund der DDR) nicht. Warum?

Vor allem aber war Klaus Gysi dagegen, der Vater von Gregor, damals DDR-Kulturminister. Der meinte, die kleine lesbische Andeutung, die da im Film zu sehen war, das ist eine Schweinerei. Was hätte so was in der DDR zu suchen! Die Szene war ursprünglich viel länger, aber ich hatte da die Auflage, zu kürzen. Also die Legende besagt, auf dem Schreibtisch von Gysi lag ein Zettel mit der Anweisung: Das wird rausgeschnitten. Aber dann ging der Kulturminister in Urlaub, und irgendjemand hatte den bewussten Zettel gefunden. Daraufhin habe ich gesagt: So einen Zettel kann jeder geschrieben haben. Ich habe dann wie gesagt doch kürzen müssen, aber ich wollte das auf keinen Fall ganz rausnehmen.

Aber 1971 haben Sie für den »Dritten« dann den Nationalpreis bekommen.

Ja, die Leute waren ja auch gespalten. Man hat das ZK der SED fälschlicherweise immer als großen einheitlichen Block gesehen. Erstens kannte ich keinen persönlich von diesen Leuten und Genossen, ich hatte auch nicht das Bedürfnis danach. Aber es gab dort Gruppen. Und irgendwo hatte ich eben einen sitzen oder zwei, die gesagt haben: Also jetzt mal Schluss, Günthers Film kommt. Ich habe einmal einen Brief von Kurt Hager (Mitglied des SED-Politbüros, verantwortlich für Kultur) bekommen, den habe ich mir aufgehoben. Nachdem »der Dritte« schon so gut wie wieder raus war aus dem Programm, verboten, weg und eingestampft werden sollte, hat Hager einen Brief an Honecker geschrieben, in dem explizit drinsteht: »Schluss jetzt mit der Debatte, dieser Film wird aufgeführt!« Von Hager persönlich unterschrieben. Ich mochte den irgendwie. Der war gescheit, und er war ästhetisch gebildet. Er konnte auch Drehbücher lesen. Und er hatte eine hervorragende Sekretärin, Erika Hinkel, die heute mit dem Günter Kunert liiert ist, das gebe ich mal so weiter. Das geht mich ja nichts an (lacht), doch mein Freund Günter Kunert wird damit ja nicht beleidigt. Ich wollte sagen, diese Erika Hinkel war Hagers Sekretärin, und sie gab mir die wenigen Male, die ich in diesem Büro war, mir immer einen menschlichen Zugang. Man konnte sagen: Na, Erika, sag du doch mal was dazu, was meinst du denn? Wir waren ja auch raffiniert.

Vor dem »Dritten« lag Ihr Film »Abschied«, nach einem autobiografischen Roman des früher expressionistischen Dichters und später ersten Kulturministers der DDR Johannes R. Becher. Wir haben die denkwürdige Premiere 1968 miterlebt, zu der Sie, mit Ihren damaligen Schauspieler-Entdeckungen, der jungen Heidemarie Wenzel und Jan Spitzer, kamen. Der Film beginnt mit einem preußischen Militärmarsch, nach dem junge Deutsche aufmarschieren, und schon diese Musik und Szene gehen dem Zuschauer unter die Haut.

Das stand nicht einmal so im Drehbuch, das kommt noch hinzu.

272

Und da gibt es die erst später bekannt gewordene, unglaubliche Episode, dass bei dieser Film-Premiere das Ehepaar Ulbricht bereits nach einer Viertelstunde demonstrativ den Saal verlassen hat.

Nicht nur die Ulbrichts, ihr ganzer Rattenschwanz von Gefolgsleuten marschierte gleich mit aus dem Kino heraus. Lotte Ulbricht soll zu Lilly, Bechers Frau, empört gesagt haben: »So war unser Hans nicht!« Es geht ja im Film um Johannes R. Becher, den späteren Kulturminister der DDR, wie Sie ganz richtig erinnern.

Wie hat denn die Becher-Witwe auf den Film reagiert?

Die hat mich geliebt. Bei Gott, das ist die Wahrheit, das hat sie gesagt. Und auch das Mutmachende: »Egon, lassen Sie sich ja nicht unterkriegen!« Sie sprach absolut für den Film.

Lilly Becher hat es sehr bedauert, dass man ihren Mann so auf den Sockel gestellt hat. »Ein Mensch gehört da nicht hin, aber seine Genossen wollen das nicht verstehen,« sagte sie, als wir sie Ende der 60er Jahre als Chefredakteurin der Illustrierten »Freie Welt« in Berlin interviewten. Ein tragisches Missverständnis zwischen Ruhm und Authentizität, der Umgang der SED-Hierarchie damit war borniert und engstirnig.

Lilly war diejenige, die mir das Geheimnis ihres Mannes erzählte. Ob sie es Anderen auch erzählt hat, weiß ich nicht. »Wissen Sie, Egon«, fragte sie mich, »woran der Hans gestorben ist? An diesen Schüssen in seiner Brust! Er hatte in seiner Jugend eine Prostituierte erschossen, und danach versuchte er sich selbst zu töten. Der Schuss durch die Brust traf nicht sein Herz. Das wurde zwar ausgeheilt, aber daran ist er letzten Endes doch gestorben.«

Dass ein SED-Kulturminister und Kommunist als junger Mann Drogen genommen hat, Umgang mit einer Prostituierten hatte und expressionistische Lyrik schrieb, passte der SED nicht ins gängige Bild eines Funktionärs.
Aber zurück zum Film »Abschied«. Der hatte doch einen stark pazifistischen Gestus.

Ja, richtig. Das gerade hat aber die Polit-Leute ungeheuer geärgert. Ich habe das nicht schriftlich, sondern ich rede jetzt mal das nach, was mir zugetragen wurde. Es war doch damals die Zeit der großen DDR-Aufrüstung, wo schon 14- oder 16-jährige Jungen für die NVA geworben wurden. Wer sich als Abiturient oder nach der zehnten Klasse nicht für drei Armee-Jahre verpflichtete, der galt als Feigling. Das ging auch unserem Sohn so. In dieser militaristischen Aufrüstungsphase also haben wir diesen pazifistischen Film »Abschied« gedreht. Der war nicht nur pazifistisch, sondern er war auch in seiner Machart sehr modern, ganz expressionistisch. Wir haben eigentlich den Expressionismus eingebaut als Ausgangs-punkt. Das hat man mir stark verübelt.

Eine Woche nach der Premiere wurde der Film schon wieder aus den DDR-Kinos rausgenommen, dann aber wurde er wieder gezeigt.

Ja, aber ungefähr ein Jahr später. Und dann auch nicht in den großen öffentlichen Filmtheatern, sondern in so genannten Studiokinos. Aber der Witz ist, in dieser einen Woche hatten wir ja schon ein riesiges, phantastisches Einspielergebnis. Es gibt wunderschöne Geschichten, die sich darum ranken, dass z. B. ganze Abiturklassen rein gingen. Weil der Film auch am Vormittag lief, schwänzten Schüler die Schule, weil sie unbedingt diesen Film sehen wollten. Ich weiß von guten Bekannten, die mir damals sagten, dass sie zum vierten Mal in den Film gehen. Das dauerte eine Woche lang, und das war für mich ein herrliches Gefühl. Großartig. Wir wurden auf eine hochartifizielle Weise verboten. Das hat mich jedoch nicht getroffen.

Das war die Zeit, als im August 1968 die Sowjet-Armee mit Panzern in Dubceks Prag einmarschierte, der Kalte Krieg war auf seiner Spitze angelangt, das kam noch verschärfend hinzu.

Ich weiß gar nicht mehr genau, ob das historisch betrachtet so parallel ablief zwischen meinem Film und den Ereignissen in Prag. Es hatte natürlich etwas damit zu tun.

Dann gab es gut 20 Jahre später Ihren Film »Stein«. Der ist leider durch die Wendewirren so gut wie im Sande verlaufen, bekam nicht die Aufmerksamkeit, die er verdient hätte. Nach diesem dramatischen Herbst '89, den Schauspieler Rolf Ludwig in dieser tragischen Rolle zu sehen, das war wie eine Vorwegnahme des Scheiterns des Experiments Sozialismus.

Das ist absolut richtig, was Sie sagen.

Der Hauptdarsteller, ein alternder Berufsschauspieler, tritt im Film vor den Theatervorhang und sagt zum Publikum: »Ich kann nicht mehr weiterspielen, weil Panzer nach Prag rollen.« Dann zieht er sich in eine verwunschene Villa zurück, verliebt sich noch einmal in ein junges Mädchen, das auf der Flucht ist. Das Scheitern eines Experiments, festgemacht an der Größe, »nein« zu sagen, gegen alle Konvention. Und dann geht so ein Experiment wirklich zu Ende, es hat keine Chance. An diesem Schauspieler wird im Film deutlich, dass es keine absolute Trennung zwischen Politischem und Privaten geben kann.

Ja, das ist in meinem Bewusstsein so gewesen. Es fielen damals in der DDR oder im gesamten Osten so gut wie alle Strukturen auseinander. Ich hatte für diesen Film gerade mal so eine Million Mark zur Verfügung, also eigentlich viel zu wenig. Der Film wurde in Babelsberg gedreht, mit dem buchstäblich allerletzten Geld der DEFA. Und dann war Progress, der DEFA-Verleihbetrieb auch gefallen. Es gab also in der Zeit niemanden, der den Film bewerben oder erfolgreich in die Kinos hätte bringen können.

Und im damaligen Westdeutschland hat sich auch niemand dafür interessiert?

Ach, wieso auch! Niemand nahm davon Notiz.

Rolf Ludwig ist kurz darauf gestorben. Ihre Schauspieler-Besetzung war neben der tiefen Melancholie dieses stimmungsvollen Kammerstücks phantastisch.

Ja, das war wirklich von großer Melancholie getragen. Rolf war sehr still und nie so gut wie in diesem Film, glaube ich. Er hat es nicht gesagt, aber ich vermute, dass auch von ihm Erfahrungen und Gedanken dazu kamen. Sonst kann man das nicht so überzeugend darstellen.

Ihr Fernseh-Film »Ursula« nach Gottfried Keller brachte aber in Ihrer DDR-Zeit 1978 für Sie das Fass endgültig zum Überlaufen. Auf Weisung der Medien-Chefs der SED wurde er totgeschwiegen, da er sowohl inhaltlich, als auch formal mit seiner metaphorischen Bildsprache gegen DDR-Konventionen und -Kunstauffassungen verstieß. Hatten Sie da endgültig die Nase voll von der permanenten Bevormundung und Behinderung durch die offizielle Kulturbürokratie der SED?

Ja. So ist es. Die »Ursula« war als Film ein Schock. Aber der Witz war, ich hatte Gottfried Keller verfilmt. Und was Keller andeutete, das habe ich filmisch ausgeführt. Ich habe eigentlich Keller pur wiedergegeben.

Dann sind Sie um diese Zeit aus dem Verband der DDR-Filmschaffenden ausgetreten, dessen Präsidium Sie angehörten?

Der Chef des Verbandes, André Thorndike, hat meinen Austritt gelesen und hat zu mir gesagt: »Ich gebe das einfach nicht weiter.« Er hat das wohl auch nicht weiter gegeben.

Trotzdem sind Sie rausgegangen?

Ja.

Doch in der Schweiz war man auch nicht entzückt von Ihrem Film?

Ja, wie die SED-Medien-Leute ihre ideologischen Fehler machten, so wurde das für bestimmte Schweizer zu einem Schweizer religiösen Problem. Der Ausstrahlungstermin für »Ursula« war ein religiöser Feiertag, an dem man halt in diesem Land das Gefühl hatte, jetzt wird unser großer Zwingli geehrt. Und da waren Viele völlig überrascht, dass das kein Jubelfilm für Zwingli und die Religion war. Ein religiöser Feiertag, und dann kommt da im Film so eine Schweinerei vor, dass Ursula dem Verwundeten hilft, indem sie auf seine Wunde uriniert, damit die besser heilt. Ein archaisches Heilverfahren. Man hat mir diese Respektlosigkeit nicht verziehen.

Aber 1978, vor ihrer Ausreise mit demDoppelpass in die BRD, lag noch der Film oder Ihr opus magnum »Die Schlüssel«. Die Geschichte eines jungen Paares, das nach Polen reist, dort wird die junge, von Jutta Hoffmann gespielte Heldin bei einem Autounfall überfahren und stirbt. Das war für die Kulturfunktionäre auch wieder so was Avantgardistisches, denn Sie haben im Film Dokfilm-Passagen mit freien Dialogen gemischt, was als Regie-Methode heute allerorten gelobt wird.

Von diesem Film hat sich die polnische Polithierarchie gestört gefühlt.

Und so gab es also laufend Reibereien mit irgendwelchen nervenden Behörden und Regierungsinstitutionen?

Ja klar, aber das passiert eben einem Filmregisseur, wenn er nicht nur reine Unterhaltung will. Natürlich ahnte ich, dass die Polen aufschreien würden, konkret die Politbürokratie, nicht die Menschen in Polen. Was, da kommt ein Besucher aus der DDR und stirbt hier? Das haben die Mächtigen als einen persönlichen Angriff empfunden. Aber die Zuschauer, die den Film damals gesehen haben, eben nicht. Auch der Polnische Filmverband hat das nicht verklemmt gesehen. Mich hatte der Polnische Filmverband eingeladen und so bin ich mit dem Zug nach Warschau gefahren. Alle namhaften polnischen Filmkollegen, bis auf Wajda, der gerade irgendwo verreist war, meinten, weil die Polit-Kommissare dort meinen Film niedermachen wollten, der Film sei gut. Ein polnischer Kollege sagte zu mir wörtlich: »Diesen Film hat der Meister gemacht, und Sie, Herr Günther, müssen sich deshalb gar nicht beunruhigen.« Ich sagte: Nein, ich bin jetzt auch gar nicht unglücklich oder beunruhigt.

Die Reibereien hatten dann aber ein Maß angenommen, dass Sie das einfach nicht mehr länger hinnehmen wollten. Hans Dieter Mäde, der damalige DEFA-Generaldirektor, wollte dann den Wind aus den Segeln nehmen und empfahl Ihnen: »Mach doch jetzt erst mal eine Feuchtwanger-Literaturverfilmung, ›Die Jüdin von Toledo‹ oder ›Narrenweisheit‹.« Doch Sie wollten unbedingt Gegenwartsstoffe machen.

Richtig.

Aber Mäde wusste, dass Sie mit Literatur im Film gut umgehen können. Hatte seine Chef-Geste Ihnen gegenüber neben dem Gängelnden nicht gleichzeitig etwas Schützendes? Zumal Sie später in der Bundesrepublik dann doch auf Feuchtwanger zurückkamen.

Aber mit einem ganz anderen Thema als dem Mäde-Vorschlag. Das war das Antifaschistischste, was Feuchtwanger jemals geschrieben hat, sein Roman »Exil«. Das hat mich ungeheuer gereizt. Das wurde mir schon angetragen, als ich noch in der DDR arbeitete. Und ich weiß noch, dass Mäde mir später sagte: »Na ja, ›Exil‹ hätten wir doch auch gemacht.« Da musste ich ihm aber sagen: Nein, ihr habt es eben nicht gemacht. Das Eine hat mit dem Anderen nichts zu tun. Dieser Feuchtwanger-Stoff hat mich damals wahnsinnig fasziniert, außerdem war ich in eine junge Frau verliebt, und ich wollte in die Schweiz zu diesem Mädchen, zu dieser Frau – das war die Hauptdarstellerin in »Ursula«. Ich habe ihre Familie kennen gelernt, und die hat mich aufgenommen wie einen Sohn. Sie war Schweizerin. Ich hatte sie an der Züricher Schauspielschule entdeckt, als ich nach der Darstellerin für Kellers »Ursula« suchte.

Das durften Sie also?

Ja. Mir war klar, dass dieses Schweizer Mädchen in Kellers Novelle, mit einer echten Schweizerin besetzt werden muss.

Als Sie 1978 in den Westen kamen, hatten Sie da den Bonus als ein begabter Regisseur, der von der DDR die Nase voll hat? Denn Sie bekamen mit »Exil« sofort eine Fernseh-Serie mit sage und schreibe sieben Teilen.

Ja, das gibt es heute gar nicht mehr.

Waren Sie da glücklich, gleich so gut angekommen zu sein?

Das kann ich nicht genau sagen. Jedenfalls habe ich an meinen Filmen gearbeitet. Und ich habe eine Wohnung bezogen, ich war ja dort richtig gemeldet.

War Ihre Heimat eher die Arbeit, kann man das so sagen?

Nein, so weit würde ich nicht gehen. Das Filme-Machen ist eine wunderbare Beschäftigung. Doch nicht auf Leben und Tod.

Sie haben sich nie mit billigen Unterhaltungsfilmen abgegeben. Sie haben immer nur gemacht, was Sie wollten.

Das war das Eine. Und das Andere: Ich hatte nie politische Ambitionen.

Aber mit dem Film über den namibischen Freiheitshelden »Morenga« haben Sie deutsche Kolonialpolitik aufs Korn genommen. Oder »Die Schlüssel«, das war auch alles Andere als ein unpolitischer Film. Denken wir bloß mal an das Kreidekreuz auf dem Eisenbahn-Waggon als Schlussbild, eine ergreifende Szene, Auschwitz mit ins heutige Bild nehmend.

Nein, auch das war immer nur meine Neigung, starke Filme zu drehen. Ich wollte weder die Welt verändern, noch wollte ich den Kommunisten was antun.

Aber den Leuten, die meinen Sohn in der DDR verhaftet haben, denen hätte ich allerdings gern was angetan.

Was war passiert? Warum wurde er verhaftet?

Weil er mein Sohn war, nehme ich an. Sein »Verbrechen« war, und das ist wirklich die Wahrheit, er war 16 Jahre oder 17 schon, und er hat zur Zeit Dubceks in der Aula seiner Schule, weil er ein bisschen für Kultur verantwortlich war, das Gedicht von Brecht »Am Grunde der Moldau, da wandern die Steine« vorgetragen. Und das haben diese Barbaren, das ist in den Gerichts-Protokollen nachzulesen, als »konterrevolutionären Aufruhr« bewertet. Dafür hat er drei Jahre gekriegt.

Er musste ins Gefängnis? Wohin?

Anderthalb Jahre saß er in Bautzen. Da war ich noch hier, und bin dann sogar zum Drehen in den Westen gefahren und bin zurückgekommen. Ich weiß, dass ich Kurt Hager in einem Brief schrieb: Ich muss jetzt nach München fahren. Sollten Sie die Frage haben, ob ich zurückkomme, beantworte ich sie nicht, denn dass ich zurückkomme, ist überhaupt gar keine Frage.

Und was macht Ihr Sohn jetzt?

Er macht Kunstbücher, und es geht ihm finanziell nicht sonderlich gut. Er ist jedenfalls hier geblieben. Er ist daran nicht zerbrochen, sondern, Gott sei Dank, quicklebendig, er hat aber hier natürlich keine große Laufbahn machen können – er durfte ja auch nicht studieren. Es folgte damals eine Repressalie nach der anderen. Er hatte das Abitur mit Eins gemacht, in der Abendschule wohlgemerkt, als er wieder aus dem Knast raus war. Und er hätte dann wohl studieren können, wenn er vorher drei Jahre zur Armee gegangen wäre.
Vielleicht hatte ich in dieser schweren Zeit irgendwo in der Hierarchie einen sitzen, keine Ahnung, wie das war und wer das war, dass ich dann trotz des Konfliktes der Staatsmacht mit meinem Sohn rüber fahren konnte und im Westen drehen durfte. So ähnlich funktionierte das vielleicht nur bei vier DDR-Künstlern: Bei Jurek Becker oder Manfred Krug z. B., die auch das so genannte Privileg hatten, mit einem Doppelpass aus der DDR raus zu dürfen mit Wiedereinreise-Gelegenheit. Aber so ein Doppelpass war ein offenes Geheimnis, das war nicht offiziell. Ich hatte ja außerdem auch einen Münchner Pass, einen westdeutschen.

Sie haben dort viel als Fernsehregisseur agiert, haben wie gesagt Feuchtwangers »Exil« mit sieben Folgen gedreht, dann den Dreiteiler »Morenga« nach Uwe Timms Roman und 1989 »Rosamunde«, eine Geschichte aus dem Berlin der 30er Jahre. Hat es Sie gestört, dass Sie im Westen zunächst nur für das Fernsehen gearbeitet haben?

Nein, da war für mich kein großer Unterschied zum Kino-Film, der war jedenfalls nicht so deutlich ausgeprägt. Der war in der DDR viel beträchtlicher. Das habe ich spät begriffen.

Waren Sie traurig, dass Ihnen Konrad Wolf den »Goya«, ebenfalls einen Feuchtwanger-Roman, weggeschnappt hat?

Aber nein.

Halten Sie den für einen guten Film?

Ich war früher mit Konny Wolf viel unterwegs. Und ich weiß noch genau, da lief gerade sein Goya-Film, wie er mich da am Arm genommen und zu mir gesagt hat: »*Du* sollst den bitte nicht sehen!« Und wie er mich dann hinter die Bühne zog ...

Sie haben viel literarische Stoffe verfilmt. Reinhold Lenz und insgesamt sechs Mal Goethe.

Ja, ich würde es gerne noch mal machen. Noch mal mit der Vulpius, und noch tiefer gehend.

Würde Sie auch Goethes Geschichte oder Episode mit der jungen Ulrike von Levetzow interessieren, ähnlich wie das Martin Walser in seinem Roman verarbeitet hat?

Das hatten wir auch immer mal im Visier, aber ich habe das nicht forciert. Diese Geschichte, finde ich, geht eigentlich niemanden was an, überhaupt nicht. Das mit der blutjungen Levetzow, die unverheiratet blieb.

Aber einen Künstler geht alles Menschliche was an!

Ja, es ging aber nur wirklich Goethe was an, wie er mit ihr zurechtkommen wollte! Doch darüber einen Film zu machen und sich praktisch auf die Seite der Kritiker dieser Geschichte zu begeben, das hätte ich nie im Leben gemacht. Da ist mir diese Affäre viel zu geheimnisvoll. Ich habe den Walser-Roman absichtlich nicht gelesen. Und ich bleibe dabei: Goethes Liaison mit Ulrike von Levetzow geht partout niemanden was an. Das geht auch die späte Nachwelt nichts an.

Dann geht die Vulpius auch niemanden was an?

Doch! Diese Geschichte und Verbindung liegt schon im Bereich des Begreifbaren. Levetzow und Goethe aber, ich wiederhole mich, geht keinen Menschen was an, wirklich nicht. Das ist tabu. Das ist geschehen als biografisches Ereignis, und dabei soll es auch bleiben. Das ist ein Riesengeheimnis. Das hat nach meinem Geschmack tabu zu sein, wie Goethe da erotisch getickt hat, auch weil er so alt war, und was ihn bei Ulrike so bewegt hat.

Ihr erster Goethe-Film war »Lotte in Weimar«?

Nein, ich machte zunächst so was Ähnliches wie einen Dokumentarfilm mit dem Titel »Weimar, du wunderbare«, ein wunderschöner Film, wie ich heute noch finde.

Dann die »Lotte« und die Gespräche zwischen Goethe und dem Kanzler Hofrat von Müller.

Ja, von Letzterem besitze ich leider keine Kopie mehr. Die wird es hoffentlich in irgendeinem Archiv noch geben, wenn ich bloß wüsste, wo.

Dann kamen »Die Leiden des jungen Werther« und danach »Die Braut« über Christiane Vulpius.

Das sind alles Nachwirkungen, vermutlich noch von meinem Studium in Leipzig, namentlich von dem großen, großen Ereignis »Geist der Goethezeit« von Professor Hermann August Korff. Das war der Urgermanist, *der* Goethe-Experte überhaupt. Er hat diese dreibändige Ausgabe »Geist der Goethezeit« erarbeitet. Und das musste man als Germanistikstudent unbedingt gelesen haben. Korff war für mich der exzellenteste Goethe-Kenner. Und diese drei – Bloch, Mayer und Korff – waren einfach großartig, obwohl jeder für sich ganz unterschiedlich war. Ich war im Hauptseminar bei Bloch, das heißt, wir waren zu zwölft dort, also war er ganz nahe. Ich habe die Nähe von Bloch regelrecht genossen. Wir jungen deutschen Studenten – merkwürdiger Begriff – wussten, was die Nazis den Juden angetan hatten, und wir spürten genau, wie Bloch eben nicht darüber redete, aber in seiner Anwesenheit, ich weiß nicht, woran das lag, schwang so ein Anklang davon mit. Man war immer auf der Hut, dass man plötzlich was erfuhr, was man am besten nicht weitergab. Mayer war ich nicht so nahe, Bloch war mir sehr nahe, seine Frau auch. Sie saß in fast all seinen Vorlesungen mit dabei. Im Saal der Alten Handelsschule in Leipzig ging, bevor Bloch rein kam, die Tür auf, und dann kam diese hochgetakelte Lady rein und hat sich in die erste Reihe gesetzt. Ihr Platz wurde auch immer frei gehalten (lacht). Bloch war groß, Mayer war lustig, er war auf andere Art großartig. Ich kann mich an eine Szene erinnern, da brach der ganze Hörsaal vor Gelächter fast durch den Boden, weil Mayer ungeheuer genau artikulierte, jeden Buchstaben. Jedenfalls wollte er sagen, und Sie kennen alle auch diese Formulierung, die ja nicht gerade tiefsinnig ist: Wenn du zum Weibe gehst, vergiss die Peitsche nicht! Das hat er aber dann artikuliert: Wenn du zum Weibe gehst, vergiss die Peitzsche nicht.
Und dann eine zweite Episode mit Mayer. Es war gerade irgendein Feiertag. Jedenfalls wollte die FDJ in der DDR und eben auch in der Uni irgendwie ein frohes Faschingsleben einführen. Da haben sich dann diese Ober-FDJler auf einmal alle Papp-Nasen aufgesetzt. Ich dachte, mein Gott, was soll das denn jetzt werden? Und da kam Mayer zu unserer Vorlesung rein, er ging wie immer sofort

nach vorn ans Pult und fing an zu reden. Einer von den robusten FDJlern rannte mit seiner Pappnase nach vorn, drängte Mayer zur Seite und sagte: »Liebe Narren und Närrinnen!« Worauf Mayer den einfach von sich wegschob und aus dem Stegreif 20 Minuten lang eine Rede hielt, warum so was nicht geht, warum man das nicht macht und was für ein Scheißdreck das ist. Diese Rede habe ich nie vergessen, sie wurde leider nicht aufgezeichnet. Ich will damit nur sagen, dass solche Geister es verdienten, dass man sie Professoren nannte. Die hatten einfach Format und eine Wucht an Ausstrahlung.

Hans Mayer hat sich ja kurz nach der Wende mit seiner ehemaligen Studentin Christa Wolf in der Staatsoper Berlin getroffen und hat dort eine öffentliche Vorlesung gegeben. Er sagte dort unter anderem: »Literatur ist in Sprache transformiertes unglückliches Bewusstsein.«

Ja, ich kannte das. Das ist wunderbar. Man kann dem auch widersprechen, aber es ist großartig formuliert. Denn das Gegenteil ist genauso wahr. Die Dialektik spukt da sofort in mir. Es ist eine wunderschöne Übertreibung.

Noch mal zurück zu »Lenz« und zu Ihren zahlreichen Literaturverfilmungen. Sind Sie darüber traurig oder nehmen Sie das gelassen hin, dass sich das öffentlich-rechtliche Fernsehen mittlerweile solcher Stoffe nicht mehr sehr oft oder gern annimmt?

Das ist nicht mein Thema. Mir fällt nur auf, ob man das richtig verteilt in der Wertung. Also, ob ich nicht auch solche Filme gemacht hätte, weil es da nichts Besseres gab, ich meine keine besseren Stoffe über die Gegenwart. Vielleicht waren es nur Umwege, um mich selber zu schützen. Ob man damit sogar Zeit vertan hat? Ach nein, ich will nicht hadern. Aber ich denke manchmal darüber nach. Ich glaube, dass man selber nicht so genau über das, was man gemacht hat, reflektieren kann. Es fällt mir jetzt auf, weil Sie das so aufzählen, diese vielen essayistischen Goethe-Filme.

Es ist doch ein sowohl von Kollegen, als auch von Kritikern und Zuschauern empfundenes Phänomen, wie Sie die Schauspielerin Jutta Hoffmann als Regisseur geführt haben oder eben auch nicht geführt haben. Was Sie aus ihr immer wieder rausgeholt haben in jedem weiteren Film. Wie kam das zustande?

Das ist ganz geheim. Das weiß ich selber nicht. Wirklich nicht.

Nach der »Braut« wurde gesagt: Regisseur Dietl hat Veronika Ferres entdeckt, aber Regisseur Günther hat sie vorgezeigt.

Sogar DEFA-Leute haben mir das als Lob gesagt, die extra in den Film rein gingen, um zu sehen, wie ich mich da vielleicht vertue. Veronica Ferres, eine sehr liebenswürdige Frau und Schauspielerin, ist sich oft der Gefahr nicht bewusst, in der sie zuweilen lebt. Sie hatte mir von vornherein ausgemacht: »Es wäre am besten, du sprichst mir meinen Text vor, und ich spreche ihn nach.« Und das haben wir eine ganze Zeit lang auch so gehalten. Das war lustig und produktiv. Das dürfte man eigentlich gar nicht publik machen, aber das ist in meinen Augen eine unglaublich subtile Art von Bescheidenheit, die hat mich sehr gerührt. Also, das lief alles sehr gut. Die Schauspieler waren insgesamt freundlich und hatten die Vorstellung, dass ich über Goethe viel mehr weiß als sie. Zum Beispiel diese Szene am Tisch, wo Goethe Christiane einen Heiratsantrag macht, das war eine von den vielen Szenen, die nicht im Drehbuch standen, sondern ich saß da im Atelier und sagte: Oh Leute, wir müssen sofort eine neue Szene drehen, ich habe die schnell zu Papier gebracht. Und die beiden Hauptdarsteller meinten: »Ja, hervorragend, aber bitte nicht heute.« Die Ferres, zu jeder Schandtat bereit, sagte: »Egon, morgen, hm?« Und dann haben wir uns doch an den Tisch gesetzt, und es ergab sich wieder so ein Dreiecksspiel, bei dem wir den Dialog erarbeitet haben. Jeder sagte seins, und ich auch, und dann habe ich mich irgendwann ausgeklinkt.

Wir waren kürzlich bei Andreas Dresen, der so was auch probiert.

Na ja, der kennt ja auch meine Filme, und er schätzt sie auch. Und ich schätze ihn auch und seine Filme. So ist das.

Bringen die Schauspieler aus der DDR was Anderes auf die Bühne oder an den Set mit, andere Erfahrungen und einen anderen Schauspiel-Stil vielleicht? Eine andere Schule?

Keine Ahnung. Ich kann das Westliche erfahrungsgemäß nicht so sehr brauchen – das ist aber etwas, was ich aber nicht so genau weiß.

Sie besetzen meist Schauspieler, die Sie schon kennen.

Ja, das bedeutet aber auch, nach großem Versuch sie vorher kennen zu lernen. Frisch kommen bei mir nur ganz wenige rein. Aber Veronika Ferres passte rein in meinen Film. Sie suchte da auch selbst eine Aufgabe.

Haben Sie »Die Unberührbare« mit Hannelore Elsner über das tragische Schicksal der Schriftstellerin Gisela Elsner gesehen?

Ich finde die und manche Filme mit ihr und auch andere Schauspieler aus dem Westen hervorragend. Aber ihr Spiel ist nicht meins. Das sind keine Geheimnisse, aber doch ganz schwierige Fragen. Ich habe mich mit diesen Unterschieden nicht groß beschäftigen müssen. Ich schätze viele Kollegen aus der Schauspieler-Branche sehr. Aber ob nun Angela Winkler oder Jenny Gröllmann, ich hätte sie nie besetzt. Und ich habe sie nicht besetzt. Ganz einfach.

Reiten Sie eigentlich noch?

Ja. Ich habe zwar keine eigenen Pferde mehr, aber ich reite noch aus. Ich kenne mich mit Pferden ziemlich gut aus.

Über Pferde und Reiten haben Sie ja 1981 auch ein Buch geschrieben, die »Reit-schule« – eine autobiografische und bewegende Geschichte über die behinderte Tochter, die sich nirgends so wohl fühlt wie auf dem Pferd.

Ja, manchmal kommen Kinder besser mit Tieren aus als mit Menschen.

In einem anderen Prosatext mit dem Titel »Piraten« lieferten Sie 1981 eine kunst-voll montierte Studie über den Rügener Seemann und Helden der Armen, Klaus Störtebeker und die Likedeeler. Die Geschichte Störtebekers hatte ja dereinst der DDR-Schriftsteller Kuba geschickt vermarktet mit einem alljährlichen Theater-spektakel in Ralswiek auf Rügen. Und seit der Wende hat sich das Open-Air-Sommertheater zum regelrechten Touristen-Event und -Magneten gemausert. Ihr Buch hat allerdings einen viel größeren Ansatz als einfache Unterhaltung. Es geht um das Scheitern von Brüderschaft. Ihr Roman endet melancholisch: »Nie wuchsen stolzere und eigensüchtigere Männer heran, wissbegierigere Kinder, schönere Frauen im Lauf der Dinge, und nie war Gott so weit!«

Ja, meine Piraten sind gescheitert.

Und findet der Autor das Scheitern seiner Piraten nur tragisch oder auch logisch?

Nein, das ist okay, wie ich es da geschrieben habe. Ich würde als Letzter dafür taugen, das zu deuten, was von mir geschrieben steht.

Ich brauche kein Amt, nur immer neuen Mut

Interview mit dem Publizisten und Pfarrer
Friedrich Schorlemmer im Juni 2009

Herr Schorlemmer, in den 20 Jahren nach 1989 haben Sie sich als Pfarrer und Publizist weiterhin öffentlich, sprachgewaltig und mutig in den politischen Alltag eingemischt. Sie bekommen viel Anerkennung und Wertschätzung dafür. So wurden Sie z. B. auch mit dem renommierten Friedenspreis des Deutschen Buchhandels in der Frankfurter Paulskirche geehrt, mit dem auch die US-Amerikanerin und Publizisten-Kollegin Susan Sonntag und der spanische Autor und ehemalige KZ-Häftling Jorge Semprun ausgezeichnet wurden. Könnte man Sie also als Wendegewinner bezeichnen?

Zunächst – jener Preis hat mich unglaublich ermutigt, doch nicht im Geringsten hochmütig gemacht. Der Begriff »Wende-Gewinner« ist nicht nach meinem Geschmack. Wenn Sie aber von ganz anderer öffentlicher Wertschätzung als vor 1989 sprechen, dann mag das zutreffen. Allerdings ist mir das nicht in den Schoß gefallen. Das ist wie bei den Sportlern, die dafür hart trainieren. Man muss Tag und Nacht das Seine tun. Um bei dem Wort Gewinner zu bleiben: Man gewinnt nur dann, wenn man dafür ackert, ernsthaft arbeitet und nicht meint, Gold regne vom Himmel herab. Das Wort »Gewinner« gefällt mir nicht. Denn das klingt so wie: Da ist einer, der hat gewonnen, und jetzt sitzt er auf dem Podest, lacht sich eins ins Fäustchen und sagt: Seht her, ihr Verlierer, ich bin ein Gewinner. Nein, so ist es nicht. Einmischung und Mutigsein für mehr Demokratie und Gerechtigkeit erfordert tägliche Mühe. Und es gibt keinerlei Garantie, ob sich deine Mühe lohnt. Ich gehöre gottlob zu denen, bei denen die Mühe wenigstens zum Teil auf fruchtbaren Boden fiel. Also hat sich die Mühe gelohnt, nein, das ist das falsche Wort: Meine Mühe hatte einen Sinn. Viele andere haben sich umsonst angestrengt, die sind einfach ins Nichts gefallen, haben alles in den Sand gesetzt oder sind nicht gehört worden. Wenn man Mut zur eigenen Meinung hat und die auch äußert, geht das nie glatt. Die Striemen, die ich mir dabei geholt habe, sind noch zu sehen. Wenn ich mir zum Beispiel ansehe, was jetzt in der seriösen Wo-

Friedrich Schorlemmer 2009 (li.) und 1987 (re.)

chenzeitung »Die Zeit« über meinen Auftritt beim jüngsten Kirchentag in Bremen geschrieben wurde, dann kann ich nur angewidert sagen: Solche Kotzbrüder, die so was Übles schreiben, würde ich doch gern mal in den Hintern treten. Sie fabrizierten scheinhumorige, im Grunde aber ekelhafte und respektlose Ansammlungen von Gemeinheiten, z. B. über meine Bibel-Arbeit dort. Ich würde jenen Autor gern fragen, ob ihm das Widerliche Freude macht. Vermutlich hat er keine einzige Zeile von mir gelesen, weiß so gut wie nichts über mich. So was Ähnliches habe ich übrigens schon mit einer Buchbesprechung in der »Süddeutschen Zeitung« erlebt, auch in der »Berliner Zeitung«. Das ist ein smarter Zeitgeist-Journalismus, der sich über die Gegen-den-Stachel-Löckenden und über beharrlich Demokratie einklagende Menschen hermacht und sich am Nieder- und Verächtlichmachen genüsslich weidet. Freilich gibt es daneben zum Glück seriösen Journalismus. Wenn ich z. B. Beiträge von Gunter Hofmann, Heribert Prantl oder Hans-Dieter Schütt lese, dann bleibt mir ein Glauben an guten Journalismus doch noch erhalten. Wenn allerdings der Chef von »Aspekte« im ZDF über den Osten plump herzieht, kann ich nur registrieren: Der hasst uns einfach.

Sie kommentieren das zum Glück noch mit einem stolzen Lachen. Man könnte undifferenzierten und immer noch im Kalten Krieg verhafteten Journalismus, wie Sie ihn schildern, psychologisch als Neid deuten. Aber man kann es auch politisch deuten: Was Sie als Demokrat und Christ laut und deutlich sagen, gefällt diesen Autoren oder Medienverantwortlichen einfach nicht, und da sie nicht zur Sache diskutieren wollen, gehen sie eben Umwege mit den Mitteln zynischer Verleumdung oder peinlicher Ironie.

Es ist wohl Beides. Einerseits können sie nicht oder nur schwer ertragen, dass aus dem Osten so brilliante Publizisten kommen wie z. B. Christoph Dieckmann, Daniela Dahn, Evelyn Finger oder Friedrich Dieckmann. Sie werden einfach nicht so wahrgenommen, wie es ihre klugen Essays wert wären. Das ist das Eine: Ihr aus dem Osten, wer seid ihr eigentlich? Und das kriegt auch so ein bedeutender Schriftsteller wie Christoph Hein immer wieder auf üble Weise ab. Man denke an die brutale Häme, mit der damals sein Interesse für den Intendanz-Posten am Deutschen Theater quittiert wurde. Dabei hat er als Dramatiker so aufrüttelnd kritische Bühnenstücke wie »Die Ritter der Tafelrunde« trotz Widerstand der SED-Kulturfunktionäre zur Aufführung gebracht, – ist also alles andere als ein Greenhorn. Auf der anderen Seite verdeckten die Personalisierung und Verleumdung auch die inhaltlichen Ansätze und Positionen, gegen die diese Schreiberlinge ganz und gar sind. Also zum Beispiel, wenn man – wie ich – in der DDR als Oppositioneller galt, aber sich heute nicht an dem blindwütigen und sinnlosen Geschrei gegen dieses verloschene Land beteiligt und es für eine falsche Fragestellung hält, ob es nun ein Unrechtsstaat, gar ein totaler Unrechtsstaat gewesen ist oder nicht und dann seine Meinung auch noch im jetzigen »Neuen Deutschland« veröffentlicht – und zwar von der Redaktion völlig unredigiert –, dann ist man für neue Betonköpfe suspekt. Hinzuzufügen ist noch, dass das »Neue Deutschland«, wenn es Artikel von mir druckt, jedes Mal einige Leser verliert. Das sind Menschen, die in ihrem festgefügten Denkgehäuse wie ein römischer Katholik leben. Der bleibt ja auch in seinem Schneckenhaus, egal wer gerade Papst ist. Ich will darauf hinweisen, dass diese Zeitung durchaus etwas riskiert, wenn ich mich dort von Zeit zu Zeit als Autor äußere. Auch das werfen mir gewisse engstirnige Leute vor: Wie kann Schorlemmer bloß im »Neuen Deutschland« publizieren?! Dann frage ich zurück: Kennt ihr die Leute dort in der Redaktion? Wisst ihr, wer Chef ist? Wie dort diskutiert wird, welche Qualität das Feuilleton hat?

Also, wogegen ich nach wie vor kämpfe, und das sehr bewusst seit 1975, weil ich da angefangen habe, das öffentlich zu sagen, ist die Verfertigung und Verfestigung von Feindbildern. Ausgehend von der großen Rede zum Friedenspreis des Deutschen Buchhandels von Max Frisch, der auch versucht hatte, Feindbildideologien zu hinterfragen. Das mache ich auch, immer wieder. Manche meiner damaligen Mitstreiter wollen da nicht mit mir gehen. Da sage ich immer: Die haben zu viel Kommunismus gefressen, sie beharren auf alten Feindbildern. Sie haben das gewissermaßen spiegelverkehrt in sich aufgenommen und konserviert. Wenn man lang genug mit einem Feind zu tun hatte, besteht die Gefahr, dass es abfärbt. Bei Martin Luther heißt es so schön: »Wer mit Dreck rammelt, gewinne oder verliere, so geht er doch immer beschissen davon.« Gegner hinterlassen in uns Spuren. Man muss den Feind auch innerlich loszuwerden versuchen.

Wir haben Ihre nachhaltige Rede in der Paulskirche 1993 noch mal gelesen. Sie forderten da u. a. energisch eine gerechtere Teilung von Arbeit und eine ernsthaftere Suche nach einem gerechten Frieden. Angesichts der Kriegs- und Konfliktzonen in der Welt, der hohen Arbeitslosigkeit und angesichts der akuten Finanz- und Kapitalismuskrise – kommen Sie sich da vor wie ein Rufer in der Wüste?

Diese Rede hat Bestand, glaube ich. Aber als Rufer in der Wüste ohne Hoffnung sehe ich mich nicht. Sonst könnte ich nicht weiter arbeiten und mich einmischen. Zu Viele resignieren, verbittern, verstummen, werden zynisch oder einfach nur bequem.

Sie klagen da auch den Respekt vor dem anderen Teil Deutschlands, dem Osten, ein und den Respekt, wie eben nochmal betont, auch vor anderer Meinung. Und Sie bekennen sich ohne Wenn und Aber zum Pazifismus. Macht Sie das nicht doch traurig, dass Ihre Kassandra-Warnungen und damaligen Analysen brisant bleiben? Das waren in dieser Paulskirche, die für Demokratietradition steht, neue Töne. Nehmen wir Afghanistan oder Bagdad, das Thema Krieg oder Frieden bleibt der Weltöffentlichkeit als große Herausforderung. Vielleicht ist sie das heute sogar noch deutlicher als vor eineinhalb Jahrzehnten. Auch wenn wir an die 35 am Hindukusch gefallenen deutschen Soldaten denken und vor allem an die vielen und immer wieder neuen, unschuldigen Toten in der Zivilbevölkerung Afghanistans, Iraks, und man könnte auch Nahost dazu nehmen. Der Pazifismus, an dem Sie festhalten und so Viele mit Ihnen auch, wurde durch die Realpolitik von Bush jun. und leider eben auch von der NATO und den Regierenden Ihrer Partei, der SPD, beiseite geschoben mit Sätzen wie: Wir müssen die Freiheit und Demokratie am Hindukusch verteidigen und die Al Kaida und andere Terroristen besiegen.

Ja schon, ich relativiere das aber. Relativieren im Sinne von »in die richtige Relation setzen«. Wenn ich mir vorstelle, wie es Menschen 1934 gegangen ist oder 1939 oder wie es den demokratiebewegten Studenten auf dem Platz des Himmlischen Friedens in Peking gegangen ist – ich habe heute Nacht bei »arte« gerade eine Dokumentar-Sendung dazu gesehen, solche Bilder sah ich nie zuvor, was für eine großartige friedliche Bewegung das war und wie schrecklich die jungen Chinesen dann zusammengeschossen wurden. In der Sendung wurden auch einige, die überlebt haben, zu ihrem Schicksal befragt. Das Wunderbare ist: Sie tragen überhaupt keinen Hass in sich. Sie haben aber auch noch nicht aufgegeben. Sondern sie haben sich etwas sehr Bewusstes und Fröhliches bewahrt, obwohl sie viel mehr durchgemacht haben als wir hier. In schwierigen

Situationen muss man sich immer, glaube ich, bewusst werden, dass Andere in noch viel schwierigeren Problemfeldern bestanden haben. Denken wir etwa an das großartige Geschwisterpaar Sophie und Hans Scholl, an den mutigen Dietrich Bonhoeffer, Georg Elser oder Willy Brandt, der 1946 nach Deutschland zurückkam und sich als Vaterlandsverräter beschimpfen lassen musste und dennoch voller Überzeugung und Courage die Ostpolitik begann, die zur langsamen Öffnung zweier feindlicher Blöcke führte.

Dann aber muss man auch selbst bei vergleichbar kleineren Problemen gewissermaßen Linie halten. Oder wie mein Lehrer Heino Falche im Seemannsdeutsch sagte: »Die Kielführung muss erkennbar bleiben.« Vier Beispiele: Wenn der Kirchentag im Jahre 2009 sagt: Wir haben auch keine Lösungen, die Welt ist unübersichtlich geworden usw., dann ist mir das zu wenig. Man muss sagen: Es ist ein Skandal, wenn in Deutschland Arbeitsplätze durch Rüstungsindustrie geschaffen werden und wir der drittgrößte Rüstungsexporteur der Welt sind. Das muss man laut und deutlich sagen. Auch wenn man die Gewerkschaften und alle, die in Rüstungsbetrieben arbeiten, gegen sich haben mag. Das muss man auch zum Kirchentag gerade in Bremen sagen, wo große Rüstungsbetriebe produzieren. Zweitens: Es kann nicht sein, dass wir angesichts der Weltwirtschaftskrise übersehen, dass die Welt vor einem gewaltigen Hungerproblem steht und sich die UNO entschlossen hat, als Milleniums-Ziel bis 2015 die Armut nicht abzuschaffen, sondern zu halbieren. Drittens zum Klima. Die Klimaturbulenzen und Katastrophen treffen uns inzwischen auch, viel verheerender aber noch die ärmsten Länder. Wir dürfen das nicht aus dem Blick verlieren, bloß weil die Finanzmärkte verrückt spielen. Nein korrekter, die spielen nicht verrückt, die sind es. Jetzt erst werden die Verrücktheit und Arroganz der nimmersatten Banken und die Verwerfungen auf den internationalen Finanzmärkten auf das Krasseste deutlich. Und viertens: Es muss die klare Stimme der Pazifisten, vor allem der in unseren Kirchen, erkennbar werden, dass Krieg für sich selber schon immer eine Niederlage für die Menschheit bedeutet. Das hat Johannes Paul II. gesagt. Und er hat im Januar 2003 ganz eindringliche Worte gesprochen, acht Wochen vor dem Beginn des Irakkrieges, den der Bush-Sohn so gern wollte und mit sage und schreibe 16 Kriegsbegründungslügen begann. Und mit diesem Lügen-Konstrukt hat er seinen Außenminister Colin Powell in die UNO vorgeschickt. Ich habe damals schon gewusst, dass mindestens acht seiner angeblichen Argumente gelogen sind. Das konnte man als normaler Zeitungsleser wissen. Dass aber 15 Gründe gelogen waren, außer der einen offenkundigen Tatsache, dass Saddam Hussein ein schrecklicher Diktator war, da kann ich nur sagen, dann müsste man eigentlich einen Weltkrieg führen, denn ich könnte auf Anhieb mindestens zehn andere große Diktatoren aufzählen, deren Länder freilich meist kein Öl besitzen. Es kann doch nicht die Strategie im Kampf gegen den weltweiten Terrorismus sein, dass man aus amerikanischen Bomben- und Aufklärungsflugzeugen kleine gelbe Päckchen überm Land abwirft und die afghanischen Kinder hingehen, das Zeug explodiert in ihren Händen und sie sind tot. Durch eine solche Strategie produzieren wir die so genannten Kollateralschäden – das ist auch so ein schreckliches Wort! Und seit dem anderen Krieg, den die Rot-Grüne-Regierung noch mit zu verantworten hat, dem Kosovo-Krieg, haben wir sehr einseitig Partei ergriffen: Die Serben sind schuldig, Kosovaren waren Opfer und die UÇK? Das muss jeder einzelne Pazifist kennen und benennen. Da dürfen wir nicht resignieren, sondern müssen weiter insistieren, dass Frieden auf anderem Weg hergestellt werden kann und muss.

Ich bin Theologe und stehe in der Bewegung derer, die sich im Namen des Nazareners zusammentun, der nicht die Faust ballt, sondern die Hand ausstreckt, der Friedfertigsein und Friedenstiften in einem Wort selig preist.

Die Zivilen Friedensdienste (ZFD) müssen ausgebaut werden, Krisenintervention gestärkt, Ombudsmänner eingesetzt werden ...

Rührt Ihr Pazifismus aus dem christlichen Glauben, oder hat er auch im dialektischen Wechselspiel zwischen dem biblischen Auftrag und Ihrer gelebten Zeitgenossenschaft damit zu tun, dass Sie Aufrüstung, Militarisierung und Krieg zutiefst verabscheuen.

Mein Pazifismus hat mit dem Atompazifismus im Nuklearzeitalter begonnen. Seit der Kuba-Krise im Oktober 1962 wussten wir, dass der Weltuntergang ganz nah, »minuten-nah« gewesen ist.

Das andere entscheidende Moment bleibt für mich, dass wir Deutschen zwei verbrecherische und verheerende Weltkriege angezettelt haben. Deshalb habe ich 1962 den Wehrdienst verweigert; ich wollte ein Zeichen setzen, wollte für eine Zivilleistung bereit sein.

Das Gebot »Du sollst nicht töten!« knüpft an urchristliche Quellen. Die Christen hatten den gewaltlosen Friedefürsten auf ihr Panier geschrieben, der sagte: »Wer zum Schwert greift, wird durch das Schwert umkommen.« Und das sogar in einer Situation, als es um sein eigenes Leben ging. Er wollte die Kette von Gewalt und Gegengewalt durchbrechen, so wie der Schriftsteller Aitmatow in seinem großen Roman »Die Richtstatt« auch vermittelt hat.

Wir haben doch in der Geschichte ganz wunderbare Vorbilder. Ich nenne stellvertretend für viele andere Pazifisten bloß mal drei Namen: Gandhi, Martin Luther King und Nelson Mandela.

Ist es nicht erstaunlich, dass Menschen, die früher unter politischer Unterdrückung gelitten haben, weil sie konsequent für Demokratie und Gesinnungsfreiheit eingetreten sind, ganz gleich ob Christen, Kommunisten, Sozialdemokraten, Künstler, Dissidenten usw., im Dialog über praktische Politik, meist nicht aggressiv, rachsüchtig oder intolerant reagieren?

Ja, Mandela zum Beispiel. Oder Árpád Göncz, der ehemalige Präsident in Ungarn, von dem man leider kaum noch was hört. Jetzt gibt es in Budapest wieder so eine kleinbürgerliche, antisemitische, antikommunistische, nationalistische Regierung. Ihre Politiker sind stur und verhärtet gegen alles Linke. Das ist wirklich ein vollkommen anderer Typus von Politikern als die, die tatsächlich und mit eigenen Opfern für ihre Überzeugung eingestanden sind, wie eben Árpád Göncz. Er hat unter der kommunistischen Diktatur acht Jahre gesessen, und seine Frau hat in der Zeit fünf Kinder großgezogen und ernährt. Ich habe ihn 1986 kennen gelernt, weil ich Freunde hatte, die wiederum mit dessen Tochter befreundet waren. Und diese Tochter war nach der Wende kurzzeitig, zwei Jahre etwa, als ehemalige Psychiaterin Außenministerin von Ungarn. Das ist doch ein schönes Gefühl, wenn unsere Gastgeberin von 1986 plötzlich Außenministerin ist. Sie hat eine tolle Arbeit gemacht. Sie hatte eine hohe Integrität und Kompetenz. Leider haben die einstigen Bürgerbewegungen in Osteuropa, wenn wir das Jahr 2009 nehmen, ihren Einfluss auf die Politik fast völlig verloren. Einer, der noch bis vor kurzem dabei war, ist Graf Schwarzenberg in Tschechien. Er musste ja damals ins Ausland flüchten, nach 1968. Er gehörte mit zu den Charta-77-Aktivisten. Fast nirgendwo können sie ihre politisch prägende Kraft noch in die praktische Regierungs- oder Parlamentspolitik einbringen.

Worin sehen Sie die Gründe dafür?

Die sind sicher vielfältig. Wenn man 40 Jahre bestimmte Dinge unterdrückt hat, kommen die dann hoch wie schwärende Wunden. Manches Politische, was da ist, ist gewissermaßen in der Diktatur geeitert. Also, ich habe das schon im Juni 1989, als noch keiner wusste, was dann im Herbst passieren wird, geahnt. Da war ich mit meiner Tochter in Warschau. Wir hatten da Kontakt zur dortigen Opposition. Und ich war ziemlich erstaunt und irritiert, wie tief antirussisch und wie tief antisemitisch deren Denken war. Was unterdrückt wird in einer Gesellschaft, nicht bearbeitet wird, das kommt später oft mit fatalen Konsequenzen ans Tageslicht. Außerdem besteht die Gesellschaft in einer Diktatur nachweislich zum großen Teil aus Mitmachern. Manche Leute waren aus verständlichen, nachvollziehbaren Gründen Mitläufer, wenn sie sagten: Na gut, ich bin Sozialist, ich bin für die Völkerverständigung und die Gleichberechtigung der Frau, für Antirassismus und Antifaschismus und überhaupt für den Frieden in der Welt. Mit solchen Parolen wurden viele Menschen im Osten eingenebelt. Noch im Frühjahr 1989 sind in der DDR über 90 Prozent zur Wahl gegangen, haben ihren Wahlzettel gefaltet und ihn brav in die Urne gesteckt. Und diese Leute geben auch nicht so gerne zu, dass es durchaus andere Zeitgenossen gab, die was riskiert haben, die die Wahl beim Wort nahmen und deren Leben dadurch im Lande dennoch nicht unmöglich gemacht wurde. Man behauptet immer, man könne eh nichts machen, weil alles so schlimm sei. Und jetzt werfen sie mir noch vor, dass ich nicht in Bautzen gesessen habe. Nein, das wollte ich möglichst vermeiden. Denn ich wusste, dort macht man mich kaputt, und dann schickt man mich in den Westen. Ich habe versucht, außerhalb von Bautzen mit Freimut und freiem Wort zu leben. Wenn die DDR nur bestanden hätte aus solchen Leuten wie Herrn Tillich, Herrn Althaus und Frau Merkel, die drei nur mal als Beispiele, wenn also alle am 9. November '89 irgendwie das Gefühl gehabt hätten, heute Abend geschieht noch etwas, doch du gehst mal, weil ja Donnerstag ist, in die Sauna, was wäre da geworden? Noch weiter viel angepasste Unterwürfigkeit, wenig aufrechter Gang. Ich kann mir keinen einzigen meiner Freunde und Mitstreiter, die ich gut kenne, ob nun in Dresden oder Leipzig, in Wittenberg oder in Stendal, vorstellen, die in jenen Wochen auch nur im Entferntesten daran gedacht hätten, an irgendeinem der Abende in der friedlichen Oktober-Revolution in die Sauna zu gehen. Frau Merkel hat das aber ganz ungeniert zu Protokoll gegeben. Sie ist mit ihrer Freundin in die Sauna gegangen. Sie hat zu ihr gesagt, sie hätte so im Gefühl, dass heute noch was passiert. Ein Sauna-Gefühl. Da werde ich regelrecht wütend. Vor allem, wenn Frau Merkel es ohne Widerspruch und mit Genugtuung hinnimmt, dass Bush jun., ihr besonderer Freund, ihr öffentlich bescheinigt, an ihr könne man sehen, wie in der Diktatur die Sehnsucht nach der Freiheit immer da war, wach geblieben ist und wie sie dafür gekämpft hat. Damit kann er nur die Freiheit von Leuten gemeint haben, die gewissermaßen ganz leise zu Hause »Die Gedanken sind frei« gesungen haben.

Frau Merkels schnelle Reise damals zu Präsident Bush, nachdem Schröder sein »Nein« zum Irakkrieg durchgesetzt hatte, war demonstrativ und anbiedernd.

Das wird heute in ihren Biografien oder den deutschen Medien gar nicht mehr in den Blick genommen. Jetzt tut sie so, als wenn sie ganz auf Seiten Obamas sei, dem neuen Hoffnungsträger. So billig sieht Machtpolitik manchmal aus. Mit Merkel als Kanzlerin wären wir seit 2003 im Irakkrieg gewesen ...
Aber das ist jetzt nicht mein Haupt-Punkt. Mein Fokus oder meine Frage ist: Wie bleibt eine Haltung, die man mit Zivilcourage bezeichnen kann, wie bleibt das, was in der Diktatur geübt worden ist, auch in der Demokratie wirksam, ohne dass sie sich zu einem Utopismus, zu Naivität oder zu Querulantentum verkehrt. Zivilcourage ist nicht dadurch gekennzeichnet, dass man sagt: Ich bin dagegen. Nein, man muss auch einen Blick für das Nötige wie für das jeweils Mögliche behalten. Und da muss man zugleich sehr darauf achten, dass nicht schon das jetzt Mögliche für das Nötige gehalten wird. Das wäre falsch. Man muss eher sagen: Das Nötige ist immer mehr als das, was möglich ist. Aber ich muss immer auch das Nötige im Blick behalten und herausfinden, wie man das jetzt Mögliche an das eigentlich Nötige näher heran schiebt, statt uns immer weiter davon zu entfernen. Was manche Pragmatismus nennen, ist doch eigentlich blanker Opportunismus. Das ist mir ganz wichtig, dass der Pragmatismus

nicht ein Feigenblatt vor dem Opportunismus ist. Was hat Rosa Luxemburg so wunderbar gesagt: »Die erste revolutionäre Tat ist, zu sagen, was ist!« Da würde ich allerdings sagen: Liebe Rosa Luxemburg, Sie haben schon völlig Recht, aber die erste Tat ist, zu sehen, was ist. Und dann auch zu sagen, was ist und danach zu überlegen, was man jetzt macht, wenn das, was ist, nicht das ist, was wir wollen. Die Voraussetzung ist ehrliche und mutige Analyse. Trotzdem hat sie Recht, wenn sie forderte zu sagen, was ist. Das hat sie »prophetisch« gesagt, gegen die neue politisch-ideologische Verblendung unter Lenin/Trotzki. Auch die alttestamentarischen Propheten sagen, dass man die Dinge beim Namen nennen muss. Das versuche ich als einer, der nicht in die praktische Politik gegangen ist, aber diejenigen achtet, die sich in der praktischen Politik mit vielen kleinen, auch zu kleinen Schritten abschinden. Man sieht das jetzt an Obama. Der möchte gern Guantánamo sofort auflösen. Ist das nicht ein Wahnsinn, wie er, nachdem die Foltersachen rausgekommen sind, aus Staatsräson Rücksicht nehmen muss auf die diversen Geheimdienste seiner Nation? Andernfalls wäre er morgen vielleicht tot. Die Geheimdienste müssen ihn schützen. Wenn man alles offenlegen würde, was die CIA seit 2001 gemacht hat und macht, gäbe es in Amerika eine Staatskrise, ja eine Demokratiekrise.

Sie waren kurz nach der Wende im Stadtparlament in Wittenberg aktiv und waren dort Fraktionschef der SPD. Sie wurden nach der Wende neben Christa Wolf und Kurt Masur für eine erneuerte, demokratisierte DDR als Präsidentschaftskandidat und später auch als möglicher Bundespräsident ins Gespräch gebracht. Es gibt große Vorbilder, dass Künstler und andere prominente Geistesgrößen politische Ämter bekleidet haben. Der chilenische Dichter Neruda oder sein sowjetischer Kollege Aitmatow waren auch Diplomaten, und der Prager Dichter und ehemalige Dissident Havel wurde Präsident seines Landes. Welche Gründe hatten Sie, nein zu sagen?

Dafür gibt es drei Gründe. Der erste: Man soll das machen, was man kann. Und ich glaube nicht, dass ich das gut gekonnt hätte. Dazu bin ich zum Beispiel zu spontan. Man muss in so einem Amt etwas sehr Gemessenes, etwas sehr Kontrolliertes haben. Ich bin ja mehrfach zu verschiedenen Dingen gefragt worden, was das Kultusministerium anbelangt und Ähnliches; ich will das jetzt nicht aufzählen, was man mir da alles angetragen hat. Mich hat das aber nicht beeindruckt, etwa so: Oh, die halten dich aber für was Tolles. Wenn man eine Aufgabe übernimmt, muss man erstmal für sich ganz klar Kasse machen: Was kannst du eigentlich und was willst du in deinem Leben. Was kannst du für Andere Gutes tun oder eben nicht. Das ist das Erste. Zweitens, ich würde keine Lust darin finden, in einem politischen Amt laufend zu gucken, wie ich Fäden ziehe, damit ich da auch bleibe, wo ich bin oder wie ich vielleicht in der politischen Hierarchie noch höher aufsteige. So funktioniert das in jeder Partei. Du musst sehen, wie du dir eine Hausmacht schaffst. Drittens, du musst, wenn du ein Amt hast, jeden deiner Schritte abwägen, denn da werden andere mit in Haftung gezogen für das, was du sagst. Wenn ich jetzt was sage und dafür kritisiert werde, dann betrifft es nur mich und nicht gleich noch eine ganze Partei oder eine Regierung. Außerdem, ich möchte gern Pfarrer bleiben, der hineinredet in die »res publica«, der ermutigt, der hilft zu justieren, der Menschen bestärkt und das Ohr bei den Mitmenschen behält und versucht, wenn es Not tut, ihr Mund zu sein. Und zwar nicht als ihr Vormund, sondern indem ich für sie etwas ausdrücke, was sie gern ausgedrückt hören möchten. Ich erlebe das häufig bei meinen Vorträgen, Lesungen oder Diskussionen, dass sich Leute bedanken und sagen: »Was Sie da heute gesagt haben, so denke und fühle ich auch.« Das heißt, es ist gar nicht besonders originell, was ich sage, sondern ich bringe zur Sprache, was Andere ähnlich empfinden. Ganz besonders deutlich war es mir im Februar 1993. Da habe ich im Dresdener Staatsschauspiel in der Reihe »Zur Sache Deutschland« geredet. Dort habe ich ein so waches und mitdenkendes Publikum vorgefunden, wie ich es nie zuvor hatte, das konnte ich am Beifall spüren. Ich wollte und will Pfarrer bleiben, der Bibel im Heute nachhören und ihre Tragkraft fürs Leben erproben. Der Hauptgrund aber war eine grundsätzliche Überlegung, die ich einem langjährigen Freund verdanke. Der sagte: »Friedrich, du brauchst für das, was du sagen willst, kein Amt.« Das war Ende Januar 1990, als es um die Frage ging, ob ich mich für die letzten Volkskammerwahlen aufstellen lasse. Mein Freund vermittelte mir: Wir müssen auch im östlichen Teil Deutschlands Menschen haben, die ohne Amt eine öffentliche Stimme sind. So wie im Westen, sagen wir, das Walter Jens und Heinrich Böll waren, wobei ich mir nicht anmaße, mich mit ihnen auf eine Stufe zu stellen, oder wie das für mich Horst Eberhard Richter ist. Persönlichkeiten, die einen geistig weiterbringen. Da hatten wir im Osten bis auf die Schriftsteller keine große Öffentlichkeit. Der Psychologe Dr. Hans-Joachim Maaz war so ein Multiplikator und eine Stimme der Demokratie. Andere, wie mein Freund Reinhard Höppner, ehemaliger Ministerpräsident von Sachsen-Anhalt, sind nach der Wende in die Politik gegangen. Wieder Andere sind ganz ausgestiegen. Manche sind auch in Depression versunken, weil sie beklagten, dass das, was wir mit dem demokratischen Aufbruch wollten, nicht geglückt sei. Kurzum, ich war als Pfarrer kein geparkter Politiker. Ich wollte mir nicht anmaßen zu glauben, ich könnte von Wittenberg aus Außenminister werden.

Ich gehöre allerdings nicht zu den generell Politikverdrossenen mit ihrer ewigen und oft undifferenzierten Politikerschelte. Ich habe in der Wendezeit gern die Jotamfabel aus dem Alten Testament weiter erzählt, in der die Bäume einen König suchen. Und als sie den Ölbaum dafür aussuchen, sagt der: »Ich will nicht König werden. Die Menschen brauchen mein Öl zum Leben und für die Schönheit. Da bitten die Bäume den Feigenbaum, Herrscher über sie zu werden. Doch der antwortet: Es muss doch Leute geben, die für das tägliche Brot und auch für das, was das Leben süß macht, sorgen. Auch der Weinstock will nicht König sein und sagt: Was sollen die Menschen ohne Wein, dann können sie ja nicht mehr fröhlich sein. Schließlich kommen die Bäume zum Dornbusch. Und der sagt ohne Umschweife: Ja gut, salbt mich zum König! Ich biete Euch Schatten, Schutz und Frieden unter meinen Stacheln. Doch dann droht er: Entweder ihr seid Freunde des Dornbuschs oder ihr seid Feinde. Die Feinde aber werden vernichtet werden.« Diese Geschichte nehme ich bis heute als große Warnung, aber auch als Ermutigung, politische Verantwortung für das Gemeinwohl aus bestem Wissen und Gewissen – auf Zeit! – zu übernehmen.

Sie selbst brauchen ja auch eine politische Verortung, die Sie in der SPD gefunden haben. Die SPD hat allerdings an Profil, an Anhängern, an ihren sozialdemokratischen Prinzipien verloren. Der heutige Außenminister heißt z.B. den Afghanistan-Krieg gut, nennt ihn bloß nicht so. Und da erstaunt dann doch, dass Sie als freier Mensch und unabhängiger Publizist diese Verortung in einer Partei mit Zwängen, Argumenten, Wahlkampflobbyismus usw. brauchen.

Was heißt hier »brauchen«? Wenn ich austreten würde, wo sollte ich denn hin? Das frage ich mich genauso wie mein Freund, der Berliner Akademiepräsident Klaus Staeck. Wo sollen wir denn hin? Wenn man austritt, verliert man auch noch diesen kleinen Bereich an Einfluss, den man da doch ausüben kann. Wenn ich mich an die wunderbare Veranstaltung erinnere, die Klaus Staeck organisiert hat, als es um das Jubiläum »10 Jahre Kulturstaatssekretär« ging. Im Jüdischen Museum war das. Das war eine so vorzüglich vorbereitete Veranstaltung, eine Begegnung von Kultur und Politik, im übrigen mit einer sehr guten Rede von Frank-Walter Steinmeier, was den freien Teil seiner Rede betraf, und einem sehr schönen und vitalen Gespräch auch mit Günter Grass und den drei Kulturstaatssekretären, die die SPD gehabt hatte. So was gibt es ja auch. Und ich muss sagen, diese Partei besitzt immer noch eine Kultur des Streits, die von Schröder leider ein bisschen unterbrochen wurde. Für mich gilt: Ich bin als Sozialdemokrat auch Mitglied der SPD und das zusammen mit Menschen, die voraus denken, wie Erhard Eppler zum Beispiel oder Ottmar Schreiner. Und ich streite dort zusammen mit aus anderer Richtung kommenden SPD-Genossen. Ich bin Vorsitzender des Willy-Brandt-Kreises, da ist Egon Bahr unser Spiritus Rector. Dort führen wir auch das Gespräch mit glaubwürdigen demokratischen Linken, die in der »Linken« organisiert sind, ohne ein Amt zu haben. Wir versuchen, ein Scharnier zwischen Linken und Sozialdemokraten zu sein, ohne Verwischungen oder faule Kompromisse zuzulassen. Also, ich habe jeden Tag damit Probleme, in der Partei zu sein, aber ich habe auch jeden Tag damit Probleme, in der Kirche zu sein. Und andere haben damit Probleme, dass ich in der Kirche bin und dass ich in der Partei bin. Demokratische Kultur heißt doch, dass wir einander nicht ausschließen, sondern die Diskussion suchen und Unterschiede gelten lassen. Mehr Schwierigkeiten habe ich mit ein paar Leuten, die aus der sogenannten SDP der DDR vom Herbst '89 kommen und sich selber für die Sachwalter des wahren sozialdemokratischen, antitotalitären Konsenses halten, von denen ich den Eindruck habe, dass sie in der DDR-Zeit nicht genug gekämpft haben, so dass sie jetzt, nachdem der Gegner weg ist, noch mal mit ihm kämpfen müssen. Beim Nachtreten habe ich keine Lustgefühle.

Sie haben in Ihren legendären Gesprächsforen an der Evangelischen Akademie Wittenberg eine Art politische Ökumene praktiziert. Sie haben z. B. das ehemalige SED-Politbüro-Mitglied Werner Eberlein und Bischof Werner Krusche an einen Tisch gesetzt, haben sowohl ungarische und polnische Dissidenten als auch etablierte SED-Funktionäre wie den Politologen und Friedensforscher Dieter Klein oder André Brie eingeladen, und haben nicht zuletzt viele prominente DDR-Künstler von Stefan Heym, Christa Wolf und Christoph Hein bis zum Filmregisseur Kurt Maetzig zu Wort kommen lassen.
Halten Sie es für richtig, dass sich die SPD von vornherein strikt abgegrenzt hat von der SED und sich heute genauso strikt abgrenzt von der »Linken«?

Das Streitpapier von 1987 war ein erster Dialogversuch, ohne Verwischungen, aber in gemeinsamer Verantwortung angesichts der Welt-Bedrohungen. Was die »Linke« gegenwärtig außenpolitisch vertritt, ist nicht kompatibel mit Realpolitik. Aus Bündnisverpflichtungen rauszugehen, halte ich für nicht vertretbar. Wiewohl ich wie andere Sozialdemokraten z. B. ein Ausstiegsszenario aus Afghanistan fordere. Zweitens, man muss verstehen, dass die SPD-Führung angesichts des Verhaltens von Oskar Lafontaine 1999, seiner Art, sich einfach aus Regierung und Parteivorsitz zu verabschieden, wenig Chancen sieht, sich einander zu nähern. Lafontaine sieht sich als Napoleon der »Linken«, er hat eine völlig andere Art als z. B. Lothar Bisky. Mit Bisky bin ich gut befreundet.

Lafontaine ist aber nur eine Person, wenngleich ein führender Kopf, jetzt bei der »Linken«.

Ja, aber diese Person ist prägend.

Revanchiert er sich nicht auch für erlittene Demütigung durch seine einstigen Weggefährten und Genossen – wie auch immer?

Ja, natürlich. Aber andere haben auch schon Verletzungen erfahren und reagieren nicht so. Er ist bei Vielem, was er richtig sagt, in meinen Augen auch ein totalitärer Denker. Das bedeutet, nur was er denkt, ist richtig, und die anderen haben keine Ahnung, weder von gutem Rotwein, noch von der Politik. Und der dritte Grund ist: Es gibt etliche Menschen, auch in der SPD des Ostens, die viele Wundschmerzen mit sich herumtragen über das, was die SED war. Wenn man das mal auf der Ebene von Wittenberg sieht, so habe ich relativ wenig Schwierigkeiten zu akzeptieren, dass der ehemalige Erste Sekretär der SED-Bezirksleitung jetzt nach wie vor an erster Stelle steht und eine Weile lang seit 1990 etwas zu laut war. Aber ich habe meinen Freunden in der SPD immer gesagt: Ihr könnt nicht ewig bei der Vergangenheit bleiben, hört euch seine jetzigen Argumente kritisch an und schaut, ob er im Zusammenhang mit den demokratischen Regularien, die wir jetzt haben, agiert. Ich habe für die Rosa-Luxemburg-Stiftung im Dezember, also 60 Jahre nach der Verkündigung der Allgemeinen Erklärung der Menschenrechte, in Brüssel zur Eröffnung des Rosa-Luxemburg-Büros eine Rede über die Menschenrechte und die »Linke« gehalten. Da habe ich klar entwickelt, dass die SED die Menschenrechte tatsächlich nicht nur verletzt hat, sondern zur Allgemeinen Erklärung der Menschenrechte immer große Distanz hatte. Zugleich wurde der Deklarationstext von 1948 in der DDR veröffentlicht und war für uns immer eine Berufungsinstanz. Die Verbindung von sozialen und freiheitlichen Menschenrechten ist uns Sozialdemokraten in besonderer Weise aufgetragen, und dabei muss man, finde ich, mit demokratischen Linken zusammenarbeiten. Wir haben zum Beispiel im Wahlkreis Bitterfeld einen sehr befähigten, jungen Bundestagsabgeordneten der »Linken«, der aus Hannover stammt. Ja, wenn wir nicht mit solchen Leuten kooperieren, sind wir, mit Verlaub, bescheuert. Das ist ein derart sachbezogener, energischer, diskussionsfähiger und kompetenter Regionalpolitiker, dem man einfach die Hand reichen sollte. Diese Sachkooperation vor Ort ist nötig, so wie sie Reinhard Höppner auch auf der Landesebene von Magdeburg praktiziert hat. Damals bin ich mit der Fraktion der Linkspartei zu einer Diskussion zusammen gekommen und habe dort ein viel höheres Diskussionsniveau als bei der SPD erlebt. Die »Linken« sind inzwischen im üblichen Parteienhickhack angekommen. Bei den »Linken« gibt es einen so fähigen Kopf wie André Brie oder gab es bis zu ihrem Parteiaustritt Frau Kaufmann, die ganz klar pro-europäisch sind und die von Parteiführung und Gremien einfach zur Seite geschoben wurden. Rivalitäten und Ranküne, was man sonst im Shakespeare-Theater vermutet, gibt es heute wohl in jeder Partei. Und tragische Geschichten kennen wir auch, Stichwort Hessen-Wahl. Ich finde, Herr Clement ist ein Königsmörder erster Güte, und dann tritt er als ehemaliger Wirtschaftsminister der SPD auch noch mit so einem Pomp und Mediengetöse wie eine gekränkte Diva aus der Partei aus.

Manche prominenten SPD-Politiker disziplinieren sich vielleicht über die Maßen für ihre Partei, was ihnen in der Wählergunst nicht immer gut bekommt. Damit hat offenbar auch Matthias Platzeck in Brandenburg zu kämpfen, der sich bekanntlich nicht nur als engagierter »Deich-Kommissar« beim Oder-Hochwasser, sondern auch bei seiner ehrlichen Ämterabgabe als SPD-Chef viel Sympathie erworben hat.

Er muss als SPD-Ministerpräsident die Situation in seiner Partei und in seinem Land Brandenburg berücksichtigen. Mutig war in meiner Beobachtung Reinhard Höppner. Seine Regierungszeit ist sachlich gut gelaufen, und auch in Mecklenburg-Vorpommern hat man gute Koalitions-Politik gemacht, obwohl der Ministerpräsident dort gegenüber den »Linken« sehr, sehr distanziert war. Also, sachbezogene Kooperation kann auf kommunaler und auf Landesebene gut funktionieren. Man muss sie nur wollen, sachbezogen, nicht ideologisch.

Die leidige Affäre mit Ypsilanti ist zu einer Medienhatz ausgeartet – und am Schluss ein so schmählicher Verrat einen Tag vor der Entscheidung. Zu wenig konnten Beobachter und Beteiligte da hinter die psychologischen Kulissen blicken. Denn Frau Ypsilanti ist auch daran gescheitert, dass Herr Walther nachhaltig beleidigt war, weil er nicht den Partei-Vorsitz bekommen hatte. Frau Ypsilanti hätte in diesem Stress einen guten Psychologen gebraucht, denn beleidigte Männer und politische Konkurrenten ab einem bestimmten Alter sind schlimmer als zickige Frauen. Und wenn Sie sehen, wie die Presse draufgedroschen hat! Wie z. B. eine Nebenbemerkung von Beck hoch gekocht wurde und wie Herr Naumann, diese Hamburgische Geistes-Diva, beleidigt ein Fax abschickte und so tat, als hätte er die Wahl bloß verloren, weil Beck sich zu möglicher Zusammenarbeit mit den »Linken« geäußert hat. Naumanns dramatisiertes: »Du bist mir in den Rücken gefallen!« Ich habe in einer Wahlsendung im Fernsehen verfolgt, wie er drei Mal angesetzt hat, seinen eigenen, auswendig gelernten Text in die Kamera zu sprechen ... Peinlich, schmerzhaft, ja.

Ypsilanti ist in meinen Augen richtig geschlachtet worden und wird heute wie die allerletzte Genossin behandelt. Mir tut das leid für sie. Warum aber hat sie vor der Wahl bloß gesagt, dass sie mit den Linken keinesfalls eine Koalition aufmachen will. Sie hätte sagen können: Wir machen unseren Wahlkampf, Koch muss weg! Punkt. Mehr nicht. Dann hätte sie kein Problem gehabt. Aber drei oder vier Tage später umzuschwenken, nachdem die Gelben gesagt haben, mit uns nicht, das war unklug. Ein Duldungskonzept stand, Hermann Scheer hätte ökologisch Entscheidendes bewegt.

Wir kommen noch einmal auf den Oktober 1989 zurück. Das war eine kostbare Situation, eine kurze Zeit mit so viel Schwung, Energie und Hoffnung, das zum Leben zu bringen, was 1968 in Tschechien von russischen Panzern niedergewalzt wurde – einen Sozialismus mit menschlichem Antlitz. Waren die Hoffnungen vieler DDR-Bürger illusionär?

Das Faktische beeinflusst im Rückblick das Gedachte; wir sehen dann das Gedachte nur noch vom Faktischen her. Ich denke, es hätte auch anders ausgehen können. Negativ. Wenn zum Beispiel die SED gesagt hätte, das kriegen wir alleine mit unserer Polizei und Armee auch ohne russische Truppen in den Griff. Das Schicksal hat in jenem Oktober '89 am seidenen Faden gehangen. Es kamen viele

Umstände zusammen, dass es zu keinem Blutvergießen kam. Ein großes Glück und auch ein historisches Wunder. Dass die Russen die DDR freigegeben haben, das lag auch nicht innerhalb des politischen Kalküls, denn man dachte, der militärisch-industrielle und geheimdienstliche Komplex wird sich das keineswegs gefallen lassen. Klar war, wenn die DDR aus dem sowjetischen Block von Satelliten-Staaten ausbricht, ist der ganze Ostblock erledigt. Dass die KGB-Leute und Hardliner nicht Gorbatschow abgelöst, gestürzt oder erschossen haben, auch das gehört zu den großen Wundern. Als er im Mai 1990 bei der KPdSU-Parteikonferenz gegen den Rivalen Ligatschow auftrat, ergab sich noch mal eine ganz dramatische Situation. Wenn Gorbatschow, als er 1985 mit Perestroika und Glasnost antrat, auch ein tragfähiges und ehrliches ökonomisches Konzept gehabt hätte, wie er die Umgestaltung nicht nur im Denken, sondern auch in der Realpolitik, besonders in der Ökonomie anstößt, hätte es anders kommen können. Aber hatte er denn dafür überhaupt die Machtbasis im Politbüro, das Kommandosystem mit ideologischem Korsett geordnet zu überführen und nicht, wie Gaijdar das später gemacht hat, einen echten Raubtierkapitalismus zu etablieren, der Russland in eine tiefe sozialökonomische Krise stürzte? Es war doch jedem Laien klar, wie kaputt in diesem Riesenreich alles war, wie die Industrie auf Verschleiß gefahren war und es keine effektive Innovation, außer im Militärischen, gab. Es gab damals den Satz: Russland ist militärisch zwar eine Großmacht, ökonomisch aber ein Dritte-Welt-Land. Die Amerikaner waren nicht an einem lebensfähigen Russland als Großmacht interessiert, sie waren daran interessiert, dass diese Großmacht als Konkurrentin des Kalten Krieges endlich wegfällt.

Die Verbindung von sozialer Gerechtigkeit und bürgerlicher Freiheit in einer Weise zu praktizieren, dass beide Systeme, wie es im SED-SPD-Papier von 1987 hieß, sich gegenseitig für reformbedürftig und reformfähig halten, unter der Bedingung einer notwendigen gesellschaftlichen Kontrolle des Kapitals und der Staatsbetriebe im Osten – dieses Konzept wollten offenbar die Mächtigen auf beiden Seiten nicht.

Das, was wir jetzt 2009 mit dem freien Fall beim freien Weltmarkt erleben, ist viel gravierender als das, was 1989 passierte. Nämlich, dass wir gegenwärtig ökonomisch, militärisch und ökologisch in einer offenbar unsteuerbaren, unkalkulierbaren Welt leben. Wir wissen nicht, wo das endet. Wir wissen nur: Wir stecken in der Krise, wie ein Riesentanker in voller Fahrt, der lange Zeit braucht, bevor er ein anderes Ziel ansteuern kann.

Man könnte sagen, dass das Potenzial, auch das geistige Potenzial dieser Riesenpartei von Gorbatschow einfach überschätzt wurde. Er hat die Langsamkeit, die Zähigkeit, die Beharrungskraft eines 70 Jahre herrschenden verknöcherten Apparates unterschätzt und dachte, mit Hilfe solcher Intellektuellen wie Aitmatow und anderen klugen Persönlichkeiten, die im Außenministerium, an Akademien, in den Universitäten saßen, die sich aus der Wissenschaft, den Künsten und der Literatur rekrutierten, könne man das Ruder herumreißen. Er hoffte, das geistige Potenzial seiner Partei würde im Volk, wenn die Freiheit dazukäme, mehr Reputation besitzen. Seine Täuschung bestand darin – da hat ihn wahrscheinlich der Geheimdienst nicht richtig informiert, dass er nicht ahnen konnte, wenn die Schleusen der verkrusteten Gesellschaft durch Glasnost geöffnet werden, sagen die Leute endlich das, was sie wirklich denken, doch dann ist es vorbei mit dem Kommunismus Es gibt von Moskau bis nach Sibirien kaum eine Familie, bei der nicht irgendein Angehöriger im Gulag gelandet war. Wenn man Rybakow liest, weiß man, die Glaubwürdigkeit des Leninschen und Stalinschen Kommunismus hatte sich bis hin zu Breschnew erledigt. Aber dennoch ist es für mich nicht undenkbar gewesen, dass die Sowjetgesellschaft eine mobilisierende Kraft entwickelt hätte, die weder die Nachteile des Freien Marktes kopiert, noch die Nachteile einer autoritären, undemokratischen Gesellschaft weitergeführt hätte. Ein dritter Weg also. Mit einem Ordnungs- und einem Geistesrahmen, der den Menschen tatsächlich in den Mittelpunkt der Gesellschaft stellt. Ohne Ausbeutung und ohne Bevormundung. Wo die Friedenspflicht als Grundpfeiler der Politik gilt, wo die Würde des Menschen unantastbar ist und wo Arbeit und Bildung für Jeden als Teil der Menschenwürde betrachtet werden.

1990 gab es in der Fernsehreihe »Zur Person« ein Gespräch zwischen Ihnen und Günther Gaus. Gaus fragte: »Die Intellektuellen wollen Aufbruch und Demokratie, aber die meisten Menschen wollen Arbeit, wollen ihre Familie gut durchbringen, wollen gut leben und wollen eigentlich nicht weiter behelligt werden. Gibt es denn nicht ein Menschenrecht auf Anpassung?« Die Demokratie ist ein ideeller Wert, aber der einzelne Bürger will was Handfestes und Praktisches, ein eigenes Auto, Reisen in den Süden, anständigen Lohn für anständige Arbeit.

Das ist eine verdeckte Verachtung des Volkes. Gaus hatte zum Teil Recht. Für gefährlich halte ich es freilich, wenn diese Argumentation noch durch einen bestimmten Jargon unterfüttert wird, durch eine Vereinfachungs- und Verblödungsstrategie der Medien zum Beispiel. Ich meine, das Menschenrecht, sagen wir auf Bananen, wie es damals hieß, oder auf Waren mit Qualität, das ist doch völlig verständlich. Auch dass die Leute frei reisen und eine schöne Wohnung haben wollen, alles akzeptiert. Nur, zu sagen: So ist die Mehrheit der Bürger, alles andere sind Spinnereien moralistischer Intellektueller, halte ich für grundfalsch. Das Volk ist manipulierbar, auch verführbar und in Diktaturen versucht die Mehrheit unbehelligt zu überwintern und Viele machen opportunistisch mit. Ich argumentiere andersherum und sage: Im Volk steckt auch etwas Anderes, nämlich die Sehnsucht nach Demokratie und Menschenwürde, wenn man sie zu wecken weiß. Also, die friedliche Revolution des Herbstes 1989 (vom 9. Oktober bis zum 9. November) war nicht von der Banane bestimmt, sondern vom aufrechten Gang, von der Freiheit und Sehnsucht nach Demokratie. Das heißt, im Volk ist auch etwas wach und abrufbar, was man oft nicht ahnt. Wenn man dann aber sagt: Kommt, lasst doch mal dieses ganze Gequatsche der Bürgerrechtler, jetzt geht es um die D-Mark und um ein richtiges Auto, einen VW-Golf statt Trabi, dann wird das Denken materiell käuflich. Das stimmt. Aber mit einem realistischen und mobilisierenden Konzept für eine demokratische und soziale, gerechte Gesellschaft lassen sich Menschen durchaus ansprechen. Für mich gehören Wohlfahrt und Freiheit unbedingt zusammen. Das Erfolgsprinzip der Bundesrepublik Deutschland war ja die Einheit von Demokratie und Wohlfahrt.

Aber wer eine Staatssicherheit braucht, um ein Paradies zu errichten und dieses auch noch unter einen geistigen und menschlichen Kretin wie Erich Mielke stellt, schafft ein System, das weder lebensfähig, noch lebenswürdig ist. Man darf aber nicht in Abrede stellen, dass es unterhalb dieser Ebene im gesellschaftlichen Alltag Lebenserfahrungen und Lebensziele gegeben hat, in denen Ansätze freier Persönlichkeitsverwirklichung steckten. Zum Beispiel Menschen, die familiär nicht so gute Bildungsvoraussetzungen hatten, zu fördern. Dabei wurden Andere wieder ausgeschlossen wie ich und meinesgleichen als Christen und Pfarrerskinder, keine Frage. Oder der Versuch der DDR, eine Wohnung nicht als Wirtschaftsgut, sondern als Sozialgut zu betrachten. Das hat dann dazu geführt, dass unsere Städte zunehmend verfallen sind. Doch den Ansatz, dass Menschen nicht Angst haben mussten, arbeitslos oder obdachlos zu werden, kann man durchaus würdigen. Oder den Versuch, die werktätigen Menschen an große Kultur heranzuführen, durch Konzert- und Theaterabonnements von Brigaden und all das. Man darf also nicht nur von der Zensur in der DDR sprechen, das muss man auch, aber man muss dabei auch erwähnen, dass die Werke von Christa Wolf und Christoph Hein, von Stefan Heym oder Volker Braun wie ein Ferment in die Gesellschaft hineinwirkten. Und dass es eine große und schöpferisch-kritische Theaterkultur gab, wobei der Zugang zu den Theatern, ebenso wie zu Museen und zu Konzerten, für jedermann erschwinglich war. Und man sollte nun nicht verschweigen, dass es nicht immer ganz so toll war mit der Verbindung zwischen Arbeiterklasse und Kultur. Manche Brigade hat gewissermaßen nur die Brigadefeier nach dem Theater genossen oder ist gar nicht erst ins Theater gegangen. Aber das gab es ja trotzdem, dass die Leute in die »Umsiedlerin« von Heiner Müller, in die »Kipper« von Volker Braun gingen oder in Stücke von Bertolt Brecht. Ich finde, man muss bei aller notwendigen Kritik an der staatlichen Bevormundung in der DDR auch die kleinen Pflänzchen von Hoffnung und menschlicher Gestaltung im Gedächtnis bewahren. Wer der DDR gerecht werden will, muss die Ambivalenzen sehen. Im Übrigen finde ich eine Gesellschaft, die nur um das Geld herum gebaut ist, genauso unmenschlich wie eine, die nur um einer ideologischen Idee willen existiert, und dann mit allen Mitteln diese Idee in die Wirklichkeit zwingt. Sind wir denn heute dazu verdammt, uns in der Megalomanie zu verlieren, weil wir nur interessiert sind am Höchstgewinn? Jesus von Nazareth sagt: »Was nützte es dem Menschen, wenn er die ganze Welt gewönne und nähme doch Schaden an seiner Seele.«

Welche konkreten Hoffnungen haben Sie mit den Veränderungen im Herbst 1989 verbunden?

Ich habe damals, vor nunmehr 20 Jahren, ganz euphorisch und beglückt gesagt: Während in Frankreich mit viel Geld und Pomp 200 Jahre Französische Revolution gefeiert wird, passiert eine Revolution in Deutschland. Heute sage ich: Unsere Zivilcourage, unsere Scharfsinnigkeit, Beharrlichkeit und Heiterkeit und unsere Narrenkappe vom Herbst '89 sind weiter und wieder gefragt. Aber diesmal in der Demokratie. Und in einem Europa, in dem Frieden und Menschenrechte möglich wurden und werden.

Sie waren im Sommer 1968 in Prag und haben die Aufbruchsstimmung dort erlebt, die Fröhlichkeit, die Vitalität und Energie eines neu erwachten Lebensgefühls, das sich mit den Namen Dubcek und Prager Frühling verband.

Ja, das vergesse ich nie, dass ich das so hautnah miterleben konnte. Und dann folgte die große Trauer und Empörung, als die russischen Panzer diesen Traum auf dem Wenzel-Platz kaputt walzten. Dann schließlich im Herbst 1989 das Jahrhundert- oder Jahrtausendereignis einer friedlichen Revolution! Es muss in die deutsche Erinnerungsgeschichte kommen, dass auch Westdeutsche mehr begreifen: Hier ist etwas Großartiges passiert. Wenn wir das nicht in das Gesamtgedächtnis unseres Volkes einbeziehen, betrügen wir uns um etwas sehr Wichtiges. Eine friedliche Oktoberrevolution, die gelang!

Klingt es Ihnen zu depressiv, wenn wir danach fragen, was demokratiebewusste Deutsche aus diesem Scheitern mitnehmen und lernen können? Wird man aus Scheitern klüger, wenn man auf die greifbaren Demokratieansätze vom 89er Herbst zurückblickt?

Nein, nein, nein! Das ist nicht gescheitert, es ist abgebrochen. Aber das ist nicht gescheitert.

Erleben wir, dass das wieder aufgenommen wird?

Ich habe doch auch nicht für möglich gehalten, dass die Mauer in meinen Lebenszeiten verschwindet. Es gibt in der gesellschaftlichen Entwicklung immer einen Mainstream. Mitten in dieser aktuellen Finanz- und Wirtschaftskrise kriegt die FDP plötzlich bis zu 18 Prozent Zustimmung. Das wird sich irgendwann wieder umkehren, wenn die Leute merken, das ist ein Weg, der Einige weiter in den Wohlstand trudeln lässt und andere in relatives oder wirkliches Elend stürzt. Die

Gesellschaft braucht wieder ein politisches Subjekt mit innovativ-visionärer Kraft, das sich gesellschaftlich organisiert und sodann Mehrheiten findet. Dazu braucht man wiederum, auch heute, und das ist eine neue Situation, eine geschickte mediale Verstärkung seiner Einsichten. Gegenwärtig ist die mediale Verstärkung ziemlich einseitig und gegen alles, was links ist. Wir haben zurzeit wenige Publikationen, die linke Positionen vertreten. Da ist der »Freitag«, den ich mit herausgebe, es sind noch die »taz«, auch das »Neue Deutschland«. Aber wie die »Frankfurter Rundschau« früher Politik analysierte oder profilierte links-liberale Feuilletons von sich reden machten, das sucht man heute meist vergeblich. Die oben genannten Blätter sind mittlerweile Nischenprodukte, die aber ihre Bedeutung behalten. Im Feuilleton des »Neuen Deutschland« finde ich häufig wichtige Denkanstöße, als Teil von Graswurzelarbeit innerhalb der Demokratie. Und öfter regt die Frankfurter Allgemeine Zeitung wichtige Debatten an, politische Schablonen überwindend.

Sind Sie enttäuscht vom aktuellen Medienalltag? Eine große Vielfalt ist ja erst mal da, es ist heute möglich, alles zu sagen …

Dieses Maß an Opportunismus im Journalismus, wie ich es heute beobachte, hatte ich nicht für möglich gehalten. Ich hatte gedacht, dass sich, sagen wir, wie bei der »Zeit« ein geistiges Biotop herausgebildet hat, das auch nach Gräfin Dönhoff bleibt. Das war eine Illusion. Jetzt herrscht dort Giovanni di Lorenzo. Das verbindet sich für mich mit einem Trend, der zunehmend opportunistisch und geistiges Gourmet ist. Wenn ich mir nur angucke, wie viel bekannte Publizisten in der Bush-Ära Bushanhänger waren, selbst in der »Zeit«. Opportunismus steckt leider auch immer häufiger im »Stern«, der hatte früher im Profil viel Eigenes. Der »Spiegel« war seit 1990 durch Herrn Augstein ziemlich nationalistisch geworden. Der »Spiegel« ist gewissermaßen ein »Titanic« auf anderer Ebene. Jedenfalls was Aufklärung ausmacht.
Ich selbst bin ja aus dem politischen Feuilleton wortlos rausgefallen. Viele Jahre hatte ich in der Rubrik »Positionen« alle vier Wochen eine Stimme im »Tagesspiegel«; das habe ich jetzt »hinter den Bergen«, im »Freien Wort« in Suhl.

An der Evangelischen Akademie der Lutherstadt Wittenberg haben Sie eine Debattenkultur entwickelt, die sich durch Tiefe, Ernsthaftigkeit und politische Reife auszeichnete. Wir sprachen schon davon, wer sich dort alles auf Ihre Einladung in der Reihe »LEBENSWEGE« die Klinke in die Hand gegeben hat: Gräfin Dönhoff, Egon Bahr, Botschafter Falin, Hans-Dietrich Genscher, Volker Braun, Wim Wenders, die Reihe ist unendlich lang. Fehlt Ihnen die Arbeit dort?

Seit anderthalb Jahren bin ich ganz und gar raus aus der Akademie, die nach der Wende in der Tat eine nicht unwichtige Dialog-Adresse im zusammenwachsenden Deutschland wurde. Ich bin dort kein Studienleiter mehr. Mir tut es aber leid, dass manches, was ich da angestoßen hatte und was mit Erfolg lief, nicht fortgeführt wird. Wenn man zum Beispiel eine Russland-Tagung, die ich elf Jahre in jedem Frühjahr leitete, nicht mehr weitermacht, halte ich das für bedauerlich. Ich habe keine Entzugserscheinungen und blicke mit Dankbarkeit auf jene 17 Jahre zurück. Meine Aufgabe als Theologe und Christ, als Staatsbürger und Publizist bleibt es weiter, die ganz großen Fragen mit den ganz kleinen zu verknüpfen und mir dabei meine Unabhängigkeit und Empfindsamkeit von nichts und niemandem nehmen zu lassen. »Wohl dem, der Heimat hat« heißt mein letztes, geradezu programmatisches Buch in der globalisierten Welt.

Besser im Dschungel als im Zoo

Interview mit dem Filmregisseur Andreas Dresen
im Mai 2009

Wir haben uns bei der Vorbereitung aus dem recht umfangreichen Recherche-Material über Sie und Ihre Film-Arbeiten einige, wie uns scheint, typische Stich-worte heraus gefiltert. Zu Ihrem Spielfilm »Stilles Land« von 1991 lautete das Kritiker-Urteil: »Unspektakulär, aber intensiv.« Und zum Fernsehfilm »Mein unbekannter Ehemann« über einen Afrikaner, der eine Pro-forma-Heirat ein-geht, damit er in Deutschland bleiben kann, hieß es in der Presse: »Leiser Hu-mor, souveräne Führung unbekannter Darsteller.« Und dann euphorisch in der »Zeit«: »Filmische Rückkehr des Sozialen durch den jungen Dresen.« Die Neue Zürcher Zeitung« schrieb: »Raues, aber nie rohes, menschlich bemerkenswert gespieltes, gut improvisiertes Stück Kino.« Was davon gefällt Ihnen am besten?

Wie bitte? Diese Filmkritiken gab es zu »Mein unbekannter Ehemann«? Das kann ich einfach nicht glauben.

Nein, zu diesem Film gab es das Attribut »leiser Humor«. Die letzten Presse-Stimmen betreffen Ihren spektakulären und hoch sozialen Film »Halbe Treppe«.

Na gut, dann finde ich alle Urteile prima. Man ist ja selber eher ein bisschen befangen im Urteil über eigene Arbeiten. Natürlich freut man sich über gute Kri-tiken, man weiß aber auch, dass ein Urteil über Kunst immer ein Geschmacks-urteil ist, von einzelnen Leuten vorgetragen. Und andere sind halt oft anderer Meinung. Diese Erfahrung gehört zu meiner Arbeit. Und das gehört auch zum Verständnis von Kunst, dass jeder an ein Buch, ein Bild oder einen Film mit ganz eigenem, also subjektivem Empfinden herantritt, mit dem eigenen Geschmack und mit seinen Erfahrungen, die er im Kopf hat, die er erlebt hat. Aber Lob ist immer besser als Verriss, ganz klar.

Regine Sylvester hat als Filmkritikerin geschrieben: »Andreas Dresen ist ein Meister der Lakonie und der Komik und, was so toll ist in dieser Mischung, er ist

Andreas Dresen 1984 (li.) und 2009 (re.)

auch ein erschütternder Erzähler.« Wenn man an »Sommer vorm Balkon« und »Halbe Treppe« denkt, trifft das genau zu, lakonisch, heiter, komisch, aber gleichzeitig auch ergreifend. Walter Jens, Präsident der Akademie der Künste in der schwierigen Wendezeit, hat mal in einer Literaturveranstaltung gesagt, er finde, dass große Literatur immer die Perspektive von unten habe. Bezieht man das auf Ihre Filmarbeit, fragen wir: Könnten Sie sich damit anfreunden, wenn man über Sie sagt, dass Sie Geschichten aus der Perspektive der so genannten kleinen Leute erzählen, die ja nicht selten große Schicksale haben. Oder ist Ihnen das zu eng?

Ich weiß nicht, ob ich Walter Jens da unbedingt zustimmen möchte. Denn es gibt in meinen Augen große Königsdramen, die tolle Geschichten erzählen über die Welt und über menschliches Verhalten, über Intrigen, Sehnsüchte, Fehlverhalten, Liebe, Trennung, Schuld und Sühne usw. usf. Ich denke, man muss nicht zwangsläufig die Welt von unten betrachten, um interessante Geschichten zu erzählen. Es stimmt schon, dass ich das, was Walter Jens meint, von Zeit zu Zeit umsetze in meinen Filmen, aber diese Perspektive hat für mich nichts Zwingendes. Ich könnte mir auch vorstellen, eine sehr heutige Geschichte zu erzählen, die vielleicht in der Vorstandsetage der Deutschen Bank spielt. Die müsste oder könnte nicht minder interessant werden als »Halbe Treppe«. Nur weil ein Menschenschicksal in einem bestimmten Milieu spielt, heißt das doch nicht, dass es nicht überall Leidenschaft und menschliche Abgründe, Trauer, Schmerz, Sehnsucht und all das gibt, was Menschen ausmacht. Ich glaube, das ist nicht unbedingt nur so genannten kleinen Leuten vorbehalten, sondern das gibt es in allen gesellschaftlichen Schichten, Einsamkeit beispielsweise. Das ist ja auch ein Phänomen, was beileibe nicht nur sozial Unterprivilegierte trifft, denn auch sehr reiche Leute können in ihrer Welt befangen und ziemlich einsam sein. Für meine eigenen Film-Geschichten habe ich mich überwiegend mit einfacheren Leuten beschäftigt, weil ich empfinde, dass sie im Kino zu selten vorkommen. Wobei ein Charakter wie Willenbrook oder die Künstler in »Stilles Land« auch wieder nicht dazu gehören. Also, das ist doch sehr gemischt – wie alles im Leben.

Sie sagen von sich selbst, dass Sie sich den vielfach preisgekrönten, britischen Filmregisseur Ken Loach zum Vorbild nehmen. Der hat ja einen ganz ausgeprägten sozialen Touch, jedenfalls ein genaues Gefühl für soziale Verwerfungen und Probleme der Benachteiligten. Das ist bei ihm auffällig. Und das ist bei Ihnen, ohne dass Sie das propagandistisch oder agitatorisch »verkaufen«, eben auch so. Als Zuschauer spürt man sofort, in diesem Regisseur steckt tiefe Sympathie zu den Leuten und ihren erzählten Lebens-Geschichten. Würde Sie das denn stören, wenn wir sagen, Sie haben einen erkennbar sozialen Blick?

Das stört mich überhaupt nicht, weil mich die Menschen immer in dem konkreten sozialen Umfeld beschäftigen, in dem sie sich bewegen, also in der Welt, in der sie zu Hause sind. Oft spielt auch die Berufswelt der Menschen eine Rolle in meinen Filmen, weil ich finde, Arbeit macht nun mal einen großen Teil unserer sozialen Existenz aus und wird zu Unrecht oft ausgeblendet. Ja, selbst in Beziehungsgeschichten können Arbeit und Berufe eine Rolle spielen, weil uns das in starkem Maße prägt.

Wenn wir auf die DDR zurückblicken, da war es propagandistisch gewollt, dass die so genannten kleinen Leute, die Bauern nach der Bodenreform z. B. oder die angeblich mächtigen Arbeiter, de facto mit wenig Macht ausgestattet, Helden waren. Erinnert sei nur an Sakowskis »Wege übers Land« oder »Krupp und Krause«. Sie kennen diese Filme sicherlich alle. Wenn der in der DDR sozialisierte Zuschauer jetzt Fernsehen guckt, dann sind in diesen endlosen Serien die häufigsten Protagonisten Polizeikommissare, Tierärzte, Ärzte, Förster, die Kreuzfahrten-Urlauber, Anwälte, Reitlehrer, Schlossbesitzer usw. Meinen Sie, dass das gewollt dahintersteckt, oder dass es einfach leichteres Entertainment ist, eine Szenerie mit pompösem Schloss oder Forsthausidylle zu zeigen?

Zum Glück muss ich mich damit nicht beschäftigen. Aber ich glaube, dass das, was Sie schildern, tatsächlich eine gut vorzeigbare Welt ist, und deswegen wird in den Filmstoffen darauf zurückgegriffen. Machen wir uns da nichts vor, mit den Soaps und sonstigen TV-Serien handelt es sich für meine Begriffe überwiegend um ein Fernsehen, das einem ganz profanen Nutzen dient, nämlich Werbeinseln zu platzieren und Konsumartikel gut zu verkaufen. In so einem

Umfeld werden diese Vorabendserien in der Regel hergestellt. Und sie widerspiegeln in dem, was sie zeigen, auf eine sehr direkte Art bestimmte Sehnsüchte vieler Menschen. Denn das ist eine Welt, in der Menschen, die diese Filme im Fernsehen sehen, gern leben würden, aber meistens nicht leben. Eine Geschichte im Stahlwerk oder Halbleiterbetrieb wirkt vermutlich für solche Zuschauer nicht besonders attraktiv. Viele Zuschauer mögen offenbar schillernde Highlights, eine schöne Umgebung und die schönen Reichen mit ihren tatsächlichen oder meist nur Schein-Konflikten. Doch das DDR-Unterhaltungsfernsehen hatte so etwas Ähnliches durchaus auch im Angebot. Wir Filmstudenten und andere kritische Zeitgenossen haben uns darüber permanent aufgeregt, dass dort eine heile Welt gezeigt wurde, die mit der Realität in der DDR oft herzlich wenig zu tun hatte. Ich kenne viele Kollegen, die in Berlin-Adlershof (im DDR-Fernsehen) gearbeitet und häufig geflucht haben, weil sie sich danach sehnten, endlich mal ein wirkliches Stück aus dem rauen DDR-Alltag zu zeigen. Wenn in Fernsehstoffen reale Konflikte auftauchten, musste das vorher tausend Mal abgesichert werden.

Gab es Ihrer Meinung nach nur »Schrott« im DDR-Fernsehen?

Natürlich nicht. Es gab wunderbare Ausnahmen, aber wenn ich ehrlich bin, schätze ich, 90 Prozent vom DDR-Fernsehen war totaler, realitätsferner Schrott und ziemlicher Unfug, den ich mir nicht angucken konnte und wollte.

Wie fanden Sie zum Beispiel den Film »Käthe Kollwitz« mit Jutta Wachowiak in der Hauptrolle?

Das war ein DEFA-Film und keine Fernsehproduktion.

DEFA-Filme wurden oft auch vom Fernsehen in der Wiederholung ausgestrahlt. Und wie beurteilen Sie aus heutiger Sicht die großen Literaturverfilmungen, die im DDR-Fernsehen produziert und gesendet wurden?

Dann helfen Sie mir mal bitte auf die Sprünge, geben Sie ein Beispiel.

Also von Fallada gab es mindestens drei. »Wer einmal aus dem Blechnapf frisst«, mit Arno Wyschnewski zum Beispiel oder »Nackt unter Wölfen« – diese wahre im KZ erlebte Geschichte eines versteckten Kindes von Bruno Apitz mit einem unvergesslichen Erwin Geschonneck oder »Karbid und Sauerampfer« oder auch die Christa Wolf-Verfilmung von Konrad Wolf »Geteilter Himmel«, die vom Fernsehen übernommen wurden, die Liste ließe sich fortsetzen.

Jetzt haben Sie aber wieder die Titel von drei DEFA-Produktionen genannt. Dort im Studio wurde teilweise durchaus eine andere Produktionspolitik betrieben. Aber ich stelle natürlich keineswegs in Abrede, dass auch im DDR-Fernsehen großartige Filme und Sendungen hergestellt wurden. Anspruchsvolles Kino sieht man heutzutage aber durchaus auch im Fernsehen, wenn auch leider meist auf unmöglichen Sendeplätzen.

Es geht in unserer Frage nicht um Schwarz-Weiß-Klischees West, Ost oder so, sondern es geht uns lediglich um bevorzugte Inhalte in den Medien, und ob und wie Sie die registrieren?

Jedenfalls finde ich nicht, dass es früher besser war. Denken Sie doch alleine mal an die Nachrichten. Das Medium wurde zu großen Teilen für Propaganda missbraucht. Für mich war das DDR-Fernsehen ein Alptraum, den ich keinesfalls wiederhaben möchte.

Helmut Schmidt soll mal gesagt haben, dass das Fernsehen oft nur Oberflächenbetrachtung liefere, kluger, kultivierter Rundfunk dagegen sich an die diskussions- und nachdenkensfreudige Öffentlichkeit richtet. Klar, dass es in jedem Medium Qualität und auch Mist gibt, aber in der Totale hat unserer Meinung nach der ehemalige Bundeskanzler aus Erfahrung gesprochen, was meinen Sie dazu?

Also, das Fernsehen als Medium so zu verreißen oder zu verteufeln, da spiele ich erst mal nicht mit. Das Fernsehen als modernes Massenmedium finde ich in seinen Möglichkeiten großartig. Ich rede gar nicht bloß von der Technik, sondern von der Möglichkeit, an einem Abend so viele Menschen auf einmal mit einer einzigen Film-Ausstrahlung zu erreichen. Wir haben damals wie die Verrückten gekämpft, um einen Film wie »Die Polizistin« zu machen und den dann ins Fernsehen zu bringen. Der hat dann über vier Millionen Zuschauer gehabt. Das war für mich sensationell, das schaffe ich mit keinem Kinofilm. Also das Medium ist ja per se nicht dumm. Man muss es freilich mit guten Inhalten füllen. Und der Rundfunk ist auch nicht per se gut. Ich finde, es gibt ein paar interessante Sender, aber es gibt ganz viele Dudel- und Privat-Sender, die den Zuhörer regelrecht fertig machen. Für mich sind die meisten Radio-Sender viel zu schnell. Ich will früh morgens nicht diese verdammt gut gelaunten Moderatoren hören, die mir immer erzählen, was für ein toller Tag anbricht. Ich will meinen Tagesanfang einfach ruhiger angehen, und ich finde kaum einen Sender, der mir dabei hilft.

Sie stammen aus einer Künstlerfamilie. Ihr Vater war der berühmte, erfolgreiche Theater- und Opernregisseur Adolf Dresen. Er ist 1977 in den Westen gegangen. Er war auch im westlichen Europa ein viel gelobter und begehrter Regisseur. Ihre Mutter Barbara Bachmann ist Schauspielerin. Der zweite Vater – bei ihm fällt das Wort Stiefvater schwer, weil Sie so schön über ihn als Ihren zweiten Vater erzähle –, ist auch Regisseur, Christoph Schroth, der erst am Schweriner, dann am Cottbusser Theater mit legendären, hoch politischen Inszenierungen von sich reden machte, vor und nach der Wende. Glauben Sie, dass dieses künstlerische Milieu in Ihrer Jugend Einfluss hatte auf Ihre Entwicklung, Ihre Interessen und Ihre musische Art, die Welt zu sehen und durchschauen zu wollen?

Ganz sicher ist das so. Denn das Elternhaus prägt einen ja in hohem Maße. Und ich habe meinen leiblichen Vater, also Adolf, leider nur wenig gesehen, denn ich war noch ziemlich jung, als er in den Westen ging, 13, 14 Jahre alt. Also gerade zu einem Zeitpunkt, wo man anfängt, sich aktiv für Kunst zu interessieren und darüber auch zu reflektieren. Aber natürlich hat er mich in starkem Maße geprägt durch die Gespräche, die wir miteinander geführt haben, durch seine Briefe, die er mir schrieb. Später, nach meinem Studium, war er manchmal bei mir im Schneideraum. Er hat sich meine Filme angeguckt, und wir haben über ganz Vieles intensiv geredet. Das war außerordentlich wichtig. Und dann natürlich, vielleicht fast noch wichtiger, meine Mutter und Christoph, bei denen ich sozusagen auch die praktischen Querelen von Theaterarbeit mitbekam – schon zu Hause am Frühstückstisch begann es. Das ging dann weiter, als ich in Schwerin in den 70er, 80er Jahren eine Theaterzeit miterlebt habe, die phänomenal war, eine Zeit, in der ich nicht nur phantastische Theateraufführungen gesehen, sondern auch ein Ensemble erlebt habe, was auf eine tolle Art zusammen stand mit einem wunderbaren politischen Hintergrund, mit einer klaren politischen Attitüde. Das fand ich sehr beeindruckend. Ich denke mit Dankbarkeit daran, dass ich so was miterleben durfte, solche Kämpfe, aber auch solche Feste, die dann von den Theaterleuten gemeinsam mit dem Publikum gefeiert wurden.

Da hätte es aber auch sein können, weil die zwei Väter mit dem Theater verbunden waren, dass Sie ebenfalls ans Theater gegangen wären? Das wäre vielleicht logischer gewesen, oder?

Nein, das wollte ich nicht, vielleicht war aus der familiären Nähe heraus auch der Respekt zu groß. Ich habe 1975 von meinem Papa eine Schmalfilmkamera geschenkt bekommen und damit schon bald richtige kleine Geschichten zu filmen angefangen, so 1979, da war ich ungefähr 16, also noch an der Oberschule. Die Technik war natürlich sehr einfach, ich drehte damals auf Super-8-Filmen. Man musste die Schnitte alle mit der Hand kleben, mit Azeton. Dazu musste man vorher die Schicht vom Filmmaterial abraspeln, man konnte also später keinen einzigen Schnitt korrigieren. Diese Filme hatten auch noch keine Tonspur. Also musste ich den Ton immer vom Kassettenrecorder dazu spielen. Insofern war das eine sehr mühselige, aber für mich durchaus schon fesselnde Angelegenheit. Später habe ich über Amateurfilmstudios, die es in der DDR gab, die Möglichkeit genutzt, professionellere Technik zu bekommen und konnte dann schon auf 16 mm drehen, was ein bisschen leichter war. Aber es war natürlich eine sehr amateurhafte Art und Weise, sich mit diesem Hobby der Filmerei zu nähern.

Aber doch offenbar schon da mit Freude und Leidenschaft?

Ja, natürlich, klar. Das ist bestimmt nicht der schlechteste Weg. Daraus hat sich dann schließlich auch mein Berufswunsch entwickelt.

Wann ist eigentlich Ihr leiblicher Vater gestorben, er ist ja nach der Wende wieder nach Berlin gekommen.

2001, also vor inzwischen schon acht Jahren.

Wir würden gern wissen, ob er die ersten schönen und großen Filme und tollen Erfolge vom Sohn noch mitgekriegt hat.

Ja, bis »Halbe Treppe«. Aber »Halbe Treppe« hat er leider nicht mehr nach der Fertigstellung gesehen, nur am Schneidetisch, aber da war er fast fertig, das war im Juni 2001. Einen Monat später ist er gestorben. »Nachtgestalten« hat er gesehen und »Die Polizistin«. Er hat schon mitgekriegt, in welche Richtung ich mich bewege. Und darüber hat er sich dann sehr gefreut. Ich glaube, da hat er auch innerlich ein bisschen Frieden mit meiner Berufswahl geschlossen, weil er doch immer zu gerne wollte, dass ich Naturwissenschaftler werde. Er hat sich keineswegs gewünscht, dass ich in seine Fußstapfen trete und Künstler werde. Ich habe auch in meiner Wohnung in Potsdam immer noch jede Menge Bücher über Naturwissenschaften stehen, die mein Vater mir einst geschenkt hat, denn er wollte sich wohl mit mir so einen heimlichen eigenen Wunsch erfüllen, er war ja immer auch sehr naturwissenschaftlich interessiert. Das war wohl in seinen Augen ein etwas sichereres Terrain als das Künstlerdasein, sage ich mal. Wir haben vorhin über künstlerische Urteile gesprochen, ja? Und mit dem Urteilen über Kunst, das hat ja mein Vater auch so bitter am »Deutschen Theater« zu DDR-Zeiten erleben müssen, wo er unter politischen Druck, unter unheimliche und im Grunde kunstfeindliche Zwänge geraten ist, die ihm das freie Arbeiten schwer machten. Aber das hat für ihn eigentlich auch sein ganzes späteres Leben angehalten und bestimmt. Und davor wollte er mich, glaube ich, unbedingt bewahren.

Mit dem Mauerfall verschwanden erst mal die politischen Zwänge für und der Druck auf DDR-Künstler. Dann gab es für viele ganz andere und neue Zwänge, soziale, die Sie in Ihrem Essay in der »Zeit« über DEFA-Arbeiten und ältere DEFA-Kollegen beschreiben, die in den mittleren Jahren plötzlich keinen Fuß mehr in die Tür des bundesdeutschen Filmgeschäfts kriegten. Aber von Ihrem Vater kann man sagen, dass ihm fast was Tragisches, zumindest aber tief Melancholisches anhaftete. Im Osten gefeiert, aber offiziell nicht gemocht. Dann im Westen auch gefeiert, aber wahrscheinlich ist er dort nie ganz heimisch geworden, oder?

Ja. Das stimmt so.

Und nach der Wende, wie gesagt, ist er zurückgekommen und dann sein früher Tod.
Hat Christoph Schroth Ihnen auch so viel an Beachtung, Sympathie und künstlerischer Erfahrung geschenkt und vermittelt, oder war der Dialog mit dem Vater Adolf Dresen stärker?

Vielleicht war der Dialog zeitweilig sogar mit Christoph intensiver, denn wir haben halt über so viele Jahre unseren familiären Alltag miteinander geteilt. Ich habe mit meinem leiblichen Vater, mit Adolf, ja nie richtig lange und bewusst zusammen leben können. Meine Eltern haben sich getrennt, da war ich zwei Jahre alt. Mein Vater war damals in Berlin, ich lebte mit meiner Mutter in Schwerin, wo sie als Schauspielerin am Theater engagiert war. Und dann kam 1974 Christoph dazu, aber ich lebte nahezu zehn Jahre mit meiner Mama alleine. Mein leiblicher Vater kam immer mal auf Besuch von Berlin nach Schwerin oder ich fuhr zu ihm nach Berlin.

Sie beschreiben knapp, aber dicht wie der Papa Ihnen, bevor er in den Westen ging, einen tollen Kassettenrecorder schenkt, dass Sie aber frustriert und traurig darüber waren. Kassettenrecorder als Ersatz für den Vater, das ging nicht auf für Sie. Das hat Sie so bewegt, dass Sie es bis heute erzählen. Und dann, an ganz anderer Stelle, die Episode – da kam Christoph, und Sie als Teenager waren erst mal ein bisschen skeptisch oder eifersüchtig. Und der neue Mann bringt dem Sohn seiner Geliebten und späterer Frau westliche Matchbox-Autos zum Spielen mit. Diese Matchbox sind so phantastisch, von den paar West-Tantiemen von Christoph Schroth erstanden, dass der erwachsene Andreas Dresen sie heute noch exakt beschreiben und bejubeln kann. Da gibt es also für den leiblichen Vater eine recht traurige Kritik, und von dem anderen wurde das Geschenk gern angenommen?

Ja, das eine hat was mit Kommen zu tun und das andere mit Gehen. Und insofern sind und waren diese Geschenke von mir sehr unterschiedlich zu bewerten. Übrigens, der besagte Kassettenrecorder steht heute noch bei meiner Mutter und Christoph, also den gibt es noch, der spielt sogar noch. Und meine Eltern sind leidenschaftliche DeutschlandradioKultur-Hörer. Also, das hatte ja für mich weniger was mit dem Geschenk des Kassettenrekorders zu tun, als dass ich mich so verlassen gefühlt habe in dem Moment, als der Vater fortging. Ich hatte das Gefühl, mein Vater wollte irgendwie gute Stimmung machen bei mir. Aber das hatte er in Wahrheit gar nicht nötig, vielleicht war es ja auch gar nicht so gemeint. Es war einfach ein kindlicher Reflex von mir. Ich habe dann später natürlich trotzdem meine Musik mit dem Kassettenrecorder überspielt, selbstverständlich. Die »Bestechung« hat dann also doch funktioniert (lacht).

Ihre Filmbilanz ist mehr als beeindruckend, und sie beginnt schon im Jahr 1985. Damals waren Sie Regieassistent bei DEFA-Regisseur Günter Reisch.

Dazu muss ich sagen, dass Günter im Grunde dann eine Art dritter Vater für mich wurde. Ein wunderbarer Mensch und Kollege, mit dem ich bis heute befreundet und in gutem Kontakt bin.

Seit 1985 liefern Sie nun Filme ab, fast jährlich einen neuen. Und beim Fernsehen haben Sie auch Gastspiele gegeben. Mit 23 haben Sie Ihr Studium an der Filmhochschule angefangen. Und dann ging Ihre Karriere richtig los mit der Wende – und zwar steil nach oben. Mit 23 ist man in der Regel in einem Alter, in dem man – also wir blicken jetzt mal auf die schwierigen Existenzen von sehr vielen jungen Leuten – um Job und Arbeit oder Vollendung einer soliden Berufsausbildung, um halbwegs anständigen Lohn kämpft. Und gleichzeitig ist das für die meisten jungen Leute auch die Zeit der Suche nach Liebe, nach Partnerschaft, nach Nähe, Familie vielleicht. Gab es für Sie dafür auch genügend Zeit bei all der beruflichen Produktivität und Kreativität?

Also, ich habe diverse Partnerschaften durchlebt und bin jetzt mit meiner Freundin sehr glücklich, die ich bereits seit der Schule kenne und die in Rostock Lehrerin ist. Manches täuscht vielleicht auch nach außen hin, dass ich immer nur von früh zeitig bis spät nachts am Arbeiten bin. Ich mache Ferien, ich fahre auch weg, ich habe viele gute Freunde, mit denen ich mich gern treffe. Meine Arbeit ist ein sehr wichtiger, aber vielleicht gar nicht mal der allerwichtigste Teil in meinem Leben, wovon ich die meiste Kraft beziehe.

Dennoch, Sie waren ein echter Shooting-Star nach der Wende. Also, wenn man so will, ein klarer Wende-Gewinner. Sie spazierten quasi vom roten Teppich bei der Berlinale weiter bis zu den »standing ovations« der Internationalen Filmfestspiele in Cannes. Wundert Sie das selbst manchmal?

Die Wende war 1989. Und die Berlinale, bei der unsere »Nachtgestalten« gelaufen sind, das war 1999. Da liegen immerhin zehn Jahre dazwischen. Also, ganz so schnell ging das bei mir nach der Wende auch wieder nicht. Das war eigentlich ein ganz schön mühseliger Prozess, der mit sehr viel Kampf verbunden war. Das hatte ja auch etwas damit zu tun, dass ich mich erst mal orientieren musste. Wie werden denn überhaupt Filme hergestellt in diesem neuen, wiedervereinigten Markt? Wie sieht das hier aus, wie sind denn die neuen Produktionsbedingungen? Und ich habe dann mit »Stilles Land« zunächst alles andere als Erfolg gehabt. Das war, glaube ich, wirklich kein schlechter Film, aber nur wenige Menschen und Kritiker haben ihn gesehen, leider.

Da hatten viele Ostdeutsche auch erst mal mit diversen sozialen Umstellungen zu tun, mit Neuorientierungen, mit dem Kampf um die Existenz.

Ja, na sicher, wie ich selber auch. Dann habe ich einige Jahre fürs Fernsehen gearbeitet, nicht ungern, sondern mit Engagement. Und es war eine große Kraftanstrengung dann den Film »Nachtgestalten« herzustellen. Den haben wir '98 gedreht. Und diesen Film zu produzieren und auch rauszubringen, das war alles andere als einfach, weil es damals nur sehr wenig deutsche Filme gab, die in diesem Milieu spielten. Es gab kaum Verleiher, die sich dafür interessierten. Wir hatten große Schwierigkeiten, das Budget für die Produktion zusammenzukriegen. Später war es immens schwierig, den fertigen Film in den Verleih zu bringen. Da hat letztlich nur die Berlinale geholfen, die uns dann endlich gerettet hat.

War das der Film, als Sie zusammen mit dem Produzenten fast pleite waren?

Genau, das war der Film.

Fast am Null-Level?

Ja, das kann man mit Fug und Recht so sagen. Teilweise sogar unter dem Null-Level, denn wir waren hoch verschuldet, der Film hatte das Budget überzogen. Und als wir uns ziemlich verschuldet und den Film endlich fertig hatten, wollte ihn keiner haben. Wir konnten ihn also nicht verkaufen. Und das war natürlich ein Dilemma.

Gespenstisch klingt dabei für den Laien – wir wissen ja, dass Sie manchmal Fahrer, Tonmeister und alles in einem sind neben der Regie –, dass so ein Film über eine Million kostet. Das ist für den Normalbürger eine Wahnsinnssumme.

Und das ist noch gar nicht viel für einen Film.

Das ist Low-Budget, klar. Aber wie haben Sie es als Ostler geschafft, der aus finanziell bescheidenen Verhältnissen kommt, Geld zu akquirieren. Lernt man das?

Das ist nicht meine Arbeit. Das Geld besorgt nicht der Regisseur, sondern der Produzent. Der Regisseur ist höchstens daran irgendwie beteiligt. Aber das Geld wird vom Produzenten besorgt, das u. a. ist dessen Job. Gott sei Dank.

Wo gehen die Produzenten denn da auf Suche, zu Banken, in Firmen?

Nein, es gibt ein ausgeklügeltes Filmfördersystem in Deutschland. Man holt sich, meistens jedenfalls, einen Teil des Geldes vom Fernsehen, indem man den Film ans Fernsehen vorab verkauft. Man holt sich einen anderen Teil des Geldes vom späteren Verleih, der den Film mitfinanziert, wenn man denn einen Verleih hat. Man geht zu den Filmförderinstanzen, zum Medienboard Berlin-Brandenburg oder zur Filmförderanstalt, zum BKM (Beauftragter für Kultur und Medien). Es gibt in jedem Bundesland Förderinstitutionen, da muss man überall

Anträge schreiben, sich hinten anstellen, schlagkräftige Argumente finden. Das ist ein sehr mühsamer, komplizierter, langwieriger Prozess.

Kommt es da auf Werbegeschick an?

Nein, da sitzen ja keine dummen Leute, die man übertölpeln muss. Da sitzen auch sehr kluge Leute, die aber natürlich einen Mangel verwalten, weil sehr viele Leute Geld haben wollen. Also, man braucht einen gewissen Langmut und auch starke Überzeugungskraft. Das finde ich aber per se in Ordnung so, ich bin eigentlich nicht jemand, der sich permanent darüber beschwert, dass es so schwierig ist, Filme zu finanzieren. Doch man kann einen Film, der zwei, drei oder vier oder noch mehr Millionen Euro kostet, nun mal nicht aus eigener Tasche bezahlen. Man bezahlt ihn mit fremdem Geld, von Steuergeldern oder von Fernsehgebühren. Und insofern muss man diese Geldgeber erst mal überzeugen, deren Vertrauen gewinnen.

Gerade das Beispiel Berlinale zeigt, wenn man im Rampenlicht steht und die Zuschauer strömen ins Kino, dann hat man doch schon einen Bonus. Wenn etwas so gut läuft, wie bei der Berlinale mit einem silbernen oder goldenen Bären oder in Cannes, wo Sie für Ihren Film »Wolke 9« mit standing ovations und dem Coup-de-Coeur-Preis ausgezeichnet wurden, hat man es danach etwas leichter?

Natürlich hab ich es jetzt leichter, weil wir ein paar Filme gemacht haben, die renommierte Preise bekommen haben, die sehr erfolgreich gelaufen sind bei Filmfestspielen und vor allem auch im Kino. Nichts ist so erfolgreich wie der Erfolg. Mit ihm genießt man einen gewissen Vertrauensvorschuss, man wird bekannt. Wir haben »Wolke 9«, obwohl der Film kein festes Drehbuch hatte, relativ einfach finanziert bekommen, weil die Verantwortlichen mittlerweile, spätestens aber seit »Halbe Treppe«, wussten, dass wir auch ohne Drehbuch einen guten Film herstellen können. Deswegen konnten wir »Halbe Treppe« vorher natürlich nur mit unserem eigenen Geld machen, das war das Preisgeld vom Deutschen Filmpreis für »Nachtgestalten«, das haben wir komplett in die Produktion von »Halbe Treppe« investiert.

Wenn man Sie jetzt oft in die Nähe des dänischen Dogma-Films rückt, dann sagen Sie zu Recht: Ich habe doch mindestens genauso früh angefangen, so zu produzieren, mit anderer Kameraführung und anderer Dialog-Einstellung. Stört Sie der Vergleich?

Ich habe mit den Dogma-Filmern wirklich nicht viel zu tun, und ich würde auch nie nach einem Dogma drehen. Ich brauche keine Dogmen, ich will die gerade loswerden. Aber nichtsdestotrotz finde ich, dass es von den Dogma-Leuten ganz tolle Filme gibt. Man muss ja auch mal dazu sagen, dass dies keine neue Erfindung in der Filmgeschichte ist; es gab schon immer Tendenzen, auf die Straße zu gehen und mit minimalistischem technischen Aufwand zu arbeiten. Das haben die Neorealisten in den 50er Jahren schon so gemacht. Dann gab es Cinéma vérité, und es gab solche Strömungen selbst in DEFA-Filmen, zum Beispiel bei Jürgen Böttcher Ende der 60er Jahre, und Mitte der 70er Jahre hat Warnecke auch so gedreht.

Wenn Sie bei den eigenen Filmen so rangegangen sind – mit dieser mutigen Improvisation von Dialogen und Szenen, – dann setzen Sie ja erst mal großes Vertrauen in die Schauspieler. Entstand das auch manchmal aus einer Drucksituation: Ich habe eine gute Story, aber kann jetzt nicht noch so und so viele Seiten Drehbuch schreiben?

Nein, wirklich nicht, das würde ja heißen, dass ich nur zu faul war. Nein, das war immer meine ganz bewusste künstlerische Entscheidung, einen Teil des Arbeitsprozesses der Filmherstellung, nämlich die Ausformulierung von Dialogen, die Ausformulierung einer Geschichte, gemeinsam beim Drehen als Prozess vor der Kamera zu erfahren. Und dabei Momente von Spontaneität zu erwischen, die man mit ausgeschriebenen Texten so nicht bekommen kann. Das ist also eine ästhetische Entscheidung, nicht eine Frage von Bequemlichkeit. Es hat selbstverständlich auch mit dem Inhalt der zu erzählenden Geschichte zu tun. Ich arbeite sonst sehr, sehr gern mit Drehbuchautoren, mit Wolfgang Kohlhaase, mit Laila Stieler, mit Hans-Ullrich Krause. Das sind alles ganz tolle Autoren, von denen ich klasse Drehbücher bekomme.

In Ihrem Schneideraum hängt das Poster von » Wolke 9 « mit Horst Rehberg, Ursula Werner, Horst Westphal als Schauspieler, die auch alle am Theater gearbeitet haben und an strikte Textvorgaben gewöhnt sind. Hatten Sie da Mühe, die zum Improvisieren und Mittexten, zu einem ganz anderen, offenen Spiel zu bewegen?

Das war ja Teil unserer gemeinsamen Verabredung auf dieser Reise, dass wir das so machen wollen. Und das kostet sicherlich die Schauspieler ein bisschen Überwindung, aber es kostet auch mich selbst und alle Mitarbeiter am Film Überwindung. Man braucht zweifellos Mut, wenn man so vorgeht, denn man begibt sich in einen ungeschützten Raum. Das, was man beim Improvisieren herstellt, ist manchmal auch peinlich. Man darf sich da nicht allzu sehr genieren oder für bestimmte Szenen schämen, wenn sie missglücken oder die entstandenen Dialoge nicht stimmen und doof klingen. Das ist Teil des Arbeitsprozesses, dann lacht man gemeinsam drüber und wiederholt es eben. Gegenseitiges Vertrauen ist das Wichtigste dabei, für alle, die Schauspieler, den Kameramann, Tonmeister ... Da herrscht aber auch eine gemeinsame Abenteuerlust, die uns vorantreibt, und das ist wiederum was ganz Schönes.

Man nimmt Sie als bescheidenen, natürlichen, weder abgehobenen noch ruhm-
verwöhnten oder arroganten Starregisseur wahr. Wie haben Sie es geschafft, in
»Wolke 9« offenbar das Letzte für Ihre Geschichte aus den Schauspielern
herauszuholen. Man kann sich gut vorstellen, dass Sie als Regisseur beim Pro-
bieren unerbittlich sein müssen, dass Sie auch Radikalität im Mut besitzen müs-
sen, alles aus einer Szene zu machen, was in der konkreten Arbeit vielleicht
Extrem-Herausforderung bedeutet. Muss man als leidenschaftlicher Regisseur
taff zum Team sein, wenn man optimale künstlerische Leistung anstrebt?

Ja, aber das kann man auf unterschiedliche Art sein. Ich bin sicherlich nicht der
Typ, der am Drehort groß rumschreit. Dabei kann ich das auch, wenn es mal sein
muss. Aber bei den letzten beiden Filmen, also sowohl bei »Wolke 9«, als auch
bei »Whisky mit Wodka«, der im Herbst dieses Jahres 2009 in die Kinos kommt,
war das zum Glück einfach nicht nötig. Selbst bei »Whisky mit Wodka« nicht,
obwohl ich da zum Teil vor der Kamera 40 Leute und hinter der Kamera noch
mal genau so viele zu dirigieren hatte. Selbst da musste ich nicht zwingend laut
werden. Natürlich braucht man Durchsetzungsvermögen, aber das kann man ja
auch mit Freundlichkeit, Beharrlichkeit, mit einem Insistieren erreichen. Was ein
Regisseur meiner Meinung nach unbedingt und an erster Stelle braucht, das ist
immer eine gewisse Radikalität im Denken. Also, gerade fürs Kino braucht man
das, weil die Leute nicht ins Kino gehen, um Konfektionsware von der Stange zu
sehen. Sie setzen sich immerhin anderthalb, zwei Stunden in einen dunklen
Raum und haben nichts weiter als die Geschichte dieses Films. Das ist eine vollkommen andere Rezeption als beim Fernsehen. Das immer umzusetzen, ist für
mich nicht ganz einfach, auch weil ich im Grunde meines Herzens eher ein vorsichtiger und sehr ordentlicher Mensch bin. Ich habe aber gemerkt, dass ich mit
meiner Vorsicht und mit meinem Ordentlichsein nicht unbedingt gute Sachen
produziere. Mitte der neunziger Jahre war das, als ich alle möglichen Filme fürs
Fernsehen machte und mir die Ergebnisse nicht besonders gefielen. Sie erschienen mir zu brav, zu wenig überraschend. Und deswegen haben wir letztlich dann
begonnen, mit »Nachtgestalten« unsere Arbeitsweise zu verändern, den Schauspielern mehr Raum zu geben und die Dreharbeiten nicht als das Umsetzen
einer einmal vorgefassten fixen Idee zu begreifen, sondern als einen lebendigen
Prozess, bei dem man gemeinsam eine Geschichte erkämpft und erarbeitet.

Sie wurden wahrscheinlich schon hundert Mal danach gefragt, aber mit dieser
Radikalität oder mit Brecht gesagt, »dem Einfachen, was schwer zu machen
ist«, haben Sie in »Wolke 9« diese plötzliche Leidenschaft im Alter filmisch
authentisch umgesetzt und das von den Schauspielern gefordert. War das, also
auch das Drehen der freimütigen Sex-Szenen der über 60-jährigen Frau und
des über 70-jährigen Liebhabers, für die Darsteller wie auch für Sie selbst
schwierig?

Ja, natürlich. Das war so. Doch diese Anforderung habe ich ja nicht plötzlich an dem Drehtag gestellt, sondern das war Teil der gemeinsamen Verabredung für den Film. Uns war klar, wir erzählen eine Liebesgeschichte, die über Improvisation erarbeitet wird. Und ein Teil dieser Liebesgeschichte ist eben Sexualität. In beiden Beziehungen. Und das habe ich mit den Schauspielern natürlich ganz zu Anfang, bevor ich Sie quasi engagiert habe, genau besprochen und habe ihnen gesagt, dass ich da auch sehr offensive Szenen haben möchte, weil ich partout keine Lust hatte auf diesen üblichen, verschämten Umgang mit dem Alter, den ich eher peinlich finde. Und meine Schauspieler wollten da auch sofort mitziehen und einsteigen. Insofern war das Teil unserer aufregenden Reise. Als wir das dann tatsächlich gedreht haben, war es für mich fast komplizierter als für die Schauspieler. Die haben mich quasi überrannt damit. Sie haben gleich losgelegt. Ich war da viel schüchterner. Aber das ist generell das Problem, wenn man Liebesszenen oder Sexszenen dreht, davon bin ich sowieso kein großer Freund, weil man dabei sehr intime Dinge offen legt, die man gemeinhin nicht mit dritten Leuten bespricht, sondern die zwischen zwei Leuten stattfinden und nicht wie beim Drehen von »Wolke 9«, wo meist vier Leute am Drehort waren, was natürlich ohnehin sehr wenig ist. Das war schon eine echte Herausforderung. Und eine weiß Gott seltsame Situation.

Der Kritiker im Berliner »Tagesspiegel« bemängelte: »Muss es denn bei Dresen-Filmen immer diese dusteren DDR-Tapeten geben, immer dieses doch relativ enge und graue Umfeld?« Und da haben Sie geantwortet: »Ja, wenn die Protagonisten so leben.«

Das sind doch gar keine DDR-Tapeten in dieser Wohnung von »Wolke 9«. Das ist alles neu tapeziert, das war alles aus dem Baumarkt..

Ist Ihnen das denn schon öfter gesagt worden?

Diese Kritik halte ich für kompletten Unfug, weil Karls Wohnung zum Beispiel im selben Film völlig anders aussieht als die des alten Ehepaars. Die Wohnung widerspiegelt ja immer die Lebenswelt der jeweiligen Charaktere. Und das muss für mich als Regisseur vor allem stimmen. Willenbrook beispielsweise lebt in einem klassischen Einfamiliehaus in so einer neumodischen Null-acht-fünfzehn-Siedlung. Das drehten wir in Magdeburg. Oder meine Hauptfigur von »Unbekannter Ehemann« lebt in einer ganz geordneten pittoresken Baden-Badener Dachgeschosswohnung. Also, meine Protagonisten leben doch weiß Gott nicht alle in dieser beschriebenen, engen, grauen Welt.

Aber die meisten Ihrer Geschichten sind schon im Osten angesiedelt und eben dann auch im konkreten Umfeld.

Ja, aber das ist genau das Klischee, was mir oder auch meinen Filmen anhaftet. Natürlich gibt es in »Sommer vorm Balkon« die Wohnung von Katrin, die da unten im Parterre hockt, aber es gibt im gleichen Film die Wohnung von Nike, die oben in einer knallbunt angestrichenen, rosa Wohnung wohnt. Also, wo findet sich denn da jetzt bitteschön das Graue? Man zieht sozusagen den Filter des gesamten Films über jedes Detail. Deswegen habe ich das im »Tagesspiegel« auch klar gestellt: Das hängt immer davon ab, wo sich die Charaktere des Films sozial verorten. Wobei interessanterweise in »Sommer vorm Balkon« Katrin eine Frau ist, die aus dem Westen kommt und hier zum totalen Sozialfall mit ihrem fetten Alkohol-und-Arbeitslosigkeits-Problem in der Parterrewohnung wird, während ihre recht taffe und putzmuntere Freundin Nike in einer ziemlich feinen Wohnung mit einem schönen Balkon sitzt und auch noch Arbeit hat. Die kommt aber wiederum aus dem Osten. Wir spielen gern auch mit Brüchen. Denn normalerweise würde man sagen, das funktioniert nur umgedreht.

Zurück zu Ihrer Ausbildung an der Filmhochschule »Konrad Wolf« in Potsdam-Babelsberg. Da gab es doch diese Episode mit ihrem NVA-Film, den der damalige Rektor Lothar Bisky zwar verteidigt, aber letztlich auch verboten hat.

Das stimmt, er hat ihn verteidigt und verboten, er musste das tun.

Hat er nicht zu Ihnen und Ihrer Arbeit gestanden?

Er hat zu mir gestanden, aber den Film musste er trotzdem verbieten. Es hatte bereits im Vorfeld eine Menge Ärger damit gegeben, unsere Sicht auf die Dinge war ganz offensichtlich einigen Betonköpfen beim Militär ein Dorn im Auge. Deswegen musste ich im Januar 1989 zu Lothar ins Rektorat, wo er mir sagte: »Pass mal auf, inzwischen hat es so viel Ärger mit deinem Film gegeben, dass wir ihn jetzt erst mal eine Zeit lang nicht mehr zeigen können, aber ich kann mir nichts Besseres vorstellen, als wenn die Filme meiner Studenten Aufsehen erregen bis in die höchsten Kreise des SED-Politbüros, also: Weiter so, Andreas!« Bisky hat bis zum Schluss seiner Tätigkeit zu meinem Film gestanden, ganz klar, aber die Kräfte auf der Gegenseite hatten die Oberhand.

War Bisky eigentlich damals in dieser Zeit ein Gorbatschow-Mann?

Total. Bisky war ein Gorbatschow-Fan, er sah in Glasnost und Perestroika eine Hoffnung, und er war ein dialogbereiter und schöpferischer Chef, der die Schule umgekrempelt hat. So genommen hatte ich ein Riesenglück, dass ich 1986 an die Schule kam und im gleichen Jahr Lothar Bisky Rektor wurde. Da brach an der Schule die Tauwetterperiode an. Ich habe ihm später mal abgeraten, Parteivorsitzender zu werden, aber er hat sich natürlich nicht danach gerichtet (lacht). Er tat mir nach der Wende leid, als ihm seine Funktionen solchen Stress bescherten.

Haben Sie gutes Handwerkszeug mitgekriegt bei ihrer Ausbildung in Babelsberg?

Ja, das kann man mit Fug und Recht so sagen. Ein bisschen zu schulisch vielleicht, das wird der HFF auch bis heute nachgesagt. Aber handwerklich hat mich
das zumindest in die Lage versetzt, dann doch einige Jahre auch unter den harten Standards westdeutscher Fernsehproduktion gut zu bestehen. Das hieß: In
knapper Zeit, mit großem Druck schnell die richtigen künstlerischen Entscheidungen zu treffen und die in möglichst wenigen Drehtagen umzusetzen. Besonders das dramaturgische Handwerkszeug, was wir an der Babelsberger Schule
mitbekommen haben, hilft mir bis heute extrem. Und was für mich sehr prägend
war, ist etwas, was ich damals gar nicht so richtig einsehen und machen wollte.
Als das Studium begann, gab es obligatorisch die ersten anderthalb Jahre ein so
genanntes dokumentares Grundlagenstudium. Man durfte also, selbst wenn
man vom Spielfilm kam wie ich, anfangs nicht im Spielfilm arbeiten, sondern
man musste erst mal Dokumentarfilme drehen. Das hat mich damals maßlos
geärgert, weil ich ja so gerne mit Schauspielern arbeite, ich wollte wissen, wie das
geht. Und in der Schule sagte man: Nein, ehe ihr eure Geschichten selbst erfin-
det, geht erst mal raus auf die Straße und guckt euch an, was dort passiert. Am
Ende war es eine tolle Erfahrung und diese Methode habe ich mir bis heute erhalten. Auf diese Weise bekomme ich beim Filmen ganz schöne Geschenke,
Dinge, die man sich so nicht im Kopf ausdenken kann.

*Was sagen Sie dazu, dass die Filmhochschule nicht mehr »Konrad Wolf« heißen
soll?*

Ich habe mich darüber tierisch aufgeregt und empört, und ich rege mich darüber bis heute auf. Es gab insgesamt schon drei Mal den Versuch, den Namen
»Konrad Wolf« zu streichen. Immer mit unterschiedlichen Tricks. Doch das hat
zum Glück nicht geklappt.

Viele sehen darin eine Ideologiedebatte mit neuen Vorzeichen.

Konrad Wolf stand ja der Filmhochschule ziemlich skeptisch gegenüber. Und ich
weiß nicht mal genau, ob er das überhaupt gut finden würde, dass die Schule
jetzt seinen Namen trägt. Aber es war eine Hommage an sein filmisches Werk. Es
bleibt, dass Konrad Wolf ein großer, auch international geachteter Regisseur ist,
der wunderbare Filme gedreht hat. Man denke bloß an »Solo Sunny«. Warum
soll man nicht gerade mit Hilfe dieses Namens an eine Filmtradition erinnern
und an ein Stück deutscher Filmgeschichte, die es zumindest in weiten Teilen
wert ist, erinnert zu werden. Ich wundere mich, dass man diesen doch glanzvol-
len Namen einfach so über Bord werfen will. Da schöpfe ich dann schnell den
Verdacht, dass das auch eine schmierige politische Anpasserei ist, nach dem
Motto: ein Ostregisseur, also weg damit. Überhaupt hat man es in Deutschland

immer sehr eilig mit Umbenennungen. In Leipzig wurde die frühere Südstraße erst zur Adolf-Hitler- und danach zur Karl-Liebknecht-Straße. Manche Leipziger nennen sie heute schlicht Adolf-Südknecht-Straße (lacht).

Ihre Wendeepisode haben Sie in der »Zeit« in einem langen Essay beschrieben. Sie sind am zweiten Tag nach dem Mauerfall die Mauer hochgeklettert, haben in Richtung Osten geguckt und auf einmal – Sie wussten gar nicht, wie Ihnen geschieht – kamen Ihnen die Tränen. Was ging da in Ihnen vor?

Es war so, wie ich es beschrieben habe, dass sich das eigene Weltbild plötzlich vom Kopf auf die Füße dreht, weil ich ja ein Nach-Mauerbau-Kind bin. Ich bin 1963 geboren und mit der Mauer aufgewachsen. Die war für mich immer da. Die hatte irgendwie, wenn man so will, eine Selbstverständlichkeit. Ich bin überhaupt nicht auf die Idee gekommen, die Mauer in Zweifel zu ziehen. Das hätte ich mir gar nicht gewagt, es war Teil meiner Welt. Ich dachte, irgendwann, wenn du alt bist, kannst du ja auch mal in den Westen reisen, und vielleicht ist dann die Grenze auch schon etwas offener. Aber dass diese Grenze plötzlich ganz wegfällt, das konnte man sich nur schwer vorstellen. Insofern war es für mich und eigentlich die meisten DDR-Bürger überraschend, als die am 9. November '89 plötzlich holterdiepolter fiel, und ich da plötzlich draufstand. Da erst habe ich richtig begriffen, dass es gar nicht so absonderlich ist, dass ich da jetzt stehe, sondern das Absonderliche ist, dass ich vorher nicht da gestanden habe bis zu diesem Zeitpunkt. Ich habe gedacht, das ist komisch, ich stehe auf der anderen Seite vom Brandenburger Tor, und ich realisiere zum ersten Mal überhaupt das Tor als etwas anderes als ein Synonym für Grenze. Für mich war das Brandenburger Tor 26 Jahre lang irgendwie das Gleiche wie das Ende meiner Welt. Stattdessen gehe ich aber durch das Tor hindurch. Das fand ich irgendwie aufregend schön und bemerkenswert.

In Ihrem erwähnten, längeren Essay in der »Zeit« beschreiben Sie, wie Ihre älteren Filmkollegen, die zur Wende Mitte 40 waren, eine tiefe Melancholie, statt Fröhlichkeit erfasste, weil sie für sich keine Chance auf dem bundesdeutschen Filmmarkt sahen. Auf einmal stellten sich erfahrene und kompetente Kollegen in Frage. Dann haben Sie solidarisch versucht, sie über die Filmakademie für einen Neuanfang zu öffnen, doch das gelang Ihnen leider nicht. Da stellt sich die Frage: Hatten diese Kollegen keine Kraft und kein Selbstvertrauen mehr oder waren sie von Negativ-Erlebnissen so frustriert? Die hätten Ihr Angebot doch annehmen und sagen können, jetzt ziehen wir mit und versuchen alles Mögliche, um beruflich wieder Fuß zu fassen.

Nicht alle Kollegen sind so wie Wolfgang Kohlhaase, der der Welt, wie sie nun mal ist, mit offenen Armen und Augen gegenübertritt und sagt, ich gucke jetzt mal, wie ich mich hier einbringe. Wolfgang wird jetzt auch bald 80. Der steckt jedoch buchstäblich mitten im Leben und engagiert sich weiter für gute Filme. Oder jemand wie der Kinderfilmregisseur Rolf Losansky, den ich öfter hier in Babelsberg treffe, der Mitte der 90er Jahre noch in 16 Drehtagen einen Kinderfilm realisiert hat – mit wenig Geld und unter No-Budget-Bedingungen, aber total verrückt und besessen dreht. Doch es gibt eben auch sehr Viele, die einfach resigniert haben und verbittert sind.

Die Letzteren konnten Sie nicht motivieren, waren die vielleicht auch neidisch auf Ihre Erfolge in so jungen Jahren?

Nein, es gab keinerlei persönlichen Zwist. Ich verstehe mich mit diesen DDR-Kollegen größtenteils gut, aber ich konnte sie nicht davon überzeugen, sich noch mal auf eine politische Art einzubringen. Da herrschte bei Vielen eine große Frustration, dass sie den Sprung von einem aktiven Berufsleben noch in der DEFA, wo man häufig die Stoffe von der studioeigenen Dramaturgie angeboten bekam, wo es einen genauen Plan gab für alle Film-Produktionen, in den freien Filmmarkt nicht geschafft haben. Die westliche Filmproduktion interessierte sich einfach nicht für die etwas älteren Kollegen. Das ist natürlich eine große Ungerechtigkeit. Aber ich selber musste auch mit der Anpassung an die neuen Strukturen kämpfen. Umso bewundernswerter, dass solche Männer und gestandenen Regisseure wie Carow oder Beyer unerschrocken weiter Filme drehten. Mein Lehrer Günter Reisch ist Mitglied der Filmakademie, und selbstverständlich unterrichtet er bis heute junge Leute an allen möglichen Filmhochschulen und zeigt dort seine Filme, obwohl er schon über 80 ist.

Im schon genannten »Zeit«-Essay argumentieren Sie gegen die von Volker Schlöndorff mit seinem despektierlichen Statement gegen die DEFA und die DEFA-Filme angezettelte Debatte. Eigentlich werde die positive DDR-Filmkultur zu Unrecht vergessen, verschwiegen oder verdrängt. Es gäbe wie in jeder anderen Filmproduktion schlechtere, aber eben auch herausragende DEFA-Filme. Und wenn sich Schlöndorff »Ich war 19« oder »Jakob der Lügner« erst jetzt angucke, dann sei es sein Pech. Sie gehen ja sogar so weit zu sagen, der Schlöndorffsche Verriss der DEFA klinge wie eine Rechtfertigung der Abwicklung der Babelsberger Studios. Man fragt sich, wie kann ein so politisierter Mann wie Schlöndorff so urteilen. Sie schätzen ihn doch sicher als Filmmann?

Natürlich. Volker Schlöndorff ist und bleibt für mich ein sehr kluger Mann und toller Regisseur. Ich glaube, das ist ihm so rausgerutscht, was dann einen solchen Zündstoff in allen großen Feuilletons bot. Manchmal entstehen abstruse Dinge, bei denen sich die Spirale immer weiter dreht. Ich habe seinen unseligen

Kommentar hier am Frühstückstisch gelesen in der »Märkischen Allgemeinen Zeitung«, und zwei Tage später fand die Verleihung des Europäischen Filmpreises in Kopenhagen statt. Dort traf ich Volker Schlöndorff und habe ihn darauf angesprochen, aber es kam leider kein richtiges Gespräch darüber zustande.

Was hat Sie denn so bewegt oder empört, dass Sie dazu diesen langen Artikel in der »Zeit« geschrieben haben?

Ja, wenn es nur diese Äußerung von Volker Schlöndorff gewesen wäre! Aber mein Artikel in der »Zeit« zielt ja auf mehr, er ist viel weiter gefasst. Zum Einen natürlich darauf, warum wir, also die Leute, die eine Ostbiografie haben, es offensichtlich nicht so richtig auf die Reihe kriegen, über unsere eigene Geschichte zu erzählen. Und wenn ja, frage ich zum Anderen, wie diese Geschichten aus westlicher Sicht dann wiederum wahrgenommen werden. Also, wie können wir mit der Filmkultur, die die DDR hinterlassen hat, produktiv und unvoreingenommen umgehen? Das sind die zwei Säulen, auf denen mein Artikel steht.

Florian Henckel von Donnersmarcks Film »Das Leben der Anderen« bekam einen Oscar. Sie nennen den viel gerühmten und heiß diskutierten Film ein Hollywoodmärchen, und Sie würden viel lieber was ganz Anderes aus dem Stasi-Thema machen, z. B. von einem Stasimann erzählen, der im Alltag ein netter Familien-Mensch und normaler Nachbar ist und ansonsten in diesem beschissenen Büro sitzt und beschissene Arbeit macht. Sie haben in Ihren Arbeiten schon zwei Mal das Stasi-Thema angepackt.

Ja, ich habe das leidige Stasi-Thema schon zweimal behandelt, einmal am Theater und ein andermal im Film. Im Theater habe ich es sogar vor gar nicht allzu langer Zeit versucht und zwar nach »Halbe Treppe« im Jahr 2002 am Schauspielhaus in Leipzig. Das war ein Stück von Eugen Ruge über Ibrahim Böhme. Böhme ist ja eine sehr interessante, man kann schon sagen schillernde Figur aus der turbulenten, ostdeutschen Wende-Geschichte. Wie dieser Böhme über 20 Jahre seine eigenen Freunde bespitzelt und gleichzeitig Oppositioneller und Stasi-Mann war und dann zum Spitzen-Politiker der jungen, ostdeutschen Sozialdemokratie avancierte, das ist einfach absurd. Er ist dann nach dem IM-Outing 1999 ganz einsam und von allen ehemaligen Freunden und Bekannten vollkommen verlassen in Neustrelitz gestorben. Niemand konnte die Schizophrenie verstehen, in der er sich ganz offensichtlich befunden hat. Mit seinen Bänden von Akten, seinen vielen so beflissenen, handschriftlichen Notizen, dann auch mit den Tonbändern konfrontiert, hat er immer nur gesagt, das ist zwar meine Schrift, das ist meine Stimme, aber das habe ich nicht geschrieben, und das habe ich nicht gesagt. Er hat seine Spitzeltätigkeit trotz massenhafter Beweislast bis zum Schluss geleugnet. Grotesk.

Das andere Mal betrifft meinen Film »Das andere Leben des Herrn Kreins«. 1994 haben wir den als Fernsehfilm produziert.

Sie haben, wie gesagt, gefordert, diese Thematik müsse anders behandelt und erzählt werden als im »Leben der Anderen«. Stört es Sie, wenn ein ambitionierter Westregisseur eine Ost-Story aufbereitet?

Aber nein, das kann und sollte er natürlich, ich habe da überhaupt nichts dagegen. Ich selbst habe ja, wie gesagt, schon Stasi-Geschichten erzählt, aber schließlich damit ganz bewusst aufgehört. 1997, nach der Ausstrahlung von »Raus aus der Haut«, habe ich gesagt, ich mache im Film erst mal keinen DDR-Stoff mehr. Und ich habe seitdem auch keinen mehr gemacht. Mein Grund war ganz profan. Ich hatte das Gefühl, dass die Sicht, die *ich* auf solche Stoffe habe, nicht unbedingt gefragt ist oder nicht gut verstanden wird. Das spürte ich einfach, das ist nicht nur eine Mutmaßung, sondern belegt mit den Zuschauerzahlen, dass man damit keinen Hund hinter dem Ofen hervorlockt.

Vielleicht ist die Zeit inzwischen eine andere?

Ja, das kann sein. Aber wenn ich aufgefordert werde, nun machen Sie doch mal einen Film über die Wende, kann ich nur antworten: Dummerweise habe ich den schon gemacht – und zwar 1992. Doch wenn mir eine starke Geschichte über den Weg läuft, würde ich trotzdem noch mal anbeißen.

Waren Sie eigentlich auf der Demo am 4. November 1989 auf dem Berliner Alexanderplatz dabei?

Ja, ich habe dort gedreht. Davon gibt es schöne Erinnerungsfotos, wie ich mit Kommilitonen und einer Kamera auf einem Autodach stehe.

Haben Sie das auch, wie Helga Königsdorf es nannte, als einen »Moment der Schönheit« erlebt mit dieser geballten Hoffnung auf eine bessere DDR, eine demokratische?

Ich hatte genau diese Hoffnung, wie viele andere in dieser Zeit auch. Das war schon ein erhebender Moment, den ich auf keinen Fall missen möchte. Wenngleich ich nicht fand, dass man dafür damals besondere Zivilcourage brauchte, um bei dieser historischen Demonstration am 4. November dabei zu sein. Wir waren eine Million Menschen dort, und die Stimmung war einmalig! Wirklich mutig waren aber die Menschen, die in Leipzig ganz zu Anfang auf die Straße gegangen sind, nur eine Handvoll Leute. Davor habe ich großen Respekt.

Hatten Sie da den Impetus, jetzt mache ich auch Politik?

Nein, den hatte ich nicht.

Kam für Sie damals eine Mitgliedschaft in einer der neuen demokratischen Bewegungen oder Parteien in Frage?

Nein, ich wollte schon zu DDR-Zeiten in keine Partei.

Das ist ja verständlich, denn die einfachen Mitglieder, ob nun in der SED oder den Blockparteien, hatten ja nichts zu melden.

Na ja, so verständlich war das wiederum auch nicht. Es gab in meinem Umfeld eine ganze Menge von Leuten, die ich persönlich über die Maßen geschätzt habe, die damals in der SED waren, wie Lothar Bisky, Christoph Schroth, auch mein Kameramann oder andere engagierte und durchaus kritische Genossen. Da gab es Persönlichkeiten, die ich sehr mochte und die auch aus ganz ehrenwerten Gründen SED-Mitglied waren, weil sie der Meinung waren, sie könnten nur dort und von innen heraus das System konstruktiv verändern. Dieses frommen Glaubens waren ja Viele. Und ich hatte mir ein paar Mal überlegt: Jetzt trete ich vielleicht auch ein. Doch ich habe mir mal erzählen lassen, wie die meisten Parteiversammlungen so abliefen, redundant, trocken und langweilig. Da habe ich gedacht: Nein, da sitzt du dir nur deinen Arsch breit, wirst auf kollektive Parteilinie eingeschworen und somit mundtot gemacht. Also, man konnte schon nein sagen und das war dann, zumindest bei mir, auch kein Hinderungsgrund, studieren zu können. Natürlich gab es auch Leute, die unter Druck gesetzt wurden. Ich hatte Glück.

Haben Sie mit Blick auf die aktuelle, schwere und weltweite Bankenkrise, Kapitalismuskrise usw., manchmal so naive Wünsche: Ach, wenn es doch mal was ganz Anderes, wirklich Zukunftsträchtiges als Gesellschaftskonzept gäbe, so eine Art dritten Weg? Haben Sie zuweilen solche utopischen Hoffnungen oder sind Sie realistischer?

Der dritte Weg war ja damals im Herbst 1989 unser großer Traum. Ich habe in Leipzig noch im November 1989 gegen die Wiedervereinigung demonstriert, mit einer Handvoll, ich glaube 20 oder 30 Filmhochschülern. Da wehten in der Stadt schon die Deutschlandfahnen. Wir waren für eine Konföderation, damals kam gerade der berühmte von Christa Wolf verlesene Aufruf. Und die Leipziger haben uns bald umgebracht mit ihrem Zorn und Unverständnis. Wir waren da auf ganz verlorenem Posten. Man schrie uns an: »Kauft euch doch eine Insel!« Aus jetziger Sicht kann ich das irgendwie besser verstehen als damals, mit unserer naiven Hoffnung. Die meisten wollten ganz schnell all die attraktiven Sachen, die sie jahrelang im Westfernsehen gesehen hatten, die wollten jetzt endlich grenzenlos reisen und nicht erst in 20 Jahren. Die Intellektuellen mit ihrem Plädoyer für den dritten Weg wurden vom Wind der Geschichte einfach weggefegt.

Finden Sie es wichtig oder eher langweilig, wenn einige dieser Intellektuellen heute fordern, sie müssten der jüngeren Generation erklären, warum sie 1989 gescheitert sind?

Nein, ich finde das nicht langweilig, sondern nützlich. Ich meine, die DDR war ja auch eine soziale Utopie, mit der sie in der deutschen Geschichte nach dem Zweiten Weltkrieg angetreten ist. Und wenn so eine Utopie in ihrer praktischen Umsetzung scheitert, bedeutet es ja noch lange nicht, dass die Intention schlecht oder falsch ist. Sie ist gescheitert, weil sie teilweise durch die falschen Leuten auf den falschen Weg gebracht wurde. Und deswegen tut die entsprechende Analyse not. Interessanterweise treffen sich da die DDR-Intellektuellen in ihrer Enttäu-schung mit den 68ern. Ich habe mich eine ganze Zeit lang mit Inge Viett getrof-fen, die mit anderen Terroristen aus einer utopischen Idee heraus einen äußerst fragwürdigen, falschen Weg gewählt hatte; ursprünglich hatten sie auf eine sozial gerechtere Welt gesetzt, und später haben sie sinnlose Gewaltakte und un-schuldige Opfer provoziert. Am Ende bleibt bei beiden Versuchen ein Scheitern zu konstatieren. Aber ist deswegen der Gedanke einer gerechteren Welt falsch?

Noch einmal nachgefragt: Was hat sich in Ihrer Arbeitssituation heute für Sie verändert oder verbessert?

Was da aufeinander prallte, waren zwei völlig verschiedene Systeme von Filmpro-duktionen. Das kann man nicht anders sagen. Die DEFA war ein durchorgani-sierter Studiobetrieb, wo alles auf einem Gelände war – von der Stoffentwicklung bis hin zum Kopierwerk. Und man bekam dort, wenn man mit erfolgreichem Abschluss vom Studium kam eine Festanstellung, quasi auf Lebenszeit. An-fangs startete man als Regieassistent und konnte dann nach ein paar Jahren, meistens waren es zehn oder sogar 15 Jahre, endlich seinen ersten Film drehen, um vielleicht dann in die Riege der DEFA-Regisseure aufzusteigen, die regel-mäßig, das heißt alle zwei bis drei Jahre einen Film produzierten. Dann kam die Wende, das DEFA-Studio zerschlug sich, die alten Strukturen lösten sich völlig auf. Heute ist alles anders, aber ich wüsste auch international eigentlich nicht, dass es woanders festangestellte Regisseure in der Filmbranche gibt. Man muss sich jetzt auf dem freien Markt selber seine Strukturen schaffen, was durchaus eine komplizierte Angelegenheit ist. Das musste ich erst mal lernen.

Demzufolge sind Sie ein echter Wendegewinner, wenn man das mal so klischee-haft sagt?

Das kann man sagen, denn ich hatte in vielerlei Hinsicht Glück. Für mich kam die Wende zu einem sehr günstigen Zeitpunkt, nämlich genau zum Abschluss meiner Ausbildung. Ich hatte 1991 als Absolvent der DDR-Filmhochschule ganz gute Karten. Viel bessere als meine älteren, gestandenen Kollegen jedenfalls. Ich kann jedoch immer nur für mich sprechen, denn es gibt eben in jedem Berufsfeld unterschiedliche Lebenswege. Von meinen damaligen Kommilitonen sind auch nicht mehr alle im Beruf. Alles in allem finde ich das Bild oder den Satz für die damalige Umbruchssituation ziemlich zutreffend, der da lautet: »Besser im Dschungel als im Zoo!«

Haben Sie diesen Satz erfunden?

Nein, den hat mein Kollege Andreas Kleinert mal gesagt. Ich fand ihn ziemlich treffend, weiß aber nicht mal, ob er tatsächlich von ihm ist. Aber den Dschungel, um im Bild zu bleiben, finde ich nach wie vor spannend.

Wer, wenn nicht die Hofnarren,
sagen den Mächtigen die Wahrheit?

Interview mit dem Schauspieler Peter Sodann
im Juni 2009

Herr Sodann, wir sind mit Ihnen hier in Halle im Café am »neuen theater« ver-
abredet. Wir waren ein bisschen früher da und haben uns umgesehen in diesem
urgemütlichen Restaurant, das nicht nur eine Theke hat, sondern auch Bücher-
regale mit vielen, vielen Büchern, daneben andere Dinge, wie aus der heimischen
Küche nach hier verlagert, eine bunte Sammlung von Tassen, Kaffeekannen und
Ähnlichem. Dieses Restaurant gehört zur Hallenser Kulturinsel, einem Projekt,
das Sie sich ausgedacht und über Jahre in die Tat umgesetzt haben. Das ist nun
also Ihr Werk.

Das ist mir alles ganz gut gelungen. Als wir den 20. Geburtstag der Kulturinsel
gefeiert haben, hatten wir das Motto: »10 Jahre DDR + 10 Jahre BRD = 20 Jahre
neues theater.« Aber später haben mich die Stadtväter und -mütter rausgeschmissen. Danach haben sie mir noch den Ehrenbürger der Stadt verpasst.

Es ist aber eindeutig Ihr Verdienst, das wissen doch die Leute.

Also, Sie wollen mit dem, was ich hier sage, Geld verdienen? Stimmt das? Aber
lasst uns dabei relativ heiter sein.

Schön wäre es, wenn wir damit Geld verdienen würden.

Reich werdet ihr damit nicht.

Bei Ihren Lesungen haben Sie immer volle Säle. Wirkt da Ihr Bekanntheitsgrad
als Kommissar Ehrlicher, das aus dem Fernsehen bekannte Gesicht, mit?

Ja sicher. Das hat was mit Ehrlicher zu tun, allerdings auch mit der DDR. Der
Ehrlicher kommt ja aus der DDR.

Eine Zeitung schrieb, der Ehrlicher kommt aus Dresden, dabei ist das doch ein
Leipziger?

Peter Sodann 1989 (li.) und 2009 (re.)

Nein, zuerst war er in Dresden.

Dann stimmte es also doch.

In dem Fall, ausnahmsweise mal, ja. Aber Journalisten sind oft entsetzlich uninformiert. Es gibt die Geschichte von einer jungen Journalistin der heutigen Tage, die bei Egon Bahr anrief, um einen Termin bei Herbert Wehner zu bekommen. Bahr ging sehr hinterhältig und witzig darauf ein und sagte: »Tut mir leid, der telefoniert gerade mit Franz Josef Strauß.« – »Gut, dann rufe ich später noch mal an.« Wahrscheinlich hält die junge Dame Willy Brandt auch für einen DDR-Politiker. Das ist Journalismus heute.

Nicht das, was wir darunter verstehen. Aber komisch ist es schon und vielleicht wäre es was für ein Kabarettprogramm. Herr Sodann, Sie sind gerade 73 Jahre alt geworden.

Mich wundert das auch.

Sie haben vor einiger Zeit eine Ausstellung mit den Bildern des Dresdner Malers Löffler organisiert ...

Da war ein Bild meiner Mutter dabei. Das habe ich nämlich jetzt. Vorher war es weg, dann war es verschwunden.

Wer hat es denn gehabt?

Das hatte jemand geklaut. Der hat sich dann ein Haus gebaut, da passte das Bild nicht rein. Das Haus war zu klein. Oder das Bild zu groß.

Und den kannten Sie oder hat er sich bei Ihnen gemeldet?

Er hat den Maler Löffler angerufen und gesagt: Ich habe Ihr Bild, das in der EWS (Elektrowärme Sörnewitz) in der Kantine hing. Ich brauch's nicht mehr, mein Haus ist zu klein. Daraufhin hat Löffler mich angerufen: »Du kannst das Bild mit deiner Mutter kaufen, das kriegst du vielleicht für ein Schnäppchen.«
Der Verkäufer stellte sich dumm: »Was bekommt man denn für so ein Bild?« Ich sagte: Eigentlich nichts. Dass er es geklaut hatte, konnte ich ihm ja nicht nachweisen. Wir haben lange miteinander verhandelt, und das Bild wurde immer teurer. 5 000 Mark habe ich schließlich dafür bezahlt, aber immerhin ist da meine Mutter in Öl drauf. Ja, und nun habe ich es eben, und das nur, weil der sein Haus zu klein gebaut hatte. Man verliert und gewinnt, so ist das Leben.
Hier (und er deutet dabei auf das Cafe im »neuen theater«) habe ich verloren, hier habe ich am Ende eindeutig verloren. Es war mein Lebenswerk mit einer Theaterkunst für alle Menschen, einem Theater, das nicht nur eigene Zwecke hat und die Besucher lediglich als Geldgeber betrachtet. Ich war so weit, dass die Zuschauer von allein kamen, weil wir etwas zu sagen hatten mit dem Theater. Heute ist das anders, heute ist es blöde. Irgendwie. Ist vielleicht der falsche Ausdruck.

Sie benutzen gern dieses Wort blöd.

Ja, aber das Wort hat viele Nuancen, je nachdem welchen Sinn man ihm gibt.

Sie haben auch mal gesagt, die Leute waren ziemlich blöde, wie sie im März 1990 gewählt haben. Es war desillusionierend, dass die Mehrheit nach diesem Aufbruch zu Neuem so konservativ gewählt hat. Hat Sie das damals überrascht oder wussten Sie das schon vorher?

Ich wusste, dass der Westen kommt.

Schon im Herbst wussten Sie das?

Im Frühjahr davor.

Im Frühjahr, als die jungen Leute alle noch in den Westen gingen? Da dachten Sie schon, jetzt geht es zu Ende? Woran haben Sie das denn festgemacht?

Ich hatte im »neuen theater« einen Stammtisch, an dem die Bezirksleitung der SED saß, die Blockparteien, Künstler, Wissenschaftler von der Uni, Pfarrer und was weiß ich. Ich habe also am 24. Februar 1989 so einen Stammtisch gemacht, da waren wir ungefähr 30 bis 40 Leute, hier im »neuen theater«. Ich erinnere mich wirklich noch genau daran. Ich habe damals ein Gedicht von Ludwig Uhland vorgetragen, aus eben dem Grund. Und das geht so:

Die linden Lüfte sind erwacht,
sie wehen und säuseln Tag und Nacht.
Sie schaffen an allen Enden.
Oh frischer Duft, oh neuer Klang,
nun armes Herze sei nicht bang,
nun muss sich alles, alles wenden.
Die Welt wird schöner mit jedem Tag,
man weiß nicht, was noch werden mag,
das Blühen will nicht enden.
Es blüht das fernste, tiefste Tal:
nun armes Herz vergiss die Qual,
nun wird sich alles, alles wenden.

Darüber haben wir dann diskutiert, damals, im Frühjahr 1989.

Aber das müssen Sie doch an bestimmten Beobachtungen festgemacht haben.

Ich habe mir die Dächer angesehen. Wir waren pleite. Zehn Jahre länger und wir hätten in Zelten gelebt.

Dass die DDR im Argen lag, das haben wir alle mitgekriegt, aber dass sie so schnell endet?

Das Ende begann ja nicht '89 sondern viel früher. '89 wurde es besiegelt. Ich habe damals, als wir den Film »Trutz« drehten, immer gesagt: Leute, der Westen kommt und unsere Regale sind leer. Wenn wir jetzt nichts rein stellen, stellt der Westen was rein. So war es dann auch. Aber deshalb ist der »Tatort« entstanden. Wir haben was rein gestellt.

Wann war denn das?

1990, im Herbst.

Sie waren doch in der Zeit einer der führenden Demonstranten in Halle. Sie haben Demokratisierung verlangt. Hatten Sie da nicht die Hoffnung, dass vielleicht eine demokratische DDR entstehen könnte?

Diese Hoffnung hatte ich nicht. Also entschuldigen Sie bitte, haben Sie schon mal im Boxring gestanden?

Sehen wir so aus?

Es ist doch einfach so: Wenn Sie in einen Boxring steigen, ist es Ihnen doch recht, wenn Sie dem anderen eins auf die Mütze hauen und der fällt um. Sonst würden Sie ja gar nicht da rein steigen.

Na, und wenn Sie selbst eins auf die Zwölf kriegen, dann fallen Sie eben um. Und dann kommt der Sieger und sagt, wo es lang geht.

Kennen Sie den Brief, den Christa Wolf damals vorgelesen hat, »stellt euch vor, es ist Sozialismus und Keiner geht weg«. Ein Aufruf war das an alle DDR-Bürger, im Land zu bleiben.

Ich habe das gelesen, und habe es, na ja, für Unsinn gehalten. Plötzlich sagten die Leute Dinge, die ihnen vorher nie eingefallen waren. Bei Christa Wolf angefangen bis zu den Unterhaltungskünstlern, plötzlich waren die alle »super fortschrittlich«.

Aber es gab doch diese Hoffnung…

Ich hatte diese Hoffnungen nicht. Ich wollte den Sozialismus aufbauen wie sicherlich viele Andere auch. Aber ich bin natürlich durch eine andere Schule gegangen … Also anders formuliert, ich war Walter Ulbricht eigentlich, dies klingt jetzt verrückt, dankbar, dass er mich eingesperrt hatte.

Dankbar?

Man denkt intensiver nach. Es war für mich sehr wichtig, genau zu überlegen, wer hat denn hier nun Recht?
Der Freiheitsgedanke wurde doch so definiert: Freiheit ist Einsicht in die Notwendigkeit. Darüber habe ich viel nachgedacht. Ganz naiv. Immer sagen mir Andere, was notwendig ist – und dann bin ich frei. Das ist heute wie mit dem Sachzwang, dem sich Politiker immer beugen, damit sie so frei sind, ihre Diäten zu erhöhen.
Ich habe mir einen anderen Gedanken gesucht, von einem russischen Philosophen: »Freiheit ist, sich für alles verantwortlich zu fühlen.«
Wenn Sie nach dieser Definition leben wollen, ist das äußerst mühsam. Aber das hatte was mit meinem Leben zu tun. Ich habe mich schon als Kind für alles Mögliche verantwortlich gefühlt. Und wenn mir was nicht passte, wurde ich aktiv. So bin ich eben zum Lehrer gegangen und habe gesagt: Sehen Sie, Herr Hänßgen, die Christa hat für ihre Schrift eine 3 bekommen und die Evelyn, die auch nicht besser schreibt, eine 1. Warum? Es war nämlich so, die Evelyn hat er gern gehabt und die Christa nicht. Das war so mein Gefühl für Gerechtigkeit.

Deshalb wollten Sie Jura studieren?

Nein, Jura habe ich nur studiert, weil ich verliebt war. Dass dieses Studium etwas mit Gerechtigkeit zu tun hat, hatte ich trotz Verliebtheit im Hinterkopf. Ich wollte aber nicht Richter werden oder Staatsanwalt, sondern Bürgermeister.

… eines sozialistischen Dorfes, wie wir gelesen haben. Was sollte denn in dem Dorf funktionieren?

Zuerst eine »Kneipe« als Zentrum des Dorfes. Dazu sollte ein kleiner Saal gehören, in dem man Theater spielen kann. Und ich wollte richtige Feldwege anlegen, die nicht ständig von den Rädern zerwühlt werden. Außerdem hatte ich vor, ein Kulturensemble zu gründen, ich hatte viel vor in »meiner« Gemeinde.

Wollten Sie schon als junger Mann Bürgermeister werden?

Das war 1959. Ich würde aber auch heute noch gern Bürgermeister sein. Kurz nach der Wende hätte es fast geklappt. Der damalige Oberbürgermeister von Halle wollte Ministerpräsident des Landes werden. Da habe ich vorgeschlagen: Gut, ich unterstütze dich, aber dafür werde ich dann hier Oberbürgermeister.

Und wie ist es ausgegangen?

Er wurde Oberbürgermeister und rausgeschmissen, weil er IM war. Das habe ich aber damals nicht gewusst.

Noch mal zurück zu Ihrer Gefängniszeit bei Ulbricht. Wie lange waren Sie da im Knast?

Sechs Monate in Einzelhaft, insgesamt waren es neun Monate. Neun nützliche Monate. Das habe ich gleich nach dem Knast zu einem meiner Freunde gesagt. Ich habe mich da vorsichtig rangetastet, weil ich überhaupt nicht wusste, wie meine Freunde darüber denken. Aber es war so, mir ging's nicht gut. Dennoch hat der Knast in irgendeiner Weise auch genutzt.

Das haben Sie wirklich kurz danach gesagt? Waren Sie nicht wütend über diese Behandlung? Denkbar wäre ja auch, Sie hätten mit dem ganzen Staat gebrochen und hätten gesagt, jetzt haue ich ab.

Nur zwei, drei Tage danach, dann nie wieder. Ich fürchtete anfangs, wieder eingesperrt zu werden.

Nach dem Knast war ich in der Produktion. Eines Tages bin ich nach Berlin zum Staatsrat gefahren, weil ich aus allen Organisationen rausgeflogen war, auch aus dem FDGB (Freier Deutscher Gewerkschaftsbund). Ich hatte einen Termin bei einem Staatsrats-Beamten. Ich weiß noch genau, dass der mich angeguckt hat wie das siebente Weltwunder, weil ich auf seine Frage: »Was möchten Sie denn?«, antwortete: Ich möchte wieder in den FDGB eintreten. Ich muss heute selber darüber lachen. Das hatte ja eine große Naivität, klar, aber ich habe mir gedacht, du musst dir deine Rechte in der Deutschen Demokratischen Republik wieder erkämpfen. Wenn ich aber nirgendwo organisiert bin, kann ich nichts bewirken. Also wieder rein in den FDGB. In die SED, das war natürlich zu dem Zeitpunkt aussichtslos.

Später wollten die Genossen dann, dass ich auch wieder in die Partei eintrete. Da wollte ich jedoch nicht mehr. Aber ich dachte darüber nach und hatte eine Idee: Ich stimme zu, verlange aber, dass sie mir mein altes Dokument wiedergeben. Dann hätte ich gesagt: So, nun habt ihr mir das wieder gegeben, weshalb habt ihr mich denn damals rausgeschmissen? Das war auch naiv, ich wollte die Genossen blamieren.

Aber mit dem FDGB, das hat funktioniert. Ich durfte wieder eintreten und bekam mein altes Dokument zurück. Aber ich musste für jeden Monat 50 Pfennig Beitrag nachzahlen. Das Dokument habe ich noch zu Hause, ich finde es einzigartig.

So ganz nebenbei wurde ich dann bei meinem Besuch im Staatsrat noch gefragt, wie es denn in meinem Betrieb aussieht. Ich antwortete: Das kann ich Ihnen nicht sagen, Sie geben das weiter und für mich entsteht wieder Unheil. Er hat mich beruhigt, mit ihm könne ich schon reden, das gehe alles in Ordnung.

Da habe ich es dann gesagt, wörtlich: Dieser Betrieb ist pleite.

Können Sie sich das Gesicht von Ackermann vorstellen, wenn ihm sein Buchhalter sagt, die Deutsche Bank muss in die Insolvenz? So ungefähr war das damals.

Eine Woche später kam die Arbeiter- und Bauerninspektion und hat den Betrieb untersucht. Und ich wurde verleumdet. Auf den Toiletten waren Hakenkreuze an die Wand geschmiert worden. Das sollte ich gewesen sein. Die Staatssicherheit hat sich mit mir beschäftigt und auch die Bezirksleitung der SED. Ich habe mich gewehrt: Das war ich nicht. Die Hakenkreuze habt ihr selber dran gemalt! Komischerweise war die Sache dann zu Ende. Aber sie wollten mich anwerben: »Wenn Sie es nicht waren, können Sie uns doch helfen, den zu finden, der es war.« Trick 15 aus der Mottenkiste. So blöd war ich damals schon lange nicht mehr und das verdanke ich auch meiner Knastzeit, also Walter Ulbricht. Das war im Starkstromanlagenbau Leipzig, Teilbetrieb Dessauer Straße. Da habe ich als Spitzendreher gearbeitet.

Waren Sie Aktivist?

Nein, Spitzendreher ist etwas Anderes. Jeder weiß heute, was Subway, aber keiner, was ein Werkzeugmacher ist, ganz zu schweigen vom Spitzendreher.

Und wie ging es weiter mit der Kommission?

Es kam noch eine zweite Kommission vom VEB Starkstromanlagenbau. Die hat auch untersucht, ob der Betrieb pleite ist, und hat festgestellt, dass ich zwar Unrecht, aber doch verschiedene Dinge ins Rollen gebracht habe.

Drei Jahre später wurde der Betrieb wirklich geschlossen. Ich hatte also doch Recht. Vorher kam eines Tages der Chefingenieur zu mir und bat mich, noch mal zum Staatsrat zu fahren. Er habe Berechnungen, die beweisen, dass der Betrieb pleite ist. »Ich kann nicht selbst fahren«, sagte er, »ich habe Familie«. Da bin ich zu meinem Parteisekretär gegangen und habe den gefragt, soll ich fahren oder nicht? Seine Antwort: »Willst du noch Schauspieler werden?« Ja, ich wollte Schauspieler werden. »Dann fahr mal lieber nicht.«

Wieso wollten Sie Schauspieler werden? Waren Sie immer ein guter Darsteller?

Ich war der Klassenclown in der Schule, wie man so schön sagt. Schauspieler wollte ich werden, weil ich dachte, Mensch, das ist doch ein schöner Beruf. Ich bin aber nie ein richtiger Schauspieler geworden, sondern ein anderer.

Was heißt denn das?

Ein politisch denkender Schauspieler. Davon gibt es wenige. Ein Schauspieler ist normalerweise ein Mensch, der sich selbst verrät. Weil er nur an sich denkt. Das ist jetzt schwer zu verstehen, stimmt's?

Würden Sie dem zustimmen: Sie sind ein Schauspieler mit proletarischer Handschrift, und das ist was ganz Besonderes.

Ich weiß nicht, was eine proletarische Handschrift ist. Eigentlich meine ich damit nur: Ich denke anders. Nicht nur an meine nächste Rolle. Zum Proletariat zähle ich mich auch nicht so richtig, obwohl ich daher komme. Karl Marx hat gesagt: »Proletarier aller Länder vereinigt euch.« Was haben sie gemacht? Sie haben sich nicht vereinigt. Aber die Banker, die haben sich vereinigt.

Und jetzt brauchen sie Hilfe.

Die brauchen keine Hilfe. Die brauchen Geld. Und woher nehmen sie es? Vom Volk.

Sie sprechen immer sehr liebevoll von Ihre Eltern. Ihr Vater ist im August 1944 gefallen, Sie haben im vorigen Jahr sein Grab in Pulawi aufgesucht. Und auch das Andenken an Ihre Mutter, die erst Landarbeiterin, dann Fabrikarbeiterin in Sörnewitz bei Dresden war, halten Sie hoch. Ihre Herkunft prägt Sie bis heute. Man müsste wahrscheinlich lange suchen, um im Westen unseres Landes einen Schauspieldirektor oder Intendanten mit ähnlichen Wurzeln zu finden.

Die kommen aus anderen Verhältnissen, besuchen gute Schulen und werden dann gute Künstler. Wissen Sie, was Hurz ist?
Zum Thema Kunst will ich Ihnen eine Anekdote erzählen. Es gibt das Theaterstück »Der Keller« von Hans Lucke. Das ist ein DDR-Schriftsteller. Ich habe an der »Theaterhochschule Hans Otto« in Leipzig studiert. Der damalige Rektor Armin-Gert Kuckhoff hat die Beurteilung über unser Kabarett geschrieben, auf Grund derer ich dann verurteilt wurde. Wenn Sie die lesen, verstehen Sie Vieles.
Ich hatte also Dramaturgie-Prüfung bei Professor Adling. Und der stellte mir die alles entscheidende Frage: »Wer ist der positive Held in Hans Luckes Stück ›Der

Keller‹?« Schwierige Frage. Einer meiner Freunde hatte die Prüfung zwei Tage vor mir. Ihm wurde die gleiche Frage gestellt, er konnte sie nicht beantworten und bekam eine 4. Aber Professor Adling hatte ihm danach die Antwort gesagt: Der positive Held in Hans Luckes Stück »Der Keller« ist selbstverständlich der tote Sowjetsoldat, der im Gang vor dem Keller liegt. Tatsächlich stellte er mir genau die gleiche Frage, daran merken Sie, was das für ein Rindvieh war. Ich sagte voller Überzeugung: Der positive Held in Hans Luckes Stück »Der Keller« ist selbstverständlich und ohne Frage der tote Sowjetsoldat, der im Gang vor dem Keller liegt. Professor Adling staunte erfreut, ich bekam eine 1.

Viele Jahre später, das muss im Jahr 2004 gewesen sein, ich war noch Intendant des »nt«, rief mich Hans Lucke an. Er wollte wieder mal eines seiner Theaterstücke unterbringen. Da habe ich ihn gefragt: Hans, sag mir doch mal, wer war denn eigentlich in deinem Theaterstück »Der Keller« der positive Held? Da hat er geantwortet: »Das weiß ich doch nicht«.

Sehen Sie, so hatte der berühmte Professor Adling daraus »Kunst« gemacht. Der hat festgelegt, wer der positive Held ist. Ich könnte Ihnen viele Beispiele für solcherart Kunstverständnis nennen, gestern und heute.

Sie sagen, Sie sind ein politischer Schauspieler. Und gleichzeitig: Das sind viele meiner Kollegen nicht.

Ich denke schon. Nennen Sie mir mal heute einen politischen Schauspieler. Schiller hat in einem Brief an Goethe geschrieben: »Lass mich mit diesen Leuten in Ruhe.« Für die gibt es nur den harten Imperativ, ansonsten habe ich darüber nichts mehr zu sagen. Das muss man beachten, wenn man über Schauspieler spricht.

Stimmt es, dass Helene Weigel Sie nach Berlin geholt hat?

Sie war eine politische Schauspielerin. Sie war eine hervorragende Schauspielerin. Ich habe von dieser Frau unendlich viel gelernt.

Warum sind Sie denn vom BE weggegangen?

Weil ich mich mit ihr gestritten habe. Nicht um die Gage, sie hat immer wenig gezahlt. Nein, weil ich dort keinen Sinn fand am Berliner Ensemble. Ich war zwei Jahre dort. Die großen Rollen spielten Andere. Ich hätte zu lange warten müssen. Ich war ungeduldig.

Beinahe hätten Sie sich in die Höhle der Politik begeben.

Ich bin immer drin.

Sie als Präsidentschaftskandidat konnten doch wissen, das wird nichts. Die machen das unter sich aus, Gesine Schwan und Horst Köhler.

In unseren neuen alten Verhältnissen kann nur zwischen dem kleineren und dem größeren Übel gewählt werden. Von beiden genannten ist der Krieg in Afghanistan das größere Übel. Gesine Schwan war dafür, ich nicht.

Ja, die SPD hat dem Einsatz der Bundeswehr dort zugestimmt.

Die CDU auch. Wenn man sich artikuliert, muss man die Wahrheit sagen, die in einem ist, und nichts anderes. Herr Köhler, das habe ich inzwischen begriffen, spricht eine perfekte Präsidialsprache. Viele Worte ... Ob das die Wahrheit ist? Herr Köhler ist auch für den Krieg in Afghanistan, obwohl die Mehrheit der Bevölkerung dagegen ist. Aber der Krieg wird ja jetzt in »Polizeieinsatz« umbenannt. Dann ist Herr Köhler auch gegen den Krieg, aber für den Polizeieinsatz.

Köhler sagt, die Banker sind Monster. Sie sagen, Ackermann gehört in den Knast.

Das ist ein Unterschied!

Und da sind Sie für die Medien der Böse.

Na klar.

Waren Sie ärgerlich, mit welcher Häme die Feuilletons während Ihrer Kandidatur über Sie hergezogen sind?

Ja. Zum Beispiel die Frau Bouillon in der Süddeutschen Zeitung. Die hat geschrieben, was ich gar nicht gesagt habe. Und was ich gesagt habe, hat sie nicht geschrieben. Für die war das Interview nur dazu da, mich bloßzustellen.

Dass die Presse Ihnen und auch Ihrer Position nicht wohlgesonnen ist, wussten Sie doch vorher.

Ja, das weiß ich. Aber deswegen kann man trotzdem die Wahrheit sagen, die in einem ist.

Wie kann man sich mit 70 Jahren all dem aussetzen, diesem Wahlzirkus nach amerikanischem Modell? Den spielt ja sogar »Die Linke« mit und macht Konzessionen.

Ich habe keine gemacht.

Es war vorauszusehen, der Sodann kriegt Hiebe.

Das war vorauszusehen.

Trotzdem haben Sie sich geärgert.

Natürlich ärgert man sich darüber. Manchmal am Morgen, nach dem Aufstehen, fiel mir auch dieser berühmte kleinbürgerlichen Satz ein: Warum tust du dir das an? Aber dieser Satz ist falsch.

Warum?

Ich gehe jeden Morgen mit meinem Hund Bruno durch Reichardts Garten. Goethe war ein Freund von Reichardt, er hat ihn oft besucht. Nicht nur, weil Reichardt drei hübsche Töchter hatte, sondern weil Reichardt der Komponist seiner Lieder war. Und da gibt es ein paar Gedenksteine in dem Garten und eine Goethe-Bank, wo er sich immer hingesetzt hat. Da setze ich mich auch drauf. Und dann komme ich an einem Stein vorbei, da steht ein alter Goethe-Spruch drauf: »Feige Gedanken, bängliches Schwanken, weibisches Zagen, ängstliches Klagen wendet kein Elend, macht dich nicht frei. Allen Gewalten zum Trotz sich erhalten, nimmer sich beugen, kräftig sich zeigen, rufet die Arme der Götter herbei!«

Das ist eine Antwort. Oder warum hat sich Jesus eigentlich ans Kreuz nageln lassen? Würden Sie den auch fragen: Herr Jesus, warum haben Sie sich das angetan?

Wollen Sie ein Missionar wie Jesus sein?

Nein, das nicht, aber ich kann das Vaterunser besser vortragen als die Pfarrer.

Beseelter?

Nein, das nicht, aber sinnvoller.

Denn das Vaterunser ist eigentlich auch ein urkommunistischer Gedanke. Wir haben doch alle viele Herren. Unseren Abteilungsleiter, den Betriebsleiter, selbst der Arzt, der ist auch mein Herr. Dann der Ministerpräsident von Sachsen-Anhalt, dann die Kanzlerin, der Bundespräsident, die Polizei, alles unsere Herren. Im Vaterunser heißt es aber: »Vater unser, der *Du* bist«. Und nicht die Anderen. Haben Sie das verstanden? »Vater unser, der *Du* bist im Himmel, *Dein* Reich komme, *Dein* Wille geschehe, wie im Himmel also auch auf Erden. Unser täglich Brot gib uns heute«. Das reicht uns, heißt das eigentlich.

»Denn *Dein* ist das Reich und die Kraft und die Herrlichkeit in Ewigkeit«. Denn *Dein* ist das Reich. Das ist ein Axiom, und nicht einfach nur so dahergeredet.

Die Kommunisten wollten das Himmelreich auf Erden schaffen.

Na ja, und das steht schon im Vaterunser. Es ist doch in Ordnung, dass wir Menschen weiter denken. Eine andere Theorie, bitteschön. Mir ist es völlig egal, ob der liebe Gott die Menschen und die Welt geschaffen hat oder ob wir die Evolution anerkennen. Ist mir völlig gleich.

Was glauben Sie?

Wahrscheinlich beides. Also, der liebe Gott oder die Natur hat uns geschaffen, aber mit bedenklichen Lücken. Und der Mensch hat durch Gott, der in uns wohnt, die Pflicht, diese Lücken, mit denen wir geboren sind, zu schließen. Das geht nur durch Erziehung, Bildung und Kultur. Und deshalb muss sich die linke Partei viel mehr um Erziehung, Bildung und Kultur kümmern, dann werden sie auch gewählt – von jenen, die Erziehung, Bildung und Kultur haben oder haben wollen. Trotz allem und immer wieder kommt die Wahrheit aus dem Volk. Auch wenn es so ist, wie Herzog Alba zu Egmont sagt, bevor er ihn einsperrt und tötet: »Mein lieber Freund, das Volk« – denn der Egmont spricht immer von der Freiheit des Volkes – »das Volk wird nie alt, wird nie klug, bleibt immer kindisch.« Damit hat er leider auch Recht. Weil es dem Volk an Erziehung, Bildung und Kultur mangelt. Das ist das Problem.

Sind Sie eigentlich Mitglied der »Linken«?

Nein.

Hat Sie der Tenor in der Berichterstattung geärgert: Der Sodann ist der Hofnarr, der diese Rolle annimmt und spielt. Hat Sie das gefuchst?

Wer, wenn nicht die Hofnarren, sagen den Mächtigen die Wahrheit?

Eine Ihrer Äußerungen, die auch durch die Presse ging, war Ihre Beurteilung der Demokratie heute.

Wieso, vor mir hat das Roman Herzog, als er Bundespräsident war, schon gesagt: »Mir ist klar, dass es keine parlamentarische Demokratie mehr gibt.« Dem haben sie es nicht übel genommen. Da haben sie Beifall geklatscht.

Sie haben es zugespitzt und haben gesagt: »Hier herrscht gar keine Demokratie.« Hätten Sie gesagt: Wir haben noch viele Defizite …

Das hat dann Frau Knorr von der »Linken« gesagt: Natürlich haben wir eine Demokratie, aber sie schwächelt. Was ist das denn für ein Begriff »schwächeln«, das ist ja wie halb schwanger. Das gibt es aber nicht, man kann nicht ein bisschen schwanger sein, und auch nicht eine »schwächelnde« Demokratie haben. Dann ist es eben keine. Entweder es gibt eine Demokratie oder nicht. Wenn man sie nur behauptet, wird der Begriff zur leeren Hülse. Demokratie ist jeden Tag neu zu erkämpfen, neu zu erringen, neu zu bauen.

Wie würden Sie funktionierende Demokratie beschreiben?

Ich würde es Demokratie nennen, wenn wir das Vaterunser beten und das haben wollen, was da drin steht. Oder der Bundespräsident müsste jeden Tag untersuchen, ob die Forderung aus dem Grundgesetz »Die Würde des Menschen ist unantastbar« auch wirklich erfüllt ist. Armut gehört nicht zur Würde eines Menschen. Und Reichtum gehört auch nicht zur Würde eines Menschen, denn wer sehr reich ist, hat die Würde in sich schon verloren. Die hat er vorher abgegeben, denn er fragt nicht: Wo habe ich denn das alles her? Also ein reicher Mensch entsteht dann, wenn er etwas bekommt, was ihm nicht zusteht, und er schlägt, nachdem er es bekommen hat, noch dem Anderen den Schädel ein, damit er dessen Reichtum auch noch nehmen kann. Das ist jetzt etwas drastisch formuliert, also nicht in Präsidialsprache.

Der Schutz des Eigentums ist ein bürgerliches Recht.

Ich habe nichts gegen Eigentum, aber ich habe zum Beispiel etwas gegen übermäßigen Reichtum. Ich glaube, es ist das 9. Gebot: »Du sollst nicht begehren deines nächsten Haus, Hof, Weib und alles, was sein ist.« Das ist ein klassenbezogenes Gebot. Es schützt den Reichen. Wenn ich keine Frau habe und der Andere hat fünf, warum soll ich denn da nicht eine davon begehren? Und wenn der Andere drei Autos besitzt und ich habe keins, warum soll ich mir da nicht auch ein Auto wünschen? Aber das ist eine zweitklassige Frage. Denn die Menschheit hat ja eine kulturelle Entwicklung hinter sich gebracht, die zweigleisig läuft. Die eine Kultur ist die Kultur, die uns das Leben erleichtert. Dazu gehört die Erfindung des Rades – in meinen Augen die größte Erfindung der Menschheit. So konnte auf die Kutsche folgend das Fahrrad erfunden werden, das hat Vieles erleichtert, dann kommt das Auto, und nun ist es noch leichter, Entfernungen zu überwinden. Dann kommt das Flugzeug, und wenn es nicht abstürzt, überwindet man hunderte Kilometer in Minuten. Das ist die eine Kultur, die uns das Leben erleichtert.

Aber die andere wesentlich wichtigere Kultur, die Solidarität bedeutet, Freundschaft, Freundlichkeit, das ist die Herzenskultur. Wollen wir sie mal in Goethes Sprache nennen, die Herzensbildung. An der wird nicht gearbeitet. Das meine ich.

Meinen Sie, dass in einer vom Geld regierten Gesellschaft Herzensbildung ins Hintertreffen gerät?

Ja.

Und was kann man dagegen tun?

Die Geldgesellschaft abschaffen. Durch Erziehung, Bildung und Kultur. Da sind wir wieder dort, wo wir angefangen haben.

Wir wollen noch mal über Ihre Kulturinsel sprechen. Damit haben Sie doch für Bildung und Kultur gesorgt, mit Engagement, mit Beharrlichkeit. Sie sagten vorhin, man hat sie da rausgeschmissen. Meinen Sie, dass das politische Gründe hatte?

Ja. Auch. Da gab es Stimmen gegen mich im Theaterausschuss. Es spielte auch Neid eine Rolle. Aber ich will da keine Namen nennen. Heute nicht mehr. Ich habe mich dann mit dem Theaterausschuss gar nicht mehr unterhalten.

Warum?

Ja, weil es nicht geht. Mein Frau kritisiert mich immer: »Du sagst, alle Menschen sind blöd.« Nein, es gibt viele Menschen, die nicht blöd sind. Aber denen, die blöd sind, muss man es doch sagen.

Kann man so sagen: Kluge kommen nie an die Macht, weil sie dafür zu klug sind?

Nein, nein. Ich erzähle Ihnen etwas: Ich habe mit Norbert Blüm, bei unseren gemeinsamen Auftritten, immer Folgendes gemacht. Nach der Pause sage ich: Weißt du was, ich habe die ganze Zeit einen kleinen Artikel gesucht, den ich Dir vorlesen wollte. Und ich habe ihn auch gefunden. Er ist von Fürchtegott Gellert. »Was, CDU-Mitglied?«
Nein, die gab es damals noch gar nicht. Er ist schon tot.
»Ich wusste gar nicht, dass der krank war.«
Ich lese es Dir mal vor.
Ich sage das jetzt mal mit meinen Worten, aber der Sinn stimmt: Es ist klar, dass man mittelmäßige Gelehrte braucht, weil es mittelmäßige Ämter gibt. Aber gelangen diese mittelmäßigen Gelehrten nicht auch in höhere Ämter? Sie haben die Chance, weil sie mittelmäßige Ämter innehaben, auch um höhere zu kämpfen und sie zu erlangen. Ist es denn nicht eine Schande für ein Land, dass Menschen Ämter besetzen, die sie gar nicht verwalten können?
Dann habe ich zu Blüm gesagt: Wenn du wüsstest, an wen ich jetzt alles denke.
Darauf hat er geantwortet: »Wenn du wüsstest, an wen ich jetzt denke.«
Und wenn wir jetzt Beide an die gleichen denken?
Darauf er: »Dann hätten wir wahrscheinlich die deutsche Einheit.«
Ich muss hinzufügen: Norbert Blüm ist ein wunderbarer Mensch, wir sind miteinander befreundet. Ich achte ihn sehr. Aber am Ende betet er sich den Kapitalismus als eine Möglichkeit des menschlichen Zusammenlebens doch immer wieder gesund. Das muss ich achten, denn er ist darin aufgewachsen. Er glaubt an die soziale Marktwirtschaft. Leider ist, seit der Osten weg ist, auch das Soziale verschwunden.

Ihr Vater ist mit 44 Jahren, kurz vor Kriegsende gefallen.

Ja, ab dem Tag war ich der Herr im Hause.

Da waren Sie acht Jahre alt?

Mein Mutter hat mich in alle Entscheidungen einbezogen und oft gefragt: Peter, soll ich das machen? Sie ist am 23. Dezember 1987 gestorben. Sie hätte meinen Lebensweg lieber anders gesehen. In Hermann Kants »Aula« schreibt einer Löffel mit drei f. Meine Mutter hat das mit vier f geschrieben. Aber sie war eine sehr energische und zielstrebige Frau. Ich weiß gar nicht, wie sie alles geschafft hat. Sie hat nie wieder geheiratet. Und dabei war sie noch so jung als der Vater wegblieb, erst 39 Jahre alt. Diese Kriegsfrauen sind viel zu wenig geehrt worden.

Wurden Sie durch diese Eindrücke des Kriegselends zum Pazifisten?

Ja.

Und sind Sie es auch gebelieben?

Ja. Ich habe viele Jahre lang Leute, die älter waren als ich, gefragt: Warst Du im Krieg? Hast Du jemanden getötet? – Von, sagen wir mal, 500 Menschen habe ich nicht einen einzigen gefunden, der im Krieg einen Menschen getötet hat. Außer einem Schauspieler in Magdeburg, Hasso von Steuben. Der war ein Nachfahre des amerikanischen Generals Steuben, der das Wort okay erfunden hat. Ich könnte Ihnen davon erzählen, aber das führt zu weit weg von unserem Thema.

Sie wünschen sich von den Regierenden: Bildung, Erziehung, Kultur und Arbeit?

Über das Wort Arbeit denke ich anders. Ich habe noch nie einen Menschen gefunden, der nicht vor der Arbeit am liebsten fliehen wollte. Ich bin auch vor jeder Arbeit geflohen. Ich habe mich gern beschäftigt. Und das ist der Unterschied. Der einzige, der das Wort Arbeit sprachlich richtig deutet, ist der Sachsen-Anhaltiner im Mansfeldischen. Der sagt: Ich gehe zur Kläje. Das heißt, ich gehe klagen. Der weiß aber gar nicht mehr, was er da sagt, weil das vielleicht vor etwa 500 Jahren erfunden wurde und er es nun einfach übernommen hat. Vorher gab es das Wort nicht.

Ich möchte nun, dass man die Arbeit neu definiert, nämlich als Beschäftigung. Weil, Beschäftigung gibt es massenhaft, nur sie wird nicht bezahlt. Und nur bezahlte Arbeit ist »richtige« Arbeit. Ich würde Arbeit nicht als den bestimmenden Wert unseres Daseins definieren, denn Arbeit wird es immer weniger geben. Der Mensch hat ja das Wissen, sich seine Arbeit zu erleichtern. Sonst hätten wir das Rad nicht erfunden und all die schönen Maschinen. Und die Menschen erfinden jeden Tag etwas, um sich die Arbeit vom Hals zu schaffen. Wenn ich zum Beispiel auf den Hauptbahnhof in Halle gehe, sehe ich draußen einen Automaten. Wenn nun die Frau am Fahrkartenschalter zu mir mürrisch ist, dann sage ich: Da draußen steht Ihre Kollegin, die ersetzt mindestens sechs Verkäuferinnen. Und der Herr, der den Automaten gebaut hat, zahlt dafür keine Steuern, deswegen wird er Sie in den nächsten Jahren auch noch rausfeuern und Sie werden mich dann nicht mehr so mürrisch behandeln können. In vier Jahren gibt es dann sicher einen Automaten, in den ich nur noch meine Wünsche eingeben muss, samt den Extrawünschen.

Lassen Sie uns noch einmal auf Ihr politisches Wirken zurückkommen. Was war der Grund für Ihre Verurteilung damals Anfang der 60er mit dem »Rat der Spötter«, was wurde Ihnen vorgeworfen?

Staatlicherseits hat man gesagt: Vorbereitung der Konterrevolution in Leipzig und staatsgefährdende Hetze. Zu dieser Zeit, da war die Mauer schon gebaut, hatten die Universitätsprofessoren und die Partei Angst, dass sich an den Universitäten verstärkt Widerstand entwickeln könnte. So etwa wie später bei den 68ern. Aber auch die sind heute alles etablierte Leute. Bis auf Rudi Dutschke, der ist tot.

Also man befürchtete auch in der DDR eine revolutionäre Bewegung, das hing auch mit dem Mauerbau zusammen. Damals tauchte ein Frage auf, hinter der eine ideologische Anklage steckte: Bei euch herrscht wohl ideologische Windstille?

Damit die Universität nun beweisen konnte, dass es da keine ideologische Windstille gab, suchte man nach Ereignissen und Leuten, gegen die man ideologisch vorgehen konnte. Also man suchte den Gegner in den Köpfen. Und da waren nun die so genannten Erfüllungsgehilfen der Macht eifrig am Werk. Da gab es einen, dem ich gern in meinem Leben noch ein paar in die Schnauze hauen würde, ansonsten habe ich alles geklärt. Der wurde dann zur Belohnung hauptamtlich Parteisekretär der Jenenser Universität, das war ein richtiger Lump.

Der Filmregisseur Egon Günther war auch an der ABF und sagte uns, dass die Studenten kritische Geister waren, dass das aber nicht erwünscht war.

Er hat Recht, denn die, die studierten, wurden zunehmend kritisch.

Im Roman »Tangospieler« von Christoph Hein wird die Atmosphäre damals geschildert, und Sie spielten in der Verfilmung den, der Sie damals in Leipzig verhaftet hat. Dann haben Sie in »Deutschlandspiel« den Mielke gespielt, und in »Nikolaikirche« haben Sie …

Habe ich den gespielt, der mich vernommen hat. Der war damals Major.

Jetzt haben Sie mit Ihren autobiografischen Daten drei Mal die Gegenseite verkörpert?

Ja, gern.

War Ihnen da nicht unbehaglich? Haben Sie nicht das Gruseln gekriegt?

Nein, da habe ich triumphiert. Weil ich die auf einmal so darstellen konnte, wie sie waren. Und ich habe sie auch gut dargestellt. Nur beim »Tangospieler« habe ich dem Regisseur Gräf immer gesagt: Du könntest einen Jahrhundertfilm drehen, wenn du den Tangospieler nicht nur als den Geschädigten hinstellen würdest, sondern auch als IM, also als Täter. Das hätte er machen müssen. Denn in der Realität gab es viele solche Geschichten, die doppelte Verstrickung von Tätern und Opfern.

Uns beschäftigt zum Beispiel der unterschiedliche Zugang zu Kultur früher und heute. Heute hat man das Geld und kann sich teure Theaterkarten leisten oder, wenn man es nicht hat, ist man von dieser Kultur ausgeschlossen.

Ja, die frühere Methode war sicherlich besser als die jetzige, da gingen die Theater in die Betriebe, die Schriftsteller wurden aufgefordert, Themen aus dem Alltag aufzugreifen. Aber diese Methode hatte natürlich auch ihre Schwächen. Ich kann mich erinnern wie es war. Wie führen wir denn die Leute ins Theater? Spielen wir für sie erst mal was Leichtes. Am besten eine Operette. Und dann werden die schon wieder kommen.
Ich dachte schon damals, wenn die am Anfang die Operette als Blödsinn erkannt haben, dann gehen sie auch nicht in andere, wichtige Inszenierungen. Entweder ich mache Theater oder ich mache keins. Und wenn ich ein Theater lenke und leite, dann muss ich das mit großer Heiterkeit und gleichzeitig mit Ernsthaftigkeit machen. Wenn man leicht ist und heiter, kann man auch denken. Zornig kann man nicht denken, das geht nicht. Da denkt man meistens falsch. Da nimmt man Rache.

Sie waren doch oft auch zornig genug.

Na und? Aber trotzdem heiter.

Der SED-Parteichef im Bezirk Halle, Horst Sindermann, soll, so sagt man, in seinen Jungen Jahren ganz okay gewesen sein.

Das kann ich mir schon vorstellen, in jungen Jahren vielleicht.

Der soll ein Durchreißer gewesen sein, später in Berlin wurde er angepasster und gefügig.

Das ist das Gleiche wie mit Modrow. Also Hans Modrow hätte mich schließlich genauso eingesperrt wie Paul Fröhlich.

Das haben unsere Gesprächspartner Wolfgang Engel und Peter Rösel anders gesagt. Die meinten, es gab in Dresden eine etwas andere Situation als in Halle oder Leipzig. Muss man da nicht unterscheiden?

Ja, das kann man schon unterscheiden, aber der Vernünftigste aus der Reihe, den ich kennen gelernt habe, das war Werner Felfe. Ich kann mich deshalb so gut an ihn erinnern, weil ich damals unbedingt den »Wilhelm Tell« inszenieren wollte, und zwar wegen des Satzes »Wir wollen sein ein einzig Volk von Brüdern«. Das ist immer falsch interpretiert worden. Gemeint ist damit ein *einzig* Volk, und nicht einig Volk. Jedenfalls hat man mir immer gesagt, das geht nicht. Es wurde dann auch am Deutschen Theater in Berlin verboten. Ich habe darum gekämpft und gekämpft. In Magdeburg mit meinem Intendanten Karl Schneider. Ich habe gedrängelt und das Thema »Tell« immer wieder auf die Tagesordnung gesetzt. Bis Schneider mir eines Tages sagte: »Wenn du den ›Tell‹ machen willst, musst du ins Kulturministerium nach Berlin fahren und musst dort eine Konzeption einreichen.« Ich bin sofort hingefahren, aber was passiert? Die sagten: »Wieso Konzeption? Das brauchen wir nicht.« Der Schneider hatte mir das nur erzählt, damit ich vor den Schwierigkeiten zurückschrecke. Jedenfalls in Magdeburg war der »Tell« nicht zu machen.

Dann bin ich nach Halle gegangen, wieder als Schauspieldirektor. Und ich wollte nun immer noch den »Tell« inszenieren. Mit Werner Felfe, dem damaligen SED-Bezirkschef, habe ich vielleicht fünf Mal darüber gesprochen bis er endlich einwilligte: »Nun mach schon deinen Scheiß, denn wir wollen ja schließlich auch die Einheit.« Der hatte das eben auch wieder mit »einig« übersetzt.

Ich durfte endlich, nach Jahren, den »Tell« inszenieren, aber es gab in diesem Jahr keine Äpfel in der DDR. Ich habe Felfe noch mal angerufen: Ohne Äpfel kein »Tell«. Am nächsten Tag, ich gehe ins Theater, da steht einer von der Bezirksleitung der SED und bringt mir 20 Pfund Äpfel, damit ich den Apfelschuss probieren kann. Das war doch in Ordnung, oder?

Dann gab es mit Felfe noch eine wahnsinnig komische, kabarettistische Unterhaltung. Werner Felfe, der Intendant Ulf Keyn, ich und der Kapellmeister von Halle Olaf Koch waren eingeladen. Das kann ich heute noch nachmachen. Ich untertreibe jetzt sogar, weil es sonst zu lange dauert. Also, wir standen da in der Mitte auf der Bühne.

Olaf Koch beginnt: »Lieber Werner, lieber Genosse Erster Sekretär, es ist wunderbar, dass ich dich endlich mal wieder treffe, lieber Werner, lieber Genosse Erster Sekretär«. Sie müssen wissen, ich untertreibe jetzt noch. Also: »Weißt du, lieber Werner, lieber Genosse Erster Sekretär, also wenn ich, wie du weißt, lieber Werner, lieber Genosse Erster Sekretär, ich fahre doch immer nach Leuna, nach Buna und spiele dort mit der Philharmonie, du weißt es doch, lieber Werner, lieber Genosse Erster Sekretär. Wenn wir dann das Konzert beendet haben vor der Arbeiterklasse, dann unterhalte ich mich mit der Arbeiterklasse. Da haben wir immer schöne Gespräche. Und da muss ich dir was sagen, lieber Werner, lieber Genosse Erster Sekretär, wenn ich deinen Namen erwähne, lieber Werner, lieber Genosse Erster Sekretär, dann, du wirst es nicht glauben, wie dann die Augen der Arbeiter strahlen.«

Ich bin kreidebleich geworden bei der Unterhaltung. Und da sagt Werner Felfe: »Sag mal Olaf, warum schmeichelst du mir denn so? Du hast doch schon alles.« Jetzt wäre ich als Olaf Koch doch im Erdboden versunken. Olaf Koch nicht. »Lieber Werner, lieber Genosse Erster Sekretär, so bist du, immer geradeaus, immer so, wie du denkst. Ich finde das wunderbar, lieber Werner, lieber Genosse Erster

Sekretär. Und ich bin dir auch noch so dankbar, dass du mir damals das Jagdgewehr geschenkt hast.« Darauf Felfe: »Weißt du was, Olaf, wir machen jetzt mal Schluss«. Und verschwand. Der fühlte sich ertappt.

Das sind Geschichten! Haben Sie das mal aufgeschrieben? Das ist ja kabarettreif.

Eines der schönsten Erlebnisse, die ich in dieser Preislage auch hatte, war mit Paul Verner. Der war der Politchef der Volksarmee. Ich hatte heimlich bei der »Kneifzange«, dem Kabarett beim Erich Weinert-Ensemble, inszeniert. Heimlich deswegen, weil man bei der Weigel nichts nebenbei machen durfte. Ich hatte aber zwei Kinder, und ich musste zusätzlich etwas Geld verdienen, das war gar nicht so einfach. Deswegen also die »Kneifzangen«-Nebenarbeit.

Das Programm hieß »Der gestiefelte Kader«. Kurz vor der Premiere kam eine Abnahmekommission. Mein Major warnte mich: »Pass auf, es kommen ungefähr 20 Offiziere und wir haben Glück, wenn Admiral Verner dabei ist. Wenn der nicht mitkommt, wird es schwieriger, weil jeder was zu sagen hat und alle ihren Senf dazu geben. Wenn der Admiral als Erster spricht, sind wir gut dran, dann sagen die Anderen nichts mehr. Aber bei Verner musst du vorsichtig sein, es könnte auch sein, dass er schreit oder tobt. Dann halte ja deinen Mund. Du darfst nichts sagen. Lass alles über dich ergehen, aber sag kein Wort.«

Also, wir führen das Programm vor der Kommission auf. Verner ist dabei, steht am Ende auf und schreit sofort los: »Was ist das für eine Scheiße, die ihr hier spielt. Ihr habt wohl 'nen Vogel. Wir sind doch keine Saufarmee. Jedes Mal, wenn ein Schauspieler auftritt, hat der eine Flasche Bier in der Hand. Das kann doch wohl nicht sein. Das findet nicht statt.«

Irgendwann ist mir der Kragen geplatzt und ich habe auch geschrieen: Wäre es Ihnen vielleicht lieber, wenn die alle eine Flasche Milch trinken! Und da hat Verner ganz ruhig gesagt: »Das ist doch ein toller Einfall.«

Dieses Programm hatte den größten Erfolg, größer als wir es uns je erträumt hatten. Jedes Mal, wenn ein Soldat mit einer Flasche Milch auf die Bühne kam, haben die Soldaten gebrüllt vor Lachen, weil die ja wussten, was damit eigentlich gemeint war.

Das zeigt eigentlich, neben dem erschreckenden Unverständnis für Kultur bei diesem Politchef, wie wirksam Zivilcourage sein konnte.

Ich will gern zugeben, dass ein klein wenig Berechnung dabei war, aber es war vor allem mein Zorn.

Machen wir einen Sprung ins Heute. Ihre Bibliothek ist nach Merseburg umgezogen, gibt es da Schwierigkeiten?

Ja, das ist sehr schwierig. Als ich hier im »neuen theater« entlassen wurde, musste ich natürlich die Bücher mitnehmen.

Sie wissen ja, warum ich diese Bücher sammle. Nach der Wende sind tonnenweise Bücher aus der DDR auf den Müllhalden gelandet. Das konnte ich nicht mit ansehen. Ich wollte sie retten. Inzwischen hat sich das erweitert und ich gebe den zwischen 1945 und 1990 in der DDR gedruckten Büchern eine Heimstatt. Der Bürgermeister von Merseburg hatte mir nun Räume für die Bücher angeboten. Das habe ich dann erst mal wahrgenommen, denn wo soll ich denn mit den vielen Büchern hin? Diese ganze Kulturinsel hier, in der wir jetzt sitzen, war von mir langfristig auch für die Bibliothek vorgesehen. Nun bin ich damit nach Merseburg gezogen, wie Willy Sitte mit seinen Bildern. Dort hat man mir einen leerstehenden Kindergarten zur Verfügung gestellt. Und eine Turnhalle. Die Turnhalle ist zu feucht und zu kalt, dort können die Bücher nicht bleiben. Aber der Kindergarten ist okay. Nun wurde aber der helfende Bürgermeister aus dem Amt entfernt und durch einen anderen ersetzt. Der ist in der CDU und hat keinerlei Interesse an unseren Büchern. Die ganze Stadt hat sich irgendwie davon abgewendet. Nun suche ich wieder nach einer Unterkunft. Und das ist schwierig. Inzwischen wurden ungefähr 125 000 Bände katalogisiert, 200 000 liegen noch auf Lager. Es werden immer mehr.

Haben Sie ABM-Kräfte, die Ihnen beim Katalogisieren helfen?

Das macht das Europäische Bildungswerk, es sind 1-Euro-Jobber, sie sind mit Leidenschaft dabei. Im Moment sind es noch etwa zehn Leute, die das alles bewältigen. Die holen die Bücher aus den Pappkartons, katalogisieren sie und legen die, die wichtig sind, wieder zurück in die Pappkartons. Regale habe ich dafür, aber wenn ich die nicht aufstellen kann? Nun muss ich sehen, wie es weitergeht. Wir haben demnächst eine Versammlung und müssen einen neuen Vorsitzenden für den Verein wählen, den ich gegründet habe. Unser bisheriger Mann kann das nicht mehr machen, weil seine Frau schwer krank ist.

Wie heißt denn das Unternehmen?

Sodann-Bibliothek. Ja, die hat meinen Namen. Ich habe mich dagegen gewehrt, ich wollte das eigentlich nicht, weil ich weiß, der Name Sodann ist gefährlich. Es gibt Leute in anderen Positionen, die lieben mich nun wirklich nicht.

Damals 2007, als der MDR Sie rausgeschmissen hat, wurde das so begründet: Sie scheiden nicht etwa aus, weil Sie für die »Linke« kandidierten, sondern weil Sie zu alt wären.

Ja. Aber das war dennoch eine politische Entscheidung. Der Schauspielerwechsel war schon viel eher geplant, aber immer wieder habe ich mich durchsetzen können. Ich bin ja von meiner Kandidatur als Bundestagsabgeordneter nicht zurückgetreten, weil ich dann nicht mehr im »Tatort« spielen kann. Sondern das hat vor allem mit der »Linken« selbst etwas zu tun. Die hat mich nämlich drei Tage lang beim Nachdenken alleine gelassen. Ich habe mir in den drei Tagen so meine Gedanken gemacht. Was machst du eigentlich als Bundestagsabgeordneter? Dann dachte ich, da muss ich mir ständig den Westerwelle und all die Anderen ansehen und vor allem anhören, das hat mir nicht gepasst.

Als mich die »Linke« für den Bundespräsidenten angeheuert hat, habe ich nicht sehr lange gezögert. Ja, das mache ich, habe ich gesagt. Aber ich wusste natürlich von allen Bösartigkeiten, die mir dadurch geschehen würden. Und ich habe mit einem Gedicht die Prämissen geklärt. Das ist von Rückert: »Willst du, dass wir mit hinein ins Haus dich bauen. Lass es dir gefallen Stein, dass wir dich behauen«. Ja, und das geht nicht mit mir. Ich lasse Vieles mit mir machen, aber das nicht. Das ist ein schönes Gedicht, ja?

Die Alten wussten schon alles.

Die wussten schon Vieles. Man muss nicht dauernd Neues erfinden.

Es ist doch aber so, politische Dinge bedürfen eines bestimmten politischen Klimas. Ein politisches Klima entsteht nach Jahren fast wie von selbst. Das heißt, Frau Merkel und Herr Steinmeier müssen sich nicht lange unterhalten und haben trotzdem die gleichen Ansichten. Auch wenn sie kontrovers sind. Wenn Schäuble wieder einen Schritt weiter geht bei der Bespitzelung der Bevölkerung, wehren sich alle und das Geschrei ist groß. Aber es wird doch trotzdem gemacht oder ist es längst.

Diese klimatischen Dinge sind wohl entscheidend. Man kann sogar sagen: Wollt ihr den totalen Krieg? Wenn Leute darauf vorbereitet sind, schreien sie: Jawohl, wir wollen das! Das Klima damals 1933 war dafür vorbereitet.

In viel kleinerer Dimension geschah das auch mit meiner Filmrolle, da hat sich dieses Klima auch allmählich entwickelt. Normalerweise sollte ich nach den ersten fünf Filmen schon gehen, dann waren es zehn, dann 15, schließlich 20, dann sogar 35. An den Letzten kann ich mich noch genau erinnern, da habe ich gesagt: Gut, wenn das so ist und ihr mich raus haben wollt, tja, dann muss ich eben gehen. Und da waren die alle so glücklich.

Aber die wussten doch, dass Sie Quote bringen.

Ja, das ist noch eine andere Frage. Selbst wenn es Quote brachte, ich musste weg. Was nicht sein kann, das nicht sein darf.

Haben Sie mal mit dem Intendanten vom MDR im Klartext geredet?

Nein, das hat keinen Sinn. Das ist ähnlich sinnlos wie die ganzen Talkshows mit ihren gegenseitigen Schuldzuweisungen. Ich weiß nur, dass manche Menschen, auch in hohen Positionen, eigentlich Nachhilfe in Mathematik bräuchten, mindestens aber einen Lehrer, der ihnen Prozentrechnung beibringt. Also, wenn Westerwelle sagt: »Ihr habt damals 16 Prozent verlangt für die Mehrwertsteuer«, sagt der Andere: »Aber ihr habt dann die 19 Prozent durchgesetzt.« Und so geht das endlos. Und die zwei Prozent, die uns damals gefehlt haben oder die fünf Prozent, die zu viel waren. Und das Publikum klatscht und klatscht. Ich glaube, ich bin der Einzige, der sich dagegen mal gewehrt hat. Ich habe mich in einer Talkshow zum Publikum umgedreht und habe gesagt: Sagt mal, ihr müsst euch mal entscheiden, wann ihr klatscht. Ihr klatscht hier bei dem, dann klatscht ihr bei dem, dann wieder bei mir. Ihr müsst doch wissen, wo euer Klatschen hingehört. Tja, das merken die selber schon nicht mehr, es fällt ihnen nicht mehr auf. Beliebigkeit allerorten.

Wahre Worte sind nicht schön

Interview mit der Schauspielerin Käthe Reichel im Juni 2009

In einer Rezension zu Ihrem jüngsten, im Leipziger Faber&Faber Verlag erschie-nenen autobiografischen Buch »Briefe in den Wind geschrieben«, mit wichtigen Lebensnotizen über Ihre Kindheit, Ihre Theaterarbeit mit Bertolt Brecht und nicht zuletzt über Ihr nicht nachlassendes politisches Engagement, heißt es: Die bedeutende und auf vielen Bühnen gefeierte Schauspielerin …

Sprechen Sie langsamer, bitte!

… die bedeutende und auf vielen Bühnen gefeierte Schauspielerin Käthe Reichel überreicht uns ein Buch von ungewöhnlicher Zivilcourage und poetischer Phan-tasie.

Ja. Da hab ich mich auf die Geschichte des bedeutenden italienischen Dichters besonnen, der schon fast 800 Jahre tot ist und dieses berühmte Buch geschrieben hat.
Es muss aber ganz still sein bei mir, bitte; sonst kann ich mich schlecht konzen-trieren.
Also, wie heißt der doch gleich, der in Florenz lebte und die »Divina Commedia« – die »Göttliche Komödie« geschrieben hat?

Sie meinen Dante Alighieri…

Ja! Dante Alighieri. Seine »Göttliche Komödie« ist nicht nur Weltliteratur, son-dern auch Weltgeschichte. Und man sollte ihn immer wieder lesen und immer wieder spielen. Dante hat uns bis heute was zu sagen. Wussten Sie, dass er fliehen musste als großer Fortschrittsgeist? Das können Sie in der gesamten Menschheitsgeschichte verfolgen, dass die mutigsten Aufklärer fliehen mussten, um von den Herrschenden nicht mundtot gemacht zu werden. Brecht ging es so. Jesus auch. Und Heine, Lenin und Rosa Luxemburg auch.

Käthe Reichel 2009 (li.) und am 4. November 1989 in Berlin (re.)

Sie haben als berühmte Schauspielerin Traumrollen und Traumkritiken bekommen. Was bedeutet Ihnen, allgemein gefragt, Kunst?

Dazu erzähle ich Ihnen eine Episode: Es war Gründonnerstag und ich weiß noch, wie meine Mutter mit mir runter in den Hinterhof unseres alten Berliner Mietshauses ging und sagte: »Du kannst noch ein bisschen auf dem Hof spielen, ich gehe derweile einkaufen und anschließend kommst du wieder mit mir rauf, ja?« Ich war damals fünf Jahre alt, kann mich aber an die Szene noch so gut erinnern, als ob es gestern gewesen wäre. Dann, als wir wieder oben sind, geschieht etwas Unglaubliches. Mama hatte schon unsere Küche blitzblank geputzt und gewischt. Und auf einmal stellt sie in den weißen Milchkrug mit der abgeschlagenen Emaille am Henkel und dem blauen Rand drei weiß-gelbe Narzissen mit Birkengrün auf den Tisch. Das war das erste Mal in meinem Leben, dass ich in unserer Wohnung Blumen zu sehen bekam. Ich habe mit offenem Mund vor diesen drei Narzissen gesessen. Und als mir Mutter ein gebratenes Spiegelei vorsetzte, bemerkte ich, dass die Narzissen mit ihrem gelben Punkt und den weißen, seidenen Blütenblättern ringsum in Farbe und Form dem Spiegelei auf meinem Teller glichen. Goethe soll im Alter von 80 Jahren auf die Frage, wie viele Stunden er in seinem Leben vollkommen glücklich gewesen ist, geantwortet haben: Ungefähr achtzig. Das hieße – jedes Jahr ein Stunde. Ich kann für mich sagen: Das war die allererste Stunde vollkommenen Glücks. Diese drei Narzissen waren für mich wie ein Wunder, das vom Himmel auf unseren Tisch gefallen war. Das hat sich in meinem Gedächtnis eingeritzt, obwohl es fast acht Jahrzehnte zurückliegt. Und mein Staunen und Freuen über Blumen ist von da an bei mir geblieben.

Wenn ich es recht bedenke, bestand mein Leben immer aus Blumen und Büchern. Büchern und Blumen. Ein Leben mit den Büchern – das habe ich erst gelernt, als ich schon 24 Jahre alt war. Mein erstes Buch, das Brecht mir schenkte, war von Anatole France. Hier liegt es, mit seinem Namen drin. Dann brachte er mir ein Buch von O'Casey: »Ich klopfe an«; und beim Lesen ist es mir so zu Herzen gegangen, dass der Held im Roman mit 16 Jahren – er lebte ja bei seiner Mutter, krank, und seine Augen waren immer schlechter geworden – endlich eine Arbeit beim Straßenbau findet. Und er hat so eine wahnsinnige Angst, dass er die Arbeit nicht gut genug machen könnte. Er schaufelt also überaus hastig und angestrengt, was ein alter Arbeiter beobachtet. Nach einer Weile geht der Alte auf den Jungen zu und sagt ihm: »Hör mal, wenn du weiter so schaufelst, hältst du keine Stunde durch. Gib mir mal deine Schaufel, ich zeige dir, wie du acht Stunden Schaufeln schaffst.« Und dann macht er es ihm vor, viel langsamer und bedachter und mit viel ruhigerem Atem. Diese Freundlichkeit von einem älteren Mann gegenüber einem viel jüngeren hat mir auf Anhieb gefallen. Mit diesem Buch und mit dieser kleinen Szene stieg ich in die Welt der Bücher ein und war von da an von den Büchern nicht mehr wegzukriegen.

Woran erinnern Sie sich noch, wenn Sie an ihre Kindheit zurückdenken?

Na ja, ich habe mit sieben Jahren ein Geschäft eröffnet (lacht). Wir wohnten in der Brunnenstraße 151. Und schräg gegenüber hatte der Jude David einen Laden, wo es fast alles gab, was man zum Leben brauchte, ein Gemischtwarenladen eben. Und die Arbeitslosen gingen da rein, weil er Lametta, den Schmuck für den Christbaum, sehr billig abgab, en gros, das hieß 50 Briefe Lametta für 35 Pfennig. Die Männer verkauften das weiter, vier Briefe für einen Groschen, und wenn es gut lief, verdienten sie ein paar Pfennige daran. Ich ging damals schon ein halbes Jahr zur Schule, konnte bis 100 zählen und beobachtete diese Männer, wie sie immer vor der Polizei wegrannten, weil sie ja keine Lizenz als Händler hatten. Wenn weit und breit kein Schupo zu sehen war, riefen Sie: »Vier Briefe Lametta, für nur einen Groschen, meine Herrschaften, kaufen Sie, so günstig wie nie!« Und da habe ich mir gedacht, das kriegst du doch auch hin, denn ich brauchte Geld, um meiner Mutter ein Weihnachtsgeschenk kaufen zu können. Zuerst aber musste ich die 35 Pfennige für den en-gros-Kauf haben. Ich habe mir heimlich die kleine, weiße Fußbank geschnappt, hab die auf der Straße umgekippt und meine einzigen Spielzeuge da rein gepackt – das waren ein roter Ball und eine Puppe, die schon angesengt war, weil meine Mutter in Ermangelung von Feuerholz sie mal verheizen wollte. Worauf ich wie am Spieß schrie: Du bist eine Mörderin, wenn du meine Puppe tötest und sie aus dem Küchenherd zog.

Es sind immer die armen Leute, denen solche Verzweiflungstaten einfallen. Also, ich griff meinen Ball, die Puppe und noch einen Kasten voller Bauklötzer, aus denen man kleine Häuschen zusammensetzen konnte. Das alles hab ich in die Fußbank gepackt und die mit einer Strippe versehen, weil ich nicht alles in den Arm nehmen konnte.

Haben Sie die Fußbank dann über die Straße gezogen?

Ja, von der Brunnenstraße 151 bis zum Weihnachtsmarkt, bis zur großen Kirche am Lustgarten, bis zum Dom. Da stand ich dann, und es verging eine geschlagene Stunde ohne jeden Verkaufserfolg und die zweite auch, ohne dass ich auch nur den Mund aufgemacht hätte. Ich hatte nicht den Mut dazu, meine »Ware« laut anzupreisen. Und dann kam ein feiner Mann mit einem feinen Sohn, der eine Ledermütze aufhatte und einen Pelzkragen am Mantel. Der Junge zeigte auf mich, stellte sich auf die Zehenspitzen und flüsterte dem Vater was ins Ohr. Dann kamen Vater und Sohn auf mich zu und fragten: »Was verkaufst Du denn, Kleine?« Da war ich so begeistert und erklärte schnell: Einen Ball für fünf Pfennige, eine Puppe für zehn Pfennige und einen Baukasten, der kostet 15 Pfennige, der ist mein Bestes. Daraufhin sagte der feine Mann langsam zu seinem Sohn: »Na, dann nehmen wir den Baukasten. Nicht?« Der Junge nickte hastig. Und ich nehme den Zeitungsbogen mit dem Baukasten raus und fange an, ihn vorsichtig einzuwickeln, eben wie eine richtige Geschäftsfrau. Aber als ich aufguckte, waren der Mann und der Sohn schon wieder weg. Und ich rief ihnen aufgeregt hinterher: Hallo, Herr, mein Herr, Sie haben ja den Baukasten vergessen! Da drehte sich der Herr noch einmal zu mir um und winkte mir zu.

Hat er Ihnen wenigstens die 15 Pfennig gegeben?

Ja.

Es war die erste Erniedrigung in meiner Kindheit, eine große, tiefe Erniedrigung, dass dieser wohlhabende Mann mir 15 Pfennige geschenkt hat, aber den Baukasten nicht genommen hat. Und ich blickte auf den großen Dom und sah ein ovales Fenster und eine Glasmalerei mit Jesus drin. Meine fromme Mutter hatte mir bloß immer vom lieben Gott erzählt und noch nichts von seinem Sohn Jesus. Ich aber flehte an diesem kalten Dezembertag Jesus dort oben im Fenster an, er solle mich bitte wegnehmen von hier. Weil ich mich so erniedrigt und verraten fühlte. Dieses Erlebnis steckt mir bis heute in den Knochen.

In den letzten Jahren waren Sie politisch sehr aktiv und haben spektakuläre Solidaritätsaktionen gestartet. Eine davon hieß »Mütter, versteckt eure Söhne«.

Ja. Das war gleich nach der Wende. Wir waren täglich 60 bis 80 Frauen, die sich 18 Uhr an der Weltzeituhr auf dem Berliner Alexanderplatz trafen. Wir alle hatten Plakate um den Hals, es waren Pappschilder, zwei Löcher mit der Schere reingestochen, eine Strippe durchgezogen, zwei Knoten drin. Darauf stand in großen Buchstaben: MÜTTER VERSTECKT EURE SÖHNE. So standen wir sechs Wochen, Tag für Tag. Einmal traute sich ein Polizist zu fragen: »Wo ist der Verantwortliche und wo ist die Genehmigung?« Ich drehte mich zu der Frau neben mir und fragte sie: Haben wir eine Genehmigung? »Ne, ham wer nicht«, war ihre Antwort. Er stand da, wortlos, Fragezeichen im Kopf. Und ich sah ihn an mit einem langen Mörderblick und den sprechenden Gedanken: Noch ein Wort und es passiert ein Unheil. Ich hatte ein Messer in meinen Augen. Er entfernte sich langsam und ich sah ihm an, dass er in tiefes Nachdenken geraten war – über unseren Sieg.

Sie haben sich dann mit den Müttern in Russland solidarisiert, die ihre Söhne vom Tschetschenienkrieg ferngehalten haben.

Diese Mütter in Moskau fuhren mit einem Bus nach Tschetschenien und haben buchstäblich ihre Söhnen aus dem Krieg nach Hause geholt. Sie hatten im Bus zivile Kleidung, haben ihren Söhnen das Armeezeug vom Leib gerissen und sind mit ihnen rasch nach Moskau zurückgekehrt.

Sie haben es durchgesetzt und mit 30 000 gesammelten Unterschriften erreicht, dass diese Mütter in Stockholm mit dem alternativen Friedenspreis geehrt wurden.

Ja, und diese Bewegung existiert noch heute in Russland. Inzwischen gibt es Räume für »Mütter versteckt eure Söhne«.

Sie waren auch bei den Kalikumpeln in Bischofferode, als die streikten und damit ihre Betriebsschließung verhindern wollten.

Ich war mit ihnen im Hungerstreik, eine Woche lang. Da hörte ich, sie hatten wirklich Gottvertrauen in den christlichen Kanzler gesetzt. Es hat ihnen nichts geholfen.

Dann haben Sie die Aktion »100 Häuser für Vietnam« ins Leben gerufen und mit Erfolg realisiert.

Ja, ich habe ein Dorf gebaut in Aitu, am 17. Breitengrad, eine Gegend, die man im Vietnam-Krieg völlig vermint hatte. Nachdem der Boden frei war von dem Zeug, wollten die Vietnamesen wieder in ihrer Heimat siedeln. Sie brauchten »nur« das Material, bauen wollten sie selbst. Das bedeutete 1 000 D-Mark für ein Haus. Der Aufruf zu dieser Aktion hieß: »Glück ist Hilfe«. In neun Monaten habe ich, vor allem bei Lesungen und unter Kollegen, 140 000 D-Mark gesammelt. Im Sommer setzte mal eine Flaute ein, da waren es erst 36 000 D-Mark. Aber wir ließen nicht locker. Und dann, ich war gerade an der Ostsee, erhielt ich die Nachricht: 90 Häuser können bezahlt werden. Ich führte im flachen Wasser einen

Freudentanz auf: 90 Häuser! Wir haben 90 Häuser! Dann haben wird das Dorf in Vietnam mit eingeweiht. In Aitu. 100 Häuser. Und für 40 000 D-Mark noch dazu für jede Familie ein Schwein und fünf Hühner. Das war schwer durchzustehen, aber was ist ein Bauer ohne Schwein und Hühner? Das ist ein armer Hund, habe ich immer gesagt. Also Hühner und Schweine mussten sein. Und das habe ich geschafft, und bin nun sehr glücklich und unbeschreiblich vergnügt.

Eines kann man sagen: Das sind beeindruckende Taten, nicht bloß Gerede.

Da haben Sie Recht. Das alles war mir immer eine freudige Angelegenheit. Ich will nicht diese weit verbreitete Ohnmacht gegenüber Ungerechtigkeit und Krieg hinnehmen. Ich muss den Mund aufmachen und was dagegen tun. Dabei bleib ich auch. Anders geht es in meinem Leben nicht.

Wache Augen und Ohren hatte ich von früh an, weiß Gott. Ich habe anderen Leuten gern zugehört und zugesehen in meinem bescheidenen und alles andere als leichten Alltag.

Ich erzähle Ihnen noch eine Anekdote: Als ich es im Berliner Lustgarten auch mit dem Lametta-Verkaufen versuchte, beobachtete ich neben mir einen Straßenhändler, wahrscheinlich auch ein Arbeitsloser, der für irgendeine Firma Wringmaschinen verkaufte. Das war eine neue Erfindung, eine Maschine aus Blech mit großen Löchern, mit der man Wäsche leichter auswringen konnte. Das Ding kostete 25 Mark, und der Händler versuchte, das den Männern als Weihnachtsgeschenk für ihre Frauen aufzuschwatzen.

Was Sie sich alles gemerkt haben!

Na, ich weiß das nicht nur alles. Ich kann es Ihnen auch auswendig vorspielen. Dieser Typ brüllte, dass es nur so über den Platz hallte: »Meine Herrschaften, hier steht die größte Freude für Ihre liebe Ehefrau!« Und wenn er mal eine Maschine für 25 Mark verkauft hatte, war er natürlich überglücklich! Da hab ich ganz einfach versucht, das nachzumachen und sagte meinen Satz: Vier Briefe Lametta ein Groschen, vier Briefe Lametta ein Groschen, meine Herrschaften kommen Sie, kaufen Sie! Als mein Nebenmann das so hört, kommt er auf mich zu und sagt: »Also Kleene, pass mal uff, wenn du det so leise sagst, dann vasteht det ja keen Mensch, da beißt keener an.« Und er brüllte los: »Ja, meine Herrschaften, hier biete ich die letzten Briefe Lametta für nur einen Groschen, hier sind die preiswerten Briefe, greifen Sie schnell zu!« Und ich weiß nicht, ob es wahnsinnige Versagens-Angst oder reiner Ehrgeiz war, dass ich dann auch so laut brüllte und auf Kundenfang aus war. Dass die Polizei hinter den Schwarzmarkt-Händlern her war, dass die Heide wackelte, das wusste ich schon. Was ich aber nicht wusste war, dass Kriminalbeamte manchmal auch keine Uniform und Mütze trugen, sondern Hut, Anzug oder einen Ulster. So einer kommt also vorbei, als ich gerade wieder rief: Vier Briefe Lametta, ein Groschen, mein Herr!

Darauf holt der so eine Dienstmarke raus. Wo ich doch mit meinen sieben Jahren noch gar nicht wusste, dass es das gibt. Die hat er aus seiner Manteltasche gezogen und mir also damit gezeigt, dass er Kriminalbeamter ist. Dann hat er gefragt: »Was machst du hier?« Na, ich verkaufe Lametta. »Wo ist denn dein Vater oder deine Mutter?« Meine Mutter ist zu Hause. »Weiß die das?« Nein. »Hör mir gut zu: Ich gebe dir noch eine Chance, geh jetzt sofort von hier weg und komme nie wieder. Wenn du wiederkommst, nehm ich dich mit aufs Polizeirevier.« Na, danach hab ich also aufpassen gelernt, wie die Männer mit Ulster oder Trenchcoat sich benehmen, ob sie sich nach rechts und nach links umschauen und auf Kontrollposten sind. Solche Sachen habe ich bereits in meinen Kinderjahren gelernt.

So etwas nennt man »Schule des Lebens«.

Ja, aber diese Schule war wohl ein bisschen zu ernst für eine Siebenjährige. Zu groß und zu krass. Doch wenn Sie mich fragen, warum ich mich immerfort bemühe, Kindern, Frauen oder Ländern in Not zu helfen, dann geschieht das auch aus meiner frühen Kindheitserfahrung heraus, dass mir wildfremde Menschen, wie zum Beispiel der Händler mit seinen Wringmaschinen, auch geholfen haben, als ich in Not war.

Wissen Sie, der Brecht war an mir auch deshalb interessiert, weil ich eine Proletarierin bin. Der wusste, was Menschenwürde heißt. Und wie oft sie verletzt wird. Ich habe dem Brecht mal ein bisschen von dieser Geschichten mit meinem Lametta-Verkauf erzählt. Und da hat er zu mir gesagt: »Na ja, wenn du das so leise gesagt hast, bevor der Wringmaschinenverkäufer dir das anders vorgemacht hat, besser, da hat dir eben der erste Schwung, das hemmungslose Brüllen gefehlt.« Er sah so was immer auch als Dramatiker.

Brecht hat Zeit seines Lebens an die Vernunft und an die Freundlichkeit der Menschen appelliert. Gleichzeitig war er ein großer Skeptiker.

Na, und wie!

Meinen Sie, wie Günter Gaus immer gern argumentiert hat, dass die Menschheit mit all ihren Anpassungstaktiken nicht vernünftiger geworden ist seit Adam und Eva?

Ja, Gaus hat damit wahre Worte gesagt. Leider ...

Da gibt es doch diesen Satz von Ingeborg Bachmann: »Die Geschichte lehrt, aber sie hat keine Schüler.« Meinen Sie, das stimmt?

Aber es gibt auch noch einen anderen Text von Bachmann: »Sieben Jahre später in einem Totenhaus, trinken die den goldenen Becher aus«. Die, die den goldenen Becher austrinken, das sind die neuen Nazis in Deutschland. »Sieben Jahre später in einem Totenhaus, trinken die Henker von gestern die goldenen Becher aus«. So lautet der Text exakt.

In den 90er Jahren wurde Brechts Grabstein auf dem Berliner Dorotheenstädtischen Friedhof beschmiert. »Saujud« war da zu lesen. Was ist Ihnen vorgegangen, als Sie davon erfuhren?

Ich kann Ihnen sagen, was mir da passiert ist: Ich habe laut geschrien: Nein, nein, nein! Ich habe geschrien. Geschrien und geschrien, nichts weiter.
Für mich war das eine furchtbare Konsequenz, dieses Wort auf dem Stein zu sehen. Da wusste ich, in welcher Freiheit wir jetzt leben. Diese Barbaren nehmen sich die Freiheit und Frechheit, das Andenken von einem zu beschmutzen, dem Freiheit und Demokratie teuer waren. Die neuen Faschisten tun ja alles dafür, bei den nächsten Wahlen fünf Prozent der Wählerstimmen zu bekommen. Und ich will und kann nicht verstehen, dass deren Parteien überhaupt zugelassen werden. Wissen Sie, was vor drei Jahren geschah? Am 20. April, also genau an Hitlers Geburtstag, hat man mir in mein kleines Badezimmer hier in Buckow einen Feldstein rein geschleudert. Der liegt zur Mahnung noch draußen am Kamin.

Ihr Buch »Briefe in den Wind geschrieben« ist eine einzige Liebeserklärung an den »Herrn b. b. oder den verehrten Brecht«, wie Sie ihn anreden.

Das hat mir noch niemand gesagt. Für mich ist das ein hochpolitisches Buch. Ich habe den Brecht seit meiner Kaukasus-Reise nicht mehr sehen und sprechen können. Warum soll ich auf diese Weise mit meinen Windbriefen nicht mit ihm das Gespräch suchen. Es ist ein halbes Jahrhundert verflossen seit seinem Tod. Die DDR gibt es nicht mehr. Da gibt es doch eine Menge zu erzählen ...

Westeuropa bestimmt gegenwärtig, wer, wie oder was dieses Europa sein soll, wer dazu gehören darf und wer nicht. Die reiche Geschichte und Kultur, die Europa und die europäische Völkervielfalt ausmachen, spielt dabei eher eine untergeordnete Rolle. Wie sehen Sie den aktuellen Prozess der europäischen Einheit?

Diese eurozentristische Perspektive des Westens halte ich für arrogant. Dabei geht es meist um Wirtschafts- und Militärpositionen bei der Europaerweiterung im Osten des Kontinents und nicht so sehr um die Bedürfnisse oder die Kultur der Völker. Auch gegenüber der so genannten Dritten Welt, Afrika, Asien und so weiter ist die Außenpolitik der Stärke oder Überlegenheit des westlichen Abendlandes zu hinterfragen. Was bilden sich die ehemaligen Kolonialmächte denn ein? Meine Buchhändlerin hat jetzt ein interessantes Buch von Cornelius angekündigt: »Der unerklärte Krieg«, und da geht es um die endlos sich hinschleppenden bewaffneten Auseinandersetzungen in Afghanistan, und darum, dass

Besatzungsmächte allein nicht zur echten und dauerhaften Befriedung von Konfliktzonen taugen. Und wenn der deutsche Verteidigungsminister und führende Medien noch so oft behaupten, das sei kein Krieg für die Einsatzkräfte der Bundeswehr am Hindukusch: Es fallen Soldaten, es sterben immer wieder Zivilisten, Frauen und Kinder, es rollen Panzer mit schwerer Artillerie und fliegen Aufklärer am Himmel. Und jetzt sagt auch noch Struck von der SPD ohne mit der Wimper zu zucken, der Afghanistaneinsatz könne noch gut zehn Jahre und länger dauern? Das ist in meinen Augen verantwortungslos. Und es macht mich wütend. Jeden Abend hören und sehen wir neue Nachrichten von Selbstmordattentätern, Schießereien.

Doch noch mal zu Brecht, der es so gut wie kein anderer Dichter verstand, im Einfachen, Alltäglichen Poesie zu entdecken. Er strahlte zugleich Naivität und Raffinesse aus. War das ein bewusstes Wechselspiel von ihm?

Bei Brecht wusste man nie so ganz genau, was spontan oder Kalkül war. Er kam den Menschen und Kollegen meist sehr freundlich entgegen. Er wusste genau, was er mit dem Theater bewirken wollte.

Er besaß einen kühlen Kopf, war ein scharfer Analytiker und Philosoph, und gleichzeitig war er sehr sinnlich und ein Genussmensch. Trotzdem gibt es Kritiker, die behaupten, Brecht habe ein empfindungsarmes Theater gemacht.

Nur Schwachköpfe reden so. Die haben sich nur nicht öffnen können für das Epische Theater, nichts weiter.
Als der 17. Juni 1953 kam und Brecht den Regierenden von der Ulbricht-Mannschaft vorschlug, dass sie sich ein neues Volk suchen müssten, wenn dieses ihnen nicht passte, begann für ihn eine schwierige Zeit. In Westdeutschland wurde er nicht mehr gespielt, weil man in ihm einen ostdeutschen Staatsdichter sah, der er ja niemals gewesen ist. Der einzige Theatermann, der ihn aus Frankfurt am Main anrief, war Buckwitz, er wollte den »Kaukasischen Kreidekreis« an seiner Bühne inszenieren. Ihm fehlte noch die Besetzung der Grusche. Da sagte Brecht am Telefon: »Da kann ich aushelfen.« Und er schickte mich nach Frankfurt zum Vorsprechen. Kurz und gut, Brecht brachte mich mit seinem alten Auto zum Schlesischen Bahnhof, der jetzt Ostbahnhof heißt. Und als der Zug langsam anrollte, lief Brecht ein Weilchen daneben her und tröstete mich: »Wenn sie dich dort nicht nehmen, dann mach dir nix draus, das sind sowieso Deppen.« Aber dann ging alles gut, ich hatte ja schließlich mein Handwerk bei Brecht gelernt.

Das war Ihr erster Erfolg in Westdeutschland?

Ja, so ist es. Und dann kam der Sommer, und der Brecht sitzt da drüben im Garten, und ich sitze neben ihm. Da sagt er zu mir, indem er mir eine Zeitung reicht: »Da steht was über dich drin.« Und ich lese: »Der kleinen Reichel kann nur Käthe Gold in ihren späten Stunden das Wasser reichen ...«, also, ich weiß das komplette Zitat nicht mehr, jedenfalls war es eine riesengroße Eloge für mich. Und ich freue mich wie ein Kind, jubele, dass ich noch über die große Käthe Gold gehoben werde und frage so beifallsheischend: Ja, Bert, hast du das gelesen, ist das nicht schön? Daraufhin Brecht: »Bild dir das bloß nicht ein, du kannst noch gar nichts, du musst noch sehr, sehr viel lernen.« Ich lief tief gekränkt weg und habe vor Wut geheult. Aber Brecht wusste genau, was er sagte und warum. Bei anderen Schauspielern ist das ganz anders ausgegangen. Als zum Beispiel Curt Bois zum Schillertheater wollte und Brecht das erfuhr, der dem kleinen Bois die Rolle des Puntila gegeben hatte – wir probierten »Puntila und sein Knecht Matti« – hielt es Brecht nach ungefähr 20 Minuten Szenenproben nicht mehr aus und brüllte Bois unvermittelt an: »Ach so, Sie wollen ja ins Schillertheater gehen, ja?« Bois antwortete: »Ja, weil ich, wenn ich hier auf dem Klo sitze, nur das ›Neue Deutschland‹ am Arsch habe.« Darauf erwiderte Brecht: »Oh! Dass Sie einen so feinen Arsch haben, das wusste ich allerdings nicht!« Er war schwer verletzt und es gefiel ihm nicht, dass der Bois ihn verlassen wollte.

Zurück zur Gegenwart. Was sagen Sie angesichts der weltweiten Finanz- und Wirtschaftskrise dazu, dass der Staat jetzt den Kapitalismus retten soll?

Daraus kann man eine schöne Farce machen. Brecht könnte das.

Und wie würde die aussehen?

Dass die herrschenden Parteien den Kapitalismus retten müssten, sonst wären die ja auch über kurz oder lang weg von der Polit-Bühne. Einfach über den Jordan gegangen (lacht).

Wann setzte bei Ihnen das Nachdenken oder die Enttäuschung ein, dass der demokratische Aufbruch im Herbst 1989 nicht dort landet, wo ihn am 4. November '89 die Demonstranten hin haben wollten, den Sie ja mit anderen Theaterleuten mit organisiert haben?

Das war gleich nach der Maueröffnung. Da war ich so empört, dass sich Helmut Kohl von unserem Wind der Geschichte segnen ließ. Ich bin damals weiter jeden Sonnabend auf den Alexanderplatz gegangen und habe dem Kohl zugerufen: Wir werden Sie wegschreien, wie wir die Mauer weggeschrien haben! Das liegt nun 20 Jahre zurück. Aber die ostdeutsche CDU-Dame, die jetzt Bundeskanzlerin ist, würde ich auch am liebsten wegschreien.

Sie haben damals einen drastischen Brief an Birgit Breuel geschrieben, die Chefin der Treuhand, der wird immer wieder zitiert. Da sagten Sie, Frau Breuel mit ihrer Treuhand käme Ihnen vor wie dieses biblische Ungeheuer Leviathan, der über das Land kreist und es dann zerstückelt und zerhackt. Und Sie haben Frau Breuel an die blutigen Hände von Lady Macbeth erinnert. Inzwischen ist die ehemalige Treuhandchefin pensioniert. Würden Sie den Brief heute noch so formulieren?

Ja, ich denke doch. Weil es kein besseres Bild gibt für das, was ostdeutschen Betrieben und Arbeitern angetan wurde. Das war wie ein Abschlachten. Und Shakespeare mit seiner Lady Macbeth hat doch genaue Bilder und Parabeln für sein Theater gewählt. Ich finde, mein Bezug trifft voll ins Schwarze.

Sie haben sich noch um Höflichkeit bemüht und Frau Breuel sinngemäß geraten: Treten Sie als Frau von diesem schmutzigen Geschäft zurück, ehe es zu spät ist. Hat Frau Breuel Ihnen geantwortet?

Nein, nein. Niemals.

Aber Ihr Brief ging damals durch fast alle Zeitungen.

Und heute. 20 Jahre später haben sie dem Land DDR Seen gestohlen, in denen nur noch das Geld der Privaten schwimmen darf. Hier in meiner Nachbarschaft wurden gerade wieder zwei Seen privatisiert. Da dürfen wir nun nicht mehr schwimmen gehen.

Sie werden nicht nur wegen Ihrer Kassandra-Lesung, sondern auch wegen Ihrer schonungslosen und warnenden Zeitkritik selbst als Ostberliner Kassandra bezeichnet. Über Ihre Lesung aus Christa Wolfs »Kassandra« zwei Jahre vor dem Mauerfall hat der Theaterkritiker Ernst Schumacher später geschrieben: »Käthe Reichel hat den Text wie eine Prophetin des nahen Untergangs gelesen.« Da wusste noch niemand, dass die DDR binnen zweier Jahre untergehen wird. Haben Sie das damals geahnt?

Schumacher hat das gesagt? Was Kritiker immer so orakeln! Nein, ursprünglich sollte die »Kassandra« von Christa Wolf überhaupt nicht kommen. Da ist jedoch so eine Unruhe entstanden. Dann haben die Zensoren bestimmt: Es gibt nur eine einzige Aufführung. Und bei dieser Premiere kam ich mir wie ein schlaues Aas vor, denn ich habe die für die Zensur brenzligen Pazifismus-Passagen derart schnell gelesen, dass die Aufpasser Mühe hatten, mir zu folgen. Ich weiß nicht, ob das half, ich hab es aber so versucht. Und ich bilde mir ein, weil ich kein Loch, keine Luft ließ, diese Stellen richtig zu verdauen, deshalb konnte ich diese Lesung dann 14 Mal vortragen.

Haben Sie den Text als Untergangsprophezeiung der DDR gelesen?

Das ist Schwachsinn, aber genug Metaphern barg der Roman – ohne Zweifel. Ich marschierte am 4. November 1989 in der Mitte der ersten Reihe und trug ein Riesenbouquet Blumen im Arm. Das bedeutete doch was. Ich wollte wie die allermeisten Demonstranten die DDR demokratisieren helfen, sie aber nicht in den Gully werfen.

Ich habe heute keine Bühnen-Auftritte mehr, aber ich halte zahlreiche Lesungen. Und da freue ich mich zum Beispiel, wenn, wie mir das unlängst passiert ist, ein junger, vielleicht 30-jähriger Mann hinterher zu mir kommt und sagt: »Ich hoffe und wünsche, ich werde nach Ihrer Lesung morgen als ein mutigerer Mensch aufstehen.«

Das passt doch wieder gut zu Ihrer Rolle der Jeanne d'Arc, die Sie Ihr ganzes Schauspielerleben begleitet hat.

Ja, die hat der Brecht mit mir erarbeitet.

Sie ist aber auch von Anna Seghers und Shaw dramatisiert worden.

Erstaunlich ist, dass Sie, da Sie ja im Westen so viel Erfolg hatten, nicht ein einziges Mal gedacht haben: Jetzt bleibe ich dort.

Auch dazu gibt es eine kleine Geschichte: Als ich mal zum Gastspiel in Hamburg war brauchte ich Salz. Ich holte mir also im Supermarkt so einen kleinen hübschen Papp-Karton mit blauen Blümchen ... und falle an der Kasse fast in Ohnmacht, als ich für 250 Gramm eine Mark und fünfundfünfzig Pfennige bezahlen musste. Da wusste ich sofort, wo ich bin. Und ich dachte bei mir: Da ist mir ein Kilo Salz in einer grauen Tüte lieber, das nur 15 Ost-Pfennige kostet. Von meiner kleinen Miete für drei große Zimmer in der Albrechtstraße, also mitten in Berlins City, will ich gar nicht reden. Ja, der Gemüse- und Obstmarkt in Hamburg war groß und bunt, und die vielen Restaurants mit ausländischer Gastronomie waren recht einladend, aber die Preise fand ich – im Vergleich zu denen in der DDR – einfach gespenstisch.

Haben Sie etwa wegen des teuren Salzes Ihre Entscheidung für ein Leben in der DDR getroffen? Das wird DDR-Bürgern, die mit schwierigen Ausreiseanträgen kämpften, nicht gerade einleuchten.

Ja, verdammt noch mal – wegen dem Notwendigsten hab ich so gedacht und bin nicht dort geblieben. Salz ist was Notwendiges für jede Hausfrau. Koch dir mal eine Suppe ohne Salz. Als wir mit Brecht darüber sprachen, wie das Leben und Arbeiten der DDR-Bürger nach dem 17. Juni noch schwieriger wurde, sagte er, der sechs schwierige Exiljahre in den USA gelebt hatte, lakonisch: »Da ist nichts Besseres.« Er wusste aus Erfahrung Bescheid. Er konnte messerscharf vergleichen. Das müssen wir ihm doch bitteschön lassen. Und das müssen Sie auch mir lassen.

Aber Brecht war doch gleichzeitig auch ziemlich kritisch mit den Verhältnissen und der Politik der DDR.

Das ist was Anderes. Aber wenn der Brecht sagt: »Da ist nichts Besseres!« dann meint er doch wohl, man müsse halt versuchen, aus dem, was man vorfindet und hat, was Gutes zu machen. Das hat der Brecht versucht. Und das habe auch ich versucht.

Brecht lebte und arbeitete nach dem Krieg in der DDR. Und jawohl, er war auch ein Kritiker der DDR. Das eine schließt das andere nicht aus. Vielleicht ist er auch an der Mühsal der Ebene mit krepiert, die ihm immer wieder zu schaffen machte. Natürlich war da auch eine große Traurigkeit und Illusionslosigkeit in ihm, und er war sehr krank. Aber das ist wie bei Heiner Müller, der fünf Jahre nach der Wende starb und noch in sein Tagebuch notierte: »Stirb schneller, Europa.«

Punkt.

Ist das Ihre Vorstellung von der Zukunft?

Dass dieses Jahrtausend vom Milleniums-Wechsel bis zum dritten Jahrtausend noch sinnlose Kriege und soziale wie ökologische Katastrophen produzieren wird, davon gehe ich leider aus, das sagt mir meine Erfahrung. Stellen wir uns bloß mal vor: Ein Kind, das jetzt irgendwo auf der Erde geboren wird, kommt in eine Welt, in der es seit 60 Jahren Atombomben gibt. Dieses Kind kennt es nicht anders. Unbegreiflich.

Eine düstere Vision also?

Eine hellere habe ich leider nicht zu bieten, sonst wär ich eine politische Analphabetin. Wiederholen wir doch diesen wunderbaren, uralten Satz: »Wahre Worte sind nicht schön, schöne Worte sind nicht wahr«.

Anhang

Christoph Dieckmann, Journalist und Autor, geb. 1956 in Rathenow, lebt in Berlin.

Ausbildung zum Filmvorführer, dann Studium der Theologie in Leipzig und Ost-Berlin. War erst Vikar der evangelischen Studentengemeinde von Ost-Berlin und arbeitete in der theologischen Studienabteilung des *Bundes der evangelischen Kirchen* in der DDR. Schrieb für die Kirchenzeitung, dann für die kulturpolitische Wochenzeitung *Sonntag.* Seit 1991 Redakteur bei *Der Zeit* und seit 2005 Autor. Veröffentlichte zahlreiche Bücher, hauptsächlich Essays und Reportagen über das Leben in der späten DDR, den neuen Bundesländern, Rockmusik und Sport – z. B. *Olle DDR*, 1990, *My Generation. Cocker, Dylan, Lindenberg und die verlorene Zeit*, 1991, *Hinter den sieben Bergen*, 2000 und *Mich wundert, dass ich fröhlich bin*, 2009. Für seine Werke erhielt er u. a. 1992 den *Internationalen Publizistik-Preis* in Klagenfurt und 1996 den *Friedrich-Märker-Preis* für Essayisten.

Andreas Dresen, Filmregisseur, geb. 1963 in Gera, lebt in Potsdam.

Regie-Studium an der Hochschule für Film und Fernsehen *Konrad Wolf* in Potsdam-Babelsberg. 1991 erster Spielfilm *Stilles Land* über die Wendezeit, anschließend TV-Dokumentarfilme, u. a. *Krauses Kneipe* und *Kuckuckskinder*. *Das andere Leben des Herrn Kreins* erzählt von einem DDR-Autor, der nach der Wende seinem Stasi-Bewacher begegnet. Zu seinen betont sozial engagierten Spielfilmen *Halbe Treppe* und *Sommer vorm Balkon* erhält er begeistertes Echo von Filmkritikern und Zuschauern sowie mehrere Filmpreise. Für *Wolke 9*, seine Liebesgeschichte zweier älterer Menschen, bekommt er 2008 in Cannes den *Coup de Coeur*-Preis, für die Tragikomödie *Whisky mit Wodka* vom Internationalen Filmfestival 2009 in Karlsbad den renommierten Regiepreis.

Wolfgang Engel, Theaterregisseur, geb. 1943 in Schwerin, lebt in Leipzig.

Staatliche Bühnenreife-Prüfung. Arbeit als Regisseur an Theatern in Radebeul, Berlin, Dresden, Wien(Burgtheater), Düsseldorf, Frankfurt am Main,

Leipzig. Seine regimekritischen Inszenierungen in den 80er Jahren in Dresden bezeichnet er als seine prägendste Theatererfahrung. 1995–2008 Intendant in Leipzig. Honorarprofessor an der Theaterhochschule Leipzig. Lehnte 1989 den Nationalpreis der DDR ab. 2005 ausgezeichnet mit dem Bundesverdienstkreuz erster Klasse.

Egon Günther, Filmregisseur und Autor, geb. 1927 in Schneeberg/Erzgebirge, lebt in Groß Glienicke bei Potsdam.

Studium der Pädagogik, Philosophie und Germanistik in Leipzig u. a. bei Ernst Bloch und Hans Mayer. 1964 Regiedebüt mit dem Film *Lots Weib*. Mit seinem pazifistischen Spielfilm *Abschied* nach Bechers autobiografischem Roman eckt er 1968 bei den Kulturinstanzen der DDR an. Für seinen Publikumserfolg *Der Dritte* (mit Jutta Hoffmann) erhält er den Nationalpreis der DDR.
Lotte in Weimar (mit Lilli Palmer), *Die Leiden des jungen Werther* und *Die Braut* (mit Veronica Ferres als Christiane Vulpius) sind drei von insgesamt sechs Filmarbeiten zu Goethe. Ab 1978 Arbeit in der BRD, u. a. mit einer siebenteiligen Feuchtwanger-TV-Serie *Exil* sowie den von der Kritik viel gelobten Spielfilmen *Morenga* (nach Uwe Timm) und *Lenz*. Um die Wendezeit dreht er wieder im DEFA-Studio in Potsdam-Babelsberg (mit Rolf Ludwig) *Stein* – die Geschichte eines alten Schauspielers, der gegen den Einmarsch russischer Panzer in Prag protestiert, ins innere Exil geht und einer jungen Liebe begegnet. 1999 Goldener Ehrenpreis der Deutschen Filmakademie für sein Lebenswerk.

Therese Hörnigk, Literaturwissenschaftlerin, geb. 1942 in Berlin, lebt in Hessenwinkel bei Berlin.

Stewardess bei Interflug. Studium der Germanistik und Anglistik an der Humboldt-Universität Berlin. Dr. phil. 1972–1992 Literaturwissenschaftlerin an der Akademie der Wissenschaften. 1992–1997 Lehr- und Vortragsarbeit an der Humboldt-Universität, in Frankreich, Italien, Kanada und den USA. 1998–2007 Leitung des Literaturforums im Brecht-Haus Berlin. Zahlreiche Publikationen zu Literatur und Literaturverhältnissen im 20. Jahrhundert. U. a. Arbeiten zu Bertolt Brecht, zum *Bitterfelder Weg*, zur Faschismusaufarbeitung in der frühen DDR-Literatur, eine Monographie zu Christa Wolf.

Frank Hörnigk, Literaturwissenschaftler, geb. 1944, lebt in Hessenwinkel bei Berlin.

Studium der Germanistik und Kunstwissenschaften an der Humboldt-Universität Berlin. Dr. phil. Seit 1988 Universitätsprofessor. Zahlreiche Publikationen zur Literatur des 19. und 20. Jahrhunderts. Herausgeber der Werke Heiner Müllers (Suhrkamp) und Arnold Zweigs (Aufbau). Mitglied des PEN-Zentrums. Verschiedene Gastprofessuren, u. a. in Frankreich und den USA.

Gerda Lepke, Malerin, geb. 1939 in Jena, lebt in Gera und in Dresden.

1957–1959 Ausbildung zur Krankenschwester im Diakonieverein, Güstrow. 1966–1971 Studium an der Hochschule für Bildende Künste in Dresden, seit 1971 freischaffende Malerin und Grafikerin. Von 1973 bis 1986 Sommer-Arbeitsaufenthalte in Mecklenburg. 1974 bis 1989 Mitglied des *Verbandes Bildender Künstler* (VBK) der DDR, 1990 Mitglied des *Sächsischen Künstlerbundes* Dresden. 1989 Mitbegründerin der Dresdner Sezession und erste Italienreise mit Kunsthistorikerin Sibylle Badstübner-Gröger. 1993 erster Kunstpreis der Stadt Dresden. 1996 Gründungsmitglied der *Sächsischen Akademie der Künste* in Dresden. Ausstellungen innerhalb und außerhalb Deutschlands. Studienaufenthalte in Italien und Brasilien.

Christa Luft, Ökonomin, geb. 1938 in Krakow am See/Mecklenburg, lebt in Berlin.

Studium an der Hochschule für Außenhandel in Berlin. 1971 ordentliche Professorin für sozialistische Außenwirtschaft. 1978–1981 stellvertretende Institutsdirektorin beim *Rat für Gegenseitige Wirtschaftshilfe* (RGW) in Moskau. 1988 Rektorin an der Hochschule für Ökonomie in Berlin-Karlshorst. Vom 18. November 1989 bis 18. März 1990 Wirtschaftsministerin und Vizepremier in der Modrow-Übergangsregierung. Ab 1994 Bundestagsabgeordnete und wirtschaftspolitische Sprecherin der PDS und später Linkspartei. Umfangreiche Vortrags- und Publikationstätigkeit zu nationalen und internationalen Wirtschaftsfragen.

Hans-Joachim Maaz, Facharzt für Psychiatrie, Psychotherapeut und Publizist, geb. 1943, lebt in Halle.

Studium der Medizin, Psychiatrie und Psychotherapie. Ab 1980 langjähriger Chefarzt in der Psychotherapeutischen Klinik beim Evangelischen Diakoniewerk Halle. 1990 Bestseller *Der Gefühlsstau* (Psychogramm der Deformierung in der DDR). Weitere vieldiskutierte, kritische Publikationen zur Lage in Einheitsdeutschland, u. a. *Das gestürzte Volk, Die Entrüstung* und *Die Einheit beginnt zu zweit* (mit Michael Lukas Moeller). Streitbarer Zeitzeuge und Diskussionspartner in Presse, Radio und Fernsehen, wobei er Demokratiedefizite und soziale Ungerechtigkeit benennt.

Gisela Oechelhaeuser, Kabarettistin, geb. 1944 in Schmauch in Ostpreußen lebt in Berlin.

Lernte erst Industrieuhrenmacherin und studierte dann Germanistik und Romanistik in Leipzig, Promotion 1975. Mitbegründerin des Studentenkabaretts *academixer* während des Studiums. Arbeitete als Dozentin für Schauspielkunst, als Kabarettistin und war Vizepräsidentin des *Komitees für Unterhaltungskunst* der DDR. Seit 1989 Kabarettistin in der *Distel* und nach der Wende 1990 auch deren Leiterin. 1999 wurde sie als *Inoffizielle Mitarbeiterin* der Stasi bekannt und schied aus der *Distel* aus. Seither unterwegs mit politischen Soloprogrammen. 1998 bekam sie den Verdienstorden des Landes Berlin und 2007 den Preis der *Bundesvereinigung Kabarett*.

Kurt Pätzold, Historiker, geb. 1930 im damaligen Breslau (heute Wroclaw), lebt in Berlin.

Studium der Geschichte, Philosophie und Politischen Ökonomie in Jena. An der Humboldt-Universität Berlin Inhaber des Lehrstuhls für deutsche Geschichte. Seit den 70er Jahren international beachtete Publikationen über Nazismus, Rassenwahn und Judenverfolgung in Deutschland. Gilt heute als einer der wichtigsten marxistischen Faschismusforscher in Deutschland. Pensioniert. Umfangreiche Vortrags- und Publikationstätigkeit im In- und Ausland.

Käthe Reichel, Schauspielerin und Friedensaktivistin, geb. 1926 in Berlin, lebt in Buckow und Berlin.

1950 holt sie Brecht ans Berliner Ensemble. Spielt dort im *Urfaust* das Gretchen, die Abaschwili im *Kaukasischen Kreidekreis* und in der *Dreigroschenoper*. Ab 1961 am Deutschen Theater in Berlin. Große TV- und Filmrollen u. a. in *Paul und Paula*, *Die Verlobte*, *Muhme Mehle*, *Levins Mühle*. 1976 sammelt sie Unterschriften gegen die Ausbürgerung Biermanns. Mitorganisatorin der Demonstration am 4. November 1989 in Berlin. Nach der Wende sammelt sie Spenden für den Aufbau von 100, im USA-Krieg zerstörten, Wohnhäusern in Vietnam. 1995 ruft sie mit Heiner Müller russische Mütter dazu auf, ihre wehrpflichtigen Söhne vor dem Tschetschenienkrieg zu verstecken und initiiert die Verleihung des alternativen Friedensnobelpreises an diese Frauen. 2000 erhält sie für ihr politisch-soziales Engagement im In- und Ausland den Menschenrechtspreis.

Peter Rösel, Pianist, geb. 1945 in Dresden, lebt in Dresden.

Mit 18 zweiter Platz im Internationalen Robert-Schumann-Wettbewerb in Zwickau. Studium am Tschaikowski-Konservatorium in Moskau. Gewinner des Tschaikowski-Wettbewerbs und UdSSR-Tournee. Konzerte in Polen und Kanada, wo er in Montreal beim Internationalen Klavierwettbewerb den zweiten Preis erhält. Auftritte in England, Belgien, Frankreich, Schweden, Japan, Südkorea und den USA. Spielte in 200 Konzerten unter Kurt Masur mit dem Leipziger Gewandhaus. 1995 erneute Zusammenarbeit mit Masur im *New York Philharmonic Orchestra*. Musizierte mit weltberühmten Musikern wie z. B. Blomstedt, Kondraschin und Dutoitn. Professor an der Dresdner Musikhochschule. Gastspiele in Edinburgh, Zürich, New York und Tokio.

Friedrich Schorlemmer, Pfarrer und Publizist, geb. 1944 in Wittenberge an der Elbe, lebt in der Martin-Luther-Stadt Wittenberg.

Leitet in den 80er Jahren eine regimekritische, kirchliche Basisgruppe, formuliert aktuelle *20 Wittenberger Thesen* und organisiert die spektakuläre, pazifistische Aktion des Umschmiedens eines Schwertes zu einer Pflugschar auf dem Lutherhof in Wittenberg. September 1989 Mitbegründer des *Demokratischen Aufbruchs*, später streitbares Mitglied der SPD. Sprecher auf der Demonstration des 4. Novembers 1989 in Berlin. Seither zahlreiche Auftritte in den Medien und der Öffentlichkeit als unbequemer Zeitkritiker und Christ. Viel diskutierte Buchveröffentlichungen, u. a. *Träume und Alpträume*, *Bis alle Mauern fallen*, *Freiheit als Einsicht*, *Wohl dem, der Heimat hat*. Mitherausgeber der Wochenzeitung *Freitag*. Ausgezeichnet u. a. mit der Ossietzky-Medaille und dem renommierten Friedenspreis des Deutschen Buchhandels.

Ingo Schulze, Schriftsteller, geb. 1962 in Dresden, lebt in Berlin.

Studium der klassischen Philologie in Jena. 1988–1990 Schauspieldramaturg am Landestheater in Altenburg. 1990–1992 Gründung und Mitarbeit am *Altenburger Wochenblatt* und am *Anzeiger*. Verfasste Bücher sind z. B. *33 Augenblicke des Glücks*, *Simple Storys*, *Handy – Dreizehn Geschichten in alter Manier* und *Adam und Evelyn*. Erhielt zahlreiche Literaturpreise und Auszeichnungen, u. a. den Alfred-Döblin-Förderpreis 1995, den Berliner Literaturpreis 1998, den Preis der Leipziger Buchmesse 2007. Seit 2006 Mitglied der *Akademie der Künste*, Berlin und der *Deutschen Akademie für Sprache und Dichtung* in Darmstadt.

Peter Sodann, Schauspieler und Regisseur, geb. 1936 in Meißen, lebt in Halle an der Saale.

Lehre zum Werkzeugmacher. Dann erst Studium in Leipzig an der Arbeiter- und Bauernfakultät, Wechsel zu Jura und 1959 Wechsel an die Theaterhochschule, wo er das Kabarett *Rat der Spötter* bis zu dessen Auflösung 1961 leitete. Wegen staatsfeindlicher Hetze verhaftet, vom Studium relegiert und zu vier Jahren Bewährung verurteilt. 1963 erneute Immatrikulation an der Theaterhochschule. 1964 ans Berliner Ensemble mit Helene Weigel und erste Regiearbeit *also wissen'se nee.* 1966 Wechsel nach Erfurt. 1971 nach Chemnitz, Uraufführung von *Van Gogh,* großer Erfolg. Schauspieldirektor an den Magdeburger Bühnen seit 1975; hier viele Regiearbeiten wie z. B. *Einzug ins Schloss* und *Nathan der Weise.* Seit 1980 lebt und arbeitet er in Halle – war erst Schauspieldirektor am damaligen Landestheater, dann bis 2005 Intendant des *neuen theaters.* Bundesweit berühmt als *Tatort*-Kommissar (seit 1991); außerdem Schauspieler in zahlreichen weiteren Fernsehserien und -filmen. Ist Ehrenbürger der Stadt Halle und wurde ausgezeichnet mit dem Ehrenkommissar der Polizeidirektion Halle, mit dem Bundesverdienstkreuz 1. Klasse und dem Preis des *Verbandes deutscher Kritiker* für seine Kulturinsel in Halle.

Gisela Steineckert, Schriftstellerin, geb. 1931 in Berlin, lebt in Berlin.

Zunächst autodidaktische literarische und kulturelle Weiterbildung. Arbeitet als Sozialhelferin in Kindertagesstätten. 1946 Beginn einer kaufmännischen Lehre. Nach Geburt der Tochter 1951 erste schriftstellerische Versuche und seit 1957 freischaffende Schriftstellerin. 1962–1963 Kulturredakteurin beim *Eulenspiegel.* Mitglied des Bezirksvorstandes des Schriftstellerverbandes in der DDR seit 1965. Arbeit in der *Singebewegung* bis 1973. Seit 1979 Mitglied und ab 1984 Präsidentin des *Komitees für Unterhaltungskunst.* Ehrenamtliche Vorsitzende des *Demokratischen Frauenbundes* seit 1990. Verfasste zahlreiche Bücher und Liedtexte und arbeitete an Filmen für die DEFA mit. Zu den Werken gehören u. a. *Die blödesten Augenblicke meines Lebens, Das Schöne an den Frauen, Erkundungen zu zweit. Gedichte, Lieder und Chansons* und *Gesichter in meinem Spiegel. Porträts.*

Bildverzeichnis

Wolfgang Engel
S. 19 li.: Hans-Ludwig Böhme; re.: Rolf Arnold
Christa Luft
S. 35 li.: privat; re.: Uta Protzmann
Ingo Schulze
S. 68 li.: Sibylle Badstübner-Gröger; re.: Uta Protzmann
Peter Rösel
S. 85 li.: privat; re.: Hansjoachim Mirschel
Gerda Lepke
S. 107: Uta Protzmann
Kurt Pätzold
S. 124: beide privat
Christoph Dieckmann
S. 160 li.: Thomas Bachmann; re.: Uta Protzmann
Gisela Oechelhaeuser
S. 180 li.: Uta Protzmann; re.: Günter Lüttig
Hans-Joachim Maaz
S. 207 li.: privat; re.: Uta Protzmann
Dr. Therese Hörnigk und Prof. Frank Hörnigk
S. 225 li.: privat; re.: Uta Protzmann
Gisela Steineckert
S. 243: beide privat
Egon Günther
S. 263 li.: Uta Protzmann; re.: DEFA-Dietrich
Friedrich Schorlemmer
S. 285 li.: Uta Protzmann; re.: privat
Andreas Dresen
S. 305 li.: privat; re.: Klaus-Dieter Fahlbusch
Peter Sodann
S. 328 li.: Hans-Ludwig Böhme; re.: Uta Protzmann
Käthe Reichel
S. 350 li.: Uta Protzmann; re.: Bundesarchiv, Bild 183-1989-1104-012/Thomas Lehmann